职业教育心理学

ZHIYE JIAOYU XINLIXUE

(第二版)

主　编　胡克祖
副主编　肖艳丽　刘艳艳　陈雪莹　孙思玉
参　编　王　进　牛云霞

中国人民大学出版社
·北京·

图书在版编目（CIP）数据

职业教育心理学/胡克祖主编．--2版．--北京：中国人民大学出版社，2024.7
ISBN 978-7-300-32372-5

Ⅰ.①职… Ⅱ.①胡… Ⅲ.①职业教育-教育心理学 Ⅳ.①G710

中国国家版本馆 CIP 数据核字（2023）第 242675 号

职业教育心理学（第二版）
主　编　胡克祖
副主编　肖艳丽　刘艳艳　陈雪莹　孙思玉
参　编　王　进　牛云霞
Zhiye Jiaoyu Xinlixue

出版发行	中国人民大学出版社		
社　　址	北京中关村大街 31 号	邮政编码	100080
电　　话	010-62511242（总编室）		010-62511770（质管部）
	010-82501766（邮购部）		010-62514148（门市部）
	010-62515195（发行公司）		010-62515275（盗版举报）
网　　址	http://www.crup.com.cn		
	http://www.ttrnet.com（人大教研网）		
经　　销	新华书店		
印　　刷	天津鑫丰华印务有限公司	版　次	2018 年 3 月第 1 版
开　　本	787 mm×1092 mm　1/16		2024 年 7 月第 2 版
印　　张	21	印　次	2024 年 7 月第 1 次印刷
字　　数	508 000	定　价	55.00 元

版权所有　侵权必究　　印装差错　负责调换

前　言

《职业教育心理学》自2018年3月出版以来，先后印刷9次，被众多院校采用。通过多年的使用，我们和广大读者发现了教材存在的一些问题和不足。

为保证教材在培养高质量职教师资工作中充分发挥作用，为我国培养高素质技能人才夯实基础，我们根据国家教材委员会办公室《关于做好党的二十大精神进教材工作的通知》（国教材办〔2022〕3号）的要求，秉持"普职兼顾·学思相融"的理念对教材进行了修订。此次修订，我们对教材从结构、内容、体例到文字都做了较大的修改。

结构方面：第三章增加第五节中国古代学习心理学思想；第十章新增第四节混合式虚拟实训教学模式；第十一章将教学测验的类型与有效教学测验的基本要求合并为一节，并对教学评价和教学测验的顺序做了调整；增加了技能竞赛心理的内容。这样使教材内容体系更加完善，职教特色更加鲜明。

内容方面：贯彻落实党的二十大精神，融入习近平新时代中国特色社会主义思想；增加教学案例，增强教材的操作性；增加虚拟仿真实训教学、混合式虚拟实训教学模式、虚拟仿真测评、一体化教师能力结构等反映职业教育心理最新研究成果和教学趋势的内容，保持教材的先进性。

体例方面：本着学思相融的教育理念和激发学习者学习兴趣的想法，本教材在每章开篇都提供一个实际案例，并提出相应的问题，以激发读者的学习兴趣，引导读者在学习理论知识的同时思考问题，将理论与实践密切结合，每章后面梳理了本章重要概念，列出了复习思考题，便于学生将知识系统化。

文字方面：力求文字简练，概念准确，表达清晰，修改了表达冗长和不准确不清晰的内容，插入相应的图表，增加教材的可读性。

本版教材修订工作分工：胡克祖独立完成第一章、第二章、第三章、第十章第四节、第十一章和第十四章的修订与编写工作；肖艳丽完成第五章、第十三章的修订工作；孙思玉和胡克祖共同完成第七章的修订工作；刘艳艳和胡克祖共同完成第八章和第十二章的修订工作；陈雪莹完成第四章和第十章部分内容的修订工作；王进完成第六章和第九章的修订工作。牛云霞老师在教材修订过程中做了大量的资料收集和文字核对工作。胡克祖完成全书的统稿工作。

  教材中采用了很多研究者的研究成果或思想，我们尽量标注了文献来源，但还是没有做到全部标注。在此，向大家表示衷心的感谢，也向没有注明引用信息的作者们表示深深的歉意。

  尽管我们做了最大的努力，但由于水平与时间有限，修订后的教材肯定还有很多不当之处，欢迎广大师生和读者批评指正。

编者
2024 年 4 月于天津职业技术师范大学心理学系

目 录

第一部分 基本理论

第一章 绪论 3
 第一节 职业教育心理学的性质、对象和内容 3
 第二节 职业教育心理学的研究方法 10
 第三节 教育心理学与职业教育心理学的发展简史 16

第二章 心理发展与教育 22
 第一节 职业学校学生心理发展概述 23
 第二节 认知发展与教育 27
 第三节 青春期学生情绪情感的发展 33
 第四节 人格发展与教育 38
 第五节 职业学校学生的心理特点与教育 50

第三章 学习理论 56
 第一节 学习概述 56
 第二节 行为主义学习理论 59
 第三节 认知主义学习理论 67
 第四节 人本主义学习理论 83
 第五节 中国古代学习心理学思想 86

第二部分 职业学校学生学习心理

第四章 职业技术理论知识的学习 99
 第一节 知识学习的过程 99
 第二节 影响知识学习的因素与提高知识学习的途径 111
 第三节 职业学校学生学习策略指导 114

第五章 技能学习心理 122
 第一节 技能概述 123
 第二节 技能的形成 126
 第三节 影响操作技能形成的因素 135
 第四节 问题解决与创造性思维 142

第六章 学习迁移 149
 第一节 学习迁移概述 149
 第二节 学习迁移的理论解释 151
 第三节 影响学习迁移的条件 156
 第四节 促进学习迁移的教学策略 158

第七章 职业学校学生学习动机 162
- 第一节 动机概述 163
- 第二节 学习动机理论 168
- 第三节 职业学校学生学习动机的培养 177

第三部分 品德心理与职业指导

第八章 品德的形成与培养 189
- 第一节 品德概述 189
- 第二节 影响学生品德形成的因素 195
- 第三节 学生良好品德的培养内容、途径与方法 197
- 第四节 学生职业道德及其培养途径 201

第九章 职业指导 204
- 第一节 职业指导概述 205
- 第二节 职业指导的技术 210

第四部分 职业学校教学心理

第十章 职业技术教学的基本程序与策略 223
- 第一节 职业技术教学的准备 224
- 第二节 职业技术教学的设计 228
- 第三节 职业技术教学的实施与课堂管理 238
- 第四节 混合式虚拟实训教学模式 247

第十一章 职业教育活动中的教学测评 251
- 第一节 教学测量与评价概述 252
- 第二节 教学评价 254
- 第三节 教学测验 258
- 第四节 职业学校学生职业技能的测评 265

第五部分 学生心理健康与教师心理

第十二章 职业学校学生心理健康 275
- 第一节 心理健康概述 276
- 第二节 职业学校学生常见的心理问题及心理障碍 277
- 第三节 职业学校学生心理健康的维护 284

第十三章 职业技术教育教师心理 294
- 第一节 教师的角色及优秀教师的心理素质 295
- 第二节 教师的成长与发展 302
- 第三节 职业技术教育教师能力结构与培养 305

第十四章 职业技能竞赛心理 314
- 第一节 职业技能竞赛选手的心理及辅导策略 315
- 第二节 职业技能竞赛裁判员的心理建设 321

参考文献 328

第一部分 基本理论

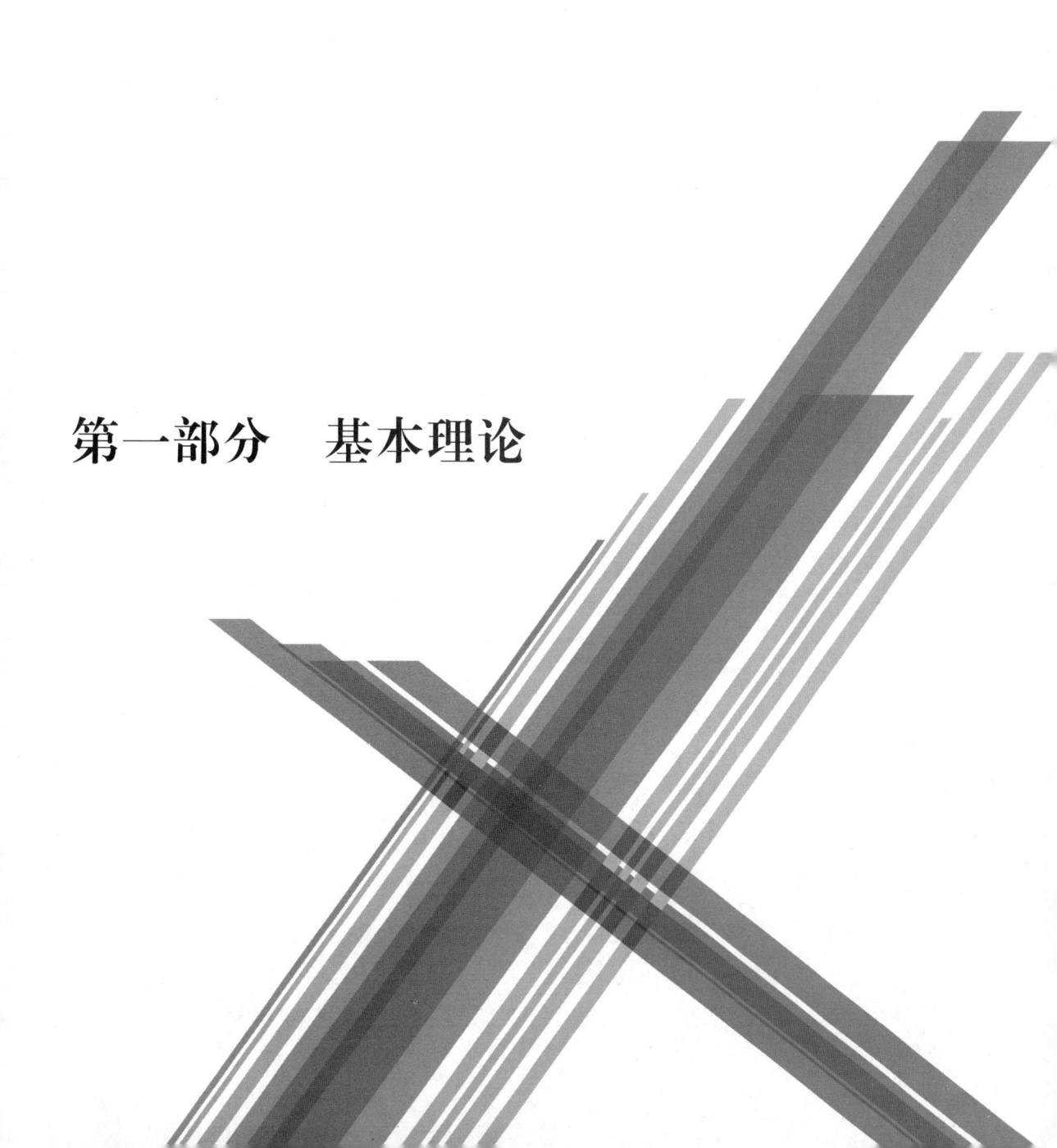

第一章 绪 论

本章主要内容

1. 心理学、教育心理学与职业教育心理学的定义。
2. 教育心理学的性质、研究对象和内容。
3. 职业教育心理学的性质、对象和内容。
4. 职业教育心理学的研究原则和方法。
5. 教育心理学和职业教育心理学的发展简史与趋势。

案例导入

《教师职业生涯十大误区》的作者茅卫东老师曾在省级重点中学任教13年,被学生称为"影响自己一生的人",后在《中国教师报》从事采编工作,被老师们称为"真正懂教育的媒体人",连续两次获教育部优秀教育新闻奖,四次被评为中国教育报刊社优秀员工。

2010年11月,茅卫东老师转到某职校任教。任教期间,为了吸引学生,结合不同的教学内容,他尝试过问题讨论法、游戏教学法、社会调查法、家庭采访法、电影观摩法等多种方式。但遗憾的是,不论用什么方法,他都无法持久地吸引学生。刚进校时,他曾让学生提建议,班上组织些什么活动比较好。本来是希望能激发学生们的主体意识,进而考察他们的策划能力、组织能力以及合作精神,结果学生的反馈是,他们只是喜欢坐在一起吃东西、聊天,其他无所谓。茅老师为此很苦恼。

思考:
使重点中学的优秀教师在职校感到英雄无用武之地的原因究竟是什么?

第一节 职业教育心理学的性质、对象和内容

一、心理学与心理现象

(一) 心理学

心理学是研究心理现象及其规律的科学。心理现象纷繁复杂,研究心理学的目的就是揭示各种心理现象,解释各种心理现象产生的原因与机制,帮助我们理解、认识各种心理

现象，指导我们的生活与工作实践。

(二) 心理现象

1. 心理现象的实质

（1）心理现象是人脑对客观世界的主观反映。

日常生活中，我们看到五彩缤纷的世界、听到动听悦耳的声音、回首往事、浮想联翩、思考未来，喜、怒、哀、惧等活动都属于心理现象。

心理现象是人脑对一定刺激情境的反映。心理活动是情境作为刺激作用于主体的结果，情境包括引起某种心理活动的对象和对象所处的环境。我们反映事物时，不仅接受对象的刺激，还要接受对象所处的环境的影响。例如，把一个装有淡黄色、扁平长方体的盘子放在距离较远、光线不充足的地方，让人们识别盘中物体。一种情况是把盘子放在一个餐桌上，另一种情况是将盘子放在一个洗衣盆旁边。其判断结果会有不同的倾向，前者倾向于食品类，后者倾向于肥皂。若将盘子置于标准实验架上，则会有多种猜测或无答案。这说明人们在判断盘中淡黄色长方体时所依据的不仅是此物体，还依据它所处的环境——餐桌或洗衣盆。

心理现象是人脑对客观世界的主观反映。对于同样的事物，不同的人由于心情好坏、经验多寡、内心期待以及喜好的不同，形成的认识和获得的感受各不相同。例如：同样是春雨绵绵的阴雨天，农民感到喜悦，恋人体会到的是雨丝般的柔情，失意的人产生的是丝丝愁绪，户外工作者则叫苦不迭。

（2）脑是心理的器官，心理是脑的机能。

自然科学的研究成果证实了脑是心理的器官，心理是脑的机能。法国医生布洛卡（P. Broca）通过对运动失语症和运动失写症的研究发现，相同心理障碍的病人都因脑的相同部位受损或有病灶存在，从而证明了脑是心理的器官。

2. 心理现象的结构

心理现象是一个多水平、多维度、多层次的反映系统。从心理反应的水平看，人的心理现象既包括意识水平的反映，又包括意识水平之下的反映；既有感知水平的反映，又有思维水平的反映。通常，按照心理现象的性质、层次及相互之间的关系，把心理现象划分为心理过程和个性心理两个子系统，如图1-1所示。

（1）心理过程。

心理过程是指在客观事物的作用下，心理活动在一定时间内发生、发展的过程。心理过程通常包括认知过程、情感过程和意志过程三个方面。三者有各自发生发展的过程，但并非完全独立，而是统一心理过程中的不同方面。[①]

认知过程是人通过感觉器官不断地接受各种信息，经过脑对信息的储存、理解、组织加工，对客观事物的本质及其事物之间的内在联系的规律性的反映过程，包括感觉、知觉、记忆、想象及思维等。

情感过程是人对客观事物的某种态度的体验。情感过程是在认知的基础上结合需要产生的心理活动。它对心理活动有着十分重要的调节作用。

[①] 林崇德，等. 心理学大辞典 [M]. 上海：上海教育出版社，2003：1392.

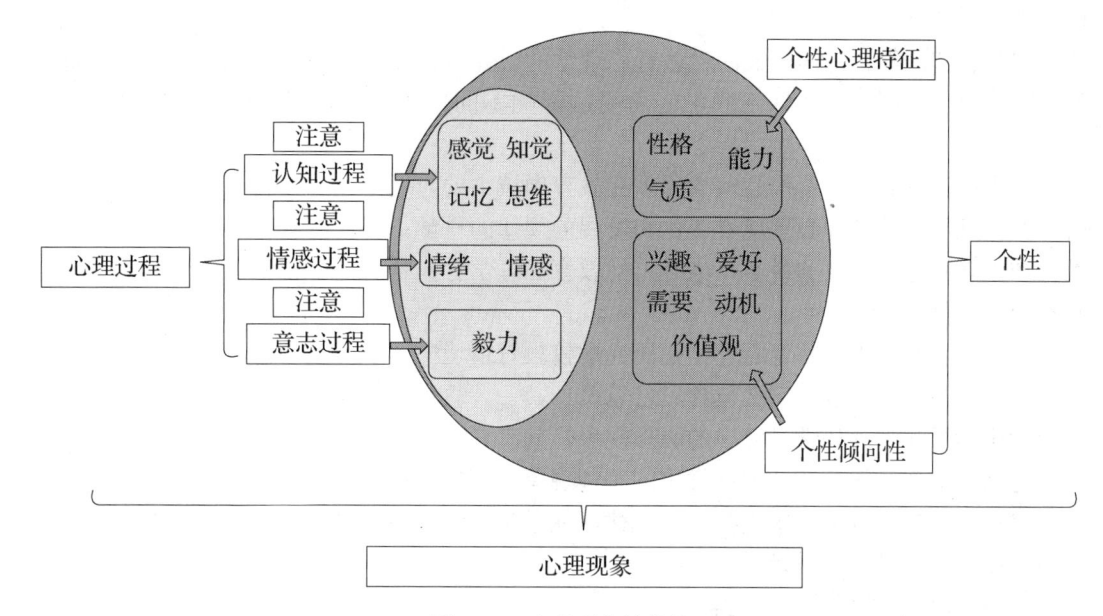

```
                     个性心理特征
     ┌──注意           ┌──────────┐
 ┌认知过程┐     ┌感觉 知觉┐  ┌性格    能力┐
 │  注意 │ →   │记忆 思维│  │气质        │
心理过程┤情感过程├→   │情绪 情感│  ├──────────┤      个性
 │  注意 │     │        │  │兴趣、爱好 │
 └意志过程┘     │  毅力  │  │需要 动机  │
                 └────────┘  │价值观     │
                             └──────────┘
                                个性倾向性
              └──────────心理现象──────────┘
```

图 1-1 心理现象的结构

意志过程是人有意识地克服各种困难以达到一定目标的过程。意志过程也是心理活动的非智力因素，对人的认知过程及情感过程有极其重要的调节作用。意志过程是在认知活动的基础上产生的。人的意志活动不仅会随着认知过程的深化而改变，还会反过来影响认知活动，使认知活动加强或减弱。

需要指出的是，人在认知、情感和意志活动过程中，都会把心理活动自觉或不自觉地指向和集中于一定的活动或对象，这个活动过程叫注意。注意本身并不是一种独立的心理过程，而是伴随其他心理过程而出现的心理活动过程。

（2）个性心理。

个性心理又叫个性，是指在个人自然素质的基础上由于社会的影响，通过人的活动而形成的稳固的、本质的心理倾向和心理特征的总和。社会性、独特性、稳固性是个性的三个基本特征。个性心理结构中的各个成分是彼此有机地联系在一起的整体。个性心理包括个性心理倾向性和个性心理特征两个方面。

个性心理倾向性表现了一个人的心理活动的倾向，是心理活动的动力系统，主要包括需要、动机、兴趣、理想、信念、人生观、价值观及世界观等心理成分。其中世界观处于最高层次，它制约着一个人的心理活动的方向和行为的社会价值，是调节人的心理行为的核心因素。

个性心理特征是个体在各种活动中表现出来的比较稳定的成分及特点，主要包括能力、气质和性格。

二、教育心理学及其研究内容

（一）教育心理学

对心理学及其研究对象有了概略的认识以后，我们再来回答什么是职业教育心理学，学习职业教育心理学有什么用。在回答这两个问题之前必须先要了解什么是教育心理学。

同所有其他学科一样，人们对教育心理学的研究对象和内容的认识也经历了不断深化的过程。由于不同历史时期不同学者所受的影响不同，他们对教育心理学的定义也各不相同。

有人将教育心理学看作心理学原理在教育领域中的应用，也有人将教育心理学定义为研究教育过程中的种种心理现象变化和发展的规律的科学；有人将教育心理学界定为研究教育和教学的心理规律的科学，也有人把教育心理学看作是研究学校情境中学与教的基本心理规律的科学。

综上，我们认为：教育心理学是研究学校教育情境中，学与教的过程中的心理现象及其基本规律的科学。这一定义包含三层意思：其一，教育心理学的研究对象是学校教育情境中学生学习和教师教学过程中的心理现象；其二，教育心理学研究的主要任务是揭示学校教育情境中教和学的活动中所发生的心理现象及其规律；其三，教育心理学的研究目的是通过探索学校教育情境中学与教的规律，促进学生学习与教师教学效果，最终提高学生学习效率、提升教学质量。

（二）教育心理学的研究内容

学校的教育教学是由教师的教与学生的学构成的互动过程。教师的教会影响学生的学，而学生的学也会影响教师的教。此外，学生对学习活动的评价与反思以及教师对教学过程的评价与反思也会影响学习与教学效果。因此，教育心理学既要研究学生学习过程中的心理现象及其规律，还要研究教师教学过程中的心理现象及其规律。

不论是学生的学习活动还是教师的教学活动，都不可避免地受学生和教师自身心理活动特点、教学内容特点、教学媒体以及教学环境等的影响。所以，进行教育心理学研究时，必然涉及教师、学生、教学内容、教学媒体以及教学环境这五个基本的要素。学习与教学的互动过程及基本要素之间的关系如图1-2所示。

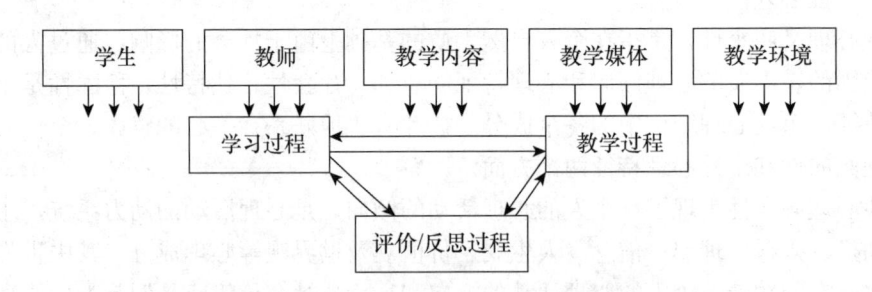

图1-2 学习与教学的交互作用模式

1. 学习与教学的过程

（1）学习过程。

学习过程是学生通过自身与教师、教学媒体、教学内容和教学环境相互作用获得知识信息，形成技能和态度的过程。揭示学习过程的实质，研究学习过程中学习的种类及其特点、影响学习的条件等一般规律对于学生利用学习规律提高学习效果十分重要。随着网络技术的发展与网络资源的不断丰富，学生通过网络获取知识信息越来越多。网络学习不同于传统的课堂学习，这就需要教育心理学工作者研究网络学习的特点与规律，从而改革教学模式，提高学生的学习效率。

（2）教学过程。

教学过程是教师根据教学目标创造教学环境，使用教学媒体向学生传递教学内容的过程。教学过程包括教学设计、教学组织与实施、教材呈现、课堂管理以及教学评价等过程。在教学过程中，教师如何有效利用心理规律设计教学、组织实施教学、呈现教材，如何引导学生和调动学生积极性等都是教育心理学研究的重要内容。

（3）评价/反思过程。

评价和反思是指个体对活动过程的监控与调节，以及对活动效果和价值的评估。评价和反思过程始终贯穿于整个教学与学习过程之中，具体表现为：教师在教学设计时对教学活动的预测与评判；在教学组织实施过程中，教师不断监控与调节教学活动和学生的学习活动，提高教学互动的有效性；在教学活动结束后，教师要对学生学习结果进行评价，反思教学。

在上述三个过程中，教学过程要依据学习过程的规律和特点进行，评价/反思过程也是为了更好地学和更好地教。因此，学习过程是教育心理学的核心问题。

2. 学习与教学过程中的要素

（1）学生。

在学习与教学的互动过程中，学生始终是学习活动的主体。教学内容、教师、教学媒体以及教学环境的影响最终都必须通过学生自身才能起到相应的教育影响。因此，研究学生的心理特点及规律，根据学生的心理特点及规律进行教育教学是教育心理学的中心任务。

就心理发展特点而言，学生之间存在着显著的群体差异和个体差异。这就要求教师在教学过程中因材施教。

学生的群体差异主要反映的是因年龄增长、生理差异和社会文化差异等导致的心理发展的年龄阶段差异、性别差异和文化差异。不同年龄、不同性别和不同文化背景下个体的心理特点存在共性的一面。探索清楚这些群体心理特征，有利于在教育教学过程中因势利导、有的放矢，更好地引导和帮助学生进行学习活动，促进其身心健康、全面发展。

学生的个体差异由遗传和个体成长的小环境所造成，主要包括智力差异、认知方式差异、性格差异、兴趣爱好差异等。

（2）教师。

尽管随着科技的进步，学生学习的形式发生了很大的改变，教学过程中学生对教师的依赖性逐渐减弱，但这依然改变不了教师在教学中的指导地位。学校情境下的教与学需要根据特定的教学目标组织教学，而教师是协调各方因素、组织教学的关键。教师的引导、协调、组织效能能否充分得到发挥，要受教师自身的教育观念、知识结构、人格特点及教师效能等教师心理制约。因而，教师心理也是教育心理学的重要研究内容。

（3）教学内容。

教学内容是教与学的互动过程中有目的传递的主要信息，主要包括课程、教学大纲和教材等。无论是课程的设置还是教学大纲的制定与教材的编写，都必须符合学习与教学的规律，既要考虑学生的学习规律与特点，又要考虑教学的可行性与有效性。设置的课程、制定的大纲和编写的教材既要适合学生现有的能力水平，又要有利于促进学生的能力向更高水平发展。

（4）教学媒体。

教学媒体是传递教学信息的工具，是教学内容的载体，也是教学内容的表现形式。常见的教学媒体有：教师的教学语言、教具、书本、多媒体、计算机网络等。随着科技的进步，新的教学媒体不断涌现，例如，手机与计算机网络的对接，使得"互联网＋"成了新的教学媒体。新的教学媒体不仅影响教学内容的信息量和呈现形式，而且对学习形式与教学形式乃至教育教学观念都会产生深远影响。因此，教学媒体也是教育心理学研究的重要内容。

（5）教学环境。

教学环境是一个由多种不同要素构成的复杂系统。教学环境包括物理环境和心理环境。

教学的物理环境是由学校内部的各种物质、物理因素构成的，如校舍建筑、教学用具、空间等。其中教学场所和教学用具是物理环境最核心的组成部分。教学设施是否完备、良好直接关系到整个学校环境质量的好坏和教学活动的正常进行。研究表明，教学场所的质量一方面可以影响教师和学生的身体，另一方面也能影响师生的情绪情感乃至认知活动。例如，教室里的温度、光线、桌椅设计和空间布局是否符合人类工效学要求和学生的学习要求，黑板、多媒体设备是否齐全、良好等，都会直接或间接影响学生的学与教师的教。

教学的心理环境是由学校内部许多无形的社会、文化、心理因素构成的一个复杂的环境系统，它与物理环境共同构成了教学环境的整体，主要包括校风、班风、学风、教风、课堂气氛、师生关系和校园文化等。与物理环境不同的是，心理环境是一个看不见、摸不着的无形环境，但它对师生的心理活动和社会行为乃至整个学校的教育、教学活动都有着重要的影响，有时其影响力会超过物理环境。

教学环境既影响学生的学习过程和学习方法，也影响教师的教学过程与教学方法。尤其是心理环境不仅影响学生的学习与认知发展，还会影响学生和教师的社会性和情感的发展以及人格的养成。因此，教学环境也就成了教育心理学不可或缺的重要研究内容。

（三）教育心理学的内容体系

经过百年发展，学者们对教育心理学的学科体系基本达成共识。大多数教育心理学教材都包括以下内容：教育心理学的研究对象、学科性质、研究方法、发展历程和发展趋势，心理发展与教育的关系，对于学习的实质及规律的解释，知识的学习，技能的形成，学习动机，学习态度，品德心理，教学心理，教学测评，心理健康等。

三、教育心理学的学科性质

教育心理学是心理学与教育学相结合的一门科学。如前所述，教育心理学主要研究学校教育情境中学与教的过程中的心理现象及其规律。学校教育教学活动大多通过人际互动活动实现。研究人与人之间的相互影响和社会交往属于社会科学。因此，教育心理学具有社会科学的特点。此外，秉承心理学的科学传统，在研究方法方面，教育心理学也强调科学实证，从而使其又具有了自然科学的一些特征。

教育心理学是一门基础与应用并重的科学。教育心理学主要研究学校情境中学生的学与教师的教的过程中的心理现象及其规律，这些现象及其规律在普通心理学、发展心理学、认知心理学、社会心理学、人格心理学等心理学的其他分支学科中并无现成答案，需要教育心理学工作者去研究、探索。这些工作的基础性决定了教育心理学具有基础学科的特点。教育心理学研究学与教的过程中遇到的心理现象，探索其规律，形成理论以指导学与教的教学实践。这样，教育心理学又具有了应用学科的特点。

四、职业教育心理学的对象和内容

了解了心理学和教育心理学，理解职业教育心理学就变得容易了许多。职业教育心理学的特殊性主要由职业教育的特殊性所决定。职业教育与基础教育在教育对象、教育目的、教学内容、教学要求等方面的不同，使得职业教育心理学和教育心理学之间虽有相通之处，但也有明显区别。

（一）职业教育及其特点

职业教育是指为使受教育者获得某种职业技能或职业知识、形成良好的职业道德，从而满足从事一定社会生产劳动的需要而开展的一种教育活动。

相对于基础教育而言，职业教育有其自身的特性。从教育目标看，职业教育的目的是培养应用人才和具有一定文化水平、专业知识技能的劳动者。其目的是使学习者能够获得相应技能，获得工作机会。与基础教育相比较，职业教育侧重于实践技能和实际工作能力的培养。从教学与学习活动内容看，职业教育更加注重技能的教学与训练。从教学要求看，职业教育强调解决实际问题能力的获得。当然，职业教育与基础教育相同之处在于要进行专业知识的传授和学生良好人格的培养。

（二）职业教育心理学的研究对象

通过上面对职业教育及其特点的分析，不难看出职业教育心理学的研究对象与传统的教育心理学应有所不同。因此，我们认为：职业教育心理学可以从广义与狭义两个层面进行界定。从广义上讲，职业教育心理学是研究职业教育情境中的心理现象及其规律的科学。这包括职业学校内的职业技术教育活动中师生互动过程中发生的心理现象及其规律，也包括各种职业培训活动中发生的心理现象及其规律。由于目前我国职业教育的主体部分依然是各级各类职业学校，因此，本书所述职业教育心理学仅限于狭义的定义，即职业教育心理学是研究职业学校教育情境中学与教的心理现象及其规律。

（三）职业教育心理学的研究内容

与教育心理学一样，学与教的交互过程中五个基本要素也是职业教育心理学研究的主要内容。学与教的过程中诸如学习本质及规律、知识学习、品德形成、学习动机和心理健康等都是职业教育心理学的研究内容。除此之外，职业教育心理学还应研究如何对职业学校学生进行职业指导与生涯规划；由于职业教育活动中教学要求侧重实践教学与训练，因而对于技能学习、实践教学的教学设计也是职业教育心理学关注的重点；由于我国传统社会观念的影响，进入职业学校接受职业教育的学生在学习习惯、性格特点等方面也有别于普通的中小学和普通高等院校的学生，因此，在心理发展与教育以及学习动机方面，职业学校学生心理特点也是当前职业教育心理学研究应关注的重点。

(四) 职业教育心理学的学科性质

同教育心理学一样，职业教育心理学也是兼有基础性与应用性特征的科学，是自然科学与社会科学特征兼备的科学。

五、学习和研究职业教育心理学的意义

职业教育心理学是教育心理学的一个重要分支，它对于理解和改进教育过程、提高教育实践水平、提升学生学习效果以及推进职业教育改革具有重要意义。

（一）促进职业教育理论发展

通过对职业教育心理学的学习和研究，我们可以更深入地理解职业教育的本质和规律，探索职业教育的内在机制，为职业教育理论的发展和完善提供有力支持。

（二）指导职业教育实践，提升学生学习效果

职业教育心理学的理论研究和实践应用对于提高教育实践水平具有重要意义。通过对职业院校学生的心理状态、学习动机、职业规划以及技能竞赛心理等方面的研究，教师可以更好地理解学生的学习需求和特点，制定更符合学生实际的教学计划和教学方法，从而提高职业教育实践的效果和质量。同时，职业教育心理学也可以帮助学生更好地了解自己的学习状况，找到适合自己的学习方法，提升学习效果。

（三）促进职校教师教育教学改革

职业教育心理学的研究可以为职业教育教学改革提供理论支持和实践指导。通过对职业教育心理学的基本原理的学习，结合职业教育现状，职校教师可以找到职业教育教学改革的方向和途径，从而推动职业教育的持续发展。

（四）增强职业院校教师职业素养

学习和研究职业教育心理学可以帮助教师更好地理解职业教育的本质和规律，提高教师的教育理论水平和教育实践能力。同时，职业教育心理学也可以帮助教师更好地了解职业院校学生的需求和特点，提高教师的教学效果和职业素养。

第二节 职业教育心理学的研究方法

一、职业教育心理学研究遵循的原则

（一）客观性原则

客观性原则是所有科学研究必须遵循的最基本的原则。对于职业教育心理学研究而言，客观性原则主要体现在两个层面：一是研究态度要客观；二是研究方法力求客观。

从研究态度层面来讲，客观性原则就是实事求是的原则。在研究过程中，研究人员必须实事求是地反映客观事物的真实面貌，不允许从个人或组织主观期待出发提取和解释结果。

从研究方法层面来讲，客观性原则指在研究过程中要确立客观的指标。其具体体现在以下两个方面：（1）所研究的心理或行为应该是可以测量的。即可以用外显的方式对所测量的心理和行为进行科学的观察和记录，特别是对一些不容易观察和测量的内部心理活动一定要寻找恰当的客观测量指标对其加以观测。（2）所使用的观测程序和手段必须具有可操作性。这是指所研究的方法和程序必须客观有效，其他人在相同的条件下也可以得到相

同的结果,即所研究的心理或行为应该可以得到重复验证。

(二) 系统性原则

系统性原则也叫整体性原则。任何事物或现象都是由若干部分或若干因素依照其内在关系构成的复杂系统。系统内各个要素和成分不是孤立存在的,而是彼此影响、相互作用的。这就要求我们在进行科学研究的时候不能孤立、片面地看待问题,而应将事物的多个方面作为整体加以考虑。学校教育情境中的心理现象也是如此。进行职业教育心理学研究时,要求研究者将心理现象进行多层次、多因素的系统分析,也要将心理现象及其影响因素之间的相互作用和相互关系进行整合。

(三) 理论联系实际原则

所谓理论联系实际原则,是指职业教育心理学研究的问题来源于职业教育教和学的实践,研究成果也将服务于职业教育的教与学。因此职业教育心理学的研究工作必须与职业教育教学实际密切结合,以充分保证其实际效用。

具体来说,坚持理论联系实际原则,就是要做到以下几点:(1) 研究的课题应是我国当前职业教育活动中学生的学、教师的教以及教学互动等方面存在的问题。(2) 在研究设计和研究过程中,既要通过严密的科学程序探索规律,又要将所发现的规律运用到职业教育教学活动中指导实践,让职业教育心理学直接为社会发展服务。任何一门学科,只有与社会发展和人民群众的需要相联系时,才有发展的前途和动力,才具有强大的生命力,应用性学科更是如此。

(四) 教育性原则

教育性原则也叫伦理原则,是教育学、心理学等以人为研究对象的学科必须遵从的原则。所谓教育性原则,是指职业教育心理学研究要符合教育的要求,要有利于职业学校学生身心的发展,不能给学生带来任何显在和潜在的伤害。在开展研究时,一定要牢记,职业学校的学生是人。因此,在选择方法和安排程序时,不能只考虑对所需要研究的问题是否有利,还要考虑所用的方法对学生的身心发展是否会产生不良影响。在研究中要想方设法控制一些意外事件对学生心理的不良影响,一旦出现,必须消除它。

二、职业教育心理学的常用研究方法

在职业教育心理学研究中经常使用的方法有观察法、实验法、调查法、测验法和个案法。

(一) 观察法

1. 观察法及其分类

观察法是指有目的、有计划地感知学生在日常生活条件下某种心理活动的客观行为表现,然后根据感知的结果来推断学生心理特点和规律的方法。观察法是职业教育心理学研究中经常使用的方法。在学生的日常活动中,通过观察可以随时了解学生的表现,如学习中存在的问题、学生的进步等,教师可以及时地调整自己的教学方法和教学内容。观察一般利用眼睛、耳朵等感觉器官去感知观察对象。由于人的感觉器官具有一定的局限性,观察者往往要借助各种现代化的仪器和手段,如照相机、录音机、摄像机等来辅助观察。

(1) 参与式观察与非参与式观察。

根据研究者是否参与被研究对象的活动来划分,观察法可以分为参与式观察和非参与式观察。参与式观察是研究者参与到研究对象的活动中去，在活动中观察；非参与式观察是研究者不介入研究对象的活动，只是旁观。参与式观察的优点是：研究者可以不暴露自己的研究者身份，使观察处于秘密的状态；由于参与进去，对观察对象的活动就有了比较深入的体验和理解，有助于理解研究对象行为表现背后的深层原因，使观察比较深入。非参与式观察相对客观，但不易深入。教师可以结合自己所要探索的问题来灵活选择参与式观察或非参与式观察。

（2）结构式观察与非结构式观察。

根据对观察的计划程度来划分，观察法可以分为结构式观察和非结构式观察。结构式观察对于观察的内容、程序、记录方法都进行了比较细致的设计和考虑，观察时基本上按照事先设计的步骤进行，观察记录的结果便于量化处理。非结构式观察指事先没有严格的设计，根据心理和行为发生情况即时观察并记录，事后进行分析研究。其优点是比较灵活、机动，能够抓住观察过程中发现的现象而不必受设计的框框的限制；其局限性在于结果难以进行定量化处理。

一般在研究的初期，主要采用非结构式观察，以便发现研究的现象，确定主题和观察方法与项目；而在研究的后期，为了深入对某些项目进行观察分析，可采用结构式观察。

（3）时间取样观察与事件取样观察。

根据观察时的取样方式来划分，观察法可以分为时间取样观察和事件取样观察。

时间取样观察是指在选定的一个或多个时间段内对研究对象的行为表现进行观察并加以记录，分析其心理的研究方法。这种方法比较适用于发生频率较高的心理现象。例如，我们要了解师生课堂言语交流的情况，将观察时间选在新授课比选在练习课更好。因为在新授课上教师与学生之间进行言语交流的机会很多，而在练习课上这种机会比较少。

事件取样观察是指当所要观察的心理与行为表现出现时，研究者对其加以详细观察并记录的研究方法。这种观察法适用于那些发生频率较低的心理现象。例如，研究者要用观察法研究职校生课堂攻击行为，就需要采用事件取样观察法。因为，在课堂上发生攻击行为的概率相对较低，如果每隔一段时间去观察记录会徒劳无功，而采用事件取样法就能提高观察效率。

2. 观察法的特点

观察法的优点：简便易行，所获取的资料客观可靠。因为观察一般利用人的感官进行感知，从而获得信息，所以，观察法就具备随时随地可以展开的优势，同时通过感官的感知，研究者能够从现场获得最直接的第一手资料，了解现实情境中学生的心理和行为表现，所获得的资料相对客观。

观察法的不足：（1）很多时候，观察法只能观察研究对象的即时表现，但对现象产生的原因不容易做出准确的判断。（2）研究者通常比较被动。这是因为采用观察法进行研究时，由于研究者不能操控现象和行为的发生，只有研究对象的某种心理、行为发生了才能进行观测记录，否则不能进行。

（二）实验法

1. 实验法及其分类

实验法是指在严格控制无关变量的条件下，有计划、有组织地操作自变量，根据观察、测定、记录与此相伴随的现象或行为（因变量），来确定实验条件与现象或行为的因果关系。简言之，实验法就是操作自变量、控制无关变量、记录因变量以寻找因果关系。再简略点，所谓的实验法就是有控制的观察。

(1) 自然实验和实验室实验。

根据对无关变量的控制情况来划分，实验法可分为自然实验和实验室实验。

自然实验是指在自然情境下，改变一种或几种影响被试者心理变化的条件，从而观察其行为变化的方法。在职业教育心理学研究中采用自然实验法，可以把实验寓于学生真实的生活、学习情境中，使学生不知道自己在参与实验，所以研究所得到的结果更符合学生实际，研究结果易于推广；其缺点是实验过程中的因变量有可能受突发事件的影响，因而影响所得结果的效度和信度。目前职业教育心理学研究中常采用这种实验方法。

实验室实验是指根据研究目的，在人工设计的实验室情境下，去创造或改变一种或几种影响被试者心理变化的条件，从而测量其心理、行为变化的方法。此种方法一般借助于一定仪器、设备来实现。这种方法的优点是对实验条件进行了严格控制，有利于研究者明确特设条件与学生心理、行为反应之间的关系，实验结果可以重复且精确性高；其缺点是由于实验室条件同学生正常的学习、生活条件相差较大，所以在推广研究结果时会受到一定的限制。

(2) 单因素实验和多因素实验。

根据实验研究中自变量的多少来划分，实验法可分为单因素实验和多因素实验。

单因素实验是指实验的自变量只有一个。这种方法的优点是实验简单，易操作，对所得数据的统计分析也比较简单；其缺点是因变量可能受自变量之外的多种因素的制约，只探讨一个自变量对因变量的影响，对其他因素的制约作用就无从考察，因此难以弄清引起因变量变化的确切原因。

多因素实验是指实验的自变量为两个或两个以上。这种方法的优点是通过实验可以明确影响因变量变化的多种因素及其相互之间的关系，研究结果更符合生活实际；其缺点是实验设计比较复杂，统计分析实验所得数据的手段要求较高，通常需要借助计算机来完成。

2. 实验法的特点

实验法的优点：(1) 可操作性。实验法强调人为控制和改变某些条件引发相应的心理现象，因此具有很强的可操作性。(2) 可重复验证。因其具有很强的可操作性，使得其他人可以依照实验程序对研究结果进行验证和质疑。这也是实验法科学性的体现。(3) 可以确定因果关系。实验法是通过控制无关变量，人为改变自变量来观测因变量随自变量改变而发生何种变化，因而可以较为准确地确定自变量与因变量之间的因果关系。

实验法的局限：实验法在追求准确把握自变量与因变量的因果关系的过程中往往会对可能引发因变量发生变化的变量都进行严格控制，这样会导致研究的生态效度较差，使最终得到的研究结果与实际生活中多种因素影响下的自然表现之间出现较大差异，从而失去在实际教学中的推广价值。不过，研究者们认识到了这一问题，在进行职业教育心理学研究时多采用自然实验法以减少这种不利影响。

(三) 调查法

1. 调查法及其分类

调查法是就某些问题要求被调查者回答他自己的想法或做法，以此来分析、推测个体或群体的心理倾向的研究方法。调查法可以收集到被试者进行某种心理活动时的内部过程和内隐行为。

根据调查方式来划分，调查法可分为访谈法和问卷法。

（1）访谈法。

访谈法是研究者通过与研究对象的交谈来收集有关对方心理特征与行为的数据资料的研究方法。它是心理学研究中运用比较广泛的方法之一，特别是在心理学应用研究中，常常用访谈法来了解人们的态度、看法、感受和意见，从而对他们的各种心理特征和活动进行分析。

按照提问和反应的结构方式不同可以把访谈分为结构式访谈和非结构式访谈。结构式访谈是一种有指导性的、正式的、事先确定了问题项目和反应可能性的访谈形式；非结构式访谈则是一种非指导性的、非正式的、自由提问和做出回答的访谈形式。

访谈法实施的要求：1）在访谈时，要让被访谈者对访谈人员产生信任感。2）访谈的环境要和谐，即让被访谈者比较放松，坦陈自己的想法。3）在访谈前，先确定所要访谈的主要问题，必要时列出访谈提纲。4）在访谈过程中，要根据被访谈者的回答，对不清楚的地方及时追问。5）要认真记录被访谈者的回答以及有关的行为表现。

（2）问卷法。

问卷法是指用统一的、严格设计的问卷收集被调查者心理活动的数据资料的方法。问卷法也是心理学研究中比较常用的方法之一。问卷法适用的研究问题很广泛。采用问卷法，可以系统地了解人们的满意感、基本需要、学习和工作动机、工作负荷、群体气氛、领导作风、价值观和态度等。

按问卷设计的形式，问卷可分为开放式问卷和封闭式问卷。开放式问卷是指问卷设计人员对答卷人的回答没有限制，可让答卷人根据自己的情况做出回答。封闭式问卷是指问卷设计人员明确规定了回答每个问题的几种可能性答案，答卷人只能从所给出的几种答案中选择适合自己情况的某种或某几种答案。

为了保证问卷法的使用效果，在具体研究过程中要注意如下问题：1）问卷中的题目数量不应过多。2）问卷中题目的叙述要简明并易理解，没有歧义。3）问卷所设计的内容应该是被调查者所熟悉的。4）回答问卷的方式简便。5）如有必要可以在一张问卷上设计封闭式问题和开放式问题。6）对问卷结果进行统计分析前，要先判断问卷的回答是否有效。

2. 调查法的特点

调查法的优点：（1）调查法能收集到难以从直接观察中获得的资料。通过调查，研究者可以收集到人们对某些现象的评价、社会舆论等精神领域的材料。（2）调查法的使用不受时间、空间的限制。观察法只能获得正在发生的现象的资料，而调查法可以在事后从当事人或其他人那里获得有关已经过去的事情的资料。在空间上，调查法可以跨越国界，研究数目庞大的总体，例如有关当代青少年问题的国际比较研究等。（3）调查法还具有效率较高的特点，它能在较短的时间里获得大量资料。

调查法的局限：对被调查对象的态度依赖程度较高。被调查对象由于种种原因可能会对问题作出虚假或错误的回答。

（四）测验法

1. 测验法及其分类

测验法是指通过测验来研究个体或群体心理、行为差异的方法。测验有标准化的问卷。

(1) 个别测验和团体测验。

根据测验对象的多少来划分,测验法可分为个别测验和团体测验。

个别测验是指由一名施测者在一定时间内测量一名被测者。例如韦克斯勒儿童智力量表就是个别测验。其优点是便于对被测者的行为进行控制和观察;其缺点是时间上不经济。

团体测验是指由一名施测者在一定时间内同时对多名被测者进行测量。例如瑞文推理测验就可以用作团体测验。其优点是可以在短时间内收集大量的数据;其缺点是条件不易控制,易产生误差。

(2) 成就测验、性向测验、智力测验、人格测验。

根据测验的目的来划分,测验法可分为成就测验、性向测验、智力测验、人格测验。

成就测验也称形成性测验。它试图测量个体经过学习和训练所获得的知识、经验、技能等,以便认定学习和训练的成效。成就测验不仅可以帮助教师明确教学目标并使教学目标落到实处,而且可以为教师提供反馈信息。成就测验还可以激励学生的学习动机。

性向测验也称能力倾向测验。它试图预测个体在某项特定活动中可能达到的成就水平。也就是说,性向测验是测量个体的潜在能力,即个体通过一定的培训之后所能达到的水平。

智力测验是测量个体智力水平高低的一种测验。智力测验的答案有正确、错误之分,在施测时有严格的时间限制。常见的智力测验有比内测验、韦克斯勒智力量表和瑞文推理测验。

人格测验是测量和诊断个体人格特点的一种测验。人格测验的答案没有正确、错误之分,它要求被测者根据自己的实际情况来回答,回答时没有严格的时间限制。常见的人格测验有卡特尔16种人格因素测验、明尼苏达多项人格调查表、艾森克人格问卷等。

2. 测验法的特点

测验法的优点:(1) 标准化高,简便易行。(2) 测验结果量化程度高,比较直观。(3) 结果解释有常模对照,相对准确且有可比性。

测验法的局限:(1) 测验结果受经验和文化影响。(2) 测验的实施和结果解释对施测者的专业知识和技能要求高。(3) 测验成绩只反映结果,无法反映心理活动的过程。

(五) 个案法

个案法是指对某一个体或群体组织在较长时间内(几个月、几年乃至更长时间)连续进行调查、了解,收集全面的资料,从而研究其心理发展变化历程及原因的方法。

个案法的优点:(1) 信息丰富。个案法因为要详细地记录个案的历史信息和现实表现,可以揭示许多在实验中可能被忽略或专门被排除的因素,因此,它可以发现某些可能会引起特定结果的潜在因素,从而为进一步的研究提供假设。(2) 结果比较可靠、易于接受。与传统实验研究得到的干巴巴的数据相比,个案研究中的详细描述更人性化、更生动,也更富有情感,因此它的被接受程度高。

个案法的缺点:研究对象有限,代表性较差,因而其结果的可推论性较差。

职业教育心理学的研究方法多种多样,它们之间相互关联、各有优劣。在职业教育心理学的研究中,更强调研究方法的整合。这种综合化的趋势,主要表现在如下几个方面:注意采用多种研究方法探讨同类课题;采用多因素设计;将定性分析和定量分析方法相结合。

第三节 教育心理学与职业教育心理学的发展简史

早在两千多年前,我国教育家和思想家孔子就在长期的教育、教学实践中,形成了对教育、教学中的认知、情感、意志和个性等方面丰富的教育心理学思想。例如,在认知方面,他强调复习的重要,重视对思维的启发,提出了"温故而知新""不愤不启,不悱不发,举一隅不以三隅反,则不复也"等观点;在情感方面,孔子提倡好学、乐学的情境,他强调"知之者不如好之者,好之者不如乐之者"。孔子也认识到个体差异对教育的影响,提倡因材施教,并身体力行。他对学生的性格、才能、志趣都有深刻的了解,针对不同学生的性格特点采用不同的教育方法,如他说:"求也退,故进之;由也兼人,故退之。"(《论语·先进篇》)

古代西方教育哲学家、思想家柏拉图强调教学方法要重视个别差异和教育目标,谋求身心的均衡发展;亚里士多德主张顺应本性、培养习惯、启发心智等教育原则。18世纪后期到19世纪末期,近代资产阶级教育思想家如捷克的夸美纽斯(J. Comenius)、瑞士的裴斯泰洛齐(J. Pestalozzi)、德国的赫尔巴特(J. F. Herbart)等,都非常重视在教育中运用心理学,并把心理学作为教育理论的基础。夸美纽斯指出"只有通过教育才能成为人",他第一次明确提出教育必须遵循个体自然的思想。裴斯泰洛齐从教育实践中探讨和研究儿童心理特点和规律,并和教育工作具体改革结合起来,提倡因能力施教。赫尔巴特是第一个明确提出把教学理论的研究建立在心理学基础上的人。这些都是现代教育心理学思想的源头。

一、教育心理学的发展简史

(一)西方教育心理学的发展简史

在西方,教育心理学的发展历史是心理学与教育学相结合并逐步形成一门独立的心理学分支、逐步完善的历史。其发展大致经历了萌发、初创、发展、成熟和拓展完善四个时期。

1. 萌芽期(20世纪初以前)

瑞士教育家裴斯泰洛齐第一次提出"教育教学的心理学化"的思想。德国教育家、心理学家赫尔巴特首次提出把教学理论的研究建立在心理学基础之上。俄国教育家乌申斯基在教育工作中最早尝试应用心理学知识,1868年他出版的《人是教育的对象》对当时的心理学发展成果进行了总结。1877年俄国教育学家、心理学家卡普捷列夫出版了世界上最早以"教育心理学"命名的著作《教育心理学》。

2. 初创时期(20世纪初到20年代)

1903年,美国心理学家桑代克(E. L. Thorndike)出版了比较科学系统地阐述教育中的心理现象及规律的著作《教育心理学》。这一著作奠定了教育心理学发展的基础,标志着西方教育心理学独立学科体系的确立。1913—1914年,该书又扩充为三卷本的《教育心理大纲》。桑代克认为教育心理学因教育需要而产生,其研究是以了解人性及改变人性,从而实现教育目的为取向的。他提出的三大学习定律及个别差异理论,成为20世纪20年代前后教育心理学研究的重要课题。

3. 发展时期（从20世纪20年代到50年代末）

20世纪20年代以后，西方教育心理学吸取了儿童心理学和心理测验方面的研究成果，大大丰富了自身的内容。20世纪30年代，学习心理学构成了教育心理学的主要内容。20世纪40年代，随着弗洛伊德的精神分析理论的广泛传播，儿童的个性发展与社会适应以及心理卫生问题也成了教育心理学研究的主题。到了20世纪50年代，伴随程序教学的兴起，信息论思想为许多心理学家所接受，研究者们开展了大量有关学习问题的研究。

4. 较为成熟时期（从20世纪60年代到70年代末）

20世纪60年代初，西方教育心理学出现了两个比较明显的特征：一是研究内容趋于集中。尽管不同的教材对于教和学的问题认识各有侧重，但对于心理发展与教育的关系、学习心理、教学心理、教学测评、个别差异、课堂管理心理与教师心理等问题基本达成了共识。各个心理学理论流派之间对问题的分析与认识也相互包容，分歧缩小。二是注重理论联系实际，教育心理学研究为学校教育服务。受人本主义心理学和认知心理学的影响，许多心理学家重新开始重视人性，关注人类的课堂学习研究。由美国教育心理学家布鲁纳（J. S. Bruner）发起的课程改革运动将面向教育实际的研究推向高潮。

5. 拓展完善时期（20世纪80年代以后）

进入20世纪80年代以后，教育心理学体系日趋完善，研究不断深入，视角渐趋综合，且越来越重视为教学实践服务。其主要表现是：各个理论派别的分歧越来越小，行为主义的学习理论与认知学派的学习理论都在相互吸收各自合理的部分，东西方教育心理学思想也相互取长补短。例如，苏联心理学家维果茨基的观点大量出现于西方教育心理学教材中。此外，如何将教育心理学的研究成果应用于教学实践成为大家共同探讨的问题。随着信息技术的发展，数字化教学、数字化学习等新型教育教学活动中心理现象及其规律的探讨，成为当今教育心理学的研究课题。

（二）教育心理学在中国的发展

早在春秋战国时期，我国的教育家孔子、荀子等就阐述过诸如"性相近，习相远""因材施教""青出于蓝胜于蓝"等丰富的教育心理学思想。而科学的教育心理学在我国出现是在20世纪初。

科学的教育心理学在中国的发展可以分为三个阶段。

1. 引进与模仿阶段（20世纪初到1949年中华人民共和国成立前）

这一时期以翻译介绍西方教育心理学为主，结合国内教学和学习实际进行本土研究为辅。我国出版的第一本教育心理学的著作是1908年由房东岳翻译、日本学者小原又一所写的《教育实用心理学》。1924年，我国学者廖世承编写了第一本由中国人撰写的教科书《教育心理学》。此后，潘菽（1935）、陈选善（1938）、肖孝嵘（1940）等也编著了教育心理学教材。尽管这一时期的研究较少创见，缺乏自己的理论，但这些工作对我国教育心理学的创立和发展作出了贡献。

2. 社会主义特色研究阶段（新中国成立到"文化大革命"开始）

新中国成立之初，我国的教育心理学工作者主要是学习和介绍苏联的教育心理学理论和研究成果，并试图以马列主义的原理和方法对此前的教育心理学进行改造，以确立我国教育心理学的发展方向。同时也结合当时的教育改革，对儿童入学年龄问题、学科教学改革问题、品德和劳动教育中的心理学问题做了一些实验研究。例如，新中国成立以后，一部分心理学工作者与教育工作者协作，进行了 6 岁儿童入学的实验研究和在小学五年级讲授代数基本知识的实验研究。1962 年中国心理学会召开了教育心理学专业会议，成立了教育心理学专业委员会，我国的教育心理学得到了发展，研究范围也有所扩大，包括学习心理、德育心理、学科心理、个别差异、学习阶段的划分以及教学方法的改革等诸方面。

3. 快速发展阶段（"文化大革命"结束至今）

"文化大革命"期间，我国的心理学研究工作完全停止，直到 1976 年粉碎"四人帮"后，才得以恢复和发展。1980 年潘菽主编的《教育心理学》一书反映了当时我国教育心理学界对教育心理学研究的一般观点和相关研究成果。此后，随着改革开放，我国教育心理学工作者们在进一步翻译介绍国外教育心理学理论和研究成果的基础上，结合我国教育教学实际，开展了丰富的理论和应用研究。

二、教育心理学的发展趋势

（一）内容趋于集中

20 世纪 60 年代后，尽管出版的教科书多种多样，但其内容日趋集中，主要围绕有效的学和有效的教来阐述，如教育与心理发展的关系、教与学的心理，包括学习理论、学习动机、个别差异、智力测验、成绩评定、课堂管理与纪律、教育中的社会因素、教师心理等几个方面的问题，其中与教和学直接有关的内容更为丰富。教育心理学逐渐形成了自己独立、系统的学科体系。

（二）各派的分歧逐步缩小

教育心理学的理论和派别，基本上可以分为行为主义学派、认知主义学派和人本主义学派。随着研究的逐步加深，越来越多的研究者认识到，多种理论和假说的并存是一门学科发展的必然。研究者们常常既关注学生高级的认知活动又不排斥客观的研究方法；在探讨学生信息加工过程规律的同时，把学生作为带有积极主动性的人来看待，使得人本主义的心理学理念在教育心理学的研究中有了独特的地位，同时也成为教育心理学统合的重要内容之一。

（三）注重学校教育实践

20 世纪 60 年代以后，教育心理学越来越注重为学校教育实践服务。教育心理学家们越来越多地研究环境、社会阶级、文化背景、师生关系、集体等因素对学生学习的影响，并力图把研究同教育、教学的实际问题联系起来。例如，布鲁纳的"发现教学法"、赞可夫的"教学论三原则"以及各种现代化教学技术运用中心理学问题的研究都在教育实践中产生了很大的影响。

近几十年来，教育心理学大量研究课题从传统的纯理论研究向综合性的应用研究发展，研究重点渐渐转移到教学实际中的各种问题，特别是为教学方案设计和计算机辅助教学的程序设计提供心理学原则和依据。此外，有关认知策略、元认知和知识最优化等基础研究课题，也与学生阅读理解、学科心理、技能培养、教学设计、教育评价等应用性研究课题结合起来，在应用研究上表现出勃勃生机。

（四）数字化学习与教学规律的探讨

随着信息技术的普及和发展，数字化学习逐渐成为学生主要的学习方式。这就要求教育心理学要把数字化学习中的学与教的规律作为探讨的内容之一。诸如，数字化学习中学生的特点及个体差异,数字化学习过程的规律,影响数字化学习效率的因素及如何提高数字化学习效率等正在成为研究的重要内容。

(五) 教师发展和教学理论的探讨

早期的教育心理学关注学生的学习和教师的教学,主张充分尊重学生的积极性和主动性,但教师自身的发展和提高没有得到重视。近些年,随着对教师作为教学双边活动的重要组成部分的认识越来越清晰,教师心理、教师发展及如何提高教学效果的教学理论研究日益增多。

三、职业教育心理学的发展简况

伴随着心理科学和职业教育的迅速恢复与发展,我国职业教育心理学研究领域也出现了较为繁荣的景象。国内较早关注职业教育心理学的是黄强、张燕逸、武任恒等人,他们根据职业教育活动的特殊性,联合国内几所职业技术师范类院校心理学工作者,根据职业技术教育活动的内容和特点,于1991年编写出版了我国第一本职业教育心理学教材《职业技术教育心理学》。这本教材从心理学的基础理论、职业培训的心理学问题、职业技术学校学生的人格教育问题、职业技术学校主要活动系统的心理学问题以及职业技术教育与职业心理学的问题五个部分介绍了职业技术教育活动中的心理现象与教学。这本教材对后期同类教材起到了奠基作用。此后,刘重庆(1996),刘重庆、崔景贵(1998),郑日昌、伍新春(1999),杨广兴、赵欣、黄强(2000),刘德恩等(2001),崔乃林、邹培明(2001),王国华、刘合群(2004),崔景贵(2008),曾玲娟(2010),卢红、李利军(2010),夏金星等(2012),谭静、温卫宁(2013),胡克祖(2018),崔景贵(2018),李宁(2019),崔景贵、蒋波(2020)先后出版了同类教材。这些教材总体特点较为一致,大多都将教育心理学内容与技能学习、生涯规划与指导以及职业技术教育教学设计等职业教育特色鲜明的内容相结合。其中崔景贵及夏金星等人的教材对职业学校学生心理特点介绍更为详细,刘德恩的教材强调从工作需求入手寻求心理学理论支持,更侧重于对职业教育活动工作分析的研究,职业教育特色鲜明。从发展趋势来看,职业教育心理学教材越来越呈现出普职兼顾、相互融通的趋势。

总之,这些学者对职业教育心理学的探索性工作奠定了我国职业教育心理学发展的基础,也促进了我国职业教育心理学的发展。

本章重要概念

心理学是研究心理现象及其规律的科学。

心理现象是人脑对客观世界的主观反映。

心理过程是指在客观事物的作用下,心理活动在一定时间内发生、发展的过程。心理过程通常包括认知过程、情感过程和意志过程三个方面。

认知过程是人通过感觉器官不断地接受各种信息,经过脑对信息的存储、理解、组织加工,对客观事物的本质及其事物之间的内在联系的规律性的反映过程,包括感觉、知觉、记忆、想象及思维等。

情感过程是人对客观事物的某种态度的体验。

意志过程是人有意识地克服各种困难以达到一定目标的过程。

注意是心理活动对一定的活动或对象的指向和集中。

个性心理又叫个性，是指在个人自然素质的基础上由于社会的影响，通过人的活动而形成的稳固的、本质的心理倾向和心理特征的总和。个性心理包括个性心理倾向性和个性心理特征两个方面。

个性心理倾向性表现了一个人的心理活动的倾向，是心理活动的动力系统，主要包括需要、动机、兴趣、人生观、价值观、理想、信念及世界观等心理成分。

个性心理特征是个体在各种活动中表现出来的比较稳定的成分及特点，主要包括能力、气质和性格。

教育心理学是研究学校教育情境中，学与教的过程中的心理现象及其基本规律的科学。

学习过程是学生通过自身与教师、教学媒体、教学内容和教学环境相互作用获得知识信息，形成技能和态度的过程。

教学过程是教师根据教学目标创造教学环境，使用教学媒体向学生传递教学内容的过程。

评价和反思是指个体对活动过程的监控与调节，以及对活动效果和价值的评估。

教学的心理环境是由学校内部许多无形的社会、文化、心理因素构成的一个复杂的环境系统，它与物理环境共同构成了教学环境的整体，主要包括校风、班风、学风、教风、课堂气氛、师生关系和校园文化等。

职业教育心理学是研究职业学校教育情境中学与教的心理现象及其规律。

观察法是指有目的、有计划地感知学生在日常生活条件下某种心理活动的客观行为表现，然后根据感知的结果来推断学生心理特点和规律的方法。根据研究者是否参与被研究对象的活动来划分，观察法可以分为**参与式观察**和**非参与式观察**。根据对观察的计划程度来划分，观察法可以分为**结构式观察**和**非结构式观察**。根据观察时的取样方式来划分，观察法可以分为**时间取样观察**和**事件取样观察**。

参与式观察是研究者参与到研究对象的活动中去，在活动中观察。

非参与式观察是研究者不介入研究对象的活动，只是旁观。

结构式观察对于观察的内容、程序、记录方法都进行了比较细致的设计和考虑，观察时基本上按照事先设计的步骤进行，观察记录的结果便于量化处理。

非结构式观察指事先没有严格的设计，根据心理和行为发生情况即时观察并记录，事后进行分析研究。

时间取样观察是指在选定的一个或多个时间段内对研究对象的行为表现进行观察并加以记录，分析其心理的研究方法。这种方法比较适用于发生频率较高的心理现象。

事件取样观察是指当所要观察的心理与行为表现出现时，研究者对其加以详细观察并记录的研究方法。

实验法是指在严格控制无关变量的条件下，有计划、有组织地操作自变量，根据观察、测定、记录与此相伴随的现象或行为（因变量），来确定实验条件与现象或行为的因果关系。根据对无关变量的控制情况来划分，实验法可分为**自然实验**和**实验室实验**。根据实验研究中自变量的多少来划分，实验法可分为**单因素实验**和**多因素实验**。

调查法是就某些问题要求被调查者回答自己的想法或做法，以此来分析、推测个体或群体的心理倾向的研究方法。根据调查方式来划分，调查法可分为**访谈法**和**问卷法**。

访谈法是研究者通过与研究对象的交谈来收集有关对方心理特征与行为的数据资料的研究方法。按照提问和反应的结构方式不同，可以把访谈分为**结构式访谈**和**非结构式访谈**。

问卷法是指用统一的、严格设计的问卷收集被调查者心理活动的数据资料的方法。问卷法也是心理学研究中比较常用的方法之一。按问卷设计的形式划分，问卷可分为**开放式问卷**和**封闭式问卷**。

测验法是指通过测验来研究个体或群体心理或行为差异的方法。测验有标准化的问卷。

个案法是指对某一个体或群体组织在较长时间内（几个月、几年乃至更长时间）连续进行调查、了解，收集全面的资料，从而研究其心理发展变化历程及原因的方法。

复习思考题

1. 简述心理学的研究对象及内容。
2. 教育心理学的内容有哪些？
3. 职业教育心理学研究应遵循的原则是什么？
4. 职业教育心理学的研究方法有哪些？各自的特点是什么？
5. 简述教育心理学的发展历史。
6. 简述职业教育心理学的发展概况。

第二章
心理发展与教育

本章主要内容

1. 心理发展的一般规律。
2. 职业学校学生心理发展的特点。
3. 职业学校学生认知发展。
4. 职业学校学生情绪特点。
5. 职业学校学生人格发展。

案例导入

中职一年级学生陈超,新生军训第三天才在父母的陪同下来学校报到,住校的第二天晚上就和同班两位同学翻围墙外出上网。后来有一天又和班里一位同学爬围墙外出上网,被老师发现后,他的理由是:下午的电脑课没有上网,所以跑出去上网了。陈超的课堂表现很差,总是聊天、睡觉。有一次,政治课全班同学都在看书,就他一个人在睡觉,老师叫他看书,他不看,还和老师争吵。一个周二的傍晚,他请假回家拿东西,回家后打电话给班主任说第二天返校,当时也得到了家长的确认。但到了周三晚上他也没有来学校。班主任和家长联系后得知,他周三早上7点半就离开家了,家长以为他去学校了。打电话联系陈超,发现他的手机已关机。后来在警察的帮助下,在网吧找到了他。询问他原因,他表示,在家里被爸爸批评了,心里不愉快。陈超在寝室里也是活跃分子,喜欢吵闹,在寝室熄灯后喜欢串寝室。

重点中学的优秀教师茅卫东老师到职校任教时,为了激发学生们的主体意识,培养他们的策划能力、组织能力以及合作精神,曾让学生为班级活动提建议。结果学生的反馈是,他们只是喜欢坐在一起吃东西、聊天,其他无所谓。这让茅老师很郁闷。

思考:
1. 陈超为什么会是这个样子呢?
2. 茅老师为什么感到很郁闷呢?

第一节　职业学校学生心理发展概述

一、什么是心理发展

心理发展有广义和狭义之分。广义的心理发展包含种系心理发展、种族心理发展和个体心理发展；狭义的心理发展仅指个体心理发展。在生活和教育领域所说的心理发展一般都是狭义的心理发展。

种系心理发展指随着动物种系的生物演化其心理发生变化的过程，包括动物心理学和比较心理学。种族心理发展指随着人类历史的演进人类心理的历史发展变化过程，包括民族心理学、进化心理学等。个体心理发展指人类个体从受精卵开始，到出生、成长直至衰老死亡的整个生命过程中的心理变化过程。

二、心理发展的特点

（一）连续性与阶段性统一

心理发展是一个持续不断的变化过程。当一种心理活动在发展变化过程中时，并没有明显的、新的特点出现。这种在质变之前进行着量变的积累的心理变化过程，就表现为心理发展的连续性。

个体心理发展也是从量的变化到质的变化的过程。如果把心理发展的连续性看作矛盾运动过程中量的积累，那么个体心理发展的阶段性就体现了矛盾运动的质变。量变达到一定程度产生质变，质变使得个体在不同的时期表现出与其他时期不同的心理特点，于是心理发展过程中表现出明显的阶段性。

心理发展的阶段性具体表现为个体心理发展过程由一些具体的发展阶段组成。比如：就思维发展而言，童年期由以具体形象为主逐步过渡到以抽象逻辑思维为主；少年期抽象逻辑思维逐渐占主导地位；青年初期不仅抽象逻辑思维的理论性和概括性水平有所提高，而且开始具有了辩证逻辑思维；进入大学阶段后，理论逻辑思维和辩证逻辑思维逐渐占据主导地位。

心理发展变化的连续性与阶段性并不是割裂开来的，后一阶段的发展总是在前一阶段基础之上的；后一阶段出现以后，前一阶段的某些特征也并不会完全消失。因此，心理发展是一个连续性与阶段性统一的过程。

（二）方向性与顺序性

如同生理发展要经历从婴儿期、幼儿期、童年期、少年期、青年期到老年期发展变化一样，心理发展也是连续的、有方向的，是按一定顺序进行的。心理发展的方向性是指心理发展的指向性。一般来说，心理发展总是趋向从简单到复杂、从低级向高级发展。

心理发展的顺序一般而言是固定的，不能颠倒和超越。每一种心理过程、心理特征的发展都建立在前一种心理活动的基础之上，都是对先前心理活动的继承与发展。想要越过某个心理过程而直接进入下一个心理环节是不可能的。

（三）不平衡性

个体一生的心理发展并不是随年龄的增大而匀速发展。一方面，在心理发展的历程中，同一心理机能特性在发展的不同时期有不同的发展速率，有的时期发展速度快，有的时期发展速度缓慢。例如，出生后第一年是个体一生中发展速度最快的时期，整个婴幼儿期，个体各项生理和心理机能迅速发展，是第一个发展加速期；童年期是发展速度较快的发展期；到了青少年期，随着生理快速发育，个体心理也呈现第二个加速发展期；中年期以后随着生理的缓慢衰退，心理发展整体处于平稳发展变化阶段，但部分心理功能趋于衰退；老年期随着生理功能的全面衰退，心理功能也趋于全面下降。另一方面，个体不同心理机能在发展的速度、起止时间以及成熟时期都有不同的进程。

一般把那些发展比较快速的时期称为关键期。所谓的关键期，是指个体在生命发展的某些时期，对某些刺激比较敏感，容易形成反应；错过了这些时期，个体对这些刺激不敏感甚至不能反应。所以，抓住关键期进行适时教育会取得事半功倍的效果。脑科学研究表明，7岁左右时，个体的脑重已达到成人时期脑重的90%以上，且脑细胞分化程度与成人相近。因此，对于大多数心理机能而言，7岁之前是发展的关键期。发展心理学的研究表明，青春期是个体人生观、价值观形成和发展的关键期。

（四）差异性

每个人的各种心理过程和个性特点的发展速度以及达到成熟水平的时间并不完全相同，有的发展快，有的发展慢。一个人可能在某方面发展得早些或水平高些，另一个人可能在这方面发展得晚些或水平低些。

三、影响心理发展的因素

人的心理发展是一个极其复杂的动态过程，因而制约心理发展的因素也是复杂多样的。一般认为，影响心理发展的因素主要有下述几个方面。

（一）遗传

科学研究表明，心理现象是人脑对客观现实的反映，是个体神经系统机能的体现。这就决定了个体心理或行为的发展与个体生理发展关系密不可分。因此，遗传就成了个体许多方面的心理发展或行为发展的基础。例如，个体的气质、智力等心理过程的活动特点受遗传因素的影响较为明显。

（二）家庭

在个体的成长过程中，家庭是影响最早、持续最久的后天环境因素。家庭规模的大小、家庭结构的完整与否、家庭中的人际关系、家庭经济条件等都会对个体产生直接或间接的影响。国内外大量研究表明，家庭主要成员缺失、家庭关系紧张、家庭教育方式不当、出现意外事件等不良的家庭环境因素，容易造成家庭成员的心理行为异常。

父母的教育方式与教养态度对子女个性发展也有着深远影响，子女的个性特征与父母的教育方式和教养态度关系很大。研究表明：专制型父母的子女在幼年存在焦虑、退缩和抑郁的特征，男孩子情绪容易激动、具有较强的攻击性，女孩子依赖性强，到了青春期个体心理适应能力欠佳、学业成绩平平；而民主型父母的子女在幼年情绪愉快、性格活泼，女孩子独立自主能力强，男孩子友善合作、有较高水平的自尊和自我控制能力，到了青春期个体自尊水平高、社会和道德意识良好、人际关系较好、学业成就较高。

家庭心理气氛对子女个性特点也有影响。良好的家庭心理气氛有利于使子女的个性向积极方向发展。

（三）学校

学校是学生学习、生活的主要场所，学生的大部分时间是在学校度过的。因此，学校生活对学生的身心健康影响很大。学校因素主要有学校教育条件、学习生活条件，以及师生关系、同伴关系等。

教师是学校活动的主要组织者，是学生学习和模仿的对象。所以，教师的言行举止无疑对学生心理发展有极为重要的影响。教师的教育方式是师生互动关系中的根本因素，不同的教育方式会导致不同的师生关系。美国学者怀特（R. K. White）和里皮特（R. Lipper）关于教师教育方式对学生的研究结果发现：在专制型教师的教育下，学生的作业效率上升很快，但缺乏自主，对教师有较强的依赖感，且有不满情绪；在民主型教师的教育下，学生一般都积极主动完成作业，且较少不满情绪；在放任型教师的教育下，学生作业效率低，行为任性，有较强的挫败感。不但如此，教师对学生的关注程度和期望水平对学生个体发展也有很大影响。关于这一点，我们在"学习动机"一章会进行详述。

（四）同伴

随着个体的成长，其社会交往范围日益扩大。除家庭成员和教师以外，个体接触最多的交往对象就是同伴，如玩伴、同学、同事。同伴对个体人格的形成与发展有着多方面影响。第一，同伴是学习和模仿的榜样。在同伴团体中，某些行为受到大家的鼓励或赞赏，这种行为则可能保持下去；若遭到反对，则可能消退。第二，同伴评价促进自我意识的发展。个体从同伴那里接收信息，了解社会对自己的评价、看法和期望，进一步改变自己，促进自我意识或自我概念的发展，对父母的依赖逐渐减少，独立性日益增强。第三，同伴团体能够为个体提供一个发展人际交往能力的机会。第四，同伴交往可以促进个体认知发展。同伴是个体的重要信息源。个体在与同伴的交往过程中相互交流信息，在扩充彼此知识的同时也对同伴的认知方式产生影响。

（五）社会文化

个体的心理发展是一个社会化的过程。社会化是通过社会教化和个体内化实现的。在社会进程中，文化的影响范围广泛，因此对个体的影响也很广泛。文化一方面通过学校教育和传媒直接影响个体心理发展；另一方面，文化通过其他社会对象和社会活动间接影响个体心理发展。除了学校教育以外，文化对个体的影响主要通过大众传媒实现。大众传媒有很多形式，如报纸、电视、图书、杂志、网络等。研究表明，暴力的影视内容确实可以引起人们暴力行为的增加和对暴力行为的认可。网络作为当今主要的大众传媒之一，对青少年的心理发展有着至关重要的影响，这就需要全社会一起努力建设健康的网络文化，促进新一代青少年健康成长。

四、心理发展与教育的关系

（一）教育的目的是促进学生心理发展

教育的本质是促进学生身心发展，因此，促进学生心理发展也是教育的重要目的之一。

（二）心理发展水平制约教育教学内容与方法

不同年龄阶段、不同文化背景下的学生原有的知识水平对教师的教学内容、教学方法有制约作用。教育教学必须以学生心理发展水平和特点为依据，选取恰当的教材和教学内容，采用适合某一年龄段学生心理发展水平和特点的教学方法。

(三) 教育影响个体心理发展的速度和水平

教育是个体心理发展过程中最主要的环境因素。学生的心理发展与教育之间有复杂的相互依存关系。教育对学生的心理发展起着主导作用，影响心理发展的进程和方向。科学合理的教育促进学生心理发展，教育措施不当就无法指导学生向更高水平发展。

五、职业学校学生心理发展的总体特点

青春期是指青少年生理发育和心理发展急剧变化的时期，是童年向成年过渡的时期，是人生观和世界观逐步形成的关键时期。青春期也是大脑从生长发育走向日趋成熟的时期。青春期被称为"人生历程的十字路口"，它既与儿童有别又与成人不同。世界卫生组织（WHO）将10~20岁定义为青春期。在我国，一般把12~18岁这一年龄段看作青春期。职业学校的学生大多数都处在这一年龄阶段。

（一）自我意识高涨

由于生理发育的成熟、成人感的产生，青春期学生自我意识开始高涨。他们更加关注自己的体型及外貌等，喜欢打扮，也非常在意别人对自己形象的评价和反应，经常会因为不满意自己的外在形象而产生焦虑和自卑感。

这一时期的学生也开始对自己的内心世界和个性品质等方面高度关注并进行自我评价。他们开始思考"我是谁""我是怎样的一个人""我的未来在哪里"等问题，但对于这些问题的思考和认识往往带有强烈的自我中心倾向，总是随自己的认识、情绪等的变化而不断变化。他们经常认为自己非常独特，常常感觉周围的人都在关注自己，也经常把自己对自己的评价、体验投射到周围人身上，认为周围人对自己有这样那样的看法和感受。

（二）性意识萌发

在青春发育期，人体生殖系统迅速发育，性机能快速成熟，第二性征出现。伴随这些变化，青少年的性意识也被激发。这一时期的学生对自身以及异性的生理变化、男女关系开始关注，对自己爱慕的异性产生比较特殊的感受。他们开始有了性冲动，渴望了解性知识；他们对异性表现出好奇和爱慕，希望在异性面前表现出色，但在异性面前往往表现得过于紧张和兴奋，以至于在行为上显得比较笨拙、不得体。

这一时期，男生和女生对异性间的交往非常敏感，且容易冲动。他们认识能力尚未成熟、道德观念不强、意志力薄弱，对于异性间的交往容易受冲动的影响，给自己的身心健康造成不良后果。因此，家长和老师要根据他们生长发育的年龄特点及所处的文化背景进行适时、适量、适度的性教育，让他们懂得必须遵守社会公德和性道德；在进行性教育的同时，还应注意改善不良的外界环境，安排好青少年的业余生活，把他们引导到正当的活动中去，激发他们健康的生活情趣。

（三）社会性需求强烈

相对于青春期前，青春期学生的心理带有很强的社会性，他们的心理发展不仅受家庭和学校环境的影响，也开始更多地受社会环境的影响。这主要是因为生理上的"成人感"使他们渴望像成年人一样具有社交能力，拥有自己的交际圈，有自己的人际支持系统。因此，他们发展自己社会性能力的需求很强烈，主要表现在渴望友谊、追求人际关系和谐。交友问题常是困扰青春期学生的一个主要问题：他们渴望与周围的同龄人成为朋友，获得他们的认可和理解；有什么心里话，他们都倾向于和同龄人述说；他们十分重视同龄人对

自己的评价和看法。

（四）心理发展的矛盾性和两极性

处在青春期的学生生理快速发育与心理发展相对迟缓导致其在心理活动表现方面起伏不定。因此，有人把这一时期称为"动荡期"。这一阶段的心理发展总体呈现矛盾性和两极性特点，具体表现在下面几个方面。

1. 情绪和情感的两极性

在情绪和情感方面，青春期学生表现出明显的两极性特点：从外部情绪来说，时而内隐时而外显，时而热情时而冷漠；从情感体验来说，爱憎分明，对周围的人要么非常喜欢，要么非常讨厌。他们对待问题容易偏激，比较容易意气用事。

2. 闭锁与开放并存

进入青春期后，由于自我意识、成人感的增强，学生开始将自己的内心世界封闭起来，不轻易向成人坦露心声，表现出闭锁性。同时，他们也迫切渴望与人交流和沟通，有强烈的求知欲望。这些欲求促使他们遇到知心朋友时很愿意将自己的心情和内心想法等和盘托出，表现出高度的开放性。

3. 自尊与自卑共存

青春期阶段的学生对自己非常关注，对他人对自己的评价也非常敏感。他们对自己的体验非常强烈，表现出很强的自尊心。但由于这一时期的认知能力有限，且有偏执的特点，加上解决各种问题的经验不足，所以当他们遇到理想达成受阻时容易体验到挫折感，对自我容易形成负面评价，表现出自卑的一面。

4. 独立与依赖共存

成人感、认知能力的提高，使青春期的学生有极强的独立意识。大多数时候，他们渴望摆脱家长和老师的精神支配，不愿轻易接受成人的意见，开始强调自己的独立自主决定权。但一方面，囿于各种条件的限制，他们在生活上不能独立，需要成人提供保障；另一方面，尽管他们认识事物的能力在这一时期迅速发展，但不完善，遇到复杂问题、产生困惑的时候，他们又希望得到成人在精神上的帮助与支持。

5. 稳定与起伏共存

青春期的学生随着人生观的发展，对外界事物逐渐有了自己独到的看法，与此同时，随着自我控制能力的进一步提高，他们在很多时候表现出稳重和稳定的一面。同时，由于这一时期内分泌的快速变化，使他们的情绪起伏较大，常常会有"得即高歌失即忧，多愁多恨亦悠悠"的情况。

6. 表演与掩饰共存

内分泌的快速变化、社会认知能力和自我调控能力的提高使得青春期的学生学会了表演情绪和掩饰内心。例如，很长时间他们对父母或教师心存不满，但他们轻易并不表现出这种不满，有时候又会因为一件微不足道的小事冲父母或他人爆发强烈的情绪（冲长辈摔门等）。他们内心里面明明很喜欢某个异性同学，但在言语与行为中又表现无感甚至不喜欢。

第二节　认知发展与教育

个体的认知能力直接制约着其对客观世界的认识方式和认识程度。而一个人的认知能力很大程度上是后天逐步发展起来的。对个体认知事物能力的发展进行过系统研究的学者中有代表性的有皮亚杰、维果茨基、里格等，他们分别从不同角度对人类个体认知发展做过系统的理论阐述。

一、皮亚杰的认知发展理论

（一）皮亚杰认知发展理论的基本观点与概念

1. 基本观点

皮亚杰是著名的发展心理学家，他创立了发生认识论，提出了认知发展阶段论。他认为认知的本质是使个体适应外界环境，认知的发展是认知结构（图式）的改变过程，认知结构的改变是个体通过同化和顺应而与环境之间不断寻求平衡的过程，个体有感知运动图式、符号图式和运算图式三种主要的认知结构。他以"运算"为标尺，衡量个体心理的成长，把个体认知发展划分为四个阶段。所谓"运算"，是指在头脑中进行的可逆的逻辑思考。

2. 基本概念

（1）图式。

图式是皮亚杰理论中的核心概念，是指个体感知、理解和思考世界的方式，是动作的结构或组织。皮亚杰认为，人的认识发展，不仅表现在知识的增长上，更表现在认知结构的完善和发展上。图式的发展水平是人的认识发展水平的重要标志，既是认识发展的产物，又是认识发展的基础和条件。新生儿仅具有吮吸、抓握等少量简单的遗传图式。复杂的认知结构是在先天遗传图式基础上逐渐发展起来的。

（2）同化和顺应。

同化指有机体把新的环境信息整合到自己原有认知结构中去的过程。

顺应指个体改变自己的认知结构以适应外部环境改变的过程。即当个体遇到不能用原有图式同化的新刺激时，便要对原有的图式加以修改或重建，以适应环境的过程。

皮亚杰认为，图式的发展和丰富正是通过同化和顺应两种机制来实现的。同化是量变的过程，而顺应是质变的过程。在认知结构的发展中，同化与顺应既相互对立又彼此联系、相互依存。

（3）平衡。

平衡是个体通过自我调节机制使认识的发展从一个平衡状态向另一个较高平衡状态过渡的过程。当面临新异刺激时，已有图式不能适应，便产生了不平衡；通过主体和客体的相互作用，即通过同化或顺应，使认识达到一个新的水平，恢复平衡状态。认识的发展就是平衡—不平衡—平衡的过程。

（二）皮亚杰认知发展阶段理论

皮亚杰根据认知结构的特点，把个体的认知发展分为四个阶段。

1. 感知运动阶段（零岁到两岁左右）

这个阶段的儿童主要借助于实际动作感知外界事物，其认知结构是感知运动图式。儿童借助这种图示可以协调感知输入和动作反应，从而依靠感觉和动作认识、思考和适应环境。这一阶段，儿童从一个仅仅具有反射行为的个体逐渐发展成为对其日常生活环境运用自己的感觉、知觉和动作进行初步了解的问题解决者。

2. 前运算阶段（两岁到六七岁）

这个时期，儿童与客体相互作用的方式仍然是实际动作，尚未达到"运算"水平。儿童将感知动作内化为表象，建立了符号功能，可以凭借心理符号（主要是表象）进行思维，从而使思维可以摆脱感觉和知觉信息的输入。在前运算阶段，儿童思维具有如下特点：

（1）泛灵论。

这一阶段，儿童无法区别有生命和无生命的事物，常把人的意识动机、意向推广到无生命的事物上。在他们眼里所有的事物都和人一样具有生命，会感知，能思考，有情绪情感体验。

（2）自我中心性。

皮亚杰用"三山实验"发现前运算阶段的儿童认知具有自我中心倾向。儿童缺乏观点采择能力，只能从自己的角度看待世界，难以从他人的角度认识问题，因而他们不能很好地理解其他人的观点。

（3）思维不可逆。

思维的可逆性是指在头脑中进行逆向思维运算活动。思维的可逆活动有两种：一种是反演可逆性，即认识到改变了的形状或方位还可以改变回原状或原位。例如把球状橡皮泥变成扁平状，前运算阶段的儿童会认为橡皮泥变多了或者变少了，却认识不到橡皮泥由扁平状再变回球状和原来就一样多了。另一种是互反可逆性，即两个运算互为逆运算，如 $A=B$，则反运算为 $B=A$；$A>B$，则反运算为 $B<A$。这一阶段的儿童缺乏对事物之间变化关系的可逆运算能力，难以完成这种运算。

（4）缺乏守恒概念。

因为此阶段的儿童思维不可逆，所以他们也就不具备守恒概念。守恒是指掌握概念的本质特征，所掌握的概念并不因某些非本质特征的改变而改变。前运算阶段的儿童认识不到在实物的表面特征发生某些改变时，其本质特征并不会发生变化。不能守恒是前运算阶段儿童的重要特征。

也正因如此，这一阶段的儿童不能很好地理解整体和部分的关系。通过要求儿童观察整体和部分的关系，研究者发现：儿童能把握整体，能分辨两个不同的类别。但是，当要求他们同时考虑整体和整体的两个组成部分的关系时，他们多半会给出错误的答案。这说明他们的思维受眼前的显著知觉特征的局限，而意识不到整体和部分的关系。

（5）思维具有相对具体性。

这一时期的儿童思维具有单一性的特点。在他们眼里事物是唯一存在的，他们认为：一旦自己拥有了这个事物，其他人就不会再有了。这一时期，儿童常常出现抢玩具的时候都声称"这是我的"的现象。

3. 具体运算阶段（六七岁到十一二岁）

在具体运算阶段，儿童可以借助运算与客体相互作用，但需要有具体实物或形象的支持。儿童的认知结构由前运算阶段的表象图式演化为运算图式。具体运算思维的特点是：具有可逆性、守恒性和去自我中心性。皮亚杰认为这一时期的儿童可以进行逻辑思维，但此时的思维活动需要具体事物或具体事物形象的支持。如：个体可以对多个事物之间的大小关系做出正确比较和推断，但与年龄较大的个体相比，他们尚不能对诸如由 $A>B$、$B>C$ 来推断 A、B、C 三者关系的问题进行直接的符号运算，他们进行比较和推断的时候往往需要把这三个符号转换成具体的事物进行比较或者在头脑内部把这三个符号转换成有关具体事物的形象进行比较后才能得出结论。

4. 形式运算阶段（十二三岁及以后）

这个时期，个体可以脱离具体实物或形象的支持，借助运算与客体相互作用，个体思维发展到抽象逻辑推理水平。这一阶段，个体可以摆脱具体事物以及具体事物的表象，对抽象符号进行形式上的逻辑思考。他们对诸如由 A＞B、B＞C 来推断 A、B、C 三者关系的问题可以进行直接的符号运算，不再需要转换为具体事物或事物表象。此阶段的个体可以进行假设—演绎推理，在解决问题时能够做到首先提出假设、提出各种可能性，然后进行演绎，寻求可能性中的现实性，寻找正确答案。

二、维果茨基的认知发展理论

维果茨基是苏联时期卓越的儿童心理学家，他创立了"文化历史发展理论"，提出了"高级心理机能的社会起源论"，强调文化、社会对个体认知发展的影响。维果茨基认为，个体认知不仅可以通过与环境直接交互作用得到发展，还会通过与他人特别是与成人或年长同伴的不断接触、交流，相互影响、相互作用，不断改善和提高自身的理解水平，使之上升到一个新的阶段。

（一）文化是认知发展的桥梁

维果茨基认为，文化是认知发展的桥梁，认知发展只能在文化情境中加以理解。母亲和孩子的简单对话、祖父教导孙子的情形等都包含多重文化信仰和策略，通过这些活动，个体获得了技能和信息，发展了自己的认知结构。

维果茨基认为人类所发明的工具和符号对思维的塑造有重要作用，他把工具看作一种在历史过程中塑造和改善人类心理的手段。他认为：通过使用工具，人类改变了组织和思考世界的方式。

（二）心理发展是内化的过程

维果茨基认为，高级心理功能是对外部活动的重新构建和逐步内化。他认为，最初婴儿去够一个离他很近的物体时，会朝物体的方向伸手，做出手指抓握的动作。这是一个指向物体的活动。一旦照看者发现他的动作并满足他的要求，他就开始把试图抓握物体的动作改为一种具有社会意义的手势——目标指向。照看者对手势的理解以及照看者与婴儿间的心理协调导致婴儿产生一种把需求目标、照看者和这种有意义符号的手势作为特殊关系加以理解的内部心理过程。

（三）最近发展区

在内化的观点的基础上，维果茨基提出了最近发展区的概念。他认为个体有两种发展水平：一种是个体的现有水平，即个体通过学习已经形成的用以解决问题的心理机能的发展水平，一般用个体独自解决问题的能力水平做衡量标准；另一种是即将达到的发展水平，但即将达到的水平并不是个体自己所能达到的，而是需要借助于他人的帮助才可以达到的解决问题的心理机能水平。因此，维果茨基把最近发展区看作个体独自解决问题时所具备的能力水平和在有他人帮助下解决问题所表现出的能力水平之间的差异。这一概念的提出说明了个体认知发展的可能性，比较科学地解释了学习和发展是如何结合的。最近发展区理论提示教育者不仅要关注学生的现有发展水平，更应该关注其最近发展区；教育教学不能只适应发展的现有水平，而应适应最近发展区，适当走在发展的前面。

三、青春期学生认知发展

（一）青春期学生认知发展总体特点

根据皮亚杰的认知发展阶段理论，青春期学生的思维进入形式运算阶段。此时的学生能熟练运用假设演绎、抽象概括、归纳总结等逻辑推理活动解决问题。在初中阶段，学生的抽象逻辑思维占优势，但还属于经验型的逻辑思维阶段，在一定程度上需要感性经验的支持。到了高中阶段以后，学生的认知结构不断完善，辩证逻辑思维和思维的创造性得到较大的发展，开始学会运用理论来分析、综合各种事实，不断扩大自己的认识。这一时期学生认知发展主要有如下三个特点：

1. 认知结构相对完善，创造水平提高

青春期学生认知能力不断提高，认知结构中抽象逻辑思维快速发展并占据优势地位，辩证思维开始出现，思维的创造性也大幅提高。

2. 认知活动的自觉性增强

随着自我意识的快速发展和认知结构的不断完善，青春期学生的观察、识记、想象活动中的意识水平明显提高。他们观察的目的性、有意识记能力、有意想象能力迅速发展，思维活动目的性更强，元认知能力也迅速发展，认知系统中自我评价和自我控制能力明显增强。

3. 认知活动与其他心理活动的协调性增强

尽管青春期学生在认知、意志和情绪表现方面偶尔会出现波动起伏较大的现象，但整体而言，随着认知的发展，青春期的学生的认知与意志、情感以及个性发展协调性得到进一步增强，心理发展整体水平得到提高。

（二）青春期学生观察力的发展特点

观察力是个体有目的、主动考察事物并获取事物特征的能力。观察力的好坏可以从观察的目的性、精确性、敏锐性和系统性等方面加以考量。青春期学生的观察力得到迅速发展，具体有以下特点：

1. 观察的目的性、主动性增强

青春期学生的观察力经历了由盲目、被动向有目的、主动观察发展的过程。

初中阶段的学生观察有一定的目的性，但有时也存在盲目性。大多数时候，他们的观察活动需要根据成人的要求进行。到了高中阶段，随着学生认知自觉性的提高，他们逐步学会自己制订并实施和调整观察计划，观察活动的主动性、目的性显著增强。

2. 观察的精确性提高

伴随着感知能力和思维能力的提高，青春期学生观察的精细程度和准确性都有了很大提高。他们不但能准确观察事物的整体，而且对事物的细节有了更多精准的观察。

3. 观察的系统性和概括性增强

随着知识经验的不断积累和思维的发展，青春期的学生逐渐掌握了更为有效的观察方法。他们的观察活动逐渐变得更为有条理、更加周详，随着年龄的增大，由较多观察事物的外部特征转向观察事物内在联系与本质规律。

（三）青春期学生记忆力的发展特点

1. 抽象记忆水平明显提高，形象记忆依然重要

随着思维抽象水平的提高，青春期学生的抽象记忆发展速度超过了形象记忆，占据了主导地位。但此阶段形象记忆对于学生的学习依然非常重要，很多时候，抽象记忆需要形象记忆的辅助。

2. 有意记忆占据主导地位

神经系统的发育使青春期学生对自己意识活动的调控能力有了很大的提高。加上认识水平的提高，这一时期的学生对学习目的的认识也不断深化。因此，在学习过程中，大多数学生都能通过有意记忆来提高学习效率。他们可以通过调控自己的意志努力有针对性地识记相应的知识。

3. 意义（理解）记忆占据主导地位

年龄较小的儿童一般以机械记忆为主。随着年龄的增大、知识经验的不断丰富，学生可供理解新材料的认知结构越来越复杂，其记忆方式也逐渐由机械记忆转为意义（理解）记忆。青春期，学生的意义（理解）记忆逐渐占据优势。研究表明，高中生意义（理解）记忆优于初中生，机械记忆方面稍逊于初中生。职业学校学生与高中生属于同一年龄段。这就要求教师充分利用不同年龄段学生的记忆特点，组织、指导学生使用恰当的记忆方法识记学习内容，提高学习效率。

（四）青春期学生思维的发展特点

1. 抽象逻辑思维占优势，并由经验型向理论型过渡

抽象逻辑思维指个体摆脱具体事物，运用概念和抽象符号进行思维的活动。进入青春期后，学生的抽象思维能力迅速得到提高，并占据优势地位。只要提供适当的定义和必要的例证，他们就可以通过概念同化的途径来获得概念，这极大地提高了学生概念获得的效率，为其扩充知识创造了有利条件。

尽管青春期学生的抽象思维水平快速发展，但其抽象思维还处于由经验型向理论型过渡的阶段。具体而言，初中生的抽象思维虽然开始占优势了，但在很大程度上仍属于经验型，还需要感性经验的直接支持。到了高中阶段，其抽象思维转化为理论型，此时，学生能够在理论指导下分析、综合事实材料，并运用假设进行推理。研究表明，初中二年级是抽象思维由经验型向理论型转化的关键期，到了高中二年级初步完成转化。

2. 形式逻辑思维占据主导地位

整个青春期，学生的形式逻辑思维得到快速发展，并在其思维活动中占据主导地位，表现为学生越来越能熟练运用概念、推理和逻辑法则解决各种问题。

3. 辩证思维开始发展

辩证思维是指以动态、变化、发展和相互联系的眼光来认识事物的思维方式。在逻辑思维中，事物一般是"非此即彼""非真即假"；而在辩证思维中，事物可以在同一时间里"亦此亦彼""亦真亦假"而无碍思维活动的正常进行。辩证思维是思维发展的高级阶段。初中阶段的学生以逻辑思维为主，到了高中阶段以后，学生的辩证思维开始发展。职业学校学生正处于辩证思维逐步发展到完善的时期。教师在教学过程中要积极引导学生辩证地思考问题，以促进其思维发展。

4. 思维品质存在诸多矛盾性

青春期学生心理发展的矛盾性在其思维品质方面也表现得非常突出，具体反映为思维的深刻性与表面性共存、思维的批判性与片面性共存。

一方面,随着抽象概括能力的提高,学生对事物的认识越来越深刻;另一方面,学生在分析问题的时候还受事物外部特征或个别属性的影响,难以深入把握事物的本质。例如,他们对社会现象和某些自然规律的认识容易被事物表面现象干扰。这种现象在低年级学生身上尤为明显。

随着自我意识和认识能力的增强,青春期学生思维的独立性、批判性得到了显著提高。他们不再像儿时那样绝对相信成人的观点和意见,他们开始用自己的知识思考问题、解释现象,开始用批判的眼光接受成人的建议。但囿于其知识经验的相对匮乏和思维方式的相对简单,其思维的批判性往往具有一定的片面性。

第三节 青春期学生情绪情感的发展

一、情绪和情感的概念及特点

(一)情绪和情感的概念

情感过程包括情绪和情感。情绪和情感是人对客观事物是否符合其需要与愿望而产生的态度体验。

情感过程虽然也是人脑对客观现实的反映,但是与认识过程不同,情感过程反映的不是客观事物本身,而是对客观事物与人的需要之间的关系的反映。也就是说,人的需要是情绪与情感产生的主观原因,只有那些与我们的需要有关系的客观事物,才能引起我们的某种情绪和情感活动。但情感过程又总是和认识过程、在认识基础上所形成的态度紧密联系着的。

情绪与情感是两种难以分割的而又有区别的主观体验,二者的区别主要是:

首先,情绪往往与机体的生理需要相联系;而情感则更多地与社会性需要相关联。情绪为人和动物所共有;情感则仅为人所特有。

其次,情绪具有情境性、不稳定性和表浅性;而情感则没有情境性,具有稳定性和深刻性。

最后,情绪带有更多的冲动和外显性的表现;而情感则显得更加深沉,而且经常以内隐的形式存在或以微妙的方式流露出来。

情绪和情感的区别是相对的,在现实的具体的个人身上,二者往往交织在一起,很难严格区分。

(二)情绪和情感的两极性

情绪和情感的两极性表现为肯定性与否定性、积极性与消极性、紧张与轻松、激动与严肃、简单与复杂等方面的两极状态。

二、情绪与活动效率

情绪对活动效率的影响如何?是使活动效率提高还是使活动效率降低呢?在什么情况下提高、在什么情况下降低?

美国心理学家耶克斯(R. M. Yerkes)和多德森(J. D. Dodson)的研究表明:操作与

激动水平之间的曲线关系，随着操作的难易和情绪的高低而发生变化。解决困难的代数问题，情绪处于较低的激动水平时状态最佳；解决初等算术问题，中等激动水平的情绪效果最佳；对于简单操作活动，较高的激动水平效果最好。这说明学习内容越困难，较高的情绪激动水平对学习效果越不利。

三、情绪产生的理论解释

（一）情绪的生理基础

一系列的研究表明，情绪的生理基础是复杂的。概括地说，它是在大脑皮层的主导作用下，皮层和皮层下的神经协同活动的结果。皮层下各部位虽然是情绪和情感活动的重要中枢，但都要受到大脑皮层高级中枢的调控。

美国心理学家詹姆斯（W. James）和丹麦生理学家兰格（C. Lange）分别于1884年和1885年提出：情绪是内脏器官和肌肉骨骼活动等引起的脑部反应，是植物性神经系统活动的产物。即由刺激引起生理反应，由生理反应进一步引发情绪体验。这种理论强调植物性神经系统的作用，忽视了中枢神经系统对情绪调节和控制的作用，无法解释同一种生理反应有多种情绪体验的现象。

后来，美国生理学家坎农（W. B. Cannon）通过动物实验发现情绪体验和生理反应是同时产生的。他认为：导致情绪产生的中心是丘脑而不是外周神经系统。感官受到刺激后将信号先传到丘脑，再由丘脑向上传到大脑，产生情绪体验；与此同时，由丘脑将信号向下传至交感神经，引起机体的生理反应。他的观点后来得到了巴德（P. Bard）的支持并进一步发展，因而人们把对情绪产生机制的这种解释又称为坎农-巴德情绪理论。

（二）情绪的认知理论

情绪的认知理论认为情绪是大脑对个体所面临的各种刺激或事件进行评估后的产物，是大脑活动的结果。决定情绪的是人们对刺激或事件的认识，而不是刺激或事件本身。

1. 阿诺德的评定-兴奋说

美国心理学家阿诺德（M. B. Arnold）在20世纪50年代提出了情绪的评定-兴奋说。该理论认为，刺激情景并不直接决定情绪的性质，从刺激出现到情绪的产生，要经过对刺激的估量和评价，同一刺激情景，由于对它的评估不同，就会产生不同的情绪反应。例如，对于一只老虎，不同的人评估结果可能不同。有人评估的结果可能认为对自己"有利"、有人评估的结果可能认为对自己"有害"或"无关"。如果是"有利"，就会引起积极的情绪体验，并企图接近它；如果是"有害"，就会引起消极的情绪体验，并企图躲避它；如果是"无关"，就会选择忽视它。因此，情绪产生的基本过程是刺激情景—评估—情绪。

2. 沙赫特和辛格的情绪认知理论

美国心理学家沙赫特（S. Schachter）和辛格（J. E. Singer）认为情绪产生取决于生理唤醒和认知两个主要因素。认知因素包括对生理唤醒的认知解释和对环境刺激的认识。沙赫特和辛格认为，情绪是认知因素和生理唤醒状态二者交互作用的产物，认知对情绪有三种作用，即对情绪刺激的评价和解释、对引起唤醒原因的认知分析、对情绪的命名以及对所命名情绪的再评价。

3. 拉扎勒斯的认知-评价理论

美国心理学家拉扎勒斯（R. S. Lazarus）认为情绪是人和环境相互作用的产物，是个体对环境事件知觉到有害或有益的反应。在情绪活动中，人不仅接受环境中的刺激事件的影响，同时要调节自己对刺激的反应。情绪活动必须有认知活动的指导，只有这样，人们才可以了解环境中刺激事件的意义，选择适当的、有价值的反应。在情绪活动中，人们需要不断地评价刺激事件与自身的关系。首先，个体要确认刺激事件与自己是否有利害关系，以及这种关系的程度；其次，个体要对自己反应行为的调节和控制力进行评估判断；最后，个体要对自己的情绪和行为反应的有效性和适宜性进行评价。

4. 西米诺夫的情绪认知-信息理论

美国心理学家西米诺夫（P. V. Siminov）认为，情绪本身具有一种强烈的生理激活的力量，如果这个机制变活跃了，那么，一些习惯性反应必定受到破坏。当有机体需要的信息等于可得的信息时，有机体的需要得到预期满足，情绪便是沉寂的。如果信息过剩，超出了有机体预期的需要，便会产生积极的情绪；反之，则会产生消极情绪。积极的情绪和消极的情绪都可以促进行为。

5. 扬和普里布拉姆的情绪不协调理论

美国心理学家扬（P. T. Young）和普里布拉姆（K. Pribram）于20世纪40—60年代提出了情绪不协调理论。他们把情绪定义为"感情性的激烈扰乱"，认为情绪是一种神经中枢在感情上的"紊乱"反应，即一种对平衡状态的破坏；强调情绪起源于对环境事件的知觉、记忆和经验，当人们在过去经验中建立起来的内部认知模式同当前输入的信息超越稳定的基线不一致时，就导致情绪的产生。

四、情绪和情感的种类

（一）情绪的种类

根据情绪发生的强度、持续性和紧张度可以把它分为心境、激情和应激三种。

1. 心境

心境是一种微弱、平静而持续时间较长的情绪状态。心境不是关于某一事物的特定的体验，它具有弥散性的特点。心境可由对人具有重要意义的各种情况所引起，对人的生活有很大的影响。

2. 激情

激情是一种强烈而短暂的、爆发性的情绪状态。当人产生激情时，机体内部和外部都会发生明显的变化，会使人的理智活动及自控能力减弱，但具有坚强的意志的人还是可以控制自己的。

3. 应激

应激是出乎意料的紧迫情况引起的急速而高度紧张的情绪状态。在应激状态下，生化系统发生激烈变化，改变了机体的激活水平。应激的激活程度，人与人之间有很大的差异。长期处于应激状态下，对人的身心健康不利。

（二）情感的种类

1. 道德感

道德感是人根据一定社会的道德需要和规范评价自己或别人的言行时所产生的内心体验。

2. 理智感

理智感是人在智力活动过程中认识、探索或维护真理的需要、意愿是否得到满足而产生的情感体验。以下情况都属于理智感：人在认识事物或研究问题时，对于新的尚未认识的东西，表现出好奇心、求知欲；对于不能理解或不能解决的问题，表现出惊奇或疑虑；对于经过努力钻研与思考使问题得到解决，表现出无比的喜悦等。

3. 美感

美感是人的审美需要是否得到满足而产生的内心体验。人们根据审美的需要或观点，来评价自然景色、艺术作品及社会行为的美丑时所产生的情感体验，就是美感。美感对青少年的精神文明建设和道德教育起着重要作用。

五、青春期学生情绪的特点

（一）两极性特征明显

自我意识的发展使得青春期学生对自己与周围的事物非常敏感，加上性激素、生长激素和肾上腺素的快速变化，导致大脑的调控能力容易短时失衡，使得这一时期的学生情绪易感且易变。他们的情绪经常表现出喜怒无常、阴晴不定，两极性特征十分明显。

1. 内部情绪两极性明显

青春期学生内心经常表现出坦率与隐秘、真实与虚伪、自我批判与自我安慰等两极矛盾。正因为这样，我们经常会看到青春期学生内心里既想让父母和老师了解自己，又不想在父母和老师面前袒露自己心声的矛盾心情和表现。所以，他们很多时候把自己的心事以日记的方式写下来而不直接告诉父母，有时候又会主动制造机会让父母了解自己的日记和心事。

2. 情绪表现的两极性

青春期学生外部情绪总体表现出强烈与温和、可变与稳定、掩饰与表演并存的现象。

（1）强烈与温和并存。

青春期学生经常会出现遇到高兴的事情就兴高采烈、碰到不愉快的事情就怒不可遏的现象；在他们情绪不甚强烈的时候，又显得多愁善感、善解人意，特别温和、细腻。

（2）可变与稳定并存。

青春期学生情绪表现总体上以多变为特征。他们的情绪体验不够深刻，因此不太稳定，前一分钟还很生气、很难过，结果遇到一点开心的事情后马上就喜笑颜开、阴转晴了。但由于他们的思维具有片面的特点，所以，有时候在认识片面的影响下，他们在情绪上也会表现出很强的稳定性。例如，当考试失利后，有些同学因为非常在意考试成绩，就会很长时间都陷入这种挫折的情绪状态和不愉快的情绪表现中。

（3）掩饰与表演并存。

进入青春期后，情绪表达策略的掌握、自我意识和心理理论的发展，使学生学会了像成人一样隐藏自己的真实情绪。也因为这些原因，他们有时候为了达到自己的目的，会在表达自己的情绪时夸大某种情绪，有表演给他人看的成分。例如，孩子偶尔会对父母摔门，他当时的情绪可能并没有那么强烈，但是他就是想通过这种表演让父母知道他的不满。

（二）冲动性强

生理的剧变、神经系统发育的相对不完善使青春期的学生对自身情绪的短时控制力失衡，容易爆发情绪，具有冲动的特点。这种情绪的冲动性往往使这一时期的孩子做出冲动行为。这也是青春期激情犯罪发生率较高的重要原因。

（三）逆反情绪

随着身体的发育和自我意识的不断增强，青春期学生的独立意识日益强烈。他们渴望摆脱成人的管束、获得更多的自主权，期望与成人平等，要求得到成人的尊重。大多数成人往往对他们这方面的欲求意识不到位或准备不足，依然过分关切、限制他们，很容易引起他们的逆反情绪。这需要家长和教师适时改变与他们的沟通方式，减少其逆反情绪的产生。

（四）易感性强

三大激素水平的快速变化、认识能力的提高、认识范围的扩展以及自我意识的增强，使这一时期的学生对事物以及自我体验相当敏感。因此，这一时期的学生多愁善感，情绪易受感染。

六、青春期学生的情绪调节

（一）情绪调节

情绪调节是个体通过一定的策略和方法，管理和改变自己或者他人情绪，使其在主观体验、生理反应和行为表现等方面发生变化的活动。情绪调节一般包括情绪性质的调节、情绪强度的调节和情绪成分的调节等。

（二）青春期学生情绪调节策略

1. 认知调节

如前所述，情绪的产生与个体对刺激信息的认知评价密不可分。因此，通过改变学生对负性情绪事件的认识与评价可以达到调节情绪的目的。情绪的认知调节一般包括以下步骤：（1）唤醒和再认需要调节的情绪；（2）解释情绪产生的原因，认识改变情绪的途径与方式；（3）做出改变情绪的决定并设定情绪改变的目标；（4）产生力所能及的适当调节反应；（5）将调节付诸实践；（6）对所做的调节反应以及这些调节反应是否达到目标进行评价。

2. 行为调节

情绪与生理反应之间有着密切的关系。莱尔德（Laird，1974）发现，快乐和愤怒的面部肌肉能使个体产生相应的体验；孟昭兰等（1993）也发现，愤怒的表情活动可以增强愤怒的情绪体验。因此，通过调节改变行为也能达到对情绪的调控。行为调节是个体通过控制或改变自己的外部行为实现对情绪的调节。青春期学生可以采用抑制和掩饰不恰当的情绪表达来达成对自己情绪的管理和控制。例如，对自己的愤怒情绪要适当抑制，使其不影响自己的正常信息交流和表达。

3. 生理调节

情绪的生理调节是以生理过程为基础的，可以通过理疗、食物和药物等刺激诱发生理变化，以间接影响情绪活动。这种调节方式在调节过程中存在着相应的生理反应变化模式，因此需要在专业人员的监控下实施。

4. 人际调节

人际调节属于社会调节或外部环境的调节。坎培斯（1989）认为，如果外部事件与个体追求的目标有关，那么这些事件就可能引起个体的情绪。在社会信号中，他人的情绪信号，尤其是与个体关系密切的人（如母亲、教师、朋友等）发出的情绪信号，对情绪调节有较大的作用。在人际调节中，个体的动机状态、社会信号、自然环境、记忆等因素都起重要作用。

第四节 人格发展与教育

一、人格及其特征

（一）人格的概念

人格是决定一个人的行为并使人与人之间的行为有所区别的、稳定的、独特的综合心理特征，是一个人的思想、情感及行为的特有模式。人格是个体在遗传素质基础上，通过与后天环境相互作用形成的。

（二）人格的特征

1. 整体性

人格作为个体综合的心理特征包括能力、气质和性格等多种心理成分和特质。这些成分和特质有机联系在一起构成整体。人格各要素相互作用对个体的活动产生影响。

2. 独特性

人与人之间的心理和行为是各不相同的。人们在心理和行为表现上的差异就是我们通常所说的个性。它反映了人格的差异性，也是人们对人格的比较直观的认识和感受。

3. 稳定性

人格是人与人之间心理与行为的差异化表现，但并不是说个体间所有的差异表现都可以称作人格。只有那些经常性、在大多数情况下稳定出现的心理与行为特点才是个体人格的反映。偶尔发生的心理和行为不能算作个体的人格特点。即人格具有跨时间和空间的一致性。

4. 遗传性与社会性

人格是在遗传、环境教育交互作用下形成的，因而其特点既受生物遗传的影响，也受环境教育影响，具有很强的社会性与可塑性。人格是个体在社会化过程中形成的，不同的社会政治、经济、文化对个体产生影响，使其成员具有不同的道德、信念和价值观，从而使人格带有明显的社会性。

二、人格发展理论

（一）埃里克森人格发展理论

埃里克森（E. H. Erikson）是美国的精神分析医生，也是美国现代著名的精神分析理论学家。他强调人格发展过程中自我与社会环境的相互作用。他认为人的发展不但受生物因素的影响，也受社会文化因素的影响。因此，他认为必须考虑社会、文化对个体的影响，即家庭、学校、社会文化环境对个体的影响。

埃里克森认为：人的一生随着生理的发育可分为八个阶段，每一阶段都会出现一个自我发展的主要任务，但这个主要发展任务能否顺利完成受社会文化因素制约，这样一来，每一阶段都会出现一个自我发展要求与环境制约之间的核心冲突或危机。人格就是个体在解决危机的过程中得到发展的。个体人格特点的差异取决于个体以什么样的方式解决不同阶段的危机。埃里克森认为：一旦个体以积极方式解决了某一阶段的危机，个体就完成了该阶段的发展任务，这有助于自我的增强，有利于个体适应环境，从而使个体表现出健康的人格特征，并且也有利于下一阶段发展危机的顺利解决；反之，则会表现出消极的人格特点，出现情绪障碍，削弱自我力量，阻止个人适应环境，不利于后一阶段冲突和矛盾的解决。埃里克森还指出，尽管前一阶段矛盾解决得好坏会影响到后一阶段的解决，但如果某一阶段的任务没有解决好，在后面的阶段还有机会解决。另外，他非常强调自我在人格发展过程中的主导作用。他认为，在人格发展的各阶段尽管受社会文化环境的制约，但自我在发展方向的选取上起主导作用。他把人格发展分为下述八个阶段。

1. 婴儿期（0～2 岁）

婴儿期的主要心理冲突是基本信任和不信任。其发展的主要任务是获得信任感，克服不信任感，体验希望的实现。这一阶段如果能够满足儿童的生理需要，他们就会感到安全，对周围世界形成信任感；如果没有满足他们的生理需要，他们对周围世界就会形成不信任感。如果这一阶段的危机成功地得到解决，个体就会形成对人信任、对事充满希望的人格特征；反之，个体就会形成怀疑他人、胆小怕事的人格特征。

2. 儿童早期（2～3 岁）

儿童早期的主要心理冲突是自主和羞怯。其发展的主要任务是获得自主感，克服羞怯和疑虑，体验意志的实现。这一时期，儿童学会了走、爬、推、拉和交谈。随着能力的提升，他们渴望自己活动，体验自我意志的实现感。但是顾及他们的能力弱小以及其他效率因素，照看者往往会代替儿童做很多事情，这样做的后果是使儿童对自己的能力产生怀疑，从而形成退缩的人格特点。因此，此阶段照看者应按照社会所能接受的方向控制儿童行为，同时又不能伤害儿童的自我控制感和自主性。

3. 幼儿期（3～6 岁）

幼儿期的主要心理冲突是主动和内疚。其发展的主要任务是获得主动感，克服内疚感，体验目的的实现。这一时期，儿童的动作、言语和思维能力进一步得到增强，独立性开始形成。他们不再满足于有限的活动空间和范围，开始把自己的活动范围扩展到家庭以外，表现出对世界强烈的探索欲望。在好奇心的驱使下，他们对环境的认识不再局限于模仿，而是通过言语和动作进行探索，通过探索世界体验主动感。如果儿童的主动探究行为受到许可和鼓励，他们会逐渐形成主动的人格特征，这对他们将来的创造性至关重要；如果主动探索的愿望没有达成，他们就会对自己的目的和能力产生疑惑，逐渐形成退缩的人格特点。

4. 学龄期（6～11 岁）

学龄期的主要心理冲突是勤奋和自卑。其主要发展任务是获得勤奋感，克服自卑感，体验能力的实现。这一阶段，儿童通过努力学习社会技能而获得他人认可，体验自己是有能力的。如果儿童通过自己的努力学习得到了教师和家长的认可和鼓励，他们就体验到自我能力的实现，产生自信；如果自己的努力没有得到他人的认可，儿童就会对自己的能力产生怀疑，形成自卑。

5. 青少年期（12～18岁）

青少年期的主要心理冲突是自我同一性和角色混乱。其主要发展任务是建立同一感，防止同一性混乱感，体验忠诚的实现。进入青春期后，个体自我意识高涨，开始从内心深处认识和评价自我，认识"我是谁"、自己在社会上所处的地位和应处的地位、将来会成为什么样的人和怎样成为理想的人，即把自己的过去、现在和将来统一起来认识，形成内在的同一感，在形成自我同一感的基础上确定自己的未来。如果这一阶段的危机成功地得到解决，就会形成正确的自我意识，对未来有确定的方向感；如果危机不能成功地解决，就会形成不确定性或者说缺乏归属感和方向感。

6. 成年早期（18～40岁）

成年早期的主要心理冲突是亲密和孤独。其发展任务是获得亲密感，避免孤独感，体验爱的实现。个体需要在自我同一性基础上获得共享的同一性。如果个体通过对社会负有义务，并在社会和家庭生活中因相互分担苦与乐、相互关怀而拥有美满的婚姻和纯真的友谊，获得合作的伙伴和亲密感，他们就会形成爱的品质；反之，个体如果不能从社会生活和家庭生活中学会相互分担、相互关怀，缺乏友伴和亲密爱人，他们就会体验到孤独感，形成混乱的两性关系。

7. 成年中期（40～65岁）

成年中期的主要心理冲突是繁殖和停滞。其发展的主要任务是获得繁殖感，避免停滞感，体验关怀的实现。繁殖感不仅指生殖能力，还包括关心下一代成长的需要和能力。这一时期，个体把对自己和伴侣的承诺扩展到对整个家庭、后代、工作以及社会的承诺。如果个体积极关心下一代、关注家庭和社会、积极投入工作，就会形成关心他人的品格；反之，如果沉溺于自我中心、过分追求自由，就会形成自私自利、自我关注的人格。

8. 老年期（65岁以上）

老年期的主要心理冲突是自我调整和绝望。其发展的主要任务是获得完善感，避免失望感，体验智慧的实现。这一时期，个体回顾自己的人生，感到所度过的是丰富的人生时，就会体验到满足感，面对死亡时就无所畏惧；反过来，感到自己体验了太多挫败时，则会产生失望感和自卑感，对死亡充满恐惧。

埃里克森认为，在心理发展的每一个阶段，由于解决核心冲突的方式不同，解决冲突后所产生的人格特质也不同。如果各个阶段都能采用积极的方式，个体人格就会向积极品质发展，该阶段的任务就能顺利完成，逐渐实现健全的人格；否则就会产生心理社会危机，出现情绪障碍，形成不健全的人格。

（二）玛西亚自我同一性获得理论

美国心理学家玛西亚（J. Marcia）根据青少年所遇到的冲突及他们解决冲突的方式，划分了四种主要状态：同一性扩散（identity diffusion）、过早自认（identity foreclosure）、同一性延缓（identity moratorium）和同一性获得（identity achievement）。这四种同一性来源于对两个问题做"是或否"两种回答的结合。这两个问题是：个体积极参与寻找同一性的活动吗？个体已经确定自己的选择了吗（例如，对价值观，对学校，对职业生涯，对他要成为一个什么样的人，或者对自我同一性的其他方面，如宗教信仰、政治理念、性别角色等）？

如果一个人对两个问题都回答"否"，那么他就处于同一性扩散状态。这样的人既不积极寻找同一性，也没有致力于任何有关的行为。这是最不成熟的一种同一性状态。处于该状态者还没有体验到同一性的危机，个人在自我追寻的心路历程上，对职业选择、宗教信仰、政治理念、性别角色等各方面的问题尚未认真地思考过，因而对未来的一切尚未找到自己的方向，还没有形成重要的态度、价值观念和未来生活计划。

第一个问题回答"否"、第二个问题回答"是"的人处于过早自认状态。这样的人已经做出了工作、上学或自我同一性其他方面的选择，但并没有积极寻找同一性。处于这一状态者仍没有体验到同一性的危机，但他们已为树立个人目标、价值观和信念作出了初步努力。这种情况可能因以下原因而发生：父母或其他有威信的人提醒他们，已经进入青少年期了（例如，"你已经是个中学生了"），他未经仔细思考就接受了成人的期望。

第一个问题回答"是"、第二个问题回答"否"的人处于同一性延缓状态。这样的人正在寻找同一性，但是还没有做出决定。处于这一状态者体验到强烈的同一性危机，他们积极地对各种价值观、兴趣、思想意识和未来职业进行探究，尝试建立一种稳定的同一性，准备迎接成年初期的各种挑战。

如果一个人对两个问题上回答"是"，那么他就处于同一性获得状态。这样的人已经找到了自我同一性，并在此基础上做出了教育、职业或个人行为的决定，建立了有关职业、性别角色、政治与道德价值观，从而结束了同一性的危机。心理学家们一致认为，在形成同一性获得状态之前，青少年必然要经历同一性的危机；但他们有可能从同一性扩散跳过同一性过早自认，直接进入同一性延缓状态。

三、人格差异与职业教育

（一）认知差异与职业教育

认知过程是学生做出计划、获得信息和解决问题的过程。这个过程中个体之间在学习风格、认知方式、智力等方面存在差异，这些差异也会影响到学生的学习过程和质量。

1. 学习风格差异与职业教育

学习风格是学习者特有的认知、情感和生理行为，它反映学习者如何感知信息、如何与学习环境相互作用并对其作出反应的相对稳定的学习方式。学习风格除了包含认知方式外，还体现出个体的情感因素、心理行为以及与环境相互作用所产生的学习方式的偏好。

学习风格是由生理因素、心理因素和社会因素三大因素构成的。

（1）生理因素。

学习风格的生理因素包括个体外界环境生理刺激（如声、光、温度等）、一天内时间节律以及在接受外界信息时对不同感觉的偏爱等。例如：有人在早晨的学习效率最高，有人晚上或深夜学习效果最好，还有的人在上午更容易集中注意力，而另一些人则在下午学得更好；有人学习时需要绝对的安静，有人不能容忍学习时的绝对安静；有人喜欢在明亮的地方学习，而有人喜欢在较暗的光照下学习。因此，根据个体生理差异创设和安排与其生理习惯相一致的环境和条件将有利于学习效果的提高。

（2）心理因素。

学习风格的心理因素指个体在认知、情感、意志等活动中的偏好。

学习风格的认知因素表现为个人对外界信息刺激的感知、注意、思维、记忆和解决问题的一贯方式。它是学习风格心理因素的核心要素，也叫认知方式，我们将在后面进行详述。

学习风格的情感因素主要由理性水平、成就动机、焦虑水平等部分组成。

理性水平是描述学习者个体学习自觉主动性、独立性的一个指标。不同理性水平的学生，其学习风格也存在很大的差异。一般来讲，理性水平高者，其学习的自觉性、独立性较强，较少需要外部的监控。在学习活动中，他们喜欢讨论、争论问题；善于提问，并希望按照自己的意愿解决问题；想象力丰富，不怕犯错；不重视细节，不喜欢做按部就班的工作；不需要老师表扬，容易以自我为中心，很少关注他人。理性水平较低者学习的自觉性、独立性差，需要外部给予较多的组织监控。他们在学习活动中注意力容易分散，不善于讨论和提出问题；不能全面深入地学习，学习的动机来源于老师和同伴的赞许。

成就动机是一个人希望从事对他有重要意义的、有一定难度和挑战性的活动，并获得成功的倾向。成就动机在不同学习者身上会表现出结构、倾向和水平的差异，从而使他们的学习行为表现出不同的动力色彩，构成学习风格的一个重要方面。

焦虑水平是指个体对某种预期会对他的自尊心构成潜在威胁的情境所产生的不安、忧虑、紧张甚至恐惧的情绪状态。研究表明：中等水平的焦虑有利于学习效率的提高，而过低或过高的焦虑水平对学习都会产生不利的影响。

意志因素可以通过学习的坚持性来说明。学习坚持性是指学生遇到学习困难与障碍或外界无关刺激影响时坚持努力的程度，通常以学习者每次学习活动所持续的时间长短为指标，这是学生学习风格的意志特征。学习的坚持性受学习情境、学习任务、学习兴趣、学习态度、成就动机以及成人的榜样等因素的影响。

(3) 社会因素。

学习风格的社会因素主要表现在学习的独立性和对待竞争与合作的态度两个方面。

有人对外界干扰容忍度低、非常敏感，喜欢独立学习。相反，有人喜欢与他人一起学习，在集体的环境中相互合作、相互激励、相互督促，增进学习效率。

竞争与合作是个体在动机激发上所表现的不同倾向。竞争和合作均是动机激发的主要手段，有些学生更倾向于通过竞争激发学习动机，而有些则偏爱合作学习。

可以看出，不同个体在学习风格上存在较大差异，这就要求职业院校的教师在充分了解学生生理、心理等特点的基础上，引导学生结合自己的学习特点选择最有效的学习环境，有效安排学习时间，以便促进学习效率。

2. 认知方式差异与职业教育

认知方式又称认知风格，是指个体偏爱的加工信息的方式，即个体在感知、注意、记忆、思维和解决问题等认知活动中加工和组织信息时所表现出的独特而稳定的风格。常见的认知方式有下面几种：

(1) 冲动型与沉思型。

沉思与冲动反映个体信息加工、形成假设和解决问题过程的速度和准确性，是两种不同的解决问题的风格。冲动型学生面对问题时总是急于求成，不能全面细致地分析问题的各种可能性，不管正确与否就急于表达出来，甚至有时还没弄清问题的要求就开始对问题进行解答。他们多使用整体加工的信息加工策略，在完成需要做整体性解释的学习任务时，学习成绩会更好些。沉思型的学生总是把问题考虑周全以后再作反应，因此，反应慢，但精确性高。沉思型学生多采用细节性加工的信息加工策略，所以他们在完成需要对细节做分析的学习任务时，学习成绩会更好些。

(2) 场独立型与场依存型。

场独立型（field independence）和场依存型（field dependence）的分类来源于美国心理学家维特金（H. A. Witkin）对知觉的研究。场独立型的人在信息加工中对内在参照有较大的依赖倾向，善于进行知觉分析，能把所观察到的因素同背景区分开来，知觉较稳定，不易受背景的变化影响，所以又称为分析型知觉方式。场独立型的人喜欢个人钻研、独立思考和学习，不易受到暗示，自信、自尊心强。场依存型的人对于需要找出问题的关键成分和重新组织材料的任务感到困难。场依存型的人的行为是以社会定向的，社会敏感性强，爱好社交活动，对他人有兴趣，积极参与人际交往等。场依存型的人独立性差，并且容易受暗示。胡克祖、邓怀（2022）对不同认知方式技能学习者在联合西蒙（Simon）任务及联合记忆任务中的共同表征能力差异作了探讨，结果发现场依存型技能学习者的共同表征能力强于场独立型技能学习者；高级工的共同表征能力强于中级工；场依存型高级工的共同表征能力强于场独立型高级工，而不同认知方式中级工的共同表征能力无显著差异。认知方式对高技能人才共同表征能力的影响较大，对一般技能人才共同表征能力的影响较小。这表明，认知方式与技能学习成绩之间也存在一定的联系。[1]

(3) 分析型与综合型。

分析是指学习者在头脑中把认识的概念、观念或问题分解为若干部分、特征或方面，这是认识事物的一种基本方法。综合则是指学习者面对一个事物，不把它先分解为各个部分、特征或方面，而是把它首先作为一个整体笼统地加以把握，思维的深刻性和准确性较低，直觉性、模糊性较高。不同的学习者对这两种思维方式有着不同的偏爱。有人喜欢分析型思维，有人则偏爱综合型思维。

(4) 辐合型与发散型。

根据美国学者吉尔福德（J. P. Guilford）的研究，辐合型认知方式是指个体在解决问题过程中常表现出来的辐合思维的特征，表现为收集或综合信息与知识运用逻辑规律，缩小解答范围，直至找到最适当的唯一正确的解答。而发散型认知方式则是指个体在解决问题过程中常表现出发散思维的特征，表现为个人的思维沿着许多不同的方向扩展，使观念发散到各个有关方面，最后产生多种可能的答案而不是唯一正确的答案，因而容易产生有创见的新颖观念。

(5) 继时性加工与同时性加工。

现代认知心理学认为，人在进行信息加工的过程中存在着两种最基本的信息处理方式——同时性加工和继时性加工。同时性加工是指认知主体在同一时间内对多个信息进行加工，将它们联合成整体，从而获得事物的意义的一种信息处理方式。同时性认知风格的特点是：在解决问题时，学习者善于采用发散性思维，从多个视角对问题进行全面思考，考虑多种假设，兼顾到解决问题的各种可能性；能同时把握事物的全部信息，并从各组成部分的关系中发现事物的整体联系。继时性加工是指认知主体对外界信息逐一进行加工，从而获取意义的信息处理方式。继时性认知风格的特点是：在解决问题时，学习者往往采取按部就班的分析程序，一步接一步、一环扣一环地对信息进行加工，每一步只考虑一种假设或一种属性，提出的假设在时间上有明显的先后顺序，第一个假设成立后再检验下一

---

[1] 胡克祖. 个体差异视角下的职业技能心理研究［M］. 天津：天津教育出版社，2022：281-313.

个假设，直到问题解决。虽然个体在认识活动中两种不同的信息加工方式都会用到，但不同的学习者对两种信息加工方式会表现出不同的偏好，有的人倾向于对信息进行同时性加工，有的人则倾向于对信息进行继时性加工。

（6）表象型和言语型。

英国心理学家赖丁（Richard J. Riding）认为，已有的认知风格类型可以归到两个基本的认知风格维度：一是偏好于以整体还是部分的方式组织信息的整体-分析维度，二是在思维过程中倾向于词语的形式还是心理图像的方式来表征信息的言语-表象维度。言语-表象维度与心理表征有关，言语型的人在思维过程中倾向于以"词"来表征信息，而表象型的人在思维过程中倾向于以视觉表象的形式来表征信息。[1] 尽管个体有时也有能力运用这两种信息表征模式，但是他们有一贯使用其中某一种模式的显著倾向。

冯晓沛、胡克祖（2014）研究发现，数控加工专业学生的理论和技能成绩在整体-分析型认知风格维度上没有显著差异；在言语-表象型风格维度上存在显著差异，表象型的学生优于言语型的学生。这表明认知方式为表象型的个体在数控加工专业学习中有优势。[2] 采用眼动追踪技术对不同技能水平数控加工专业学习者的视觉表象活动特点进行了比较。研究结果表明：高级工在知觉阶段眼动轨迹和表象阶段眼动轨迹的相似性比中级工更高；高级工的表象提取能力更强，信息加工速度更快、效率更高。[3] 该结果也说明，对于数控加工专业学生而言，培养表象加工能力是关键。

认知方式的个体差异要求我们在开展职业技术教育活动的过程中，要充分重视个体的认知方式差异与职业技能之间的关联性，指导学习者根据自己的认知方式选择适合自己的专业方向。在教学过程中，应结合专业对学习者认知特点的要求，有意识培养学习者的信息加工倾向，使其更适合所选专业的学习。

3. 智力差异

智力是指个体认识、理解客观事物并运用知识经验等解决问题的能力，包括记忆、观察、想象、思考、判断等。

（1）智力差异的表现。

一般认为，人与人之间在智力方面的差异主要表现在以下四个方面：

1）智力表现的类型差异。这种差异是指智力在质的方面的差异。例如一般智力中，在知觉方面有分析型、综合型、分析-综合型、情绪型的差异；在记忆方面有视觉型、听觉型、运动型、混合型的差异；在表象方面有视觉型、听觉型、动觉型、综合型的差异；在思维方面有形象型、抽象型、中间型的差异。在特殊智力方面，有人语言表达能力很强，有人音乐感觉能力敏锐等。

2）智力表现的水平差异。心理学家通过研究发现，智力的个别差异在一般人中呈常态曲线分布，如图 2-1 所示。大多数人的智商在 85~115，属于一般水平；智商超过 140 和低于 70 的人是少数。

---

[1] Richard J. Riding. On the nature of cognitive style [J]. Educational Psychology, 1997, 17: 29-49.
[2] 冯晓沛, 胡克祖. 认知风格对数控生学业成绩的影响研究 [J]. 厦门城市职业学院学报, 2014, 16 (2): 23-27.
[3] 胡克祖. 个体差异视角下的职业技能心理研究 [M]. 天津: 天津教育出版社, 2022: 2-13.

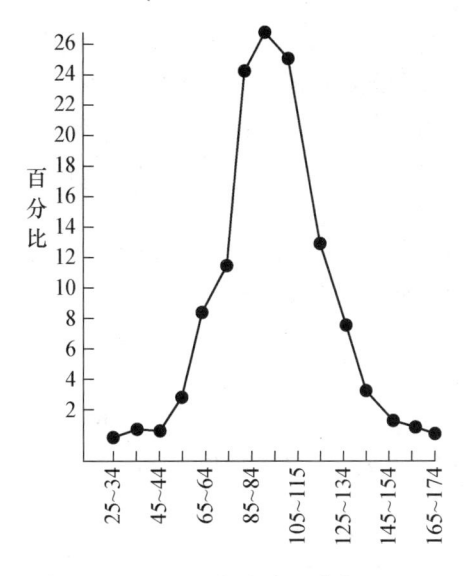

图 2-1 智力水平分布

3）智力表现的早晚差异。人与人之间智力表现有早有晚。有的人在儿童时期就显露出非凡的智力和特殊能力，古今中外能力早慧者不胜枚举，例如，德国的高斯 9 岁能解释级数求和的问题；唐初四杰之一的王勃 10 岁能作赋，13 岁写出著名的《滕王阁序》；杜甫 7 岁能即席赋诗；奥地利作曲家莫扎特 5 岁就创作了他的第一首乐曲，8 岁时举办独奏音乐会。也有的人属于大器晚成，例如，我国的画家齐白石，本来是个木匠，40 岁才显露出绘画才能，成为著名的国画家。

4）智力表现的性别差异。心理学的研究发现男性和女性的智力结构存在差异，各有特点。在感知觉方面，男性的视知觉能力较强，尤其是空间知觉能力优于女性，所以方向感比较强。在记忆方面，男性的理解记忆、抽象记忆和逻辑记忆较强，女性则更擅长形象记忆、机械记忆、情感记忆和运动记忆。女性由于触觉阈限相对较低，动作准确性较高，因而容易记住过去做过的动作，她们还能凭借良好的形象记忆准确地模仿别人的动作，而且能较快地掌握和记住，所以那些模仿性强、动作富于变化的活动，如舞蹈、杂技、艺术体操、编织等，女性容易取得成功。在思维方面，女性形象思维占优，即善于从具体的、典型的事物展开去思考，从具体到一般，这与女性心理感受能力强、叙事常带有浓厚的感情色彩、形象记忆力强有密切关系；男性则抽象思维占优，其思考路线是从一般到具体，用抽象的概念作为思考的基础。

（2）加德纳多元智力。

传统的智力理论普遍把智力看作是以逻辑和语言为中心的能力，并且认为智力各成分对个体是综合起作用的，往往以智力各成分的总分来衡量一个人的智力。美国教育家、心理学家霍华德·加德纳（Howard Gardner）认为，每个人不同程度上都具备语言智力、逻辑数学智力、音乐智力、空间智力、身体运动智力、人际关系智力、内省智力和自然智力八种基本智力。这八种智力是相对独立起作用的，八种智力的不同组合表现出了个体间的智力差异。他认为，虽然每种智力有遗传的基础，但可以通过后天环境教育得到提升。因此，教师评价和认识学生要从八个方面全面考察，重点发现学生的优点，从而提高学生的自信心。这对于职业院校的师生尤其重要。长期以来，职业院校学生因为文化课学习成绩不理想，受到了教师、家长乃至社会的不公正评价和对待，各种偏见使学生的自信心也受到了严重影响。根据加德纳的多元智力理论，职业院校的教师需要全面考察学生的智力表现，挖掘其优势智力，引导学生认识自己的优点，充分肯定自我，提升自信心；同时，职业院校教师要积极创设情境，有意识培养学生不足的方面。作为职业院校的学生，要抛弃传统智力观对自我评价带来的负面影响，全面认识自我，发现自己的智力优势与不足，提升自信，扬长补短，全面发展。

(二) 气质差异与职业教育

1. 气质的概念

气质，是指人们心理活动在动力方面的典型而稳定的个性心理特征。例如，知觉速度有人快、有人慢，思维的灵活程度有人灵活、有人迟钝。气质较多地受稳定的神经类型的制约，具有明显的"天赋性"。正因为如此，气质也是人格中最典型、最稳定的因素。人们平常说的"江山易改，禀性难移"中的"禀性"主要指的就是气质。

2. 气质差异

（1）传统的气质类型划分。

气质类型是在某一类人身上共有的或相似的心理特征的有规律的结合。心理学界对气质类型的划分大多沿用了古老的四分法，即胆汁质、多血质、黏液质和抑郁质。这四种类型各自的主要特征如下：

胆汁质的人精力旺盛，性格直率，待人热情，容易激动，反应迅速，脾气暴躁；在行为上表现出不平衡性，自制力差，容易冲动，不善于考虑行为的后果；心血来潮时，不怕困难，工作或学习热情高，但遇到挫折便失去信心，情绪一落千丈，以致前功尽弃。

多血质的人热情、活泼好动、朝气蓬勃、善于交际，乐于参加集体活动，反应迅速，精力充沛，兴趣广泛，适应性强；但是注意力易转移，情绪易变，富于幻想，办事凭兴趣，不愿做耐心细致的工作。这种类型的人，由于神经活动灵活性高，所以他们在从事多样化和多变化的工作时成效显著，很适合做反应迅速而敏捷的工作。

黏液质的人具有较强的自我控制能力，生活有规律，不易为无谓的动因而分心，态度持重，有耐久力，不喜欢作空泛的清谈，不易激动，交际适度，善于思考问题，学习或工作勤奋、刻苦踏实；但这种人不够灵活，不善于适应多变的环境。神经系统的惰性使他们表现出固定性有余、灵活性不足。不过，惰性同时也使这类人具有了从容不迫和严肃认真的性格。他们很适合从事有条理的和持久的工作。

抑郁质的人忸怩、怯弱、腼腆、多愁善感，遇事犹豫不决，优柔寡断，性情孤僻；但他们感受性强，能觉察别人难以觉察的细节，细心、谨慎，办事稳妥可靠。

（2）巴甫洛夫高级神经活动类型说。

通过大量实验研究，巴甫洛夫指出了决定气质特点的三种最主要的神经系统特征：1）神经过程的强度，即神经细胞的兴奋和抑制的工作能力和耐力；2）神经过程的平衡性，即兴奋与抑制在强度方面的相对均势与优势；3）神经过程的灵活性，即兴奋和抑制相互转换的速度。在此基础上，他提出了气质的高级神经活动类型学说。

巴甫洛夫根据高等动物大脑皮层基本过程的三种特性（强度、平衡性、灵活性）划分出了高级神经活动的四种基本类型：1）强、不平衡型（不可抑制型）；2）强、平衡、灵活性高（活泼型）；3）强、平衡、灵活性低（安静型）；4）弱型。

巴甫洛夫认为，上述四种神经系统的基本类型是动物与人类共有的。高级神经活动类型是气质的生理基础，气质是高级神经活动类型的外在表现。不可抑制型相当于胆汁质，活泼型相当于多血质，安静型相当于黏液质，弱型相当于抑郁质（见表2-1）。

表2-1 高级神经活动类型与气质类型对照表

高级神经活动类型			气质类型
强型	不平衡型（不可抑制型）		胆汁质
	平衡	灵活性高（活泼型）	多血质
		灵活性低（安静型）	黏液质
弱型			抑郁质

气质类型本身并无好坏之分，每一种气质类型都有其积极方面和消极方面，我们不能把某一种气质类型评定为积极的而把另一种气质类型评定为消极的。因为：首先，气质的特征只能影响一个人的智力活动的特征，绝不能影响其智力发展的可能性。实践证明，气质完全不同的人，同样可以获得优异成绩。其次，气质也不能决定一个人活动的社会价值和成就的高低。在任何一个领域内的杰出人物当中，都可以找出不同气质类型的代表。每一种气质类型的人，只要他们在正确的信念、伟大的理想和高尚的道德的影响下，都能够为社会作出积极的贡献。最后，气质虽然在人的实践活动中不起决定作用，但有一定的影响，影响人实践活动的风格和方式。

3. 气质在职业教育活动中的意义

不同气质类型的人有不同的活动特点，在现实生活中，不同职业活动对人的心理活动有不同的要求。有的职业活动要求从业者反应敏捷，有的职业活动要求从业者沉稳。因此，学生在选择专业和职业时，需要考虑自身的气质特点与职业活动的匹配性；教师在选拔技能竞赛选手时，需要依据技能活动对人的心理活动特点的要求来选择匹配度高的学生，这样可以促进培训效率。此外，在教育管理活动中，教师可以根据学生的气质类型采取有针对性的教育措施，从而提高教育管理质量。

（三）性格差异与职业教育

1. 性格的概念

性格是个体对客观现实比较稳固的态度以及与之相适应的习惯化了的行为方式。性格是个性的重要方面，在个性中具有核心意义。性格是个体与客观现实相互作用的结果。

2. 性格的结构特征

人的性格在各个方面表现出来的特征，我们称它为性格特征。一般来说，性格结构特征主要表现在以下四个方面：

（1）性格的态度特征。

现实生活多方面的影响，形成了人对现实生活的态度体系。这种态度体系即构成了人的性格特征。人对现实的态度主要表现在：对社会、对集体、对他人以及对自己的态度和对待劳动、工作、学习的态度等方面。对待工作有勤劳或懒惰、认真或马虎、细致或粗心之分；对待自己有谦虚或傲慢、自信或缺乏自信等区别。例如，具有爱集体性格特征的人，热爱集体，积极参加集体活动，爱护集体荣誉和利益；对损害集体荣誉和利益的行为，表示愤怒，并与之作斗争；在集体中感到温暖、愉快，对人和气，善于与人相处。

(2) 性格的意志特征。

性格的意志特征，表现在一个人自觉地控制自己的行为的方式和水平上。如有些人做事有明确的目的和计划；有些人却凭一时的感情冲动；有些人有独立性，有自己的见解和主张；有些人却人云亦云，易受别人的暗示，从事违背自己初衷的活动；有些人办事主动积极，能督促自己行动，同时又能及时约束和控制自己，抑制消极情绪或冲动行为，不做当前不需要或有害的事情；有些人却懒于行事，缺乏主动性，或者一意孤行，对自己的行为缺乏约束力。在紧迫情况下，有人镇定自若，迅速作出有效的决定，并坚决执行决定；有人却手忙脚乱，优柔寡断。

(3) 性格的情绪特征。

一个人的情绪活动的特点，就形成他的性格的情绪特征。有的人情绪活动一经引起，就比较强烈，对身体状态和工作、生活都有较大的影响，他好像被情绪支配着，对情绪活动的意志控制比较薄弱。有的人一般情绪体验比较微弱，身体状态和工作、生活受情绪活动的影响也比较小。有的人在生活、学习和工作中，总是精神饱满、乐观愉快。有的人经常是情绪低沉、悲观抑郁。

(4) 性格的理智特征。

性格的理智特征，是指人们在感知、记忆、想象和思维等认知方面的个别差异。性格的理智特征与认知方式有关。

3. 性格差异在职业教育活动中的意义

性格对个体的活动方向、活动动力、活动的持续以及活动中的信息加工等都会产生影响。因此，在职业教育活动中根据职业性格特征要求培养学生非常必要，根据学生人格特点因材施教，培养学生良好的性格也是教育的重要内容和目的。我国古代伟大的教育家孔子为我们做了很好的示范。子路问："闻斯行诸？"子曰："有父兄在，如之何其闻斯行之？"冉有问："闻斯行诸？"子曰："闻斯行之。"公西华曰："由也问，闻斯行诸？子曰'有父兄在'；求也问闻斯行诸，子曰'闻斯行之'。赤也惑，敢问。"子曰："求也退，故进之；由也兼人，故退之。"（《论语·先进篇》）其大意是，因为子路性格比较莽撞，冉有性格比较优柔寡断，当他们用同样的问题请教孔子时，孔子给出了截然不同的建议。孔子这样做的目的就是根据他们自身的性格特点塑造培养他们良好的性格特征，以利于他们今后在工作和生活中有更好的适应性和表现。

四、影响人格发展的因素

人格是在先天遗传基础上，个体在社会环境中逐步形成的稳定的综合心理特征。因此，影响个体人格发展的因素也自然就包括遗传与环境两方面的因素。

（一）生物遗传

已有的研究表明，遗传对个体的气质、智力等与生理因素关联度较高的心理特征影响较大，而对价值观、信念、性格等与社会因素关系密切的心理特征影响较小。总之，人格是遗传与环境交互作用的结果，遗传因素很多时候影响人格特点形成的快慢和难易。

（二）家庭环境

德国著名教育家福禄贝尔说："家庭生活在儿童的每一个时期，不，在人的整个一生中是无可比拟的重要的。"婴儿出生以后，主要是生活在家庭之中，家庭是个体最早接触的社会环境。家庭环境，父母的文化素养、性格特征、教育方法，家庭中人与人的关系，个体在家庭中所处的地位等对其人格的形成起着非常重要的作用。良好的家庭环境，有助于个体形成良好的性格特征；不良的家庭环境，会对个体性格的形成造成不良影响。

1. 父母性格的影响

父母是孩子的第一任老师，父母的人格特征潜移默化地影响着自己的孩子。较小的孩子模仿能力很强，故父母对孩子的影响作用更大。如果父母对工作兢兢业业、一丝不苟、精益求精、勤奋刻苦、不断进取，其子女会受到积极影响；反之，则孩子会受到消极影响。所以，要使孩子具有良好的性格，父母就应以身作则，严格要求自己，一言一行、一举一动都要为孩子做出良好的榜样。

2. 父母教育方式的影响

父母对孩子采取的教育方式不同，对孩子性格形成的影响也是不一样的。有人把父母教育孩子的方式分为三种：权威型、溺爱型和民主型。

（1）权威型：父母对孩子管教过于严厉，常常打骂、训斥，采用棍棒教育。这种教育方法，会使孩子的个性受到压抑，使孩子产生惧怕心理，缺乏自信，孩子为了免遭父母打骂而常常说谎，这样会使孩子形成不诚实的性格。

（2）溺爱型：表现为父母对孩子百依百顺，过分娇惯宠爱。溺爱型教育方法不仅使孩子的生活自理能力差，而且会使孩子形成怕吃苦、怯弱、懒惰、蛮横、任性等不良性格。

（3）民主型：父母和孩子之间的关系非常融洽和谐。父母在满足孩子合理要求的同时，也对其进行一定程度的限制。父母比较尊重孩子的意见，遇事同孩子商量。当孩子有了过错时，父母也采取适当的方法进行批评教育。在这种环境下长大的儿童，大多数会形成谦逊、有礼貌、待人亲切、诚恳、独立性强、勇敢、勤劳等良好性格。

（三）学校教育

在学校教育中，教师对学生的人格发展具有指导定向作用，同时教师的品行对学生也有示范作用，会潜移默化地影响学生人格发展。因此，教师要严谨治学，对工作认真负责，勤勤恳恳，热爱学生。

课堂教学是学校教育的主要途径，对青少年学生良好性格的形成起着重要作用。在课堂教学中，教师应该在传授知识的同时注意培养学生良好的性格品质。例如，可以通过对优秀人物的介绍与赞扬，让学生通过模仿理想的榜样来塑造良好的性格。

班集体对学生性格的形成具有重要的影响作用。具有良好班风的班集体，有利于学生形成刻苦学习、团结友爱、谦逊待人、助人为乐等良好的性格特征；而班风不良的班集体，则往往不利于学生良好性格的形成。此外，学校要为学生提供尽可能多样化的活动空间，便于学生依据自身心理特点扬长补短；全体教师除了做好良好的示范以外，要充分了解每个学生的心理特点，在教育教学活动中尽量做到因材施教，塑造学生良好人格。

（四）社会文化

人格特征是个体在不断社会化的过程中形成的，因此，不同的社会文化对其成员的人格特征有很大的影响和很强的塑造功能。这种影响与塑造功能同社会的主流价值观、政治形态、经济发展、社会发展、自然环境和条件等密不可分。

（五）自我修养

在人格的形成过程中，自我起着重要的调节作用。俄国的著名教育家乌申斯基认为，人的自我修养或自我教育是性格形成的基本条件之一。因此家长及教师应该教育并鼓励学生加强性格的自我修养。尽管家庭教育及学校教育对于一个人性格的形成起着重要的影响作用，但是生活环境和教育的影响并不能直接决定人的性格。在相同的生活环境和教育的影响下，不同的人可以形成不同的性格，一个人可以形成积极的性格，另一个人可以形成消极的性格。外因通过内因起作用，任何外部条件的影响都必须通过个体的心理活动而发生作用。

第五节　职业学校学生的心理特点与教育

在我国，对技术工人的社会偏见，导致长期以来职业教育也受到人们的歧视。因而，进入职业学校接受职业教育的学生大多数都是中考后被淘汰下来的学生。这些学生又因为自身、家庭、前期的教育环境以及职业学校的学习活动等多方因素导致心理发展存在不同于普通高中生的一些地方。其主要心理特点如下。

一、职业学校学生认知特点与教育

职业学校学生中相当一部分知识基础较差，并没有达到初中毕业生应具备的知识水平、理解能力、感知能力、阅读能力、行为能力。他们对事物的认知更多依赖形象化的感知，抽象、理性的分析比较欠缺。这种认知倾向，直接决定了他们在课堂上的表现，就是对感兴趣的内容听得津津有味，而对那些自认为兴趣索然的东西即使教师再三强调其内容十分重要也无济于事。尽管职业学校学生思维发展迅速，其推理能力得到了快速发展，处于基本成熟阶段，但其辩证思维能力还没有得到完全发展。他们对一些问题的思考可能有成见或者不客观，尤其是对各种抽象的原则，如公平、正义、忠诚等，往往缺乏成熟的认识。正因为认识能力的不成熟，他们往往不能恰当地处理人际关系。职业学校学生往往崇拜英雄，对"拜把子"、结交兄弟非常热衷，因此常常拉帮结伙，形成小团体，有的甚至与社会上的不良青年联系在一起。

这就要求职业学校教师在教育教学过程中，充分理解职校生的这些认知特点，并利用这些特点组织合理的教学。例如，尽可能将抽象的理论具体化、形象化，把枯燥的内容尽可能活动化、操作化，并在教学过程中有意识地引导学生从不同角度认识事物和思考问题，从而促进其认知发展。

二、职业学校学生情绪情感特点与教育

（一）情绪不稳定

职业学校学生正处于青年初期，情绪具有两极性，容易因为外界的刺激产生情绪的大起大落，起初的极度兴奋可能不久就会转为极度的愤怒或悲观。职业学校学生的这种情绪的大起大落，常常会导致他们出现偏激的思想和极端的处事方式，做事容易冲动，缺乏理智。

（二）情感压抑

除了学业上的相对失败，职业学校学生中还有一部分是命运多舛或家庭变故的受害者。因其心灵尚且稚弱却要承受种种压力，他们有痛苦而无处诉说，情感长期处于比较压抑的状态。他们的人际关系不协调，不愿与人交往和沟通，容易过度焦虑与敏感，时时猜疑、事事嫉妒甚至出现悲观厌世等不良情绪。罗燕（2021）对辽宁省8所高职院校的调查发现，高职生心理健康问题主要集中在"强迫症""人际关系敏感""偏执""抑郁""敌对""焦虑"等方面。[1]

（三）逆反情绪严重

由于一部分学生从来就没有得到过老师的表扬和家长的肯定，导致部分职业学校学生对教师形成强烈的逆反情绪。他们经常喜欢破坏纪律，以对抗教师权威。中等职业学校的学生抽烟、酗酒的比例要远远高于普通高中，聚众斗殴的事件也时常发生。《心理科学》杂志的一项调查显示，目前职业学校学生中经常存在逆反心理的达32.6%、偶尔存在逆反心理的达89.4%，并且职业学校学生的逆反心理可归纳为"五性"，即冲动性、盲目性、从众性、执拗性和攻击性。

正因如此，我们更应该重视职业学校学生的心理健康教育。职业学校要开设心理教育课程，帮助学生认识自己的情绪、学会调节情绪；提高班主任队伍的心理健康素质及人际交往沟通的技巧，维护良好的师生关系；丰富职业学校学生的校园生活，多开展适合职业学校学生的活动，扩展职业学校学生的人际交往，让学生在活动中提升自我价值、锻炼个人能力；针对某些类型的心理问题，开展相应的心理团体辅导；设立心理咨询室，做好个体咨询；建立稳定的家校沟通机制，充分利用各种资源改善学生的情绪状态。

三、职业学校学生人格特点与教育

（一）自卑严重，渴求关注

自卑是由于对自己缺乏正确的认识，产生负面的自我评价，认为自己不如别人而产生的自我体验；表现为过低评价自己的能力和品质，担心失去别人尊重的心理状态。进入职业学校，学生时有"落水者""失败者"的心态，他们因为不能升读高中而自我感觉得不到肯定，认为自己将来事业上难有作为，因而学习上不思进取。由于成绩不理想，往往不被家人、老师及社会看好，常被贴以"差生"的标签，导致职业学校学生的人格品质等方面得不到认同，人格尊严受到损害，在自我评价的过程中形成过多的负面评价，自卑感和失落感强烈，缺乏良好的人格品质和振奋向上的个性面貌。这种自卑心理也是影响他们学习积极性的重要因素。

由于年龄的增长、生理的发育、知识的扩展以及远离家庭等因素的影响，很多职业学校的学生独立意识增强，自我表现欲也开始增强。其内心深处有渴望自我表现、获得老师和家长特别是同辈群体关注的需要。其中部分学生会借由一些特殊的言行来吸引众人关注，如高声说话和夸张的服饰、行为等。他们渴望充分地表现自我，幻想自己无所不能，渴望自己的一切能得到别人的认可和称赞；但即使在某方面具有特长或优势，他们也因为

---

[1] 罗燕. 高职生心理健康现状调查与分析：以辽宁省8所高职院校的调查数据为例[J]. 太原城市职业学院学报，2021（8）：169-171.

对自己信心不足而在各种活动中缩手缩脚、优柔寡断。正因如此，他们在学习、生活和思想等方面遇到问题时，更希望得到他人的指导与帮助，希望得到家长、老师和同伴的鼓励与认可。

因此在教学与管理过程中，职业学校的教师应通过各种途径，采取多种方法和手段，了解引起学生自卑的原因，针对原因采取必要的措施，创造条件使其获得自信、克服自卑。

（二）缺乏目标与规划

郑雪柳、庄楷玲在2019年对中职生的调查发现，41.41%的中职生不清楚自己未来适合往哪些职业方向去发展。[①] 汪显金、郭元凯在2021年的调查显示，66%的中职生虽然制定过职业理想或者目标，但其理想和目标并不明确，还有3%的学生"不想考虑"制定职业目标，10%的学生"不知道怎么规划"，只有21%的学生表示制定过明确的职业理想和目标。[②]

王小妮在2015年对514名高职生的调查表明：高达47%的高职生对于自身职业倾向并不了解；高达54%的高职生没有明确的学业规划；有近23%的学生从没想过学业规划的概念，表示非常迷茫，没有目标；只有23%的学生有比较清晰的三年学业规划和目标。对于职业生涯规划的调查，对未来3~5年的发展，25%的学生表示非常清楚，不清楚或没想过的占3/4之多；对于未来长期的或一生的职业目标和发展规划更是很少有人考虑。这说明高职生缺乏职业规划的情况相当普遍。

由于没有明确的理想和目标，他们整日没精打采，萎靡不振，缺乏竞争意识和进取精神，自暴自弃。当然，他们之所以缺乏目标与理想，一方面与尚处在确立人生目标的重要时期有关，另一方面也与家庭教育密不可分。有的学生是因为家长担心他们过早进入社会可能会学坏，所以把他们送到职业学校仅仅是为了有个约束而已。他们进入职业学校的目的仅仅是为了混文凭、混日子，并没有想真正地学习知识和掌握技能。

因此，职业学校教师重要的任务之一就是引导学生认识自己、确定目标、规划自己的人生。只有确立了明确的人生目标，其学习才会有动力。

（三）意志力薄弱，自我控制能力差

职业学校学生意志力较为薄弱主要表现在学习方面，他们想好好学习但总不能坚持，这与其自我控制能力差有关。因为自制力差，学生易于冲动、急躁、发怒、辱骂同学、顶撞师长甚至铤而走险、不计后果。另外，学生违纪行为多，表现为长时间地、习惯性地沉迷于网络，在游戏打打杀杀中体会成功的喜悦，结果对互联网产生强烈的依赖，达到了痴迷的程度而难以自我解脱。

（四）就业观功利化倾向明显

就业观是指从业者对职业选择所持的观点和看法，并以此作为解决就业问题的方法和指导思想，是毕业生世界观、人生观、价值观在就业问题上的具体反映。职业学校学生就业选择功利化倾向明显，缺乏理性，择业理由简单而直接，以自我为中心。多数职业学校

[①] 郑雪柳，庄楷玲. 中职生职业生涯规划现状及指导需求分析：以广东省民政职业技术学校为例[J]. 教育现代化杂志，2019（11）：132-134.

[②] 汪显金，郭元凯. 职普比大体相当背景下中职生职业生涯规划认知调查研究[J]. 科技创新与生产力杂志，2021（7）：145-147.

学生希望能够找到既轻松体面又收入高的好工作。他们仅看眼前利益，缺乏吃苦耐劳的精神，组织纪律性不强，对就业中出现的挫折和困难缺少必要的心理承受能力，一旦出现问题和困难便选择逃避，频繁更换工作，不注重工作的连续性，不考虑长远的职业发展。这种观念对职业学校学生成长很不利。

教师可以考虑从帮助学生进行职业生涯规划入手，使其树立良好的职业道德，在恰当、全面的自我认识基础上实现"人职匹配"；同时加强学生就业素养、就业能力的培养，帮助学生正确认识自身的条件与环境，从专业、兴趣、爱好、特长、机遇等方面来确定自己的发展方向，制定出符合个人成长与发展的目标。

四、职业学校学生学习心理特点与教育

（一）学习动机不强

职业学校学生表现为态度不够认真，学习动机不强，对学习文化基础课、专业课很不情愿，得过且过，逃避退缩，甚至厌学旷课。导致职业学校学生学习动机不强的原因很多：其一，自身基础薄弱，学习职业学校课程有困难；其二，学习方法不当，劳而无获，对学习产生厌倦；其三，学习习惯不良，无法适应职业学校学习生活；其四，自身学业自卑的人格因素；其五，教师教学方法和内容安排失当；其六，学生对自己的身份缺乏认同感。中职院校的学生一般是中考失利之后不得已进入中职院校的，并不为自己进入职业学校感到自豪，一般是迫于家长的要求；因对职业学校性质、地位的顾虑，以及一些传统思想、落后观念的影响，相当一部分学生及学生家长都怀疑他们未来工作的地位和方向，认为毕业后主要还是打工、做苦力。也正是因为对就业的悲观情绪，许多学生在校期间学习无动力、虚度光阴。

（二）缺乏良好的学习习惯

职业学校学生中，大多数在九年义务教育阶段没有养成良好的学习习惯。他们中的相当一部分，由于在学习上没有成就感，于是把学习视为畏途。进入职业学校后，这种情况也表现得比较明显，不少学生在学习过程中表现出一种不能自控的不良心理反应，如想学学不进、注意力不集中、学习效率低、记忆困难、缺乏学习的兴趣、情绪低落等，并由此导致恐学、厌学及焦虑的心理加剧。

因此，要想改善职业学校学生学习现状，教师在教学过程中需要学会：（1）运用"榜样"和"能力"的激励机制。（2）运用言语表扬。（3）根据职业教育的专业特点，引导学生参与教学活动。（4）给学生创造成功的机会，增强他们的自信心。

本章重要概念

关键期是指个体在生命发展的某些时期，对某些刺激比较敏感，容易形成反应；错过了这些时期，个体对这些刺激不敏感甚至不能反应。

图式是指个体感知、理解和思考世界的方式，是动作的结构或组织。

同化指有机体把新的环境信息整合到自己原有认知结构中去的过程。

顺应指个体改变自己的认知结构以适应外部环境改变的过程。

平衡是个体通过自我调节机制使认识的发展从一个平衡状态向另一个较高平衡状态过

渡的过程。

最近发展区看作是个体独自解决问题时所具备的能力水平和在他人帮助下解决问题所表现出的能力水平之间的差异。

情绪和情感是人对客观事物是否符合其需要与愿望而产生的态度体验。

心境是一种微弱、平静而持续时间较长的情绪状态。心境不是关于某一事物的特定的体验，它具有弥散性的特点。

激情是一种强烈而短暂的、爆发性的情绪状态。

应激是出乎意料的紧迫情况引起的急速而高度紧张的情绪状态。

道德感是人根据一定社会的道德需要和规范评价自己或别人的言行时所产生的内心体验。

理智感是人在智力活动过程中认识、探索或维护真理的需要、意愿是否得到满足而产生的情感体验。

美感是人的审美需要是否得到满足而产生的内心体验。

人格是决定一个人的行为并使人与人之间的行为有所区别的、稳定的、独特的综合心理特征，是一个人的思想、情感及行为的特有模式。

自我同一性指个体尝试着把与自己有关的各方面结合起来，形成一个自己决定协调一致不同于他人的独具"统一风格"的自我。

学习风格是学习者特有的认知、情感和生理行为，它反映学习者如何感知信息、如何与学习环境相互作用并对其作出反应的相对稳定的学习方式。

认知方式又称认知风格，是指个体偏爱的加工信息的方式，即个体在感知、注意、记忆、思维和解决问题等认知活动中加工和组织信息时所表现出的独特而稳定的风格。

智力是指个体认识、理解客观事物并运用知识经验等解决问题的能力，包括记忆、观察、想象、思考、判断等。

气质是指人们心理活动在动力方面的典型而稳定的个性心理特征。例如，知觉速度有人快、有人慢，思维的灵活程度有人灵活、有人迟钝。

性格是个体对客观现实比较稳固的态度以及与之相适应的习惯化了的行为方式。性格是个性的重要方面，在个性中具有核心意义。

复习思考题

1. 简述心理发展及其特点。
2. 影响心理发展的因素有哪些？
3. 简述心理发展与教育的关系。
4. 简述青少年期心理发展特点。
5. 简述青少年期认知发展特点。
6. 简述青少年期情绪发展特点。
7. 简述青少年期人格发展特点。
8. 简述职业学校学生人格特点。
9. 认知差异主要表现在哪些方面？
10. 简述性格差异与职业教育的关系。

11. 简述气质差异与职业教育的关系。
12. 简述皮亚杰认知发展阶段理论的主要观点。
13. 简述维果茨基最近发展区理论的主要观点。
14. 简述埃里克森人格发展理论的主要观点及其对职业教育的意义。
15. 简述玛西亚自我同一性获得理论的主要观点及其教育意义。
16. 简述加德纳多元智力理论的主要观点及其教育意义。

第三章 学习理论

本章主要内容

1. 学习的含义。
2. 行为主义学习理论。
3. 认知主义学习理论。
4. 建构主义学习理论。
5. 人本主义学习理论。
6. 我国古代学习心理学思想。

案例导入

某中职学校一名青年教师A常常为学生不服从自己的教学管理而一筹莫展。他说："我们职业学校的孩子没法管,你批评他,他根本就不听。"而另一名年龄稍长的教师B却认为学生非常可爱,非常配合自己的教学管理。当问及其秘诀时,教师B说:"我每次接到新的学生后不会因为他们犯了错误就批评他们,我在开始的一段时间内把主要的精力都用在发现每个学生的优点和闪光点上。一旦发现学生的优点,我会马上表扬。"

青少年教育专家孙云晓提出了"教育不能没有惩罚"的观点。他说,虽然"惩罚是个双刃剑,是一种危险的、高难的教育技巧……弄不好会伤害人",但"我们在提倡表扬、奖励、赏识的同时,不应该忽视惩罚在教育中的积极作用","应该是让孩子对自己的过失负责"。

思考:
1. 面对同样的学生,为什么不同的教师表现会不同?
2. 教育教学中能不能用惩罚?

第一节 学习概述

一、学习的概念

日常生活中,我们总会说,"这个孩子学习很好""这件事我怎么总是做不好,该学习了""那个小孩在学习走路"等。那么,"学习"究竟是什么呢?

学习是一个很宽泛的概念，为了便于掌握，可以把学习按照其适用对象的范围分为广义和狭义两个层次。广义的学习是指人和动物在生活过程中，凭借经验而产生的行为或行为潜能的相对持久的变化。狭义的学习是指人类的学习，即个体在社会生活实践中，以语言为中介，自觉地、积极主动地掌握社会和个体经验的过程。更为狭义的学习，专指学生的学习，即在教育和教学条件下，在教育目标的指引下，在教师的组织指导下，有目的、有计划进行的，以掌握一定的系统科学知识和技能、形成一定的世界观和道德品质为主要任务的活动。学生的学习主要包括三个方面内容：一是知识系统的获得和形成；二是智力和非智力因素的发展与培养；三是道德品质的提高和行为习惯的培养。

一直以来，心理学中对学习的定义众说纷纭，最为广泛接受的定义是："学习是个体在特定情境下由于练习或反复经验而产生的行为或行为潜能的比较持久的变化。"

这一定义有三层含义：其一，主体身上必须产生某种相对持久的变化，这是学习发生的标志。其二，主体变化是由经验或练习引起的变化，这样后天习得的变化才属于学习，而由先天遗传、成熟导致的变化不属于学习。其三，变化是个体在能力或倾向方面的变化，而不是生理方面的变化。

二、学习的分类

学习现象极其复杂，由于分类的角度不同，分类各异。本书主要从下述五个方面对其进行分类。

（一）根据学习水平分类

1970年美国教育心理学家加涅（R. M. Gagne）根据学习的繁简水平不同，提出了八类学习。

（1）信号学习：经典性条件作用，学习对某种信号系统作出特定反应。其过程是：刺激—强化—反应。

（2）刺激-反应学习：操作性条件作用。其过程是：情境—反应—强化。

（3）连锁学习：一系列刺激-反应的联合。

（4）言语联想学习：以言语为单位的连锁学习。

（5）辨别学习：识别各种刺激特征的异同并作出相应的反应。

（6）概念学习：对刺激进行分类，并对同类刺激作出相同的反应。

（7）规则学习：原理学习，了解两个或两个以上概念间的关系。

（8）解决问题学习：高级规则的学习，应用规则或规则组合去解决问题。

1971年，加涅对这八种学习进行了修整，将前四种合并为连锁学习，把概念学习发展为具体概念学习和定义概念学习，这样就又成了连锁学习、辨别学习、具体概念学习、定义概念学习、规则学习和解决问题学习六种分类。

（二）根据学习结果分类

加涅也根据学习结果对学习做了分类。他认为，学习结果就是各种习得的能力或性情倾向，可以分为五种类型。

（1）言语信息的学习：学习大量的名称、事实、事件特性以及许多有组织的观念，即"是什么"的学习，学习结果多以言语的形式表现出来。

（2）运动技能的学习：个体在不断练习的基础上形成的，由有组织的、协调统一的肌肉动作构成的活动。

（3）智慧技能的学习：利用符号与环境相互作用的能力，即解决实际问题的过程知识、"怎么做"的知识，如应用一些原理、法则等解决问题。

（4）认知策略的学习：个体内部组织起来的用于调节学习者的注意、学习、记忆与思维过程的技能。

（5）态度的学习：个体习得的内部状态，影响个人对某事或人所采取的行动。

（三）根据学习性质与类型分类

美国心理学家奥苏伯尔（D. P. Ausubel）根据两个互相独立的维度对认知领域的学习进行了分类。

1. 根据主体所得经验的来源分类

（1）接受学习：是指将他人的经验变成自己的经验，所学的内容是以某种定论或确定的形式通过传授和接受者的主动建构而实现。

（2）发现学习：是指在主体的活动过程中，通过对现实能动的反映及发现创造，构建起一定的经验结构而实现的。

2. 根据主体所得经验的性质分类

（1）意义学习：是指学习者利用原有的经验进行新的学习，以建立新旧经验间的联系，有表征学习、概念学习和命题学习三类。

（2）机械学习：是指在学习中所得经验间无实质性联系的学习。

接受学习不一定是机械学习，发现学习也有意义学习和机械学习之分；接受学习和发现学习没有高级、低级之分。

（四）根据学习的意识水平分类

根据学习的意识水平可以将学习分为内隐学习和外显学习。内隐学习是指，个体在与环境作用的过程中，在无目的的情况下，不知不觉地获得了知识经验，并无意识地影响到自身某些行为的学习。研究发现，健忘症患者在意识明显受损的情况下也可以正常学习动作技能，这表明动作技能可以通过内隐学习获得。阿蒙斯（Ammons）等（1958）研究发现，通过内隐策略习得的技能比通过外显策略获得的技能保持的时间更长久。我国古代对内隐学习的教育价值非常重视，在教育活动中提倡"拳不离手，曲不离口""书读百遍，其义自见""涵泳""咏颂"等学习方法就是对内隐学习的具体运用。外显学习则类似于有意识的问题解决，是有意识的、清晰的、需要付出心理努力并需按照规则作出反应的学习，包括一个试图形成任务的心理表象，搜寻同功能系统的知识的记忆，以及试图建立和检验任务操作的心理模型。例如，学习物理中的牛顿运动定律。

（五）根据学习内容分类

我国学者冯忠良依据教育系统中所传递经验的不同，将学习分为知识的学习、技能的学习（包括心智技能和操作技能）和社会规范的学习。

三、学习的作用

（一）帮助人类适应环境

动物为了适应变化的环境需要学习，而人类不仅需要适应环境，还要改造环境以使其更好地为我们服务，所以更需要学习。广义地说，学习与生命并存。对于一切具有高度组织形式的动物而言，生活就是学习。

（二）影响个体心理成熟

个体的成熟包括生理的成熟与心理的成熟。生理的成熟借由身体发育得以实现，心理的成熟更多依赖于个体的学习。巴西有一个名叫鲁查努的三岁的小孩，出生后一直被关在一个竹笼子里，每天和三只狗做伴。这个孩子脸色苍白、不能睁眼、不会站立、不会讲话，只会爬，发出汪汪的狗叫声，还像狗一样耷拉着舌头。

（三）激发个体潜能，促进人类心理的发展

生活中常有这样一些人：他们小时候智力表现一般，但后来通过努力学习，在某一领域内取得了很大的成就。这是因为通过学习，他们知道了自己的长处，激发了他们这方面的潜能。人类心理之所以如此复杂，正是由于在人类漫长的进化过程中每一个个体学习的结果。

第二节 行为主义学习理论

较早探讨学习的过程与规律的是行为主义心理学家。行为主义学习理论认为：学习的实质是通过条件作用，在刺激（S）和反应（R）之间建立直接联结的过程；学习过程是尝试错误；外部强化对学习的发生起关键作用。

行为主义学习理论的主要代表人物有桑代克、巴甫洛夫、华生、斯金纳和班杜拉。

一、桑代克的尝试错误说

（一）学习的实质与过程

桑代克的理论是以动物实验为根据的。实验中，他将一只饥饿的猫关进带有触动门闩机关的笼子里，猫触动笼内的机关就可以打开门闩顺利逃出来（见图3-1）。桑代克发现，刚开始时猫在笼内的活动完全是盲目的。它在笼内乱抓、乱咬、乱跑、乱挤栅栏，偶然触动了机关，从笼内跑出。经过多次重复关进去、跑出来的活动以后，桑代克发现猫每次从被关入迷笼到跑出迷笼所用的时间在逐渐减少；经过多次重复后，猫被关入迷笼后能立刻触动机关逃出来。

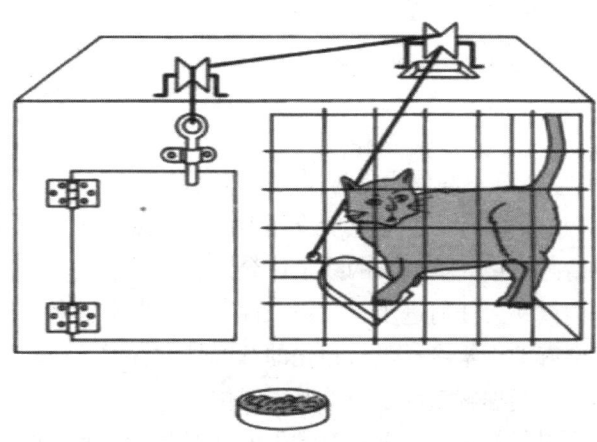

图3-1 桑代克的迷笼实验

因此，桑代克得出这样的结论：猫学会逃出来是刺激情境（迷笼实验情境）与适当反应（触动机关）之间形成了联结的结果，并且这种联结是通过尝试错误逐渐形成的。桑代克还指出：猫之所以在笼子里做出各种尝试，是因为它处于饥饿状态。因此，驱力和动机是问题解决的前提条件。正是为了达到某种目的，有机体才会去尝试各种反应，并根据以往的经验来指导行为。因此，桑代克认为学习的本质是形成刺激与反应的联结，即 S 与 R 的联结，学习的过程是尝试错误的过程。

（二）人类的学习方式

桑代克认为，动物的基本学习过程是试误学习，人类的学习过程要复杂些。他根据人类学习过程的复杂程度将人类的学习分成四类：一是动物式的刺激-反应的直接联结，如 10 个月的婴儿学习敲鼓；二是观念的联结，如两岁儿童听到"妈妈"一词想到他的妈妈或看到一块糖时说"糖"这个字；三是抽象的联结，如一提到"学习"就想起它的含义；四是选择性联结，如根据语法规则、词义理解句子。

（三）学习的规律

尽管桑代克意识到人类学习的过程与动物学习的过程有所不同，但他一直试图揭示普遍适用于动物和人类学习的规律。通过实验，桑代克总结了三条学习规律。

1. 准备律

准备律指有机体对某些反应有所准备时，反应就满足，不反应就烦恼。这里的"准备"不是指学习前的知识准备和成熟方面的准备，而是学习者在学习开始时的学习动机。实验中饥饿的猫被关入迷笼后想逃出去获得食物，这就是学习的准备。

2. 效果律

效果律是指凡在一定情境中引起满意之感的动作就会和该情境发生联系，结果是再遇到此情境时这一动作会比以前更容易出现。相反，在某一情境中引起不愉快之感的动作就会与该情境分离，当该情境再现时这一动作较难重复。也就是说，凡是导致满意结果的行为会被加强，而带来烦恼的行为则会被削弱或淘汰。桑代克在实验中发现，为了保证学习的发生，除了猫必须处于饥饿状态外，食物是必需的；如果猫逃出迷笼后得到的是惩罚而不是奖励，那么猫就不会再试图逃出迷笼了。这也就是桑代克所说的"满意或不舒适的程度越高，刺激-反应联结就越加强或越减弱"。但桑代克通过后期的实验也发现，满意或奖励的促进作用积极而显著，烦扰或惩罚的抑制作用则不太明确，两者的效果是不对称的。

3. 练习律

练习律是指 S-R 联结练习和使用得越多，就变得越来越强；反之，则变得越来越弱。桑代克指出，大量的、过多的练习并不会无条件地增强刺激-反应联结的力量。例如，他让一些大学生蒙住眼睛画一条 3 英寸长的线条，允许被试者尝试上千次。结果，被试者从第一次到最后一次的尝试并无任何进步。一般来说，只有当学习者发现重复练习能获得满意的效果时，练习才会有助于学习；没有强化的练习是没有意义的。

桑代克的学习律为人们理解制约学习的因素提供了启示。所谓学习动机强弱、复习程度高低以及努力学习所引起的关注，都会对学生的学习产生影响。但他的理论不能完全解释人类的高级认知活动。

二、巴甫洛夫的经典性条件反射理论

(一) 学习的实质是条件反射的建立

巴甫洛夫是俄国生理学家、心理学家、高级神经活动学说的创始人，他通过实验发现建立在无条件反射基础上的条件反射是学习的基本机制之一。他通过实验（见图3-2）发现，铃声与分泌唾液本来没有关系，但它与无条件刺激连同出现若干次后，铃声也可以引起动物分泌唾液的反应。这标志着条件反射的形成。而与无条件刺激连同出现的铃声，这时就成了条件刺激。条件反射一旦建立，学习就发生了。在巴甫洛夫看来，学习过程就是建立条件反射的过程，其中枢机制则是暂时神经联系的建立。

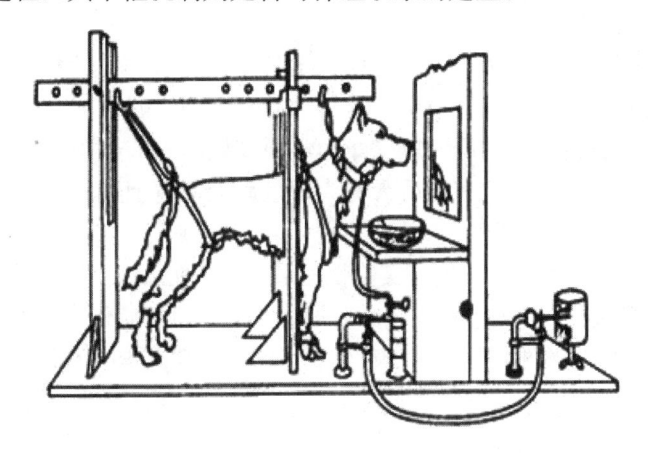

图3-2 巴甫洛夫经典性条件反射实验装置示意图

(二) 条件反射的规律

通过实验，巴甫洛夫还发现了条件反射的基本规律。

1. 获得与消退

获得是指通过条件刺激反复与无条件刺激相匹配，从而使个体学会对条件刺激作出条件反应的过程。在获得过程中，条件刺激与无条件刺激必须同时或近于同时呈现，且条件刺激必须先于无条件刺激呈现。不过，某些情况下，条件刺激出现后，隔一段时间无条件刺激才出现，此时机体条件反射被暂时抑制，若时间间隔到一定程度后行为又呈现出来，叫作延迟。消退，是指在条件反射建立后，若条件刺激重复出现多次而没有无条件刺激相伴随，则条件反应会变得越来越弱。

2. 泛化与分化

泛化，指人和动物一旦学会对某一特定的条件刺激作出条件反应之后，其他与该条件刺激相类似的刺激也能诱发其条件反应。这就是刺激泛化。如，狗听到铃声会分泌唾液，经过训练也会对灯光作出相同的反应。分化，指通过选择性强化和消退，使有机体学会对条件刺激和与条件刺激相类似的刺激作出不同的反应。

(三) 高级（二级）条件作用

在条件刺激形成以后，条件刺激可以像无条件刺激一样诱发出有机体的反应。这种由一个已经条件化了的刺激来使另外一个中性刺激条件化的过程，叫高级条件作用。例如：当铃声与食物多次反复呈现后，狗一听到铃声也会分泌唾液。这时，铃声由先前的中性刺激变成了条件刺激。然后把铃声当作食物（无条件刺激）与灯光多次反复呈现，久而久之，狗看到灯光就会分泌唾液。也就是说，灯光由先前的中性刺激变成了条件刺激。

（四）第一信号系统和第二信号系统

第一信号，是指直接作用于感官的具体的条件刺激。由具体事物及其属性作为条件刺激而建立起来的条件反射系统叫作第一信号系统，是动物和人类共有的，如吃到梅子口酸。

第二信号，是指人类所特有的言语和文字，可以代替第一信号引起条件反射。对言语、文字发生反应的大脑皮层机制系统是人类所特有的第二信号系统，是言语和思维的生理学基础，以第一信号系统为基础，二者协同作用，具有共同的活动规律，如谈虎色变。

三、华生的行为主义学习观点

华生（J. B. Watson）是行为主义心理学的创始人。1913 年，华生发表了著名的论文《行为主义者眼中的心理学》，该文被认为是行为主义心理学的宣言。

华生是第一位将巴甫洛夫的研究成果作为学习理论基础的美国心理学家。他是一位极端的行为主义者，他认为人类所有的后天行为都是后天环境塑造的结果，通过经典性条件反射建立刺激-反应联结而形成的。

例如，他所做的著名的小阿尔伯特实验就是采用经典性条件反射的原理。华生用原本能引起婴儿恐惧的很响的声音作为无条件刺激，把婴儿的恐惧反应作为无条件反应，用原本引不起婴儿恐惧的白鼠作为条件刺激，证实自己观点的正确性。华生发现，几次试验之后即可形成婴儿对白鼠表现恐惧反应，并且这种恐惧反应还会泛化到对其他白色毛状物上。

四、斯金纳的强化学习理论

斯金纳（B. F. Skinner）是美国当代心理学家、新行为主义心理学的主要代表。他发展了桑代克和巴甫洛夫的研究，揭示出操作性条件反射的规律。他还根据对强化作用的研究设计出了"程序教学"的方案，发明了"教学机器"。这对当时的美国乃至全世界的教育产生了深远影响。

（一）操作性条件反射

斯金纳把行为分成两类：一类是应答性行为，这是由已知的刺激引起的反应；另一类是操作性行为，是有机体自身发出的反应，与任何已知刺激物无关。与这两类行为相应，斯金纳把条件反射也分为两类：与应答性行为相应的是应答性反射，称为 S（刺激）型；与操作性行为相应的是操作性反射，称为 R（反应）型。S 型条件反射是强化与刺激直接关联，R 型条件反射是强化与反应直接关联。斯金纳认为，人类行为主要是由操作性反射构成的操作性行为，操作性行为是作用于环境而产生结果的行为。斯金纳很重视 R 型条件反射，因为这种反射可以塑造新行为，在学习过程中更具有代表性。

斯金纳关于操作性条件反射作用的实验，是在他设计的"斯金纳箱"中进行的，如图 3-3 所示。箱内放进一只小白鼠，并设一个手柄。箱子的内部尽可能排除一切外部刺激，小白鼠在箱内可自由活动。当小白鼠压手柄时，就会有食物掉进箱子下方的盘中，小白鼠就能吃到食物。据此，小白鼠学会了怎样才能得到食物的行为。

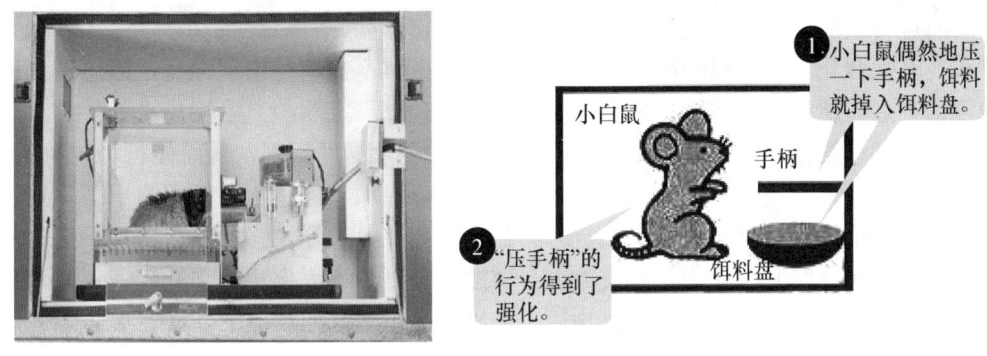

图 3-3 斯金纳箱

（二）强化理论

1. 强化及其分类

强化理论是斯金纳理论最重要的部分和基础。斯金纳认为，一种操作出现后，随之紧跟强化刺激，则该操作发生的概率就会增加；已经通过条件强化了的操作，若出现后不再有强化刺激紧随，则该反应的发生概率会逐渐降低甚至完全消失。因此，他把强化看作是任何有助于机体反应频率、速度和强度增加的事件。

（1）正强化与负强化。

斯金纳认为，强化有正强化（给予奖励）与负强化（撤销惩罚）之分，无论是正强化还是负强化，都能增加反应发生的概率。而任何能增加反应发生概率的刺激和事件，都是强化物。通过对强化物的控制，有机体不仅可以学会做什么、不做什么，而且可以学会在什么时候去做、在什么时候不做。

（2）一级强化与二级强化。

强化还可分为一级强化和二级强化。一级强化是指满足人和动物的基本生理需要的强化，如食物、水和安全等。二级强化是指任何一个中性刺激如果与一级强化物反复联结，它就能获得自身的强化性质。例如，金钱对儿童不是强化物，但当儿童知道钱能换糖时，它就能对儿童的行为产生效果。

（3）连续强化与间隔强化。

强化程式有连续强化和间隔强化两种，根据强化程式分类，可分为连续强化和间隔强化。间隔强化又分为固定比率强化、不固定比率强化、固定时间强化和可变时间强化四种。

连续强化：连续强化对于形成新的行为非常重要。如果每次都得到强化，新的行为很容易快速建立起来。

固定比率强化：强化物在有机体作出一定数目的反应后才出现。例如，学生交五次作业受到一次强化。有研究表明，当强化比率为 1/4 时，反应速度最快。让学生完成一定量的作业就去玩属于这种强化程序。

不固定比率强化：强化由反应次数所决定，但每次强化所要求反应的次数不一样。机体作出的反应越多，得到的强化就越多；但机体不知强化的标准，不能完全控制强化，反应速度也很快。日常生活中家长、教师对儿童的表扬、批评多属于此类。

固定时间强化：每隔一定的时间出现一次强化，如隔 20 秒一次。机体在强化后会出现反应停滞，然后反应速度增加，在下次强化到来之前反应率达到高峰，机体学会根据强化的时间进行反应。定时检查学生作业属于此类强化程序。

可变时间强化：强化出现的时间无规律可循。机体不知何时出现强化，但总有一种就要出现的预想，所以反应速度比较稳定、不出现停顿。不定期的卫生检查就是一例。

不固定比率强化和可变时间强化的好处在于使强化不可预测，从而使行为更为持久。从效率上来说，不固定比率强化是最为有效的，在每次加入强化物之后不会出现一定时间的反应停滞，会一直增加；其次是固定时间强化，会在每次加入强化物后出现一定时间的反应停滞；在可变时间强化中，反应数也会增加但是不如不固定比率那样迅速；效率最低的是固定比率强化，在每次加入强化物后，会出现一定时间的反应下降，后来又会上升。

斯金纳认为，强化是增加反应发生概率的手段，强化是影响行为形成和改变的最重要因素，可以通过控制强化达到控制和塑造个体行为的目的。

2. 惩罚及其分类

斯金纳认为与强化相反的活动是惩罚，即凡是使个体行为反应的频率、强度等降低的事件就是惩罚。

他把惩罚也做了正负之分。所谓正惩罚，是指呈现厌恶刺激，使个体的行为减弱的现象。例如，小孩做错了事情后父母对其进行批评。所谓负惩罚，是指消除愉快刺激，使个体行为减弱的现象。例如，小孩感冒后闹着不吃药，家长就告诉他如果不吃药就不带他去外面玩。

3. 逃避条件作用与回避条件作用

逃避条件作用，是指当厌恶刺激或不愉快情景出现时，有机体作出某种反应从而逃脱了厌恶刺激，则该反应在以后的类似情景中出现的概率便增加。

回避条件作用，是指在预示着厌恶刺激或不愉快刺激即将出现时，有机体自发作出某种反应，从而避免了厌恶刺激，则该反应在类似的情景中发生的概率也会增加。

斯金纳所指的消退又称衰减，它是指对原先可接受的某种行为强化的撤销可以引起个体行为反应频率的下降直至消失。斯金纳认为，凡是得不到强化的行为都会自然消退。

（三）强化理论在教学中的实际应用

1. 程序教学及其教学原则

程序教学（programmed instruction）是根据斯金纳的操作性条件反射的强化原理所设计的程序进行的一种个别化的自我教学方式。教师在教学时，必须把教科书的内容编成按程序分为小单元的教材，然后按先浅后深、先易后难、先简后繁的顺序，分层次排列起来，并借助机器设备或以书本形式把教材提供给学生；学完第一小单元，就按程序学习第二小单元，依此按程序前进。在程序教学流行的同时，出现了教学机器和电脑辅助教学仪器。教学机器有许多种，一般情况下，它们的工作方式都是先向学习者呈现问题，由学习者回答，再向学习者提供正确答案。一些教学机器可能非常简单，如试卷、带有答案的练习册，以及带有章节练习和答案的书籍。还有一些教学机器用塑料片遮住答案，当学习者回答问题后，塑料片移开显示答案，然后进入下一题。还有一种是在纸张上用化学试剂标记出正确答案，当正确答案被选择时，标记处会呈现不同颜色。更复杂一些的教学机器拥有多项选择题的功能，当那些代表正确答案的按键被按下后，机器会自动显示下一题。在教学机器的协助下，学习者可以自己决定学习进度，并方便地进行复习。如果教学机器在课堂上使用，可以使教师从监督学生完成课堂训练里解脱出来，将更多的精力用于个别答疑，或集中讲解课程中的重点和难点。信息技术高度发展的今天，很多在线学习资源的开发都是基于程序教学的基本原理。

斯金纳认为进行程序教学时应遵循以下原则：

（1）积极反应原则。即对每一个学习问题都提供反应的机会，提高学习效率。

（2）小步子原则。即把教材分解成小单元，两个单元之间难度差要足够小，便于学生在掌握前一单元的基础上学习和掌握后一单元的内容。

（3）即时强化原则。即在学生做出反应后，给予"及时确认"或"及时强化"，以提高学生的信心。

（4）低错误率原则。即在教学程序的设计中尽量不引起学生的错误或很少引发学生的错误。

（5）自定步调原则。即教学程序的设计可以让学生按照自己的基础和潜力进行学习，强调个体化的学习方式。

2. 行为矫正

行为矫正是指通过逐步强化来塑造良好行为，通过消退来消除不良行为，即通过不给予强化来减少某类行为出现的可能性。具体应用将在第十二章进行介绍。

斯金纳发展了桑代克、巴甫洛夫和华生的研究，提出了强化理论，并据此提倡程序教学，对教育心理学作出了很大贡献。他的适应个别化教学的程序教学思想，在计算机科学和网络科技高度发达的今天，被广泛应用于各种场景的教学和学习活动中。

五、班杜拉的社会学习理论

刺激-反应联结理论不能解释为什么个体会表现出新的行为，以及为什么个体在观察榜样行为后这种行为可能在数天、数周甚至数月之后才出现等现象。另外，如果社会行为的学习是完全建立在奖励和惩罚之结果的基础上，那么大多数人都无法在社会化过程中生存下去。基于这些思考，美国当代教育心理学家班杜拉（A. Bandura）是在进行了一系列实验研究的基础上提出了社会学习理论。

（一）班杜拉的观察模仿学习实验

班杜拉通过一系列的实验对儿童的社会行为做了大量的研究。其经典的实验研究如下：

如图3-4所示，班杜拉让儿童观察成人对充气娃娃进行拳打脚踢的行为，然后把儿童带到一个放有充气娃娃的实验室，让其自由活动，并观察他们的行为表现。结果发现，儿童在实验室里对充气娃娃也会拳打脚踢。这说明，成人榜样对儿童行为有明显影响，儿童可以通过观察成人榜样的行为而习得新行为。

图3-4 班杜拉观察学习实验图示

后来，他又把孩子分为三组，先让他们观看一个成年男子（榜样人物）对一个像成人那么大的充气娃娃做出种种攻击性行为。之后，他让第一组儿童看到这个"榜样人物"受到另一个成年人的表扬和奖励；让第二组儿童看到这个"榜样人物"受到另一个成年人的责打和排斥；第三组为控制组，只看到了"榜样人物"的攻击性行为。然后，他把这些儿童一个个单独领到一个房间里去。房间里放着各种玩具，其中包括洋娃娃。在十分钟里，他观察并记录他们的行为。结果发现，看到"榜样人物"的攻击性行为受到奖励那一组的儿童，在自由玩洋娃娃时模仿攻击性行为的现象相当严重。这说明榜样行为的后果是儿童是否自发模仿的决定因素。

班杜拉用替代强化来解释这一现象：观察者因看到别人（榜样）的行为受到奖励，他本人间接引起相应行为的增强；观察者看到别人的行为受到惩罚，则会产生替代性惩罚作用，抑制相应的行为。

（二）社会学习理论

基于上述实验研究，班杜拉认为社会学习分为直接学习和观察学习两种形式。直接学习是指个体对刺激作出反应并受到强化而完成的学习过程。观察学习是指个体通过观察榜样在处理刺激时的反应及其受到的强化而完成学习的过程。班杜拉认为儿童更多是通过观察他们生活中他人的行为而习得社会行为的。这些观察以心理表象或其他符号表征的形式储存在大脑中，来帮助他们模仿榜样的行为。

班杜拉的这一理论接受了行为主义理论家们的大多数原理，但是更加注意线索对行为、对内在心理过程的作用，强调心理对行为和行为对心理的作用。他的观点在行为主义和认知学派之间架起了一座桥梁。

班杜拉提出，观察学习由注意、保持、复制和动机四个过程组成，如图3-5所示。

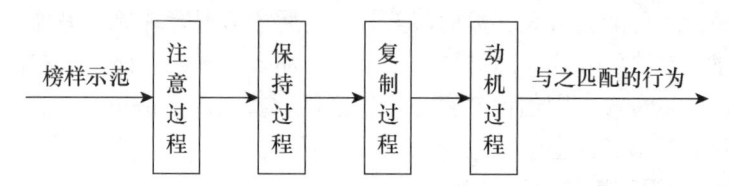

榜样示范 → 注意过程 → 保持过程 → 复制过程 → 动机过程 → 与之匹配的行为

图3-5　观察学习的过程

注意过程受以下三方面因素影响：第一，观察者的特征，如觉醒水平、感知能力、态度和强化经验等。第二，榜样的特征，如榜样行为的效果和价值、榜样的吸引力、示范行为的复杂性和生动性等。第三，观察者与榜样的关系。如果榜样与观察者经常在一起，或者二者相似，那么观察者就经常或容易学会榜样行为。

保持过程是观察者先将榜样行为转换成记忆表象，然后记忆表象再转换为言语编码（形成动作观念），表象和言语编码同时贮存在头脑中，对其以后的行为起到指导作用。

复制过程是将记忆中的动作观念转换为行为，这是观察学习的中心环节，要把观察学习到的东西付诸行动，在行为水平上还会存在障碍。观念在第一次转化为行为时很少是准确无误的，所以仅仅通过观察，技能是不会完善的，需要经过一个练习过程，动作观念才能转换为正确的动作。复制过程主要包括动作的认知组织、实际动作和动作监控三步。动作的认知组织就是将保持中的动作观念选择出来加以组织；实际动作就是将观察中的动作表现出来；动作监控是对实际动作的观察和纠正，它分为自我监控和他人监控两种。

动机过程在整个观察学习过程中都起作用。社会学习理论区分了行为的获得和表现，因为个体并不是模仿他们所观察的每个行为，只倾向模仿有可能获得强化的行为。强化非常重要，它提供了信息和诱因，对强化的期待影响观察者注意榜样行为，激励观察者编码和记住可以模仿的、有价值的行为。班杜拉对强化也作了新的解释，他认为，传统的强化只是指外部强化，而社会学习理论的强化除了外部强化外还包括替代强化和自我强化。班杜拉认为观察学习的动机来自替代性强化和自我强化，并且强化所产生的作用是受认知结构调节的。

替代性强化是指通过观察别人受到强化或惩罚，在观察者身上间接引起的强化或惩罚作用。自我强化是行为达到自己确立的标准时，以自己能支配的奖励来加强和维持自己的行为过程。随着学生年龄的增长，自我强化的作用越来越重要。例如，在一次测验中一个学生可能因得了 90 分而沾沾自喜，另一个学生则可能因得了 90 分而大失所望。

（三）社会学习理论的教育启示

班杜拉对观察学习进行了大量的实验研究，揭示了观察学习的规律。这对教育工作有重要的启示作用。

首先，班杜拉的社会学习理论提出榜样具有替代性强化的作用，这使人们对榜样在品德教育中的重要性有了更进一步的认识。我们在各种教育活动中应多提供正面、积极的榜样，少提供反面、消极的榜样。例如，在职业教育活动中可以为学生提供大国工匠、道德楷模、技术能手等的事例作为榜样，从而帮助学生形成正确的价值观、学习观和良好的道德品质。作为教师、家长应该要求自己的行为举止合乎道德规范，不但要注意言传，更应该注意身教，使学生和子女的身心健康成长。

其次，班杜拉的社会学习理论对有效地传授知识、培养技能也有启发作用。第一，教学中教师认真做好示范，突出知识技能的主要特征，吸引学生的注意。第二，教师要提供详细的言语解释，使学生建立良好的表象系统和符号编码。第三，在学生运用知识或具体操作过程中，教师要及时进行指导，纠正或改正学生的错误。第四，教师要调动学生的自主性，使学生通过自我调节来改进自己的学习。

第三节　认知主义学习理论

20 世纪 50 年代前后，许多心理学家对行为主义学习理论家机械地将学习看作刺激与反应之间的联结，忽视对人的内部心理过程的研究，表示不满和质疑。学者们开始关注学习的内部心理过程，从内部认知结构的改变来解释学习活动及其规律，出现了认知主义学习理论。

认知心理学派源于格式塔心理学，它的核心观点是学习并非是机械的、被动的刺激-反应的联结，学习要通过主体的主观作用来实现。

认知主义强调学习是获得知识、形成认知结构的过程。学习的基础是学习者知识结构的形成和改组，而不是通过练习与强化形成的反应习惯。学生学习效果的差异取决于自身的内部心理机制的差异。

认知理论不否认学习是形成刺激-反应的联结，但强调刺激-反应联结形成的原因是认知结构的形成、建立和改组。

一、格式塔心理学的完形顿悟说

格式塔是德文 gestalt 的译音，是完整图形、完整结构的意思。因此，格式塔心理学也叫完形心理学。其主要代表人物之一是苛勒（W. Kohler，1887—1967）。

（一）苛勒的猩猩学习实验

1913 年至 1917 年期间，苛勒进行了一系列猩猩学习实验。其中一个实验情境如图 3-6 所示。在该实验情境中，猩猩必须通过某些动作对工具进行"加工"，然后才能用它取得目的物。例如，笼内的猩猩可以拿到笼外的两根或三根竹竿，但这几根竹竿单独使用都不能够着距离笼子较远的香蕉，猩猩必须把竹竿像钓鱼竿那样连接起来，才能用它够着香蕉。

图 3-6 顿悟实验

苛勒发现：在实验过程中，猩猩常出现很长时间的停顿，表现出犹豫不决，并环顾四周。这种停顿前后，它的行为往往具有鲜明的不同：停顿前迟疑不决、盲目活动，停顿后目的明确、顺序前进。停顿后出现了一个不间断的动作序列，形成了一个连续的"完整体"，正确地解决了问题，取得了目的物。

苛勒认为：猩猩在实验中表现出的上述行为特点充分表明它在停顿后、行动前，已经领会到自己的动作为什么进行和如何进行，领会到自己的动作和情境，特别是和目的物的关系。

（二）格式塔心理学对学习的解释

根据实验结果，苛勒认为：学习是对整体情境的知觉和理解，而不是形成 S-R 的联结；学习的过程是顿悟，而不是尝试错误。学习不是对个别刺激做个别反应，而是在对问题情境的整体知觉和理解的前提下做有组织的反应。这种理解和有组织的反应常常是突然领悟的过程，故称为顿悟。因此，格式塔心理学的学习理论又称顿悟说。

格式塔心理学的学习理论强调学习中的知觉和理解，这比 S-R 的联结说更便于解释人类的有认知因素参与的学习。

二、符号学习理论

认知心理学的先驱、美国著名的心理学家、新行为主义的代表和目的行为主义的创始人托尔曼提出了整体行为模式和中介变量,建立了符号学习理论。

符号学习理论认为,学习者所学到的东西并不只是简单的、机械的运动反应,而是达到目的的符号及其意义。

(一)认知地图

认知地图(或认知图)是托尔曼符号学习理论中的一个重要概念,指在过去经验的基础上产生于头脑中的某些类似于一张现场地图的模型。托尔曼的白鼠迷津实验证实了这一点。如图3-7所示,白鼠有三条可以从起点通往食物处的道路,而且它们的远近依次递增。通常,如果依次堵塞一、二途径时,白鼠则依次通过一、二、三途径取得食物。实验中,从原来堵塞第二条路处堵塞第一条路(途径一与途径二有一段共同途径),此时老鼠已经知道途径一和途径二同时不通,径直趋向途径三而避开途径二。

托尔曼认为,白鼠之所以能够找到食物所在方位,并非只是机械式地将左转右转的活动联结

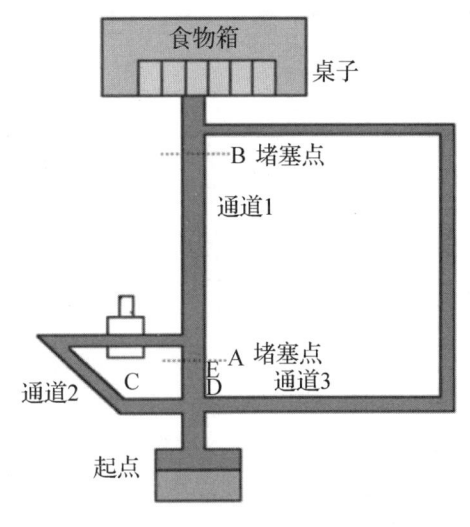

图3-7 白鼠的位置学习实验图

在一起,而是它走过之后把迷津通路中某些特征(行动方向、到达目的地的距离及其之间的关系)作为符号标志,并通过对符号之间关系(手段—目的—关系)的辨别,获得了迷津通路的整体概念,形成了一个认知地图。

(二)潜伏学习

1930年,托尔曼等人设计了一个实验,研究白鼠迷津实验过程中食物对学习的作用。他们将白鼠分为三组:甲组不给食物(无食物奖励组);乙组每天给食物(有食物奖励组);甲、乙均为控制组。丙组为实验组,开头10天不给食物,第11天才开始给食物奖励。实验结果为:乙组有食物奖励,逐渐减少错误比甲组快,但实验组丙自给食物奖励后,其错误下降比乙组更快。由此得出结论:丙组在开头10天的练习中虽不给食物,但在每次练习中同样地探索迷津的每一部分,形成了认知地图,不过未表现在外部行为中而已。

托尔曼把这种现象称为潜伏学习。潜伏学习是指个体在学习过程中,每一步都在学习,只是学习效果在某一阶段并不明确显现,而在一定时间后通过作业才显示出来,就好像学习活动处于潜伏状态。它的效果正是有机体在追求目的时运用已有认知的结果。

三、布鲁纳的认知-发现学习理论

布鲁纳(J. S. Bruner,1915—2016),美国教育心理学家和教育家,当代认知心理学派和结构主义教育思想的代表人物之一。

(一)认知结构学习观

布鲁纳认为,学习的实质是一个人主动把同类事物赋予意义并组织联系起来形成认知

结构的过程，是认知结构的组织和重新组织过程。认知结构就是头脑里的知识结构。知识的学习就是学生在头脑中形成有关学科知识结构。这种知识结构是由学科知识中的基本概念、基本思想或原理组成的，是通过人的编码系统的编码方式构成的，并可通过三种再现模式表现出来。例如，图3-8就是一个人对消费商品在头脑中形成的一个编码系统。

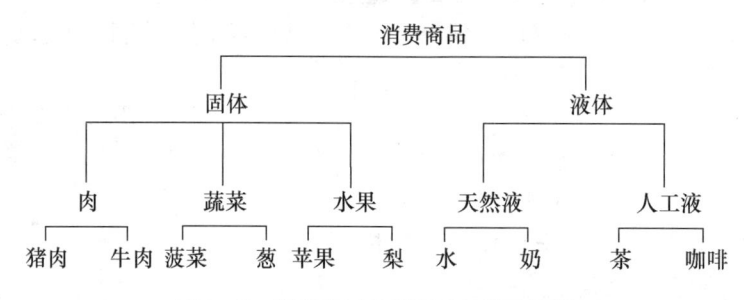

```
                          消费商品
                ┌────────────┴────────────┐
              固体                        液体
      ┌────────┼────────┐          ┌──────┴──────┐
      肉      蔬菜      水果      天然液        人工液
    ┌─┴─┐   ┌─┴─┐    ┌─┴─┐      ┌─┴─┐         ┌─┴─┐
   猪肉 牛肉 菠菜 葱  苹果 梨     水   奶        茶  咖啡
```

图3-8　消费商品的编码系统简略图解

布鲁纳认为，学习的目的在于以发现学习的方式使学科的基本结构转化为学生头脑中的认知结构。

学习包括习得、转化和评价三个过程。即学生在获得新知识后，运用各种方法将其变成另外的形式以适应新任务并获得更多知识，最后对知识的转换进行检查。

（二）认知结构教学观

布鲁纳强调认知结构的重要性，所以，他认为学习和教学的目的在于理解学科的基本结构。学科的基本结构指构成学科的主要内容，包括概念、规则（指原理、规律和公式等）和生动的有意义的细节及其之间有层次的联系。

布鲁纳认为，在掌握学科基本结构的教学过程中应遵循如下原则。

（1）动机原则：强调教师要注意学生学习的心理倾向和动机，激发学生的好奇心、求知欲、胜任力等内部动机。

（2）结构原则：教师在教学过程中应注意使学生掌握学科知识的结构，主要指知识的呈现方式，教师可以用动作、图像和符号三种形式来呈现知识结构，但必须采用最佳知识结构进行教学。

（3）程序原则：教学就是通过一系列有条不紊地陈述一个问题或大量的知识结构，来提高学生对所学知识的掌握、转换和迁移能力。这要求教师对学生以往的学习、发展的阶段、学习材料的性质和个性差异等情况有所掌握。

（4）强化原则：教师在教学过程中应注意反馈，使学生通过反馈知道自己的学习结果，并使他们逐步具有自我矫正、检查和强化能力，从而强化有效的学习。

（三）发现学习

布鲁纳强调，学习是学习者主动组织或重新组织认知结构的过程。他认为教学绝不是向学生灌输一些固定的知识，而是启发学生主动去获取知识与组织知识。教师不能把学生教成一个活动的书橱，而应该教学生学习如何思维；教他们从求知的过程中去组织属于自己的知识。

1. 发现学习

布鲁纳认为，学生掌握学科结构的最好方法是发现法。所谓发现学习，就是通过学习者的独立学习、独立思考，自行发现知识，掌握原理原则。发现学习是学生通过自己再发现知识形成的步骤，以获取知识并发展探究性思维的一种学习方式。发现学习既是教的方法，又是学习方法。

2. 发现学习的作用

(1) 发现学习有助于提高智慧的潜力。发现本身包含着已知知识的内部改组，这种改组使那些已有知识与学习者面临的新知识更好地联系起来，并重新加以构造。

(2) 发现学习有助于培养学生的内部学习动机。最好的学习动机莫过于对学习材料本身具有内在的兴趣，有新发现的自信感。发现法利用学科内部概念造成新奇、诱惑，从而引起学生探求知识的欲望，引起学生对学习本身的兴趣，这是学习成功的关键。

(3) 发现学习有利于学会发现的探索方法。只有练习解决问题和努力发现，才能学会发现的探索方法。一个人越有这方面的经验，就越能把学习所得归纳成一种方式，而这种方式对他可能遇到的任何工作都有益处。

(4) 发现学习有利于记忆。人类记忆的首要问题不是储存而是检索，检索的关键在于组织，也就是知道到哪里去寻找信息和怎样去获得信息。发现过程就是组织过程，就是把素材重建起来的过程。

3. 发现学习的教学步骤

布鲁纳认为，教学不应当使学生处于被动接受知识的状态，而应当让学生成为发现者。在教学中运用发现法，要根据学科和学生的特点进行，其灵活性较大，没有固定的模式，以下步骤可以参考：

(1) 提出明确的使学生感兴趣的问题；
(2) 使学生对问题体验到某种程度的不确定性，以激发探究；
(3) 提供解决问题的各种假设；
(4) 协助学生收集和组织可用于判断的资料；
(5) 组织学生审查有关资料，得出应有结论；
(6) 引导学生运用分析思维去验证结论，最后使问题得到解决。

总之，在整个问题的解决过程中，教师要向学生提供材料，让学生亲自发现应得的结论或规律，要使学生成为发现者。

4. 发现学习教学过程中教师的任务

(1) 鼓励学生有发现的自信心；
(2) 激发学生的好奇心，使其产生求知欲；
(3) 帮助学生寻找新问题与已知事物的联系；
(4) 训练学生运用知识解决问题的能力；
(5) 协助学生进行自我评价；
(6) 启发学生进行对比。

教学案例

中职数学"不等式的基本性质"的发现式教学案例

教师设置问题："不等式和等式之间有什么差异？"由此引出该节课要教学的内容。

这个问题比较简单，学生肯定会回答："等式的两边是相等的，而不等式的两边不相等。"

教师引入等式的性质后，让学生继续思考："等式和不等式之间只有一个符号的差距，那它们的性质有没有什么相似之处？"

接着教师引导学生对问题进行实践和探究。例如，教师提出"如果在不等式的两边都加上或者减去同一个整式，不等号的方向会有什么变化吗？"在这个问题的引导下，学生一般都会积极进行讨论和实践，最终会得到"方向不变"这样的结论。

教师进一步引导学生思考问题"如果不等式的两边都乘以或者除以同一个数，它的方向会发生变化吗？"这时教师可以鼓励学生以小组形式进行讨论并实践，而且要注意引导学生考虑数字的多种情况，比如小数、负数等，将问题考虑得更加全面。

通过这样的引导和探索，学生就会理解和掌握完整的不等式的性质。

学生在这个过程中通过自己的主动思考和实践得到了相关的结论，学生对内容的掌握会更加深刻，同时也让学生学会了思考问题的方法和技巧，有利于学生学习主动性和问题解决能力的培养。

资料来源：庄世清. 中职数学课堂中的发现式教学探析［J］. 试题与研究，2021（12）：107-108.

四、奥苏伯尔的认知-同化理论

奥苏伯尔（D. P. Ausubel，1918—2008）认为学习是有潜在意义的新知识与学习者认知结构中已有的适当观念建立实质性、非人为性的联系的过程。在这个过程中，新旧知识发生相互作用，新知识获得意义，原有认知结构发生变化。这种变化既有质变也有量变。

（一）学习的分类

1. 接受学习与发现学习

奥苏伯尔根据学生学习的方式，把学习分为接受学习和发现学习。

接受学习即学习者把以现成的定论的形式呈现给自己的学习材料，与其已形成的认识结构联系起来，以实现对这种学习材料的掌握的学习方式。

发现学习是在教师不加讲述的情况下，学生依靠自己的能力去获得新知识、寻求解决问题方法的一种学习方式。

2. 机械学习与有意义学习

根据学习的新材料与原有认知结构的关系，奥苏伯尔把学习分为机械学习与有意义学习。对于与原有认知结构联系不密切的新材料采用机械背诵等方式进行学习属于机械学习。把新旧知识联系起来进行学习就属于有意义学习。

（二）有意义学习

1. 有意义学习的实质

奥苏伯尔指出，有意义学习过程的实质是指符号代表的新知识与学习者认知结构中已有的适当观念建立实质性和非人为性的联系的过程。所谓实质性联系，是指不限于表面特点而是其本质特点。比如，新学的命题"平行四边形是两组对边平行且相等的四边形"与已有的四边形、对边、平行和相等概念建立联系。所谓非人为性的联系，指新知识与学习者认知结构中的有关观念建立合理的或合乎逻辑的联系。如，上例中的"平行四边形"与学生认知结构中的"四边形"不是人为性的或任意性的关系，而是特殊与一般的关系。

2. 有意义学习发生的条件

（1）新的学习材料本身具有逻辑意义，并可以和原有认知结构中的有关观念相联系。

（2）学习者认知结构中具有同化新材料的适当观念（知识基础），便于与新知识进行联系，也就是具有必要的起点。

（3）学习者要有进行有意义学习的心向，即把新知识与认知结构中原有的适当观念关联起来的意向，也就是要有积极地将新旧知识关联起来的倾向。

（4）学习者必须积极主动地使这种具有潜在意义的新知识与认识结构中的旧知识发生相互作用。

3. 有意义学习的种类

有意义学习可分为三种类型：表征学习、概念学习和命题学习。此外还有发现学习。

（1）表征学习。

表征学习是指学习单个符号或一组符号的意义。表征学习的主要内容是词汇学习。例如"狗"这个符号，最初对儿童是完全无意义的，在儿童多次同狗打交道的过程中，他人多次指着狗（实物）说"狗"，儿童逐渐学会用"狗"（语音）代表他们实际见到的狗。我们说"狗"这个声音符号对某个儿童来说获得了意义。

（2）概念学习。

概念学习实质上是掌握同类事物的共同的关键特征。例如学习"三角形"这一概念，就是掌握三角形有三个角和三条相连接的边这样两个共同的关键特征，而与它的大小、形状、颜色等特征无关。如果"三角形"这个符号对某个学习者来说，已经具有了这种一般意义，那么它就成了一个概念，成了代表概念的名词。概念学习可以通过概念形成或者概念同化的方式获得。

（3）命题学习。

命题是以句子的形式表达的，可以分为两类：一类是非概括性命题，只表示两个以上的特殊事物之间的关系，如"北京是中国的首都"；另一类命题表示若干事物或性质之间的关系，这类命题叫概括性陈述，是学习若干概念之间的关系，如"圆的直径是它的半径的两倍"，这里的"圆""直径""半径"可以代表任何圆及其直径和半径，这里的倍数关系是普遍的关系。命题学习必须以概念学习为前提。

奥苏伯尔认为，新学的命题与学生已有命题之间的关系有下位关系、上位关系和并列组合关系三种类型，相对应的，命题学习也可以分为下位学习、上位学习和并列结合学习三类。

第一，下位学习，也称类属学习，是指将概括程度或包容范围较低的新概念或命题纳入原有认知结构中概括程度或包容范围较高的适当概念或命题下，从而获得新概念或新命题的意义的过程。下位关系学习可以分为派生类属关系学习和相关类属关系学习两种形式。

派生类属关系是指新的学习内容仅仅是学习者已有命题的一个例证，或是能从已有命题中直接派生出来的。例如，当知道了"猫会爬树"，那么"邻居家的猫也会爬树"这一新命题，就可以类属于已有的命题。学习者在已具备"哺乳动物"知识的基础上，再来学习"鲸是一种哺乳动物"的知识就属于派生类属学习。

当新内容的纳入可以扩展、修饰或限定学习者已有的命题并使其精确化时，新旧知识之间的关系就是相关类属关系。例如，当学习者已知"平行四边形"的概念后，可以通过"菱形是四条边一样长的平行四边形"这一命题来掌握菱形概念的过程就是相关类属学习。

第二，上位学习，也称总括学习。当新概念、新命题具有较广的包摄性或较高的概括水平，可以把一系列已有观念类属于其下的新命题时，新学习的内容便与学习者认知结构中已有观念产生了一种上位关系。这种学习就是上位学习。例如，在熟悉了"胡萝卜""豌豆""菠菜"这类下位概念之后，再学习"蔬菜"这一上位概念就是上位学习。

第三，并列结合学习。当新概念或新命题与学习者认知结构中已有的观念既不是下位关系，又不产生上位关系时，它们之间可能存在组合关系，这种只能凭借组合关系来理解意义的学习就是并列结合学习，比如质量、需求和价格；再比如凭借关于水流的知识来理解电流等。在这种学习中，实际上学习者头脑中没有直接可以利用的观念，学习者只能在更一般的知识背景中为新知识寻找适当的固定点。

（三）有意义接受学习

接受学习不同于发现学习。接受学习的特征是把要学习的全部内容或多或少地以定论的形式呈现给学习者，不需要学习者任何形式的独立发现，只需要学习者把学习材料加以内化，把新旧材料的内容有机地结合，即新学习的内容与认知结构中的有关内容融为一体，并存储下来。接受学习和发现学习在智力发展中的作用也不同。大量的材料是通过接受学习获得的；而各种问题则通过发现学习来解决。

奥苏伯尔认为，接受学习不一定是机械学习，将接受学习转化成意义学习更有利于学习效果的提升。他强调，有意义接受学习才是课堂教学和学习的基本形式，发现学习特别是有指导的发现学习是课堂教学与学习的重要补充手段。他认为，要使接受学习转化为有意义学习，必须使接受学习符合有意义学习的条件，必须明确认识接受学习的意义与学生认知发展的关系。因为接受学习的意义性受学生认知发展水平制约，接受学习必须是积极主动的。

（四）学习组织的原则

关于如何帮助学生建立良好的认知结构，奥苏伯尔提出要遵循两个原则：渐进分化和综合贯通。渐进分化是从一般到特殊，这是知识学习要遵循的纵向序列。综合贯通是在横向上把相关知识联系起来。

（五）先行组织者教学策略

认知-同化理论认为学生能否习得信息主要取决于他们认知结构中已有的相关概念与新材料之间是否存在下位关系、上位关系和组合关系。很多时候，新学习材料与已有认知结构中相关概念的关系并不直接而清晰，为了使学习者运用已有概念对新知识进行巩固，使其成为有意义学习，奥苏伯尔提出了先行组织者的教学策略。

先行组织者是先于学习任务本身呈现的一种引导性材料，它与旧知识之间存在联系，且概括水平要高于新学习的材料。先行组织者为新的学习任务提供观念上的固着点，增加新旧知识之间的联系与可辨别性，从而促进学习的迁移。先行组织者分为比较性组织者和陈述性组织者两种。

比较性组织者：目的在于比较新材料与已有结构中类似的材料，从而增强似是而非的新旧知识之间的可辨别性。

陈述性组织者：目的在于为新的知识提供最适当的类属者，它与新的知识产生一种上位关系。

教学案例

先行组织者教学案例

教学内容：平行四边形的概念

程序：

第一步，提出先行组织者。

教师：同学们，我们今天要学习新概念"平行四边形"。我们已经学习了"多边形"的概念，当多边形的边数是 4 的时候是"四边形"。今天所学的"平行四边形"与四边形是什么关系呢？

第二步，呈现新知识结论。

教师板书平行四边形的定义"两组对边平行的四边形"，并作图▱。

第三步，找出同化新知识的原有观念。

教师请一位学生作出一个一般的四边形。

第四步，分析新知识与起固定作用的原有观念的联系与区别。（精确分化，融会贯通）

（1）教师要求学生分析平行四边形与四边形的相同之处：都是四条边组成的闭合图形。重点要求找出两者的不同点：平行四边形两组对边相互平行。

（2）教师提出：当四边形具有两组对边平行的性质时，它才是平行四边形，因此，四边形与平行四边形是上下位关系，平行四边形是四边形的一种。不符合平行四边形特定规定的四边形，暂称为其他的四边形。

第五步，将平行四边形知识放进知识系统。

奥苏伯尔提出的认知-同化理论，较好地解释了新知识的习得过程，对接受学习与发现学习、意义学习与机械学习的划分澄清了人们思想中的混乱认识，对讲授教学和发现教学进行了比较并对正确使用讲授法给予了理论指导，对当今的学校教育具有深刻的影响。

五、加涅的信息加工学习理论

加涅（R. M. Gagne，1916—2002）认为：学习是一个信息加工的过程。在各个信息加工阶段发生的事件，称为学习事件。学习事件是学习者内部加工的过程。教学阶段与学习阶段是一一对应的。每一教学阶段发生的事情即教学事件，都是学习的外部条件。教学就是由教师安排和控制这些外部条件构成的，而教学的艺术就在于学习阶段与教学阶段的完全吻合。

（一）学习的信息加工模型

加涅认为：学习是个体的一整套内部信息加工过程。在这个过程中，个体把环境中的刺激转化为能进入长时间记忆状态的信息。这些信息（学习的结果）能给个体提供完成各种操作的能力。因此，他提出了由加工系统（或操作系统）、执行控制系统和期望（或预期）系统组成的学习模式（见图 3-9）。

这个模型是依据学习心理学研究已知的事实与信息加工观点，用模拟方法进行推论而提出的学习模型的假想结构。它由加工系统（或操作系统）、执行控制系统和期望（或预期）系统组成。

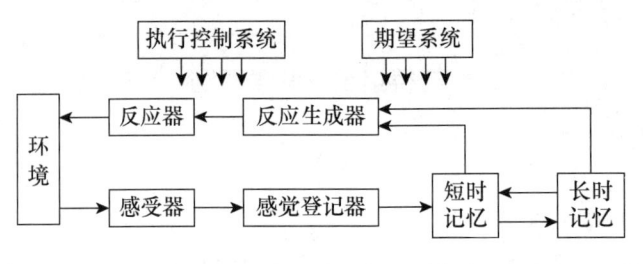

图 3-9 学习的信息加工模型

1. 加工系统（或操作系统）

加工系统由感受器、感觉登记器（或瞬时记忆）、短时记忆（或工作记忆）、长时记忆、反应生成器和反应器组成。图中的箭头表明学习者从环境（即学习情境）接收信息最终做出反应的加工顺序。

由图 3-9 可知，长时记忆中的信息由两条途径进入反应生成器，一条途径是先进入短时（工作）记忆，唤醒人的意识，在人的意识支配下，进入反应生成器，引起反应；另一条途径是长时记忆中的信息直接进入反应生成器，在不知不觉中完成反应。第二种情况指人的熟练的技能。

2. 执行控制系统和期望系统

在加涅的信息加工模型中还有两个非常重要的系统：执行控制系统和期望系统。这两个系统对整个操作系统的各个部分起调节与控制作用。

执行控制系统负责调节感受系统，使之选择适当的信息予以注意，同时对短时（工作）记忆的加工方式、短时（工作）记忆和长时记忆中的表征形式的选择以及长时记忆中知识提取线索的选择等进行监控，对解决任务的计划的执行予以监督。加涅将执行控制过程所对应的认知结构（头脑中的知识结构）中的成分称为认知策略。

期望系统是与信息加工活动的动力有关的系统。认知目的能指引认知加工方式的选择。认知加工活动的实现和期望目标的达到会带来情感的满足，由此进一步激励新的认知行为。

在加涅看来，有效的学习是操作系统、执行控制系统和期望系统这三个内部系统协同活动并与外界环境相互作用的结果。

(二) 学习阶段及教学设计

从学习的信息加工模式中可以看到，学习是学习者与环境之间相互作用的结果。学习过程是由一系列事件构成的。这样，学习者内部的学习过程一环接一环，与此相应的学习阶段把这些内部过程与构成教学的外部事件联系起来了。

1. 动机阶段

有效的学习必须要有学习动机，这是整个学习的开始阶段。在教育教学情境中，首先要考虑的是激发学习者进行学习活动的动机。动机是借助于学习者内部产生的心理期望过程而建立起来的。期望就是指学习者对完成学习任务后将会得到满意结果的一种预期，它可以为随后的学习指明方向。有时，学习者最初并没有明确的学习动机，这时就要帮助学习者确立学习动机、形成学习期望。

2. 领会阶段

有了学习动机，学习者必须注意与学习有关的刺激。当学习者把所要学习的刺激特征从其他刺激中分化出来时，这些刺激特征就会被进行知觉编码，储存在短时记忆中。这个过程就是选择性知觉。为了使学习者能够有效地进行选择性知觉，教师应采用各种手段（如改变讲话的声调、手势动作等）来引起学习者的注意。学习者只有对外部刺激的特征做出选择性知觉后，才能进入其他学习阶段。

3. 习得阶段

当学习者注意或知觉外部情境之后，就可获得知识。而习得阶段涉及的是对新获得的刺激进行知觉编码后储存在短时记忆中，然后再把它们进一步编码加工后转入长时记忆中。在短时记忆中暂时保存的信息，与被直接知觉的信息是不同的。在这里，知觉信息已被转化成一种最容易储存的形式，这种转化过程被称为编码过程。当信息进入长时记忆时，信息又要经历一次转换，这一编码的目的是保持信息。如用某种方式把刺激组织起来，或根据已经习得的概念对刺激进行分类，或把刺激简化成一些基本原理，这些都会有助于信息的保持。在此阶段，教师可以给学习者提供各种编码方法指导，鼓励学习者选择最佳的编码方式。

4. 保持阶段

学习者习得的信息经过复述、强化后，以语义编码的形式进入长时记忆储存阶段。已有研究表明，记忆储存受干扰的影响，会出现由于新旧信息的混淆而导致的信息提取困难。因此，如果教师能对学习条件作适当安排，避免同时呈现十分相似的刺激，可以减少干扰的可能性，从而提高信息保持的程度。

5. 回忆阶段

学习者习得的信息要通过作业表现出来，信息的提取是其中必需的一环。相对其他阶段而言，回忆或信息提取阶段最容易受外部刺激的影响。教师可以利用各种方式使学习者得到提取线索，这些线索可以增强学习者的信息回忆量。对于教学设计来说，通过外部线索激活提取过程固然重要，但更重要的是使学习者掌握为自己提供线索的策略。

6. 概括阶段

学习者提取信息的过程并不始终是在与最初学习信息时相同的情境中进行的，并且教师也希望学习者能把学到的知识运用于各种类似的情境中去。因此，学习过程必然有一个概括的阶段，也就是学习迁移的问题。为了促进学习的迁移，教师必须让学习者在不同情境中学习，举一反三，概括和掌握其中的原理和原则。

7. 作业阶段

只有通过作业才能反映学习者是否已习得了所学的内容。因此，完整的学习过程需要有作业阶段。通过作业，教师和学习者可以获得反馈，从而对教学和学习情况做出判断。

8. 反馈阶段

当学习者完成作业后，教师应给予反馈，让学习者及时知道自己的作业是否正确，从而强化其学习动机。教师在提供反馈时，不仅可以通过"对""错"或"正确""不正确"等词汇来表达，而且可以使用点头、微笑等许多微妙的方式反馈信息。同时，反馈并不总是需要外部提供的，它也可以从学习者内部获得，即进行自我强化。例如，学习者可以根据已经学过的概念、规则，知道自己的答案是否正确。

总之，加涅认为教师是教学活动的设计者和管理者，也是学习者学习效果的评定者。一个完整的学习过程由上述八个阶段组成，在每个学习阶段，学习者的头脑内部都进行着信息加工活动，使信息由一种形态转变为另一种形态，直到学习者用作业的方式做出反应为止。教学程序必须根据学习的基本原理来进行。在学习结果（即言语信息、认知策略、智慧技能、动作技能、态度）确定之后，它们必须按照教学工作目标的适当顺序安排。有效的教学要求教师根据学习者的内部学习条件创设或安排适当的外部条件，促进学习者有效地学习，以实现预期的教学目标。

六、建构主义学习理论

(一) 建构主义的思想渊源

建构主义学习理论是认知主义学习理论的进一步发展。建构主义的产生与哲学、心理学的发展密不可分。

1. 建构主义产生的哲学基础

建构主义理论（Constructivism）是当代西方国家兴起的一种社会科学理论。其思想渊源可以追溯到18世纪文艺复兴时期意大利的哲学家、人文主义者詹巴蒂期塔·维柯。他从哲学传统出发，认为文化使人类完全不同于其他动物，人类能够清晰地理解自己建构的一切。

康德强调认识过程中人的主体性作用，认为认识具有双向性。他认为：人在认识世界的同时认识了人类自身，人在建构与创造世界的同时建构与创造了自身；主体不能直接通向外部世界，而只能通过利用内部建构认知原则去组织经验，从而发展知识；世界的本来面目是人们无法知道的，而且也无须推测它，人们所知道的只是自己的经验而已。[1] 但他把主体认识能力视为先天的观点，使得他无法对人的认识能力做出正确解释。马克思主义辩证法思想和实践的观点真正解决了这一问题。马克思主义认为，人的认识能力是在实践中发生、发展和提高的。因此人的学习过程就是在实践中逐渐建构的过程。[2]

后现代主义对建构主义的影响甚为深刻。后现代主义是一个关于知识、人类和社会的观念的新范式的知识运动，它反对认为存在终极真理理念以及结构主义的基本理论架构；否认宏大叙事和宏观理论的意义，认为人类只能发现"微观的小故事"，试图寻找模式化的关系和宏观的历史规律是不可能的；反对学科之间、文化与生活之间、虚构与理论之间、想象和现实之间所设置的界限；其理论着眼点在多样性和易变性。这使实证主义或经验主义的认识论基础受到怀疑。[3]

2. 建构主义产生的心理学基础

心理学自身的理论和流派演进是认知主义向建构主义理论发展的直接原因。皮亚杰认为，人的认识源于主体和客体之间的相互作用，而主客体之间的相互作用是通过动作实现的。对年轻的个体而言，其动作可能是实际的、可见的、外在的动作，但对相对成熟的个体而言，其动作可能是在头脑中进行的可逆的逻辑思考。个体认知结构的丰富过程，就是主体的认知结构从平衡到不平衡再到平衡的不断建构的过程。

自从20世纪70年代末，以布鲁纳为首的美国教育心理学家将苏联教育心理学家维果

---

[1] 杨维东，贾楠. 建构主义学习理论述评 [J]. 理论导刊, 2011 (5): 77-80.
[2] 王沛，康廷虎. 建构主义学习理论述评 [J]. 教师教育研究, 2004 (5): 17-21.
[3] 许放明. 社会建构主义：渊源、理论与意义 [J]. 上海交通大学学报（哲学社会科学版）, 2006 (3): 35-39.

茨基的思想介绍到美国以后,对建构主义思想的发展起了极大的推动作用。维果茨基在心理发展上强调社会文化历史的作用,特别是强调活动和社会交往在人的高级心理机能发展中的突出作用。他认为:一方面,高级的心理机能来源于外部动作的内化,这种内化不仅通过教学也通过日常生活、游戏和劳动等来实现;另一方面,内在智力动作也外化为实际动作,使主观见之于客观。内化和外化的桥梁便是人的活动。所有这些都对当今的建构主义者有很大的影响。

（二）建构主义学习理论的基本观点

1. 建构主义的知识观

（1）知识不是对现实的纯粹客观的反映,任何一种传载知识的符号系统也不是绝对真实的表征。它只不过是人们对客观世界的一种解释、假设或假说,它不是问题的最终答案,它必将随着人们认识程度的深入而不断地变革、升华和改写,从而出现新的解释和假设。因此,知识是相对的,具有不确定性。

（2）知识并不能绝对准确无误地概括世界的法则,提供对任何活动或问题解决都实用的方法。在具体的问题解决中,知识是不可能一用就准、一用就灵的,而是需要针对具体问题的情境对原有知识进行再加工和再创造,所以,知识具有高度的情境性。

（3）知识不可能以实体的形式存在于个体之外,知识是由学习者基于自己的经验而对客观世界做出的解释。因此,知识具有个体性与主观性。任何知识在为个体接受之前,对个体来说是没有什么意义的,也无权威可言。

2. 建构主义的学习观

学习不是被动接收信息刺激,而是由学习者根据自己的经验背景,对外部信息进行主动地选择、加工和处理,从而获得自己的意义的过程。学习是学习者自己主动地建构知识的过程,这种建构是无法由他人代替的。学习不是简单的信息积累,而是新旧知识经验交会而引发的认知结构的重组。学习过程不是简单的信息输入、存储和提取,是新旧知识经验之间的双向的相互作用过程,也就是学习者与学习环境之间互动的过程。

3. 建构主义的学生观

建构主义强调,学习者并不是空着脑袋进入学习情境中的。在日常生活和以往各种形式的学习中,他们已经形成了有关的知识经验,他们对任何事情都有自己的看法。即使有些问题他们从来没有接触过,没有现成的经验可以借鉴,但是当问题呈现在他们面前时,他们还是会基于以往的经验,依靠他们的认知能力,形成对问题的解释,提出他们的假设。

4. 建构主义的教学观

学习是学习者用自己的经验主动建构新知识的过程,因此,教学不能无视学习者的已有知识经验,简单强硬地从外部对学习者实施知识的"填灌",而是应当把学习者原有的知识经验作为新知识的生长点,引导学习者从原有的知识经验中生长新的知识经验。教学不是知识的传递,而是知识的处理和转换。

5. 建构主义的教师观

建构主义认为教师不单是知识的呈现者,还是知识权威的象征。教师应该重视学习者自己对各种现象的理解,倾听他们时下的想法,思考他们这些想法的由来,并以此为据,引导学习者丰富或调整自己的解释。因此,教师是学习者学习的引导者。

由于经验背景的差异不可避免，学习者对问题的看法和理解经常千差万别，并且学习者对知识的理解也会随情境变化而发生变化。因此，教师本身也是一个学习者，教师与学习者之间也需要针对某些问题共同探索，并在探索的过程中相互交流和质疑，了解彼此的想法。所以，教师也是一个学习者和合作者。

建构主义认为，学习者的知识是在一定情境下借助于他人的帮助，如人与人之间的协作、交流、利用必要的信息等，通过意义的建构而获得的。在教学过程中，教师的主要活动之一就是创建适合学习者主动建构知识的学习情境。因此，教师又是一个学习情境的创建者。

(三) 建构主义在教学实践中的应用

1. 支架式教学

在把学习者的"最近发展区"转化为现实的发展的过程中，教师或其他助学者通过和学习者共同完成蕴含了某种文化的活动，为学习者参与该活动提供外部支持，帮助他们完成独自无法完成的任务。随着活动的进行，逐渐减少外部支持，让位于学习者的独立活动，最后完全撤去支架。支架式教学包括预热、探索、独立探索等环节。

教学案例

支架式教学案例：三角形面积的计算

教学分析：

教学对象为小学5年级上学期学生，好奇心强，思维活跃。已经学习掌握了平行四边形面积的计算公式。

教学目标：

通过本课时的教学，使学生理解并掌握三角形面积计算公式的推导过程，并能正确选择条件，运用公式进行有关三角形的面积计算。通过学生对公式的推导，让学生主动去探究平面图形之间的内在联系，发现问题、提出问题、解决问题，从而培养学生的创新意识，发展学生的空间观念，使学生不仅学会独立思考，还学会与他人合作。

教学过程设计：

1. 搭脚手架

围绕"三角形的面积"这个主题，按"最近发展区"的要求建立概念框架，提出如下问题：

(1) 三角形的面积与平行四边形的面积有什么关系？

(2) 两者之间有关系的条件是什么？

(3) 三角形的面积怎样计算，有公式吗？

(4) 三角形的面积公式是怎样产生的？

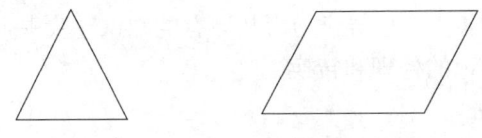

2. 进入情境

脚手架搭成以后，教师演示把正方形和平行四边形沿对角线剪去一半后图形的变化，问学生：裁剪后得到的三角形的面积是多少？

3. 独立探索

进入问题情境之后，就让学生独立探索。在活动设计时，教师估计到学生有可能遇到的障碍，恰当地设计了三个直观支架，让学生观察三角形与拼出的平行四边形，并讨论它们之间的关系。

支架1：用两个全等的直角三角形拼成一个图形（可能为长方形、平行四边形、三角形）。

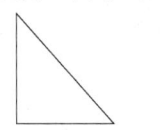

支架2：用两个全等的锐角三角形，运用旋转、平移的方法，拼成平行四边形。

支架3：用两个全等的钝角三角形旋转、平移，拼成平行四边形。

在探索过程中，教师适时提示，帮助学生沿概念框架攀升，刚开始的引导、帮助可以更多一些，以后逐渐减少，逐渐放手让学生自己去探索，最后争取做到无须教师引导，学生自己能在概念框架中继续攀升，使学生加深对新知识的进一步理解，并培养学生独立探索的精神。

4. 协作学习

独立探索结束时，教师组织小组协商、讨论。师生共同得到以下结论：

（1）三角形与拼成的平行四边形有以下的关系：三角形与平行四边形的底相等，高相等；三角形的面积是拼成的平行四边形面积的一半。

（2）三角形的面积与平行四边形有关系的先决条件是：三角形与平行四边形等底等高；三角形的面积是等底等高平行四边形面积的一半。即平行四边形面积＝底×高；三角形面积＝底×高÷2。

5. 效果评价

教师给出以下的几个问题：

（1）下面三个三角形的面积都是"4×5÷2＝10（平方厘米）"吗？为什么？

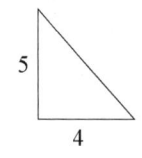

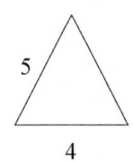

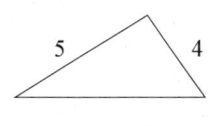

（2）在下面的两个完全一样的平行四边形中，最大的三角形面积相等吗？

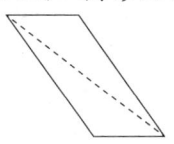

讨论出结论：等底等高的三角形面积相等，形状不一定相同。

（3）三角形面积的计算公式是怎样产生的？除了这些推导方法，还有其他的推导方法吗？要求学生动手动脑，用其他方法推导三角形面积的计算公式。

2. 认知学徒制

认知学徒制（Cognitive Apprenticeship）是由美国认知心理学家柯林斯和布朗等提出的一种教学模式或学习环境，是将传统学徒制的优点与现代学校教育相结合的一种新型教学模式。这种教学模式不以低水平技能训练和概念类知识的传授为主要目标，更关注元认知知识和技能的学习，通过教师与学习者在情境活动中的内部思维外显化来指导学习者解决复杂任务，使学习者逐渐内化这种知识，从而培养学习者解决问题的能力。

认知学徒制教学模式就是创设真实的学习情境，在这个情境中，通过教师的示范、指导、脚手架搭建，学习者的清晰表达、反思、探究，以及师生双方在这个实践共同体中的社会化活动来实现教学目标。

认知学徒制的教学流程（见图3-10）：

（1）创设学习情境。教师创设学习情境，并将需要掌握的教学任务通过线上教学视频或现场示范外显给学习者，让学习者观察思考专家的建模与示范过程。

（2）学习者在观察后进行实践、讨论与演示，持续清晰地表达自己的理解，并尝试总结实践过程中所使用策略与行动的得与失。教师在此过程中提供恰当程度的提示或暗示和帮助。

（3）反思是教师在实践活动结束后指导和鼓励学习者回顾、分析、评判和解释他们个人或小组之间的活动策略与表现。

（4）经过观察、实践、讨论、总结与反思等过程后，学习者初步具备独立探究能力，能够使用类似于教师解决问题的过程与方法去尝试自己的假设、方法及策略。

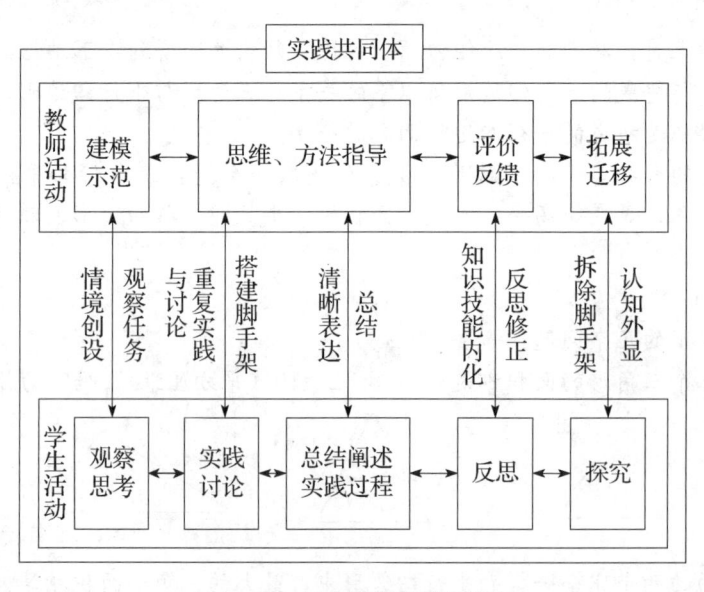

图3-10 认知学徒制教学流程

资料来源：吴炜，张翠霞，曹健. 认知学徒制模式在高阶思维能力培养中的应用：以深度融合校企合作课程为例[J]. 天津职业大学学报，2020（5）：44-50.

3. 情境性教学

情境性学习理论认为,知识是情境化的,并且在部分程度上是应用该知识的活动、背景和文化的产物。情境性教学是情境性学习观念在教学中的具体应用。学习应与情境化的活动结合起来,即进行情境性学习。情境性学习的具体特征可以归纳为:真实任务情境;情境化的过程;真正的互动合作;情境化的评价。大多数职业技术活动都具有情境性特征,因此,在职业技术教育领域开展情境教学有得天独厚的优势。

教学案例

情境性教学案例:网络协议捕获与分析实验

1. 教师在课前实验准备中搭建好捕获环境。
2. 教师介绍背景知识,让学生了解局域网通信特点。教师执行一次捕获,得到FTP用户名和密码,向学生直观展示FTP协议的安全隐患,激发学生的学习兴趣,鼓励学生通过十分钟左右的阅读教材或搜索互联网来学习和了解协议捕获的方法及原理。
3. 教师演示协议捕获的完整过程,布置实践任务并告知本次实践的考核标准。
4. 学生分为2人一组,分工合作完成实践任务。在这一环节有分析工具的安装、捕获环境的构建及捕获过程的时序设计,能够提高学生动手能力并培养其合作精神。
5. 教师对每组的完成情况予以检查,做出针对性的指导。学生通过动手实践,对协议分析的方法、网络协议的安全性开展讨论。教师对课堂教学内容做出总结。
6. 教师提出拓展的实践任务,要求学生捕获其他网络协议并进行分析,进一步培养学生自学及灵活应用知识的能力。

资料来源:周莉,刘昭斌,高小惠,谭方勇. 情境教学法在高职高专网络安全课程中的应用与创新[J]. 中国职业技术教育,2012(17):9-11.

---

4. 抛锚式教学

抛锚式教学的主要意图是将学习活动与某种有意义的大情境挂钩。"锚"指的是包含某种问题任务的真实情境。其目的在于使学习者在一个真实、完整的问题背景中产生学习需要,通过学习者主动学习,在原有的知识基础上尝试理解情境,在教师的引导和学习小组的互动中形成新的理解。抛锚策略试图创设有趣、真实的背景以激励学习者的积极建构,因此,"锚"往往是有情节的故事。

第四节 人本主义学习理论

人本主义心理学是20世纪50—60年代兴起的一个生机勃勃的学派。由于其观点与近代心理学的两大传统派别——弗洛伊德的精神分析学派和行为主义学派有分歧,因此被称为心理学的"第三思潮"。其主要代表人物有马斯洛(A. H. Maslow,1908—1970)和罗杰斯(C. R. Rogers,1902—1987)等。

一、人本主义心理学的基本观点

人本主义心理学认为人性是善的、积极的、可信赖的。人的本质是自主的、能动的,其行为受自己意志、价值观的驱动和维持。人具有高于一般动物的心理潜能,这些潜能是人所特有的极其宝贵的内在价值。充分发挥潜能是人的高级的心理需要，是人生追求的最高目的，实现这一目的就是"自我实现"。人的潜能和价值与社会环境的关系是内因与外因的关系。潜能是主导因素，是价值的基础；环境则是限制或促进潜能发展的条件，其作用归根结底在于允许人或帮助人实现自己的潜能。人的潜能与其社会价值并无矛盾，创造潜能的发挥具有最高价值。

二、人本主义心理学的学习观

人本主义心理学的学习观认为，学习就是学习者发挥潜能和自我实现的过程，即学习者获得知识、技能，发展智力，探究自己的情感，学会与教师和集体成员交往，阐明自己的价值观和态度，实现自己的潜能，达到最佳的境界的过程。

三、人本主义学习理论的教学原则

人本主义心理学强调学习中人的因素，认为在教与学中要做到：（1）必须尊重学习者。要把学习者视为学习活动的主体，必须尊重学习者的愿望、情感、需要和价值观。（2）必须相信学习者。要相信任何正常的学习者都能自己教育自己，发展自己的潜能，并最终达到自我实现。（3）必须建立良好的师生关系，形成情感融洽、气氛适宜的学习环境。（4）教师必须是有感情的。在学生的学习过程中，教师必须扮演学习的促进者、鼓励者、学生助手的角色，他应该让学生觉得是一个真诚的、可信赖的、有感情的指导者。

人本主义心理学强调学习是学习者发挥潜能和自我实现的过程，认为教学首先面对的是一个活生生的人以及他内心丰富的世界，而不是以往学习理论看到的诸如教材、教法、作业和分数等没有生命的东西。

这些教学观点对于我国职业院校的教学极具指导意义。长期以来，家长、教师、学校乃至社会简单地以学习成绩评价学生，把多数进入职业院校的学生看作不求上进的孩子，他们的情感、需求和自我成长的潜力较少受到重视。按照人本主义的教学观点，家长、教师和学校认识到职业院校学生也是积极向上，有各种情感和需求，是有学习潜能的个体，在教育教学中注重对他们需求的满足，尊重和鼓励他们，相信职业院校学生自身积极向上的潜能会被激发，最终会使每个学生取得进步，成为国家建设的积极分子。

四、罗杰斯的有意义学习理论

罗杰斯是人本主义心理学的杰出代表。他认为情感和认知是人类精神世界中两个不可分割的有机组成部分，彼此是融为一体的。因此，教育就是培养"躯体、心智、情感、精神、心力融会一体"的人。

罗杰斯从人本主义的学习观出发，认为凡是可以教给别人的知识，相对来说都是无用的；能够影响个体行为的知识，只能是他自己发现并加以同化的知识。因此，教师的任务不是教学生学习知识，也不是教学生如何学习，而是为学生提供各种学习资源，提供一种促进学习的气氛，让学生自己决定如何学习。

（一）罗杰斯的有意义学习

罗杰斯认为学生学习主要有认知学习和经验学习两种类型，与之相对应，其学习方式主要有无意义学习和有意义学习两种。罗杰斯认为认知学习的很大一部分内容只涉及心智而不涉及感情或个人意义，是一种"在颈部以上发生的学习"，因此是一种无意义学习。经验学习以学生的经验生长为中心，以学生的自发性和主动性为学习动力，把学习与学生的愿望、兴趣和需要有机结合起来，因而经验学习必然是有意义的学习，必能有效地促进个体的发展。

罗杰斯认为有意义学习能把逻辑与直觉、理智与情感、概念与经验、观念与意义等结合在一起。当个体以这种方式学习时，就成了能够充分利用自己所有阳刚和阴柔方面的能力来学习的人。有意义学习不仅是一种增长知识的学习，而且是一种与每个人各部分经验都融合在一起的学习，是一种使个体的行为、态度、个性都会发生重大变化的学习，并且在未来选择行动方针时也会起到重要的作用。

（二）罗杰斯有意义学习的特征

对于有意义学习，罗杰斯认为主要具有以下四个特征：

1. 全身心投入

一般来说，有意义学习中，学习者整个人的认知和情感均投入学习活动之中。

2. 自发性

学生由于内在的愿望主动去探索、发现和了解事件的意义。

3. 全面发展

在有意义学习中，学生的行为、态度、人格等能够获得全面发展。

4. 自我评价

在有意义学习中，评价是由学生发起的。因为学生最清楚这种学习能否满足自己的需要，是否有助于他了解要知道的东西，是否能使自己明了原来不甚清楚的某些方面。自我评价是使学生自我发起的学习成为一直负责的学习的一个重要手段。当学生必须对确定哪些准则是重要的、学习的目标是什么以及在何种程度上达到了目标负起责任时，他也就真正学会了对自己及自己的发展方向负责。

（三）罗杰斯有意义学习的条件

（1）人生来就有学习的潜能。人生来就对世界充满好奇心，学习者总是怀着一种心理矛盾渴望发展和学习。在合适的条件下，每个人所具有的学习、发现、丰富知识与经验的潜能和愿望是能够释放出来的。

（2）当学生觉察到学习内容与他自己的目的有关时，有意义学习就发生了。

（3）安全的氛围有利于有意义学习的发生。罗杰斯认为：涉及改变自我组织（即改变对自己的看法）的学习是有威胁性的，并往往受到抵制。当外部威胁降到最低限度时，就比较容易觉察和同化那些威胁到自我的学习内容，学生就会用一种辨别的方式来知觉经验，学习就会取得进展。因此，他十分强调学习氛围对学生的影响。比如一个阅读能力不强的学习者会因为嘲笑而停滞不前。但是如果在一种相互理解和支持的环境里、没有等级评分和鼓励自我评价的环境里，就可以消除上述外部威胁以及由此产生的心理崩溃，从而获得进展。他认为教学机器的最大好处之一，就是让学习能力低下者根据自己的实际水平小步子学习，并随时获得鼓励，降低了外部的威胁。

（4）大多数有意义学习是从做中学的。罗杰斯认为，促进学习的最有效的方式之一，就是让学生直接体验到面临的实际问题、社会问题、伦理和哲学问题、个人问题和研究的问题等。这可以通过设计各种场景、让学生扮演各种角色来让学生对各种角色有切身的体会，也可以安排学生去亲身实践体会。

（5）涉及学习者整个人（包括情感与理智）的自我发起的学习最持久、最深刻。学习者全身心地投入学习时，才会对自己产生深刻的影响。当学习者尝试着发现自己得出的新观念、学习一种难度较高的技能或从事艺术创作活动时，就会产生这种全身心投入的学习。但是罗杰斯提醒我们，学习者必须认识到这是他自己的学习，他可以一直学下去，也可以中途而止，无须权威人士来决定。

（6）以自我评价为主要依据有利于学生独立性、创造性和自主性的发展。罗杰斯指出：外部评价对于创造性培养目标的实现大多是无效的。学生需要有机会自己判断、允许犯错、自己评价自己所作选择和判断的结果，这样，创造性、自主性和独立性才能开花结果。

（四）罗杰斯的教学观

罗杰斯认为，促进学生学习的关键不在于教师的教学技巧、专业知识、课程计划、视听辅导材料、演示和讲解、丰富的书籍等，而在于教师对学生要：

（1）真实或真诚。即教师要表现真我，没有任何矫饰、虚伪和防御。

（2）尊重、关注和接纳。教师要尊重学生的情感和意见，关心学生的方方面面，接纳作为一个个体的学生的价值观念和情感表现。

（3）有同理心。教师要能了解学生的内在反应，了解学生的学习过程。

总之，罗杰斯等人本主义心理学家从他们的自然人性论、自我实现论出发，在教育实践中倡导以学生经验为中心的"有意义的自由学习"，对传统的教育理论造成了冲击，推动了教育改革运动的发展。这种冲击和促进主要表现在：突出情感在教学活动中的地位和作用，形成了一种以知情协调活动为主线、以情感作为教学活动的基本动力的新的教学模式；以学生的自我完善为核心，强调人际关系在教学过程中的重要性，认为课程内容、教学内容、教学手段等都维系于课堂人际关系的形成和发展；把教学活动的重心从教师引向学生，把学生的思想、情感、体验和行为看作教学的主体，从而促进了个别化教学运动的发展。

第五节　中国古代学习心理学思想

我国古代学者们有着丰富的学习心理学思想。尤其是先秦时期，比较有代表性的是以孔子为代表的儒家和以老庄为代表的道家学习心理学思想。此后的两汉时期、宋明时期以及清代均有所发展。

一、先秦时期的学习心理学思想

（一）儒家的学习心理学思想

1. 学习目的

以孔子为代表的先秦儒家确立了中国古代学习观"修身致德，学为圣贤"的源头，重在强调"德性至上"，重视人伦道德范畴的知识学习。孔子认为，学习是"为己""为人"、"修身养性"，是为了使个体成为"内圣外王"的仁德君子，乃至圣人。学习是如何做人的问题。例如，孔子在《论语·宪问》中提出"古之学者为己，今之学者为人"。在孔子这里"内圣"和"外王"既是学习的目的，也是两种不同取向的修炼自我的方式。"内圣"

是指向内在精神世界的修炼方式，而"外王"则是指向外部客观世界的修炼方式，对内修炼（践行体悟）为"学"，对外修炼（为官致仕）为"习"。

孔子主张以"文行忠信"为主要学习内容来实现理想人格。"子以四教：文，行，忠，信。""文"主要包括六经。另外，官学所授六艺之中的"书"（文字读写）、"数"（算术）也是孔子"文"教的主要内容，用以培养学生为人处世所需的识、读、运算能力。可见，孔子"文"教内容丰富，主要涉及古代文献和典章制度等各方面的知识，涵盖了文学、数学、政治学、哲学、历史、音乐等范围广泛的基础知识。"行"则是建立在学"文"基础之上的一切实践，主要涉及"射""御"两类实践性强的军事和体育技能。"忠""信"是君子良好品德的集中体现。孔子将其纳入学习内容，意在强调学习应坚持的正确导向和价值归宿，体现了孔子重内在心性甚于外在知识，重道德修养甚于重学识本身。孔子也对学习内容与个性品质培养的关系做了阐述："其为人也，温柔敦厚，《诗》教也；广博易良，《乐》教也；洁静精微，《易》教也；恭俭庄敬，《礼》教也；属辞比事，《春秋》教也。"

孟子和荀子继承了孔子的学习思想传统，又各自从"内圣""外王"两个方面予以发展和深化。孟子认为人性本善，圣人与普通人的先天人性是类似的，都具有"恻隐之心""羞恶之心""辞让之心""是非之心"等善性，这四者是仁、义、礼、智的四端。因此，他认为，学习的目的是"存心养性"，发扬"善端"。荀子认为人性本恶，"今人之性，生而有好利焉，顺是，故争夺生而辞让亡焉；生而有疾恶焉，顺是，故残贼生而忠信亡焉；生而有耳目之欲，有好声色焉，顺是，故淫乱生而礼义文理亡焉。然则从人之性，顺人之情，必出于争夺，合于犯分乱理而归于暴"（《性恶》）。因此，他认为，学习的目的是使人"化性起伪"，弃恶从善。

《礼记》也认为学习的目的在于使个体获知明德，成为格物、致知、修身、齐家、平天下的人才。《礼记·大学》中有"大学之道，在明明德，在亲民，在止于至善"。《礼记·学记》中提出，"虽有佳肴，弗食，不知其旨也；虽有至道，弗学，不知其善也。是故学然后知不足，教然后知困。知不足，然后能自反也；知困，然后能自强也。故曰：教学相长也"，"玉不琢，不成器；人不学，不知道"。可以看出，《礼记》中不但对学习的目的是获知明德有清晰的表述，而且对学习的认识蕴含有丰富的建构主义思想。

2. 学习过程

（1）孔子学、思、行三段学习过程观。孔子认为学习过程是学、思、行的过程。"君子博学于文，约之以礼，亦可以弗畔矣夫。"（《论语·雍也》）要博学，就必须多闻、多见，"多闻，择其善者而从之。多见而识之，知之次也"（《论语·述而》）；"学而不思则罔，思而不学则殆"（《论语·为政》）；"弗学何以行？弗思何以得？小子勉之"（《中论·治学》）；"吾尝终日不食，终夜不寝，以思，无益，不如学也"（《论语·卫灵公》）。这些言论明确地表述了学习中学与思的关系，认为从"闻""见"中所获得的感性知识需要经过思考才能上升到理性认识，否则其学是惘然无所得；反之，没有博学所得的"闻"知、"见"知，思考也只能是空想。孔子的学思结合和"思"必须以"学"为基础的思想，符合心理学中感知是思维的基础，思维与感知是辩证统一的关系的事实。

孔子认为，学习不应该止于学与思，唯有达到行并完善行，才标志着学习的完成。他说："志于道，据于德，依于仁，游于艺。"（《论语·述而》）孔子平时对弟子的褒贬也多以能否做到躬行实践为标准，如对颜回能安贫乐道，虽箪食瓢饮，居陋巷，但仍不改其乐，连连予以称赞。

（2）荀子闻见、知、行三段学习过程观。荀子十分重视学习。他提出："学不可以已"，"吾尝终日而思矣，不如须臾之所学也"，"不登高山，不知天之高也……"（《劝学》）他关于学习的中心思想是"积"，即积累。不断地学，久而久之，就会积累很多的东西，发生质的变化。"积土成山，风雨兴焉；积水成渊，蛟龙生焉。"（《劝学》）

荀子把学习过程分为"闻见""知""行"三阶段。"闻见"是学习的起点和知识的来源，《荀子·儒教》中有"闻见之所未至，则知不能类也"之说，《荀子·修身》中写道："多闻曰博，少闻曰浅；多见曰闲，少见曰陋。"可以看出，荀子认为没有感官提供的信息，人就不能获得知识。在肯定了感知对学习的重要性的基础上，荀子认为感官获得的信息如果不经过思考判断其真假，也可能是错误的。《荀子·儒效》中"不闻不若闻之，闻之不若见之，见之不若知之""闻之而不见，虽博必谬；见之而不知，虽识必妄"以及《荀子·天论》中"心居中虚，以治五官，夫是之谓天君"和《荀子·儒效》中"知通统类，如是则可谓大儒矣"的表述充分肯定了思维在学习中的重要性。此外，荀子还非常重视学习和实践的关系，认为"行"与"闻见""知"相比，"行"特别重要。《荀子·儒效》中提出"知之不若行之，学至于行之而止矣。行之，明也，明之为圣人"。荀子把人的认识作用作为"行"的指导，"知"是为了"行"，要能"行"，才有真"知"。

（3）《礼记》的五段学习过程观。《礼记·中庸》进一步发挥了孔子、荀子的学习思想，提出"博学之，审问之，慎思之，明辨之，笃行之。有弗学，学之弗能弗措也；有弗问，问之弗知弗措也；有弗思，思之弗得弗措也；有弗辨，辨之弗明弗措也；有弗行，行之弗笃弗措也"的学习过程和认知方法。"博学之"相当于学习的感知阶段，此阶段的重要任务是广泛地感知外在信息。"审问之，慎思之，明辨之"相当于学习的思维阶段，这是学习的第二阶段，也是由感性认识上升到理性认识的阶段，因为它是在广博感知信息的基础上，发现问题或提出问题，然后对问题进行思考，通过思考辨别事物异同，使认识达到深化。"笃行之"相当于学习的巩固与应用阶段。在此阶段，要将所学知识付诸行动，学以致用。《礼记》强调学习者如果学就一定要学会、问就必须弄懂、思考必须有所得、辨就一定要辨明。《礼记》的五段学习过程观为其后的学者所普遍继承，成为中国传统文化论学习过程最为经典的观点。

3. 学习策略

（1）孔子主张的学习策略。

1）温故知新。孔子强调复习和将新旧知识联系起来学习的重要性，提出了"温故而知新"的观点。这与现代心理学中的复述策略、精加工策略及有意义学习策略等一致。

2）学思结合。孔子提出"学而不思则罔，思而不学则殆"的观点，主张学习时要将广闻博识、记忆与思维紧密结合。

3）举一反三。孔子认识到已有经验对新知识学习的促进作用，强调要利用已经学到的知识促进新知识的学习。他提出："举一隅不以三隅反，则不复也。"主张学习要举一反三，积极迁移。

4）观察模仿与内省。孔子非常重视品德的学习，他认识到观察模仿对品德形成的重要影响，主张谨慎交友，提出"益者三友，损者三友。友直，友谅，友多闻，益矣。友便辟，友善柔，友便佞，损矣"，主张多交益友，不交损友。同时，他也非常重视自我监控策略对品德培养的重要价值，提出"见贤思齐，见不贤而内自省"、"非礼勿视，非礼勿听，非礼勿言，非礼勿动"以及"过则勿惮改"、"过而不改，是谓过矣"。

（2）荀子主张的学习策略。

1）虚壹而静。荀子认识到学习过程中是否专心致志对于个人的学习效果影响很大，因此提出了虚壹而静的学习策略。他在《解蔽》中讲道："人何以知道？曰：心。心何以知？曰：虚壹而静……未得道而求道者，谓之虚壹而静。作之：则将须道者之虚，则人；将事道者之壹，则尽；将思道者静，则察。知道——察、知道，行、体道者也。虚壹而静，谓之大清明。"荀子认为不以自己的成见损害或阻碍将要遇到或接受的新事物、新见解就是"虚"，不因对一事物的知觉而扰乱对另一事物的知觉就叫"壹"，不会因梦幻烦扰而扰乱心智就是"静"。

2）闻、见、知、行相结合。荀子认识到知识学习中不但需要将视觉与听觉信息相结合，还需要通过思维与实践进一步理解和巩固知识。《荀子·儒效》中记载："闻之而不见，虽博必谬；见之而不知，虽识必妄；知之而不行，虽敦必困。"其大意是：听别人说而自己没有见到，那么听得再多也会有错误的；自己见到了但没有真正弄懂，那么即使记住了也没有什么用；真正弄懂了却不付诸实践，那么懂得再多也不能解决问题。

3）学问结合。荀子主张学习过程中应充分利用外部资源，通过求教加强学习，强调只有边学边问、边问边学、学问结合，才能不断获得学习上的进步。《荀子·非十二子》中提出："不知则问，不能则学，虽能必让，然后为德。"《荀子·大略》中也讲道："学问不厌，好士不倦，是天府也。"

4）自存自省。与孔子一样，荀子也非常重视元认知对学习的影响。《荀子·修身》中提出："见善，修然必以自存也；见不善，愀然必以自省也。善在身，介然必以自好也；不善在身，菑然必以自恶也。"他认为一个人在见到好的行为时，应该恭谨自查自己是否有这种好的行为；见到不好的行为时，要心怀恐惧地检视自己是否有这样的不好的行为。对于自己身上好的行为，一定要保持；对于自己身上不好的行为，一定要像畏惧和厌恶灾祸一样畏恶它。

（3）《礼记》中的学习策略。

1）练习策略。《礼记·中庸》强调学习过程中反复练习的重要性，提出"人一能之己百之，人十能之己千之。果能此道矣，虽愚必明，虽柔必强"，认为只要学习者能勤学苦练，即使智力水平不高，也能变得聪明，最终学明白，即使性格柔弱，最终也能变得刚强起来。

2）抓住关键期，循序渐进。《礼记·学记》中有"学不躐等""时过然后学，则勤苦而难成""良冶之子，必学为裘；良弓之子，必学为箕"等论述，强调学习存在关键期，遵从循序渐进原则。

3）归纳策略。《礼记》重视归纳在学习活动中的重要性。《礼记·学记》中有"古之学者，比物丑类"的叙述，其含义是在对事物分析比较的基础上进行归类。这与现代心理学中的概括学习一致。

4）集中注意。现代信息加工理论认为，注意是信息加工最基本的策略，信息只有通过注意的选择才能进行更深入的加工。《礼记》非常重视注意在学习中的作用，强调学习只有集中注意，才能有成效。《礼记·大学》中也有"心不在焉，视而不见，听而不闻，食而不知其味"的表述。

4. 教学观

（1）孔子的教学观。

1）因材施教。孔子认识到个体在智力、能力、性格、兴趣等方面存在差异，因而倡导因材施教。《论语》中有这样一个实例：子路问："闻斯行诸？"子曰："有父兄在，如之何其闻斯行之？"冉有问："闻斯行诸？"子曰："闻斯行之。"公西华曰："由也问闻斯行诸，子曰'有父兄在'；求也问闻斯行诸，子曰'闻斯行之'。赤也惑，敢问。"子曰："求也退，故进之；由也兼人，故退之。"在这个实例中，对于学生提出的"听到后是否马上去做"的问题，孔子根据子路做事比较冲动和莽撞的特点，采取克制的方法，让他先听听父兄的意见再决定是否去做；由于冉有做事比较胆小谨慎，孔子就鼓励他马上去做。正因为此，孔子既是因材施教的先驱，也是因材施教的典范。

2）启发式教学。孔子最早提出教育教学过程中要通过启发诱导的方法培养学生的领悟力。他提出"不愤不启，不悱不发"的观点，认为教导学生，不到他想弄明白而不得的时候，不去开导他；不到他想出来却说不出来的时候，不去启发他。

3）以身示范。孔子已经注意到榜样示范对学习的重要性，非常注重身教法。他认为，"其身正，不令而行；其身不正，虽令不行"。

（2）《礼记》的教学观。

《学记》中有"故君子之教，喻也。道而弗牵，强而弗抑，开而弗达。道而弗牵则和，强而弗抑则易，开而弗达则思。和、易以思，可谓善喻矣"，主张君子教学，不是直接灌输知识，而是创设情境，言此而意彼，让学生感悟、发现，从而达到教师"举一"而学生"反三"的效果。

5. 教师观

孔子认为一个好教师首先是一个学习者，对待知识的态度要诚实。他提出，"知之为知之，不知为不知，是知也"，"三人行，必有我师焉"，"以能问于不能，以多问于寡"。其次，教师要有诲人不倦的精神。再次，教师要有仁爱理念，平等、公平、公正地对待学生。他提出，"己所不欲，勿施于人"，"己欲立而立人，己欲达而达人"。最后，教师要有健全的人格。

（二）道家的学习心理学思想

1. 老子的学习心理学思想

（1）老子的学习目的观。

老子主张世人以"为道"为目标，从而进入减少情欲、返璞归真的状态。在他看来，学习的目的是使个体成为"为道之人"或"真人"。老子所谓的"道"，是无形、无声、无体的，是万物之宗、事物之源，是存在于大千世界、万事万物之中的客观规律。"为道"就是要求人们去认识与学习"道"的本质，依照其内在本质行事。在老子看来，道的本质在于其自然与原本。

学习的目的在于培养认识事物的能力——智慧。在老子看来，要想达成"为道"的目标，个人需要拥有智慧。他认为有智慧的人在做任何事情的时候都会自觉遵循事物运行的规律，所以强调"人法地，地法天，天法道，道法自然"。老子认为人的智慧主要表现为"知人"和"自知"两个方面。《老子·三十三章》中提到"知人者智，自知者明"，他所说的"明"除了"了解自己"以外,还包括"知常"——了解事物的变化规律和"见微"——觉察事物的细微之处。《老子·十六章》中提出"知常曰明"。

(2) 老子的学习方法观。

老子认为通过"为学"与"为道"两种方式可以使人回归自然本性,回归原本的真朴状态。因此,《老子·四十八章》说:"为学日益,为道日损。损之又损,以至于无为。无为而无不为。""为学"指探求外在的经验知识,增加人的知见与智巧。"为道"是通过冥想或体验以领悟事物未分化状态的"道"。老子认为求学问,天天积累知识,知识越积累越丰富,至于要认识宇宙变化的总规律或是认识宇宙的根源,就不能靠积累知识,而要靠理性思维。

"为道"主要是通过"修(实践)""五观""玄鉴"等方式,运用直观体悟来把握事物未分化的状态或内求自身虚静的心境。《老子·五十四章》中记载:"善建者不拔,善抱者不脱,子孙祭祀不辍。修之于身,其德乃真;修之于家,其德乃余;修之于乡,其德乃长;修之于国,其德乃丰;修之于天下,其德乃普。故以身观身,以家观家,以乡观乡,以国观国,以天下观天下。吾何以知天下之然哉?以此。"老子认为只有排除一切物质功利观念的干扰,保持心灵虚寂清静的状态,才能观照到道的循环往复、发展变化,所以在《老子·十章》中有"涤除玄览,能无疵乎"和《老子·十六章》中有"致虚极,守静笃。万物并作,吾以观复"的表述。

可见,老子推崇指向个体内心的内省式学习或体验式学习,倡导"自觉、自悟、自化"的学习方法。

(3) 老子的教学观。

老子也认识到言传不如身教的道理,也赞成用"不言之教"。不言之教是指教育者通过自身的良好素质与品行,潜移默化地影响受教育者获得良好素质与品质的教育方法。《老子·二章》中记载:"是以圣人处无为之事,行不言之教,万物作为而不辞,生而不有,为而不恃,功成而不居。夫惟弗居,是以不去。"《老子·四十三章》也有"天下之至柔,驰骋天下之至坚……不言之教,无为之益,天下希及之"的表述。

2. 庄子的学习心理学思想

(1) 庄子的学习目的观。

与老子一样,庄子强调学习的目的是发现和掌握事物的规律,探寻和保留本真。他也非常推崇先天自然的本性,认为教育和学习应"返真去伪"。《庄子·庚桑楚》中记载:"道者,德之钦也;生者,德之光也;性者,生之质也。性之动,谓之为;为之伪,谓之失。"

(2) 庄子的学习方法观。

1) "自觉、自悟、自化"的学习方法。《庄子·缮性》中写道:"缮性于俗学,以求复其初,滑欲于俗思,以求致其明,谓之蔽蒙之民。古之治道者,以恬养知。生而无以知为也,谓之以知养恬。知与恬交相养,而和理出其性。"其大意是,闭塞昏昧的人才会用世俗之道理来修身养性企图回归本真,用世俗观念陶冶性情企图明理求知。古代修道之人是以恬静涵养智慧。心智生成却不用其行事,这就是用智慧涵养恬静。智慧和恬静互相涵养,则和顺的性情就会从本性中流露出来了。可以看出,与老子一样,庄子也推崇指向个体内心的内省学习与体验学习,主张以恬静涵养智慧,以智慧涵养恬静,强调"自觉、自悟、自化"的学习方法。

2) 广泛学习。庄子主张学习者不要过分看重知识的功用与学习的功用，应该广泛涉猎各种"无用之用"的知识。他认为过于专一目的的学习会限制人的视野，造成知识结构与能力结构单一化、狭隘化，使个体发展缺乏后劲，难以做到全面发展。

3) 学习未知。《庄子·庚桑楚》中提出，"学者，学其所不能学也；行者，行其所不能行也；辩者，辩其所不能辩也。知止乎其所不能知，至矣；若有不即是者，天钧败之"。其大意是，学就要学那些不能学到的东西；做事情就要做那些不能做的事情；辩论就要辩论那些不易辨清的事物。知道停留于所不知道的境域，便达到了知道的极点；如若不然，就会受到自然规律的惩罚。

4) 学习要集中注意，抛开干扰。《庄子·达生》中"痀偻承蜩"的故事借用孔子的话说，即"用志不分，乃凝于神。其痀偻丈人之谓乎"，认为驼背的人之所以在捕蝉时如拾取一样容易，是因为其忘却外物，一心在蝉。还借用孔子的话说，就是"善游者数能，忘水也"，说明只要抛开了干扰，就能提高学习效率。

（3）庄子的教学观。

1) 不言之教。庄子赞同并强调老子不言之教的主张。《庄子·人间世》中提到"古之至人，先存诸己而后存诸人。所存于己者未定，何暇至于暴人之所行"，强调一个人要想教别人，自己必须要能做到才行。《庄子·知北游》中更是有"夫知者不言，言者不知，故圣人行不言之教"的论述。

2) 学生为中心的"大人之教"。庄子认为教师与学生之间的关系应如影随形般密切，教学要以学生为主体，教师应尽心尽力地引导学生。《庄子·在宥》中就有"大人之教，若形之于影，声之于响。有问而应之，尽其所怀，为天下配"的阐述。

可见，先秦道家和儒家都把学习的目标聚焦在"修身致德"方面，但二者对"修身致德"的内在意涵和实现路径的认识有明显的区别。先秦儒家所讲的"修身致德"之德性是一种人伦道德及社会礼仪规范，处理的是人与人之间的关系问题。因此，先秦儒家通过"修身"获致"德性"的路径是学习诗、书、礼、乐等经典书籍，并在日常生活实践中体悟践行。而先秦道家主张的"德性"则超越了人际的伦理道德层面，进一步扩展到人与自然天地万物之间的天道伦理关系，通过清静无为的修炼方式达到人与自然、人与人的和谐统一。

二、两汉时期的学习心理学思想

（一）王充"反情治性，尽材成德"的学习目的观

王充继承并发展了扬雄、桓谭的唯物主义思想，在糅合孟子、荀子人性论的基础上提出"性有善有恶"的"率性说"。他在《论衡·率性篇》中提出："论人之性，定有善有恶。其善者，固自善矣；其恶者，故可教告率勉，使之为善。"这种"性可教而为善"充分肯定了教育的积极作用。

同时，他认为学习的目的是改变自己的感情和本性，使自己的才能和品德完善起来。他在《论衡·量知》篇中提出学习是为了"反情治性，尽材成德"。他在《论衡·实知》篇中指出："故夫可知之事者，思虑所能见也；不可知之事，不学不问不能知也。不学自知，不问自晓，古今行事，未之有也。夫可知之事，推精思之，虽大无难；不可知之事，历心学问，虽小无易。故智能之士，不学不成，不问不知。""人才有高下，知物由学。学

之乃知，不问不识。""所谓圣者，须学以圣……天地之间，含血之类，无性知者。"认为学习对个体成长至关重要，没有学习就不可能有成长。

（二）王充的学习过程观

王充认为学习过程应包括感知和思维两个部分。他提出"故夫可知之事者，思虑所能见也；不可知之事，不学不问不能知也……夫可知之事，推精思之，虽大无难；不可知之事，历心学问，虽小无易。故智能之士，不学不成，不问不知。""人才有高下，知物由学。学之乃知，不问不识"和"实者，圣贤不能〔知〕性〔知〕，须任耳目以定情实。其任耳目也，可知之事，思之辄决；不可知之事，待问乃解。天下之事，世间之物，可思而〔知〕，愚夫能开精；不可思而知，上圣不能省"。这些观点充分体现了对学习过程中感知与思维地位和作用的科学认识。

（三）王充的学习方法观

1. 思考性学习

在学习方法方面，王充主张创新，强调学习过程中要有求真求实、求证存根和质疑的精神，提倡思考性学习；强调在学习中要反对"尊古卑今"，不迷信权威和书本知识。例如，《论衡·问孔》篇开宗明义地写道："世儒学者，好信师而是古，以为贤圣所言皆无非，专精讲习，不知难问。夫贤圣下笔造文，用意详审，尚未可谓尽得实，况仓卒吐言，安能皆是？不能皆是，时人不知难；或是，而意沉难见，时人不知问。案贤圣之言，上下多相违；其文，前后多相伐者。世之学者，不能知也。"《论衡·正说》篇中则有"儒者说五经，多失其实。前儒不见本末，空生虚说；后儒信前师之言，随旧述故，滑习辞语，苟名一师之学，趋为师教授，及时蚤仕，汲汲竟进，不暇留精用心，考实根核。故虚说传而不绝，实事没而不见，五经并失其实"的论述。他也反对盲目相信教师，提出了"距师"说。他在《论衡·问孔》中提出"凡学问之法，不为无才，难于距师，核道实义，证定是非也"的观点。

2. 博览与思考结合

王充认为智慧源于经验和知识的积累，而闻见又是圣人积累经验知识的基本手段。"圣人不能〔知〕性〔知〕，须任耳目以定情实"，"如无闻见，则无所状"（《论衡·实知》），意在要留心周围的事物，注意积累生活经验；同时要广闻博览，通过书本或其他间接途径吸收他人的生活经验、思想，接受间接知识。王充强调要使经验知识转化为分析解决问题的能力，则少不了理性的思考，即"是非者不徒耳目，必开心意"（《论衡·薄葬》）。

三、宋明时期的学习心理学思想

魏晋南北朝时期，随着佛、道思想的广泛传播，儒学面临严重的思想危机。隋唐时期的王通、韩愈等人，主张通过吸收佛教和道教的精华来巩固和捍卫儒家的主流地位。宋代张载、程颐、程颢、朱熹等人，力挽儒学式微之势，重振和重塑儒家思想。他们在学习目的观上出奇一致：学为圣人。据《宋史·张载传》记载，"与诸生讲学，每告以知礼成性、变化气质之道，学必如圣人而后已"。朱熹则主张"始乎为士，终乎为圣人"等。但宋明理学家片面地发展孔子"内圣"思想而贬斥"外王"思想，甚至极端地发展到"存天理，灭人欲"的地步，经世致用的学习传统在这一时期被大大弱化。

在道德与知识的关系上，朱熹、张载等人认为，尊德性必曰道问学，主张"主体德性非自足说"。朱熹说："尊德性，所以存心而极乎道体之大也。道问学，所以致知而尽乎道体之细也。二者修德凝道之大端也。"陆九渊、王阳明等旗帜鲜明地反对朱熹的观点，并针锋相对地提出"主体德性自足说"，认为"既不知尊德性，焉有所谓道问学"（《陆九渊集》卷三十五）。在陆九渊看来，应坚守并回归孟子"德性之知"现在的古老传统。

心学派的王阳明、王艮等人在继承陆九渊"尊德性"观点的基础上，进一步发展了建立在"知行合一"基础上的德性实践的观点，即所谓的"致良知"。

四、清代的学习心理学思想

明清之际，实学主义思潮兴起。黄宗羲、顾炎武、王夫之等人批评宋明理学的空疏无用，主张"学贵履践，经世致用"。颜元继承并发展性地提出"学以致用，学成其人"的学习观。在学习目的上，颜元首次鲜明提出："学者，学成其人而已。"也就是说，学习不是为了成为圣贤或鸿儒，而是各尽其所长，最大可能地去发掘每个人所固有的内在潜力，成为最好的自己，成为一个其所能成为的人。由此，颜元以"实学"为核心，倡导加大实用性知识和操作性技能比重，创造性地提出了"三物""三事""六府""六德""六行""六艺"的学习内容体系，建议学习者向"兵、农、礼、乐、水、工、虞"努力（《习斋记余卷四·答齐笃公秀才赠号书》）。颜元的实学学习观，是中国古代治学思想与近代学习理念的界标，标志着中国封建社会末期传统学习观向近代学习观的转换。这集中反映在学习目的和学习内容方面，一是"学成其人"的成才理念富有现代气息；二是"以实为学"的学习内容体系具有极大的开创性和包容性，如文武并重及理论性知识、技术性知识、劳动生产知识并行等。这对于自先秦儒家以降确立的"学为圣贤"的传统学习观是一次革命性的巨大跨越与彻底转变。

乾嘉时期，戴震意识到程朱理学"存天理，灭人欲"的思想毒害，开创了"应天理，顺人欲"的义理之学新体系。他极力反对宋儒"复其初"的学习理念，主张德性是在知识学习基础上逐渐养成的，认为"形体始乎幼小，终乎长大；德性始乎蒙昧，终乎圣智，其形体之长大也，资于饮食之养，乃长日加益，非复其初；德性资于学问，进而圣智，非复其初，明矣"（《孟子字义疏证》）。戴震主张学习的目的是"闻道"，为此必须认真研读《六经》孔孟之书；为了弄通存于这些书中的"道"，必须先弄通它们的语言；为了弄通语言，必须研究字义、制度、名物等。戴震不同于宋明诸儒也异于先秦儒家之处在于，肯定知识具有内在的价值，并认为道德的确立有赖于知识的完善。可见，戴震从认识论的视角，以求真的方式去解决求善的问题，彻底颠覆了先秦以来道德与知识关系的认知传统，道德理性反被知识理性所僭越。

本章重要概念

学习是个体在特定情境下由于练习或反复经验而产生的行为或行为潜能的比较持久的变化。

接受学习是指将他人的经验变成自己的经验，所学的内容是以某种定论或确定的形式通过传授和接受者的主动建构而实现。

发现学习是指在主体的活动过程中，通过对现实能动的反映及发现创造，构建起一定的经验结构而实现的。

意义学习是指学习者利用原有的经验进行新的学习,以建立新旧经验间的联系,有表征学习、概念学习和命题学习三类。

机械学习是指在学习中所得经验间无实质性联系的学习。

内隐学习是指个体在与环境作用的过程中在无目的情况下,不知不觉地获得了知识经验,并无意识地影响到自身某些行为的学习。

外显学习是有意识的、作出努力的和清晰的、需要付出心理努力并需按照规则作出反应的学习。

消退是指在条件反射建立后,若条件刺激重复出现多次而没有无条件刺激相伴随,则条件反应会变得越来越弱。在斯金纳看来,消退是指对原先可接受的某种行为强化的撤销可以引起个体行为反应频率的下降直至消失。

泛化指人和动物一旦学会对某一特定的条件刺激作出条件反应之后,其他与该条件刺激相类似的刺激也能诱发其条件反应。

分化指通过选择性强化和消退,使有机体学会对条件刺激和与条件刺激相类似的刺激作出不同的反应。

第一信号是指直接作用于感官的具体的条件刺激。

第二信号是指人类所特有的言语和文字,可以代替第一信号引起条件反射。

应答性行为是由已知的刺激引起的反应。

操作性行为是有机体自身发出的反应,与任何已知刺激物无关。

强化是指任何有助于机体反应频率、速度和强度增加的事件。

惩罚是指使个体行为反应的频率、强度等降低的事件。

正惩罚是指呈现厌恶刺激,使个体的行为减弱的现象。

负惩罚是指消除愉快刺激,使个体行为减弱的现象。

逃避条件作用是指当厌恶刺激或不愉快情景出现时,有机体作出某种反应从而逃脱了厌恶刺激,则该反应在以后的类似情景中出现的概率便增加。

回避条件作用是指在预示着厌恶刺激或不愉快刺激即将出现时,有机体自发作出某种反应,从而避免了厌恶刺激,则该反应在类似的情景中发生的概率也会增加。

程序教学是根据斯金纳的操作性条件反射的强化原理所设计的程序进行的一种个别化的自我教学方式。教师在教学时,必须把教科书的内容编成按程序分为小单元的教材,然后按先浅后深、先易后难、先简后繁的顺序,分层次排列起来,并借助机器设备或以书本形式把教材提供给学生;学完第一小单元,就按程序学习第二小单元,依此按程序前进。

替代强化是指通过观察别人受到强化或惩罚,在观察者身上间接引起的强化或惩罚作用。

自我强化是行为达到自己确立的标准时,以自己能支配的奖励来加强和维持自己的行为过程。

潜伏学习是指个体在学习过程中,每一步都在学习,只是学习效果在某一阶段并不明确显现,而在一定时间后通过作业才显示出来,就好像学习活动处于潜伏状态。

有意义学习(奥苏伯尔)是指符号代表的新知识与学习者认知结构中已有的适当观念建立实质性和非人为性的联系的过程。

表征学习是指学习单个符号或一组符号的意义。主要内容是词汇学习。

概念学习实质上是掌握同类事物的共同的关键特征。

下位学习也称类属学习，是指将概括程度或包容范围较低的新概念或命题纳入原有认知结构中概括程度或包容范围较高的适当概念或命题下，从而获得新概念或新命题的意义的过程。下位关系学习可以分为派生类属关系学习和相关类属关系学习两种形式。

上位学习也称总括学习，是指新概念、新命题具有较广的包摄性或较高的概括水平，可以把一系列已有观念类属于其下的新命题时，新学习的内容便与学习者认知结构中已有观念产生了一种上位关系。

并列结合学习是指当新概念或新命题与学习者认知结构中已有的观念既不是下位关系，又不产生上位关系时，他们之间可能存在组合关系，这种只能凭借组合关系来理解意义的学习就是并列结合学习。

先行组织者是先于学习任务本身呈现的一种引导性材料，它与旧知识之间存在联系，且概括水平要高于新学习的材料。

认知学徒制是将传统学徒制的优点与现代学校教育相结合的一种新型教学模式。这种教学模式不以低水平技能训练和概念类知识的传授为主要目标，更关注元认知知识和技能的学习，通过教师与学生在情境活动中的内部思维外显化来指导学生解决复杂任务，使学生逐渐内化这种知识，从而培养学习者解决问题的能力。

复习思考题

1. 学习的实质是什么？
2. 简述加涅对学习的分类。
3. 简述我国学者对学习的分类。
4. 简述桑代克的学习理论的主要内容。
5. 简述班杜拉的社会学习理论的主要内容。
6. 简述布鲁纳认知-发现学习理论的主要观点及教育教学意义。
7. 简述奥苏伯尔有意义接受学习理论的主要观点及教学意义。
8. 简述建构主义学习理论的主要观点及教学措施。
9. 简述罗杰斯有意义学习理论的主要观点及教育教学意义。
10. 简述孔子的学习心理学思想。
11. 简述老子的学习心理学思想。

第二部分　职业学校学生学习心理

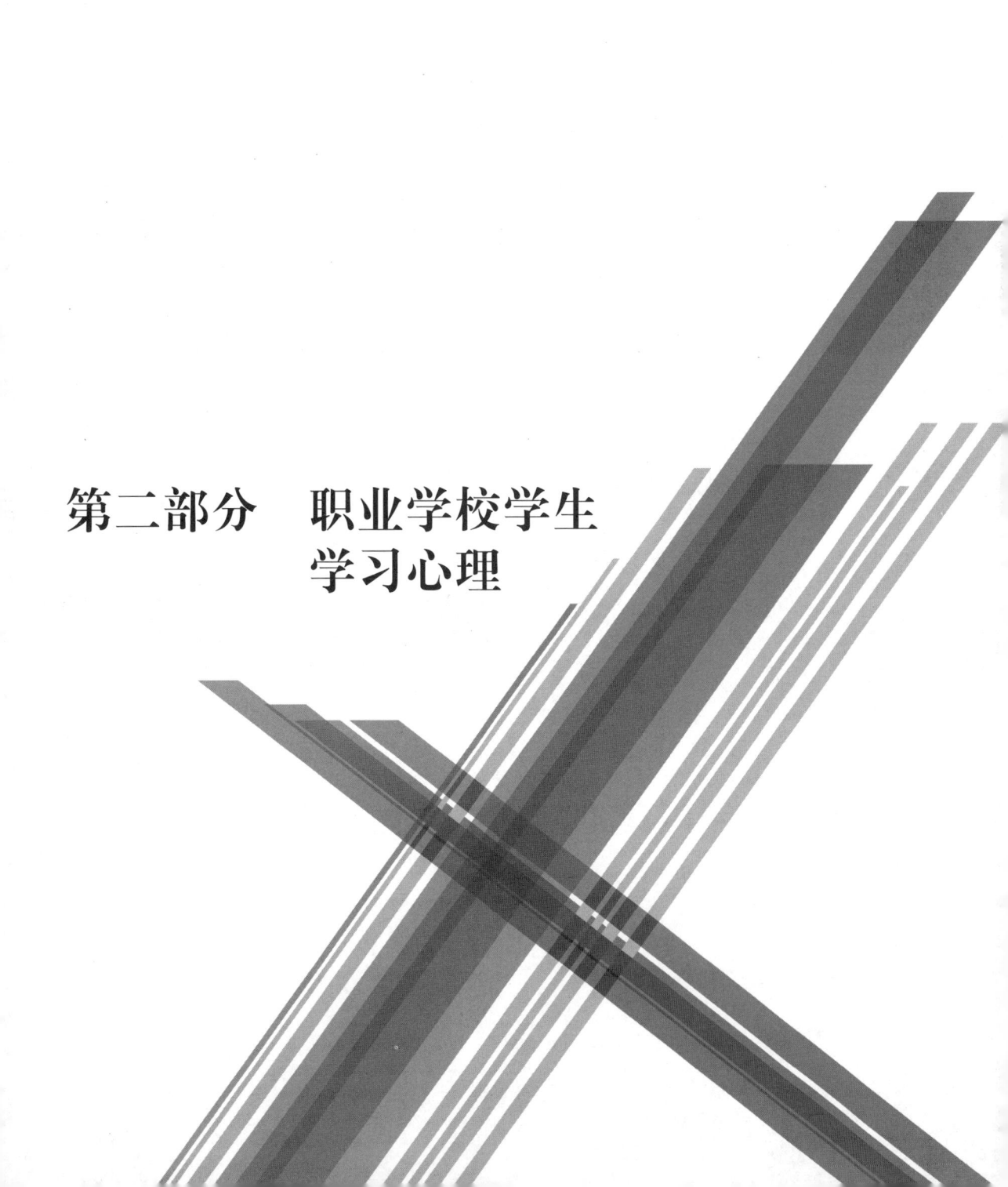

第四章 职业技术理论知识的学习

本章主要内容

1. 知识获得的环节和知识直观的类型。
2. 知识保持和知识应用。
3. 影响知识学习的因素及提高知识学习的途径。
4. 知识学习的策略。

案例导入

王超是一名高一学生，小升初时学习成绩是班里第二名。进入初中以后，他学习很用功，但成绩却逐步下滑。在职高，各科老师反映王超听课比较认真，也能及时完成作业，只是正确率不是很高。家长表示王超在家多数时间都在学习，期末考试前更勤奋，天天都学到深夜。但是王超的成绩仍然不是很好。家长和老师都很头痛，王超也开始怀疑自己的学习能力了。

思考：

1. 王超真的是学习能力不行吗？
2. 导致王超在学习上事倍功半的可能原因是什么？

第一节 知识学习的过程

知识学习是学校教育的重要目标之一。从心理学角度来说，知识是指个体通过与环境相互作用后获得的信息及其组织，是个体头脑中的一种认知状态。如何根据学生学习的心理特点将知识有效地传授给学生，使学生的学习达到事半功倍的效果，是教育工作者共同关注的问题。知识学习主要涉及知识获得、知识保持和知识应用三个方面。

一、知识获得

（一）知识获得阶段的任务

知识获得是知识学习的第一个阶段。在这个阶段，新信息进入短时记忆，与来自长时记忆系统的原有知识建立一定的联系,并纳入原有的认知结构,从而获得对新信息意义的理解。知识获得的两个环节是知识直观和知识概括。

(二) 知识直观

1. 知识直观的类型

知识直观是指主体通过对直接感知到的教学材料的表层意义、表面特征进行加工,从而形成对有关事物的具体的、特殊的、感性的认识的加工过程。知识直观是理解学科知识的起点,是学生由不知到知的开端,是知识获得的首要环节。在实际的教学过程中,主要有三种知识直观方式,即实物直观、模像直观和言语直观。

(1) 实物直观。

实物直观是以实际的事物本身作为直观对象而进行的直观活动。例如,观察各种实物标本、演示各种实验、教学性实地参观访问等都属于实物直观。实物直观是在接触实际事物时进行的,它所得到的感性知识与实际事物间的联系比较密切,因此在实际生活中能很快发挥作用。同时,实物直观给人以真实感、生动感、亲切感,有利于激发学生的学习兴趣,调动学习的积极性。如在学习机床的工作原理时,如果带领学生实地观察机床的工作情况并加以讲解,学生对知识的掌握就特别清晰牢固。职业学校学生普遍存在的特点是对于实践活动有较高的参与度,对于理论课程的学习态度不积极,参与度不够。因此,利用实物直观提高职校生学习效率是非常重要的。

一方面,实物直观要求"透过现象看本质",而实际事物的许多本质要素并不呈现在表面;另一方面,由于受时间、空间和感官特性的限制,很多知识很难通过实物直观获得。例如,树木的生长过程,历史朝代的演变,原子、电子的结构等,都难以通过实物直接感知,因此,还需要通过其他直观形式加以认识。

(2) 模像直观。

模像即事物的模拟性形象。模像直观是指以事物的模像为直观对象而进行的直观活动。例如,各种图片、图表、模型、幻灯片和教学电影电视等的演示和观看以及虚拟仿真,均属于模像直观。

由于模像直观的对象可以人为制作,因而模像直观可以克服实物直观的局限,扩大直观的范围,提高直观的效果。

但是,模像直观只是事物的模拟形象而非实际事物本身,模像与实际事物之间有一定的差异。为了使通过模像直观而获得的知识在学生的生活实践中发挥更好的定向作用,一方面,要将模像与学生熟悉的事物相比较;另一方面,在可能的情况下还应使模像直观与实物直观相结合进行。

(3) 言语直观。

言语直观是指在形象化的语言作用下,通过学生对语言的物质形式(语音、字形)的感知及对语义的理解而进行的一种直观活动。例如,文艺作品的阅读,有关情景与人物形象的领会。在历史、地理教学中,有关历史生活、历史事件、历史人物和有关地形地貌、地理位置的领会,均少不了言语直观。

2. 如何提高知识直观的效果

(1) 灵活选用实物直观和模像直观。

将实物直观和模像直观比较可以看出,实物直观真切但是难以突出本质要素和关键特征，模像直观虽与实物直观有一定的差异却有利于突出本质要素和关键特征。一般而言，模像直观的教学效果要优于实物直观。

(2) 加强词与形象的结合。

为了增强直观的效果，不仅要注意实物直观和模像直观的合理选用，而且必须加强词与形象的结合。

在形象的直观过程中，首先，教师应该提出明确的观察目标，提供确切的观察指导，提示合理的观察程序；其次，形象的直观结果应以确切的词加以表述，以检验直观效果并使对象的各组成要素分化；最后，应依据教学任务，选择合理的词与形象的结合方式。如果教学任务在于使学生获得精确的感性知识，则词与形象的结合应以形象的直观为主，词起辅助作用。

3. 运用感知规律，突出直观对象的特点

要想在直观过程中获得有关的知识，首先应注意和观察直观对象；而要想有效地观察直观对象，必须运用感知规律，突出直观对象的特点。

(1) 强度律：作为知识的物质载体的直观对象（实物、模像或言语）必须达到一定强度，才能为学习者清晰地感知。例如，教师讲课时的声音不仅要让所有学生听清，而且要有抑扬顿挫的变化，这样才能引起学生的注意。因此，在直观过程中，应根据强度律处理好对象之间的强弱关系。

(2) 差异律：对象和背景的差异越大，把对象从背景中区分开来越容易。例如，在设计板书时，可通过字体的变化、颜色的不同，加大对象和背景的差异以突出教学的重点、难点。对于知识本身来讲，可合理地安排新旧知识，使旧知识成为学习新知识的支撑点。

(3) 活动律：活动的对象比静止的对象更容易被感知。在不动的背景上活动的事物，容易成为知觉的对象。因此，要善于在变化中呈现对象，即通过活动性教具（如电视、电影等）进行教学，使教材成为活动对象，容易为学生感知和理解。

(4) 组合律：空间上接近、时间上连续、形状上相同、颜色上一致的事物，易于构成一个整体为人们清晰地感知。因此，教材的编排应分单元和章节，教师讲课也应有层次和间隔，板书设计和PPT设计也应将有关联的知识和信息在空间、时间上安排得接近一些。

4. 培养学生良好的观察能力

观察是一种有目的、有计划、主动的并有思维参与的知觉过程。在直观过程中，教师操纵直观教材让学生观察，其效果如何主要取决于学生的观察能力。观察可以使学生获得丰富的、有条理的感性知识，有助于激发学生的求知欲、提高学生的学习兴趣、调动学生的学习积极性，使他们主动地获取知识。因此，为了更好地完成教学任务，教师必须认真组织教学并培养学生的观察能力。

5. 调动学生运用各种感官参与直观过程

在以直观手段进行教学时，应让学生尽可能多地运用各种感官参与感知活动，这样既可以激发学生积极参与的热情，又可以使学生更好地理解和掌握所学知识。例如，有经验的教师在带领学生了解机器的工作原理时，不仅让学生看实物，而且让他们用耳朵去听、用手去感受机器在不同工作状况下的声音和振动。这就是利用了视觉、听觉和运动觉的协同作用。多种感官参与到学习中，既有助于辨别的精确性，也有助于知识信息的保持。

(三) 知识概括

1. 知识概括的类型

知识概括指主体通过对感性材料的分析、综合、比较、抽象等深度加工改造，从而获得对一类事物的本质特征与内在联系的抽象的、一般的、理性的认知活动。早在宋代，思想家张载就曾讲道："见闻之知，乃物交而知，非德性所知。德性所知，不萌于见闻。"（《正蒙·大心》）他将认知阶段分为"见闻之知"的感性阶段和"德性所知"的理性阶段。在实际的教学过程中，根据学生对知识的概括抽象程度，可将知识概括分为感性概括和理性概括两种类型。

（1）感性概括。

感性概括即直觉概括，它是在直观的基础上自发进行的一种低级的概括形式。例如，有的学生由于经常看到主语在句子的开端部位，因而就认为主语就是句子开端部位的那个词；有的学生看到锐角、直角、钝角等图形中都有两条交叉的线，就认为角是由两条交叉的线组成的。

虽然从形式上看，感性概括也是通过一定的概括得来的，是抽象的，而且从外延上看，它也涉及一类事物而非个别事物，但是从内容上看，它并没有反映事物的本质特征和内在联系，所概括的一般只是事物的外表特征和外部联系，是一种知觉水平的概括。因此，这是知觉表象阶段的概括。是概括的初级形式。

感性概括在中小学生中是很常见的，他们的思维在很大程度上还主要依靠直观的、具体的内容，不能很好地反映事物的本质特征与内在联系。因此，对于职校生而言，一方面，教师需要利用他们感性概括能力较强的特点，在教学活动中多提供具体实物和事例；另一方面，教师在教学活动中要有意识地引导学生提高概括水平，从而加强对知识掌握的深度与系统性。

（2）理性概括。

理性概括是在前人的指导下，通过对感性知识经验进行自觉的加工改造，来揭示事物的一般的、本质的特征与联系的过程。

理性概括是一种高级的概括形式，它所揭示的是事物的一般因素与本质因素，是思维水平的概括。所谓一般因素，指的是一类事物所共有的，不是个别或某些事物所特有的因素；所谓本质因素，即内在的而非表面的决定事物性质的因素。学生如果不善于进行理性概括，就不能理解和运用所学知识。学生的理性概括水平越高，理解和运用知识的水平就越高。因此，教师在传授知识过程中，必须把培养和提高学生的理性概括能力当作一项重要的任务。

总之，在感性概括中，只能获得概括不充分的日常概念和命题；只有通过理性概括，才能获得揭示事物本质的科学概念和命题。因此，在教学条件下，我们关注的是如何有效地进行理性概括的问题。

2. 如何有效地进行知识概括

（1）配合运用正例和反例。

概括的目的在于区分事物的本质和非本质，抽取事物的本质要素，抛弃事物的非本质要素。教师在指导学生概括时，不仅要注意抽取本质的一面，也要注意抛弃非本质的一面。为此，必须配合使用概念或规则的正例和反例。正例又称肯定例证，指包含概念或规则的本质特征和内在联系的例证；反例又称否定例证，指不包含或只包含了一小部分概念或规则的主要属性和关键特征的例证。一般而言，概念或规则的正例传递了最有利于概括的信息，反例则传递了最有利于辨别的信息。例如，"球"这个概念的关键特征：一般是圆形；用于游戏和运动。一切包含了该概念的共同关键特征的事物，如篮球、足球等就是"球"的肯定例证。一切不包含该概念的共同关键特征的事物就是否定例证，如柚子、西瓜就是球的否定例证。

（2）正确运用变式。

理性概括是通过对感性知识的加工改造完成的，感性知识的获得是把握事物本质的基础和前提。因此，在实际教学中，要提高概括的成效，必须给学生提供丰富而全面的感性知识，必须注意变式的正确运用。

所谓变式，就是运用不同形式的直观材料或事例说明事物的本质属性，即变换同类事物的非本质特征，以便突出本质特征。比如在讲果实的概念时，不要只选可食的果实（如苹果、西红柿、花生等），还要选择一些不可食的果实（如橡树籽、棉籽等），这样才有利于学生看到一切果实都具有"种子"这一关键属性，而舍弃其"可食性"等无关特征。又如，在讲惯性时，不仅要举固体的惯性现象，也要举液体和气体的惯性现象，这样学生才会形成"一切物体均有惯性"的正确概念，而不至于认为只有固体才有惯性。

小资料

德怀尔的实验

德怀尔（F. M. Dwyer）1967年以大学生为被试，来学习人的心脏的解剖结构。他把被试分成四组，都听有关心脏知识的录音讲解，但使用的辅助手段不一样：第一组，一面听录音，一面在屏幕上看录音中提到的心脏各解剖部位的名词；第二组，一面听录音，一面看屏幕上心脏各部位的轮廓图；第三组，一面听录音，一面看屏幕上心脏各部位的带阴影的详图；第四组，一面听录音，一面看屏幕上心脏的实物照片。结果表明：第二组的被试学习效果最好，第四组的学习效果最差。因为第二组的轮廓图突出了关键特征，而消除了无关特征；第四组的实物照片中包括大量的无关特征，而掩盖了关键特征。第一组的学习效果也很差，因为没有形象材料帮助理解。

资料来源：莫雷. 教育心理学［M］. 广州：广东高等教育出版社，2005：179.

（3）科学地进行比较。

人们常常通过把某一事物和与它相似的事物进行比较来找出它们之间的不同点，再把这个事物和与它差别很大的事物进行比较来找出它们之间的相同点。教学中经常使用的比较方式有两种：同类比较和异类比较。同类比较是关于同类事物之间的比较。通过同类比较，便于区分对象的一般与特殊、本质与非本质，从而找出一类事物所共有的本质特征。异类比较即不同类但相似、相近、相关的事物之间的比较。通过异类比较，不仅能使相比客体的本质更清楚，而且有利于确切了解彼此间的联系与区别，防止知识间的混淆与割裂，有助于知识的系统化。

（4）启发学生进行自觉概括。

教师启发学生进行自觉概括的最常用方法是鼓励学生主动参与问题的讨论，在讨论的时候，不仅要鼓励学生主动提出问题，而且要鼓励他们主动解答问题。正如《论语·子张》有云:"博学而笃志,切问而近思,仁在其中矣。"强调学习要恳切地发问求教,多思考当前的事情。在概括过程中,教师应充分调动学生的思维,让他们自己去归纳和总结,从根本上改变"教师做结论,学生背结论"的被动方式。

二、知识保持

知识保持是识记过的经验在人们头脑中的巩固过程,也就是信息的存储过程。保持是识记和再现的中间环节,在记忆过程中有着重要的作用。没有保持也就没有记忆。学生对知识理解后能否得到保持、能否备以待用,将影响学生对知识的应用和对新知识的学习。知识的保持是通过记忆来实现的。

(一) 记忆系统及其特点

虽然有多种记忆理论,但最常用的是信息加工的解释。记忆的早期信息加工模型是以计算机进行模拟的,这一观点认为,人类大脑与计算机一样,首先接收信息输入,接着对输入的信息进行操作以改变其形式和内容,进而储存信息,并在需要的时候进行信息提取,最后对信息进行反应。对于大多数认知心理学家来说,计算机模拟仅仅是人类心理活动的一个比喻。图 4-1 所示就是记忆的早期信息加工模型图。现代认知心理学把人的记忆系统分为瞬时记忆、短时记忆和长时记忆三个子系统。

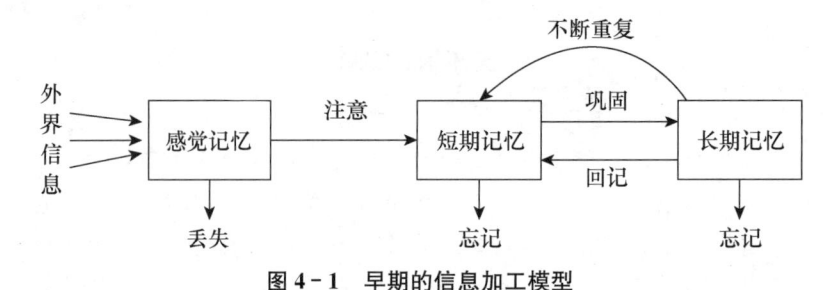

图 4-1 早期的信息加工模型

资料来源:安妮塔·伍尔福克. 教育心理学(第 12 版)[M]. 伍新春,等译. 北京:机械工业出版社,2015.

1. 瞬时记忆

客观刺激停止作用后,感觉信息在一个极短的时间内保存下来,这种记忆称为感觉记忆或瞬时记忆,它是记忆系统的开始阶段。瞬时记忆的存储时间为 0.25~2 秒。信息存储的方式具有鲜明的形象性,它完全保持输入刺激的原样,而且有一个相当大的容量。如果这些感觉信息受到特别注意,就会进入短时记忆;如果刺激极为强烈深刻,也可能一次性进入长时记忆系统。那些没有受到注意的信息,则会很快变弱而消失。

2. 短时记忆

短时记忆是瞬时记忆和长时记忆的中间阶段,保持时间为 5 秒到 2 分钟。短时记忆的信息既有来自瞬时记忆的,也有来自长时记忆的。它一般包括两个成分:一个成分是直接记忆,即输入的信息没有经过进一步加工。它的容量相当有限,大约为 7±2 个组块。如果信息得到及时复述,则可能转入长时记忆系统而被长久保存,否则会很快消失。另一个成分是工作记忆,指长时记忆贮存的正在使用的信息,是将存储在长时记忆中的信息提取出来解决当前问题的过程。在工作记忆中,来自环境的信息与来自长时记忆的信息发生了意义上的相互联系,从而使人们能够进行学习和做出决策。

3. 长时记忆

长时记忆是指信息经过充分的、有一定深度的加工后，在头脑中长时间保留下来。这是一种永久性存储。它的保存时间长，从几分钟到许多年甚至终生，容量没有限度。其信息的来源大部分是对短时记忆的内容进行深度加工的结果，但也有由于印象深刻而一次获得的。信息存储的方式是有组织的知识系统。这种有组织的知识系统对人的学习和行为决策有重要意义，它使人能够有效地对信息进行编码以便更好地识记，也能使人迅速有效地从头脑中提取有用的信息以解决当前的问题。

研究表明，瞬时记忆、短时记忆和长时记忆各有相应的生理机制：瞬时记忆是在感觉通道的末端，短时记忆是在大脑的皮层部分，长时记忆是在大脑皮层下中枢等，它们是在神经系统的不同部位上完成的。从系统论的观点来看，瞬时记忆、短时记忆和长时记忆是统一的记忆系统的三个不同的信息加工阶段，它们之间相互联系、相互影响。任何信息都必须经过瞬时记忆、短时记忆才可能转入长时记忆，没有瞬时记忆的登记、短时记忆的加工，信息就不可能长时间存储在头脑中。

（二）知识保持与信息存储的实质

知识保持是一个动态过程，存储信息在内容和数量上都会发生变化。数量方面的变化，主要表现为保持的数量随时间的推移而逐渐下降，这就是遗忘现象。在内容方面，由于每个人的知识经验不同，加工和组织经验的方式不同，人们保持的经验可能有以下几种形式的变化：（1）保持的内容比原来识记的内容更简略、更概括，一些不太重要的信息趋于消失，而主要内容及其显著特征被保持；（2）保持的内容比原来识记的内容更详细、更具体、更完整、更合理和有意义；（3）使原来识记内容中的某些特点更夸张、突出或歪曲，变得更生动、离奇，更具特色。

心理学家卡迈克尔（L. Carmichael）曾做过一个实验来证明这种变化。如图 4-2 所示，他让被试看中间的刺激图形，第一组被试在看图的同时还听到左边一排物体的名称，第二组被试听到的是右边一排物体的名称。图形呈现完毕，他要求两组被试回忆并画出他们所看到的图形。结果表明，被试所画的图形与原来呈现的图形之间有很大的变化，大约有 3/4 的图形被歪曲了，而且歪曲的图形都与他们听过名称的事物的形状相似。

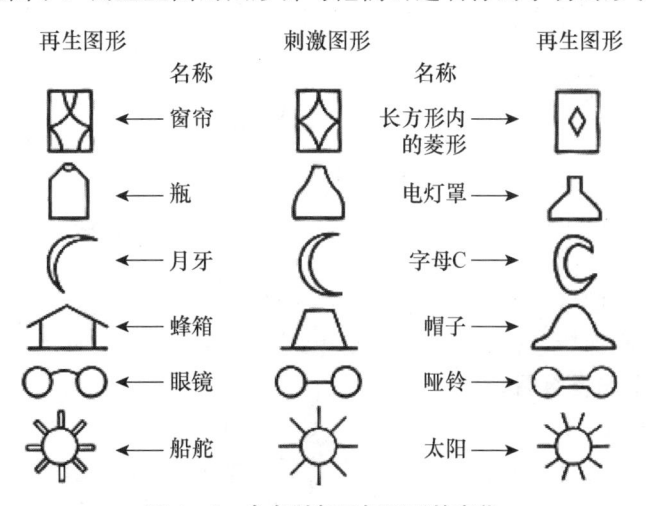

图 4-2　命名引起回忆图形的变化

不仅形象记忆内容在保持的过程中有可能被改造甚至歪曲，文字材料的保持也是如此。心理学家巴特利特（F. C. Bartlett）让被试阅读文章《鬼魂的战争》，过一段时间后让他们复述。结果发现，经常阅读鬼怪故事的被试在回忆中增添了许多关于鬼的内容和情节，受过逻辑学训练的被试在回忆中则大量删去了关于鬼的描写而使故事变得更合乎逻辑。

小资料

鬼魂的战争

一天晚上，两个来自 Egulac 的年轻人去河边捕海豹。他们到那儿时升起了大雾，周围一片沉寂。这时传来一阵呐喊，他们想：可能要打仗了。于是他们连忙逃到河岸边，藏在一根圆木后。远远地出现了几只独木船，桨声渐近，一只小船驶向他们。船上有五个人，他们说："你们在干什么？我们想带你们走，沿河而上去作战。"

一个年轻人说："我没有箭啊！"

"箭就在船上。"他们回答。

"我不想去，会被打死的。再说，我的亲友不知道我去了哪儿。但是，你——"他转向另一人说，"可以跟他们一起去。"

于是一个年轻人跟着他们，而另一个回家了。

战士们逆流而上，到了 Kalama 另一边的一个小镇。人们跳进河里，开始战斗，很多人都被杀死了。不久，年轻人听到一个战士喊："快呀，回家去，那个人被击中了！"他就想："哦，原来他们是幽灵。"他觉得自己并没有受伤，可是他们说他被击中了。

独木船回到 Egulac，年轻人上岸回家，生起了火。他向每个人讲述这件事，说："看！我和幽灵在一起，我们去打仗。很多同伴被杀，很多敌人也死在我们的箭下。他们说我被击中了，可我并未觉得受伤。"

他告诉了所有的人，然后慢慢平静下来。太阳升起时，他倒下了，嘴里流出一些黑色的液体，脸也变得扭曲。他死了。

读完这个故事后，请你做 15 分钟其他事情，然后尽可能多地回忆故事里的情节。回忆时你都犯了哪种类型的错误？

大多数人容易犯的错误是将文中不可理解的部分变得可以理解了，其原因是对这篇文章不熟悉而且这篇文章的内容比较晦涩。一般来讲，当学生阅读一些难的材料时，他们可能会扭曲文章的意思使其与自己已有的认知保持一致。向学生提供先行组织者能帮助他们理解将要读的东西，同时也会减少或消除这种扭曲。你能想出一些其他办法来减少扭曲吗？

资料来源：F. C. Bartleet. The War of the Ghosts from Remembering [M]. UK：Cambridge University Press，1932.

从以上研究中我们可以看出：信息在头脑中的保持不是静止的、固定不变的，而是一个重建过程；信息在保持过程中不断地受到思维的"剪裁"加工而发生变化。

（三）知识的遗忘及原因

1. 遗忘及其进程

记忆保持的最大变化是遗忘，遗忘和保持是矛盾的两面。记忆的内容不能再认和回忆，或者再认和回忆时发生错误，就是遗忘。遗忘有各种情况，能再认不能回忆叫不完遗忘，不能再认也不能回忆叫完全遗忘，一时不能再认或回忆叫暂时性遗忘，永久不能再认或回忆叫永久性遗忘。

对于遗忘的进程，德国心理学家艾宾浩斯（H. Ebbinghaus）最早进行了系统的研究。他自己既当主试又当被试，独自进行实验，持续数年之久。为了对结果进行数量分析并排除过去经验的干扰，他采用了无意义音节作为记忆材料。这种材料是由中间一个元音、两边各一个辅音构成的音节，如XIQ、ZET、SUW等。艾宾浩斯采取重学法（又称节省法）来检验记忆的效果。他每次学习8组、每组13个无意义音节的字表，诵读到能连续两次无误背诵为止，并记录所需时间和诵读次数；然后间隔不同的时间后进行重新学习，记录达到同样的背诵程度所需要的时间和诵读次数；最后比较两次学习所用的时间和诵读次数的差异，以重学比初学节省的时间或次数的百分数作为保持量的指标。其实验结果见表4-1。后来的学者将此实验结果绘成曲线图，如图4-3所示，这就是百余年来一直被广泛引用的经典的艾宾浩斯遗忘曲线。

表4-1 不同时间间隔的保持成绩

时间间隔	记忆量
刚刚记忆完毕	100%
20分钟之后	58.2%
1小时之后	44.2%
8~9小时之后	35.8%
1天后	33.7%
2天后	27.8%
6天后	25.4%
1个月后	21.1%

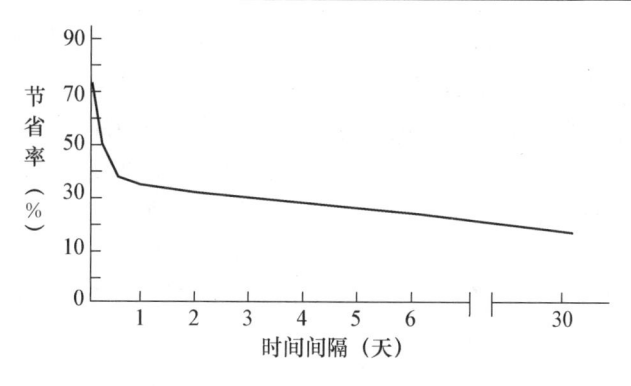

图4-3 艾宾浩斯遗忘曲线

从表4-1和图4-3中可以看到，遗忘在学习之后立即开始，而且遗忘的进程是最初很快、以后逐渐缓慢；过了相当的时间后，几乎不再遗忘。这一研究表明，遗忘的发展是不均衡的，其规律是先快后慢，呈负加速型。

2. 遗忘的理论解释

（1）痕迹衰退说。

根据消退理论的解释，大脑中的记忆痕迹随着时间的推移而衰退，这是一种对遗忘原因的最古老的解释。这种理论假定：学习会改变中枢神经系统，除非定期地使用或复述信息，否则这种信息就会逐渐衰退，最终完全消失。这一过程就像拍照后印出来的相片一样，随着时间的推移，相片会逐渐变黄而模糊不清。现在也有人把这种遗忘理论称为"渐退理论"，他们认为：不常回想起的或不常使用的信息往往容易从记忆中失去。

这种理论在20世纪30年代初就开始遭到一些心理学家的怀疑。因为研究表明，一个人在保持信息期间（即在学习之后、测验之前这一段时间内）参与各种活动，会对记忆有一定影响。心理学家还发现，人们醒着的时候失去的信息，比睡着的时候失去的信息更多些。显然，只把时间的推移或不定期使用信息作为遗忘的真正原因是不充分的。尽管许多心理学家对痕迹衰退说提出了种种怀疑并设计了大量实验来否认痕迹衰退说，但至今没有可靠的证据表明神经系统中留下的记忆痕迹可以永久保持而不会衰退，所以痕迹衰退仍然被认为是导致遗忘的原因之一。

(2) 干扰说。

干扰说认为：遗忘是在学习和回忆之间受到其他刺激干扰的结果。一旦排除了干扰，记忆就可以恢复。在保持期间，如果没有其他信息进入记忆系统，则原有的信息不会遗忘。

研究表明，干扰主要有两种情况，即前摄抑制和倒摄抑制。所谓前摄抑制，是指前面学习的材料对识记和回忆后面学习材料的干扰；所谓倒摄抑制，是指后面学习的材料对保持或回忆前面学习材料的干扰。前摄抑制和倒摄抑制在许多记忆实验中，都获得了强有力的证据。在其他条件相同的情况下，一个学习材料的两端的项目学得快、记忆得牢一些，而中间部分的项目总是学得慢、记得差一些。中间部分的记忆效果之所以比较差，可能是由于同时受到前摄抑制和倒摄抑制双重干扰的结果；而最前部分与最后部分的记忆效果之所以比较好，可能是由于仅受到倒摄抑制或前摄抑制。

(3) 同化说。

奥苏伯尔根据他的有意义接受学习理论，对遗忘的原因提出了一种独特的解释。他认为：在真正的有意义学习中，前后相继学习不是相互干扰而是相互促进的，因为有意义的学习总是以原有的学习为基础，后面的学习则是前面学习的加深和扩充。遗忘就其实质来说，是知识的组织与认知结构简化的过程。当我们学到了更高级的概念与规律以后，高级的概念可以代替低级的概念，使低级概念被遗忘，从而简化了认识并减轻了记忆。这是一种积极的遗忘。但在有意义学习中，或者由于原有知识结构不巩固，或者由于新旧知识辨析不清楚，也有可能以原有的概念来代替表面相同而实质不同的新概念，从而出现记忆错误。这是一种消极的遗忘，教学中必须努力避免。

(4) 动机说。

动机性遗忘理论最早由弗洛伊德提出，他认为，遗忘是因为我们不想记而将一些记忆信息排除在意识之外，因为它们太可怕、太痛苦或有损自我的形象。也就是说，遗忘不是保持的消失而是记忆被压抑，故这种理论也叫压抑理论。

总之，遗忘的原因是多方面的。上述每种理论都能解释遗忘的部分现象，但不能解释所有的遗忘现象。因此对于遗忘的原因，应当把上述几种理论综合起来加以解释。

(四) 运用记忆规律，促进知识保持

中国古代有很多关于记忆方法的思想，比如"读书百遍，其义自见"，就明确了不断重复甚至"过度学习"能加深记忆。"温故而知新"，则提出了复习的重要性，对学过的知识的复习可以促进对新知识的理解和掌握。现代心理学也提出了很多促进记忆的方法。

1. 明确记忆要求，增强知识巩固的自觉性

学生的记忆是有选择性的，只有那些他们认为重要的或感兴趣的内容才会主动去记忆。因此，教学中必须增强学生知识巩固的自觉性，让学生认识到巩固知识的重要性，积极主动地去记忆所学的知识，明确记忆的具体要求，增强记忆的信心。

2. 有效运用记忆术

记忆术是运用联想的方法对无意义的材料赋予某些人为意义，以促进知识保持的策略。比如，实行君主立宪制的国家有英国、日本、泰国、比利时、西班牙、瑞典、挪威等，可以编顺口溜，把"英日泰"看作一个人名，"西瑞"看作一个人名，顺口溜为：英日泰比西瑞懦（挪）。

3. 进行组块化编码

所谓组块，指在信息编码过程中，利用贮存在长时记忆系统中的知识经验对进入短时记忆系统中的信息加以组织，使之成为人所熟悉的有意义的较大单位的过程。组块可以是一个字母、一个数字、一个单词、一个词组，甚至是一个句子。组块的方式主要依赖于人过去的知识经验。例如：有这样一列数字：185119211839193719491935。如果把它看成孤立的数字来记忆，是 24 个组块，远远超过了短时记忆的容量。但熟悉中国历史的人可以把它组块化为 1851、1921、1839、1937、1949、1935，把它看成中国近现代史上的重要年份，则只有 6 个组块，就很容易记住了。

4. 适当过度学习

所谓过度学习，指在学习达到刚好成诵以后的附加学习。如读一首短诗，某人学习 10 分钟就能背诵，在能够背诵之后增加的学习（如再读 5 分钟或再读 5 遍）便是过度学习。在日常教学中，教师一般都知道，对于本学科的一些基本概念、基本原理的学习，仅仅达到刚能回忆的程度是不够的，必须在全面理解的基础上达到牢固熟记的程度。例如，小时候老师要求我们对于九九乘法表中的 81 个数量关系的记忆必须达到"滚瓜烂熟"，可以不假思索"脱口而出"的程度就是实际教学中过度学习的例证。当然，过度学习并不意味着复习次数越多越好。研究表明，学习的熟练程度达到 150％时，记忆效果最好；超过 150％时，效果并不递增，很可能引起厌倦、疲劳等而成为无效劳动。

5. 深度加工材料

认知心理学的研究表明，如果人们在获得信息时对它进行深度加工，那么这些信息的保持效果就可能得到提高，并有利于信息的提取和回忆。所谓深度加工，是指通过对要学习的新材料增加相关的信息来达到对新材料的理解和记忆的方法，如对材料补充细节、举出例子、做出推论，或使之与其他观念形成联想。例如，有人曾用英语材料做过这样一个实验：要求 A 组回答呈现的词是大写或小写的问题；要求 B 组回答呈现的词是否与给定的词押韵的问题；要求 C 组回答呈现的词是否在给定的句子中适合的问题。每个词呈现 1/5 秒，然后进行回忆与再认测验。结果 C 组的回忆成绩比其他两组约高出 2 倍，而 A、B 两组个别人的成绩与 C 组相差更大，原因就在于 A、B 两组只对词的形和音进行了表面加工，而 C 组对词的意义进行了深层加工。

6. 合理进行复习

(1) 及时复习。

艾宾浩斯遗忘曲线表明：在学习 20 分钟以后，知识就被遗忘了 42%；一天以后，遗忘就达到了 66%。如果过了很长时间，直到考试前才复习，就几乎等于重新学习了。所以，对新学习的材料一定要注意及时复习，至少要在当天进行复习，以减缓遗忘的进程。

(2) 分散复习。

分散复习是相对于集中复习而言的。集中复习就是在集中一段时间一次性重复学习许多次，分散复习就是每隔一段时间重复学习一次或几次。对于大多数学习而言，分散复习的效果优于集中复习，因为分散复习可以降低疲劳感，可以减少前摄抑制和倒摄抑制的影响。因此，教师在教学中应鼓励学生进行分散复习，不要等到考试前突击复习。

(3) 反复阅读结合尝试背诵。

研究表明，反复阅读结合尝试背诵的效果优于单纯的重复阅读。单纯重复阅读的记忆效果之所以不如反复阅读结合尝试背诵，主要在于前者不利于及时发现学习中的薄弱点而在重复学习时有一定的盲目性，后者则可以及时发现学习中的薄弱点，从而在重复学习时便于集中注意力，有针对性地加强薄弱点的学习。因此，教师在教学中应注意指导学生在阅读过程中边阅读边背诵，将阅读与背诵交替进行。

三、知识应用

(一) 知识应用的含义

知识应用是指学生运用已获得的知识去解决新的练习性课题或实际问题的过程。这也就是新知识具体化的过程。例如：在数理化教学中，学生根据某种概念、原理、法则去解答有关的课题，或从事有关物理、化学的实验操作；在历史和地理教学中，学生根据已获得的知识去评述历史人物和事件、阅读与绘制地图、观测地形、鉴别土壤等；在语文教学中，学生根据已获得的语言、文学知识去分析句子的语法结构、作品的写作技巧、人物或事件的描述方法等。所有这些课题的解答都是知识运用的过程，即新知识具体化的应用过程。

(二) 知识应用的一般过程

应用知识的具体过程，因课题的性质、难易程度等不同而有所区别。就其智力活动方面来说，一般包含审题、联想与课题类化三个彼此联系而又相对独立的基本环节。

1. 审题

审题是为了了解题意，搞清楚题目中所给予的条件与问题，明确题目的要求。审题是应用所学知识使教材得以具体化的首要环节，是通过想象、思维在头脑中进行的一系列智力活动。学生在审题时容易发生困难和出现错误的原因是有一些学生往往不重视审题，在对题意还没有彻底了解、对课题结构（条件与要求及其联系）还没有明了以前，就进行猜测或盲目尝试；另外有一些学生经常忽视、遗漏课题中隐蔽的但却是重要的因素；还有一些学生不善于在整个应用过程中保持课题映像，往往遗忘了课题的条件与要求，导致应用过程的中断，需要重复审题。教师必须注意帮助学生纠正这些错误。

要克服审题方面的困难、纠正审题方面的错误，教师必须注意：经常提醒学生重视审题，以养成良好的智力活动习惯；使学生掌握审题的一般程序，并注意课题中那些比较隐蔽的因素；提醒学生不仅要了解课题，同时要记住课题；所选课题的题材应与学生的生活经验接近，叙述要简明。

2. 联想

联想一般是指由一种心理过程引起另一种与此相互联系的心理过程的现象，它是在课题的条件和要求的作用下有关知识在头脑中的重现。知识的重现可能是直接的，也可能是间接的。直接重现是由课题的条件和要求直接引起的。间接重现是利用中介性的联系引起的，是有步骤地进行的智力活动。学生常常是先想出与所要重现的知识有联系的那些知识，然后再以此作为中介逐步接近所要重现的知识。从重现的过程可以看到，它不是先前已识记的知识的简单重现，而是要把想起来的很多有联系的知识进行"筛选"，在其中找到所需要的知识。

学生在进行联想（即重现有关知识）时，容易发生困难、出现错误，往往有以下三种原因：第一，受学生当时的生理状态的影响。长时间进行紧张的智力活动后，大脑皮层的神经细胞由于能量消耗过多，便转入保护性抑制状态，这时有关知识的联想将发生困难。第二，受学生当时的心理状态的影响。如缺乏信心、过分紧张、注意力涣散等都会阻碍知识的联想。第三，旧知识的干扰。相似的旧知识可能会干扰新知识的联想，以致不能识别新旧课题的一致性与差异性。

3. 课题类化

课题类化也叫作课题的归类，即把当前的课题纳入同类事物的知识系统中去，以便理解当前课题的性质，从已有知识中找到解决这个课题的途径或方法。课题类化是抽象知识具体化的最终环节。它是在审题与联想的基础上，通过获得的概念、原理、法则等抽象知识的再生与改组，对课题进行一系列分析、综合，揭示出当前课题与过去课题的共同本质特征时实现的。只有完成了这一环节，学生才能把所学的知识与新的同类具体实物联系起来，进而把当前课题纳入相应的知识体系中去，以达到应用知识的目的。

应用知识的各个过程之间不是彼此孤立的，而是互相密切地联系着的。在审题的时候，需要知识的联想，这样才能很好地了解题意；在课题类化和联想时，又常需要重新反复地审题，加深课题的映像，这样才能形成符合题意的解答判断。因此，我们不能把应用知识的这些过程互相对立起来。

第二节　影响知识学习的因素与提高知识学习的途径

一、影响知识学习的主要因素

（一）先天智力因素

智力发展水平对知识学习是非常重要的。先天智力通常是指人与生俱来的记忆力、观察力、思维能力、注意力、想象力等，即认识能力的总和。心理学家对先天智力与学习效果之间的关系进行了大量的统计分析，发现两者间有明显的相关关系。这就意味着智力是影响学习效率的一项重要因素。在其他条件大体相同的情况下，智力水平高的学生学习成绩往往较好。但需要说明的是，先天智力因素只是影响因素而非决定因素，并且智力可以通过个体参与实践活动得到提高。

（二）后天因素（包括自身因素和外界因素）

后天因素指人在活动中，不直接参与认知过程的心理因素，包括需要、兴趣、动机、情感、意志、性格等方面的因素。先天智力水平是天生的，每个人都无法自主决定，而后天的因素通常是可以选择的。

1. 学习兴趣

众所周知，"兴趣是最好的老师"，学生的学习兴趣对学习效果的影响是巨大的。学习兴趣浓厚的学生，对待学习的态度是"乐学"，在学习时专注投入，能自觉及时地总结学习的心得体会，学习效率高，学习效果好。相反，丧失学习兴趣的学生，对待学习的态度是"苦学"，学习消极被动，注意力容易分散，学习效率低下，学习效果差。

兴趣是一个人倾向于认识、研究、获得某种知识的心理特征，是可以推动人求知的一种内在力量。学生对某一学科有兴趣，就会持续地专心致志地钻研它，从而提高学习效率。从对学习的促进来说，兴趣可以成为学习的原因；从由学习产生新的兴趣和提高原有兴趣来看，兴趣又是在学习活动中产生的，可以作为学习的结果。因此，总结影响学生学习兴趣的消极因素，有的放矢地研究提高学习兴趣的措施和方法，对于教育改革和发展是非常重要和有意义的。

2. 学习动机

学习动机实际上就是学生对学习的一种需要，这是人所特有的一种需要。学习动机不但决定学习的方向和学习过程的持续进行与否，而且影响学习效率。（学习动机与学习效率的具体关系，我们将在学习动机一章进行详述。）

3. 学习态度

学习态度一般是指学生对学习及学习情境所表现出来的一种比较稳定的心理倾向。它通常可以从学生对学习的注意状况、情绪状况和意志状态等方面加以判定和说明。

学习态度是学习过程中的重要因素，积极的学习态度能够对学习产生积极的影响，是学习的动力。其表现在学习过程中就是对知识和真理的执着追求，能够调整学生的学习行为，并且直接影响学生的学习效率。在学校情境里，如果其他条件基本相同，学习态度好的学生，其学习效率远胜于学习态度差的学生。

4. 学习意志

学习意志对学习活动起着重要的调节作用。坚强的学习意志能够促使学生对抗困难，保证学习过程持续进行，最终取得学习成效。意志薄弱则往往容易使学生的学习活动中断，不利于学习过程的顺利完成。

5. 学习材料

学习材料对学习效率的影响是不言而喻的，但如何从选择与调整学习材料入手从而达到提高效率的目的，则是学习理论与实践中的重大难题。学习材料的难易程度不仅表现在学习内容的深浅方面，而且表现在学习材料的抽象程度和结构化程度等方面，这些都与学习效率有密切关系。

6. 学习手段

学习手段是为达到某种学习目的而采用的方法和措施。采用一定的适当的学习手段，对学习效率的提高有重要影响。"得法者事半功倍，不得法者事倍功半"说的就是这个道理。现代化的学习手段和工具如手机、网络视频等，它们是人的感觉和思维的延伸，是人的体力和智力的物化，借助它们有利于学习效率的提高。例如，学会利用互联网，就可以在网上快速地获取信息；多媒体计算机辅助学习软件图、文、声并茂，具有人机交互的功能，有利于学生的个别化学习，有利于提高学习效率。

7. 学习环境

客观环境可分为社会环境和自然环境两种。就社会环境而言，社会制度、政治状况、经济水平、文化习俗、社区特点等，都会直接或间接地对学习产生影响；就自然环境而言，主要的影响因素包括声音、光线、温度、空气、气味、色彩等。人总是生活在一定的环境之中，良好的学习环境对学习效率有着重要的影响。

此外，学生自身的性格、情绪、学习策略与学习方法的掌握和使用情况等都会对学习效率产生影响。（有关学习策略我们将在本章第三节详述。）

二、提高知识学习的途径

（一）科学运筹时间

"时间就是金钱，效率就是生命。"科学运筹时间能使学生合理利用时间，提高单位时间利用率，正确支配时间，取得较高的学习效率。

（二）科学用脑

学习是以脑力劳动为主的艰苦劳动，学习离不开脑。因此，要想提高学习效率，就要科学用脑、善于用脑。科学用脑法：（1）开发右脑；（2）劳逸结合；（3）防止损害；（4）保证营养。

（三）主动培养学习兴趣

兴趣并不是生来就有的，是在后天的实践中形成的。学生要培养学习兴趣，激发学习热情，主要途径有：（1）正确认识学习兴趣。正确认识不同层次的学习兴趣，自觉主动将自己的学习兴趣与志向结合起来，培养稳定的兴趣。（2）学会接受外界的理性刺激。一个学生在学习过程中既要善于接受外界的感性刺激，又要学会接受外界的理性刺激，以此来激发培养自己的学习兴趣。（3）处理好学习中的苦与乐的辩证关系。

（四）拥有健康的学习情感

学生在学习过程中会不自觉地产生情感，但这种情感最初表现为低级形式的情绪：如刚接触一门学科，学生感到好奇，但在学习过程中不断发现其难度，这时便会产生紧张、暴躁、恐慌等情绪，导致学习积极性下降。此时，教师可以通过帮助学生深刻了解这门学科知识的特点、社会功能，找到理解这门学科的有效方法，使学生获得学习的成就感和自豪感，从而有利于学生持续努力学习。另外，学习情感与学习兴趣也是相辅相成的，学习兴趣提高了可以增强学习情感。

（五）培养良好的意志

要想提高学习效率，就要注意培养自身的学习意志，这就要求学生树立科学的世界观、人生观、价值观和人生志向，根据社会需要和自身的具体情况制定切实可行的远景目标、近期目标，有计划地按目标努力实现自己的愿望，并对可能遇到的困难充分估计，总结克服困难的措施和办法；在学习过程中经常给自己设置一些难题，不断克服困难，在困难中磨炼自己，提高自己的意志。

(六) 形成良好的性格

良好性格的形成是长期的，影响性格形成的条件是复杂的。培养良好的性格品质要注意：第一，从点滴小事做起，从今日做起。第二，努力学习，提高思想、道德、文化素质。以科学的理论武装自己，以高尚的道德熏陶自己。第三，模仿榜样，加强自省。每个学生的身边一定会有比自己学习效率更高的同学，要积极向他们讨教，共同进步。第四，要对自己的性格特征做到心知肚明，既要看到自身性格特征对学习的积极一面，也要看到其消极一面。

(七) 掌握提高学习效率的方法

要想提高学习效率，就要解决学习方法的问题。对学生来说，掌握学习方法比学到知识更为重要。要想掌握有效的学习方法，首先要加强实践，理解学习内容。这就要求我们领会学习材料中所讲的概念和原理，在原有知识经验的基础上认识事物的本质特征和规律性联系，以原有的知识经验为基础，通过积极的思维活动去实践。

第三节　职业学校学生学习策略指导

一、学习策略概述

学习策略是指学习者在学习活动中，为了达到有效的学习目的而采用的规则、方法、技巧及其调控方式的综合。它既可以是内隐的规则系统，也可以是外显的操作程序与步骤。掌握学习策略是改善学生学习动机缺乏的有效途径，是学生的重要能力。学习策略的有效运用，不仅影响学生的学习成绩，而且影响学生的自信心乃至人格的完善。学习策略的特征有：

(1) 主动性。学习者采用学习策略都是有意识的心理过程。学习时，学习者先要分析学习任务和自己的特点，然后根据这些条件，制订适当的学习计划。对于较新的学习任务，学习者总是在有意识、有目的地思考着学习过程的计划。只有反复使用的策略，才能达到自动化的水平。

(2) 有效性。策略实际上是相对效果和效率而言的。一个人在做某件事时，使用最原始的方法，最终也可能达到目的，但效果不好，效率也不会高。比如，记忆英语单词，如果一遍又一遍地朗读，只要有足够的时间，最终也会记住，但是保持时间不会长，记得也不是很牢固；如果采用分散复习或尝试背诵的方法，记忆的效果和效率一下子就会有很大的提高。

(3) 过程性。学习策略是有关学习过程的策略，它规定学习时做什么不做什么、先做什么后做什么、用什么方式做、做到什么程度等诸多方面的问题。

(4) 程序性。学习策略由规则和技能构成。每一次学习都有相应的计划，每一次学习的学习策略也不同。但是，同一种类型的学习有着基本相同的计划，这些基本相同的计划就是我们常见的一些学习策略，如 PQ4R 学习法。

PQ4R 学习法是由托马斯和罗宾逊提出来的，它是在罗宾逊早期版本 SQ3R 的基础上改进的。该方法能够有效帮助学生理解和记忆。PQ4R 分别代表预览 (preview)、提问 (question)、阅读 (read)、反思 (reflect)、背诵 (recite) 和回顾 (review)，如图 4-4 所示。有研究表明，PQ4R 学习法对年龄稍大一些的学生有效，它可使学生集中注意力有意义地组织信息，使用其他有效的策略，如产生疑问、精细加工、过一段时间后复习等。

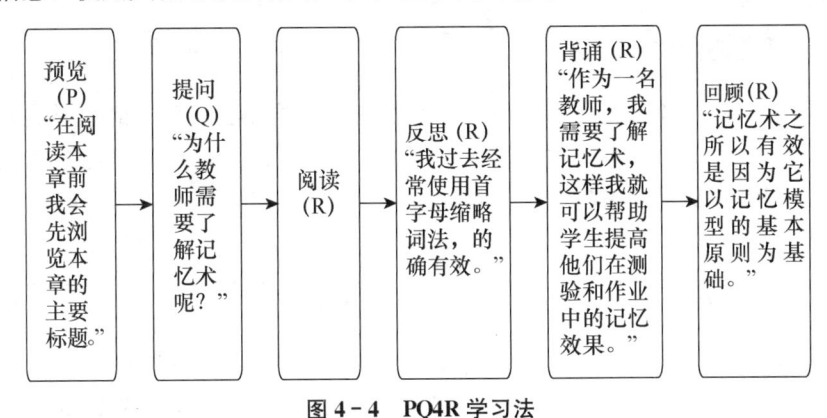

预览（P）"在阅读本章前我会先浏览本章的主要标题。" → 提问（Q）"为什么教师需要了解记忆术呢？" → 阅读（R）→ 反思（R）"我过去经常使用首字母缩略词法，的确有效。" → 背诵（R）"作为一名教师，我需要了解记忆术，这样我就可以帮助学生提高他们在测验和作业中的记忆效果。" → 回顾（R）"记忆术之所以有效是因为它以记忆模型的基本原则为基础。"

图 4-4　PQ4R 学习法

资料来源：斯滕伯格．斯滕伯格教育心理学[M]．2 版．姚梅林，张厚粲，译．北京：机械工业出版社，2012：253．

二、自我调节学习

自我调节学习（self-regulated learning，SRL）由美国心理学家班杜拉于 20 世纪 70 年代提出，是指学习者积极激励自己并且积极使用适当的学习策略的学习。它不仅可以被看作一种动态的学习过程或学习活动，也可以被视为一种相对稳定的学习能力，也就是指学习者为了保证学习的成功、提高学习效果、达到学习目标，主动地运用与调控元认知、动机与行为的过程。它强调学习者能够积极激励自己拥有与调用适当的学习策略进行学习。例如，大家都有这样的经验：不管别人怎么评价，都很清楚自己出色地完成了某项工作，并感到欣慰。同样，当大家的表现不尽如人意时，自己也很清楚。要做出这些判断，自己得有一个学习目标并需要对自己的行为表现有所预期和监控。

有研究表明，自我调节学习策略的运用对个体学习动机、学业成绩等都会产生一定的影响。因此，自我调节学习策略一方面非常强调对于各种学习策略如认知策略、元认知策略及资源管理策略的运用；另一方面还强调这一过程本身就是自主的、积极的。美国心理学家齐默尔曼（B. J. Zimmerman）认为：从本质上讲，自我调节学习动机应该是内在的或自我激励的，学习方法是有计划的或经过练习已达到自动化的，学习的时间是定时而有效的。自我调节学习的学习者能够意识到学习的结果并对学习过程做出自我监控，还能主动营造有利于学习的物质和社会环境。因此，自我调节学习不但体现在学习策略与方法上，还体现在学习动机上，是学习者主观能动性的体现。

自我调节学习与学习策略两者密不可分，自我调节学习本身就是一个循环过程，在这一过程中不断地对学习策略进行执行与监控，从而积极调整策略的运用，以保证最高的学习效率。在自我调节学习中，首先要根据自己现有的情况设置学习目标和制订学习计划，尤其是学习策略的计划，恰当的学习策略才能保证目标的达成。在目标与策略设置之后，学习者将尽可能地使用学习策略解决问题，并在策略执行过程中不断地监控策略使用的正确性，从而能够及时地调整策略、改进策略，保证学习过程的顺利进行。在自我调节学习的最后阶段，学习者还会对自己使用的所有学习策略的结果和相应的监控进行反思、总结,以判断所选策略的有效性。对策略结果进行监控本身就是保证自我调节学习的重要前提。

三、学习策略的分类

对于学习策略的具体分类,不同研究者有不同的分类方法,其中最具影响力的当数迈克卡(W. J. Mckeachie)等人对学习策略成分的分类。根据其观点,学习策略包括认知策略、元认知策略及资源管理策略三大类,如表4-2所示。

表4-2 迈克卡学习策略分类

分类	具体策略	方法
认知策略	复述策略	重复、抄写、做记录、画线等
	精加工策略	想象、口述、总结、作笔记、类比、答疑等
	组织策略	组块、选择要点、列提纲、画地图等
元认知策略	计划策略	设置目标、浏览、设疑等
	监控策略	自我测查、集中注意力、监视领会等
	调节策略	调节阅读速度、重复阅读、复查、使用应试策略等
资源管理策略	时间管理策略	建立时间表、设置目标等
	环境管理策略	寻找固定的地方、安静的地方等
	努力管理策略	归因于努力、调整心境、自我谈话、坚持不懈、自我强化等
	学业求助策略	寻求教师、伙伴帮助、使用伙伴、小组学习、获得个别指导等

(一)认知策略

认知策略是学习者信息加工的方法和技术。其基本功能有两个方面:一是对信息进行有效的加工与整理;二是分门别类地对信息进行系统存储。

1. 复述策略

复述策略是指在信息加工过程中为了保持信息,运用内部语言在大脑中重现学习材料或刺激,以便将注意力维持在学习材料上的方法。它是短时记忆进入长时记忆的关键。常用的复述策略有:在复述的时间上,采用及时复习、分散复习;在复述的次数上,强调过度学习;在复述的方法上,运用有意识记和随意识记、排除相互干扰、运用多种感官协同记忆、整体识记与分段识记相结合、复习形式多样化、画线等。

2. 精加工策略

精加工策略是指把新信息与头脑中的旧信息联系起来,从而增加新信息意义的深层加工策略。它常被描述成一种理解记忆的策略,其要旨在于建立信息之间的联系。联系越多,能回忆出信息原貌的途径越多,可以提取的线索就越多。精加工越深入越细致,回忆就越容易。

3. 组织策略

组织策略是指对经过信息加工提炼出来的知识点加以构造,形成知识结构的更高水平的信息加工策略。组织策略主要有两种:一种是归类策略,用于概念、语词、规则等知识的归类整理；另一种是纲要策略，主要用于对学习材料结构的把握。

（二）元认知策略

元认知是对认知的认知，即个体对认知活动的自我意识与调节，主要包括元认知知识、元认知体验和元认知监控。

元认知知识是个体关于自己或他人的认识活动、过程、结果以及与之有关的知识，即知道做什么。它包括三个方面的内容：

（1）有关学习者本身的知识。这类知识又可分为三类：关于个体内差异的知识、关于个体间差异的知识、关于主体认知水平和影响认知活动的各种主体因素的知识。

（2）有关任务的知识。

（3）有关学习策略及其使用的知识。

元认知体验是个体伴随认知活动而产生的认知体验或情感体验。

元认知监控是指个体在认知活动中，对自己的认知活动进行积极监控，并相应地进行调节，以达到预定目标，即知道何时做、如何做。

学习的元认知策略是指学生对自己整个学习过程的有效监视及控制的策略。元认知策略大致可以分为以下三种：

（1）计划策略。计划策略是指根据认知活动的特定目标，在认知活动开始之前计划完成任务所涉及的各种活动、预计结果、选择策略，设想解决问题的方法，并预估其有效性的策略。计划策略包括设置学习目标、浏览阅读材料、设置思考题以及分析如何完成学习任务等。

（2）监控策略。监控策略是指在认知过程中，根据认知目标及时检测认知过程，寻找两者之间的差异，并对学习过程及时进行调整，以期顺利实现有效学习的策略。它具体包括领会监控、策略监控和注意监控。

（3）调节策略。调节策略是指在学习过程中根据对认知活动监视的结果，找出认知偏差，及时调整或修正目标的策略。在学习活动结束时，评价认知结果，采取相应的补救措施，修正错误，总结经验教训等。

元认知策略的这三个方面总是相互联系在一起的。

（三）资源管理策略

（1）时间管理策略。在时间管理上，应做到：第一，统筹安排学习时间；第二，高效利用最佳时间；第三，灵活利用零碎时间。

（2）环境管理策略。注意调节自然条件，如流通的空气、适宜的温度、明亮的光线以及和谐的色彩等，还要设计好学习的空间，如空间范围、室内布置、用具摆放等。良好的学习环境对于学生保持良好的心态具有重要作用。

（3）努力管理策略。为了使学生维持自己的意志努力，需要不断鼓励学生进行自我激励。这包括激发内在的动机、树立正确的学习信念、选择有挑战性的任务、调整成败的标准、正确归因、自我奖励等。

（4）学业求助策略。学业求助策略是指当学生在学习上遇到困难时，向他人请求帮助的行为。学业求助不是自身能力缺乏的标志，而是获取知识、增长能力的一种途径，是一种重要的学习策略。

四、职校学生学习的特点

职业学校学生的学习是职业学校学生在职业学校教师有目的、有计划的指导下,按照职业教育目标要求发生的知识、态度、行为或行为潜能的比较持久的变化过程。其学习相较普通高校学生而言,具有以下特点:

(一)教学内容更注重实践操作

职业学校与普通中学在教学内容上的重要区别在于专业设置。比如职业学校设有汽车维修、模具钳工、家政、美容美发等专业,与普通中学基础课程学习相比,这些专业的学习内容包含了大量的用于解决实际问题的心智与操作活动。职业学校学生毕业后的走向多为生产一线的工作人员,因此,在学习过程中更需要掌握操作技能。这就要求职业学校的教师既要掌握所教知识的内在联系,又要了解学生学习过程中的特点,充分利用有限的教学资源,保证在较短的时间内,采用有效的方法,通过有计划、有目的和有组织的学习活动去实现学习目标,帮助学生学会学习,掌握前人的经验并建构自己的认知结构。

(二)学习带有一定的强制性

不同于普通院校学生,职业学校学生的学习意愿普遍不是很强烈,对自己的学习目的不是很清楚,多数同学意识不到现在的学习和将来实践活动的关系,因此不愿意为学习付出努力。这一现状可以用人本主义学习理论来解释,即当学生没有意识到学习对自身有什么个人意义时,学习就不大可能发生。学习趋向于务实是职业学校学生学习的特点。因此,职业学校的教师要找出学科知识与学生现实生活及工作之间的关系,同时也要注意用各种方法来激发学生的学习动机,提高其学习的积极性和主动性;还要使学生学会自我约束,促进他们意志品质的发展。

总之,职业学校学生的学习既有人类认知过程的一般特点,又有其自身的特殊性。如果不了解职业学校学生的学习特点,就可能使学生的学习成人化;或是放弃指导,强调生活即教育;或是只注重灌输,把学生看作一个被动地接受知识的容器。以上这些做法都是有碍于学生学习的。党的二十大报告提出"统筹职业教育、高等教育、继续教育协同创新",新职业教育法也提到了职业教育是与普通教育具有同等重要地位的教育类型。因此,了解职校学生的学习特点,有助于更好地推动教学质量的提升,促进职业教育的高质量发展。

五、职校学生知识学习策略训练

(一)学习策略的训练原则

学习策略的训练原则包括主体性原则、内化性原则、特定性原则、生成性原则、有效监控原则以及个人效能感原则。

1. 主体性原则

主体性原则是指学习策略在教学中应该发挥和促进学生的主体作用。它既是学习策略训练的目的,又是必要的方法和途径,任何学习策略的使用都依赖于学生主动性和能动性的充分发挥。

2. 内化性原则

内化性原则是指在学习策略的学习过程中,学生能够不断实践各种学习策略,逐步将其内化成自己的学习能力，熟练掌握并达到自动化水平，从而能够在新的情境中灵活运用。

3. 特定性原则

特定性原则是指学习策略一定要适于学习目标和学生的类型。同样的学习策略，不同的学生使用起来其效果是不一样的。教师要针对学生的年龄、已有的知识水平以及学习动机类型，帮助学生选择学习策略或帮助其改善对学习不利的学习策略。

4. 生成性原则

生成性原则是指在学习过程中要利用学习策略对学习材料重新进行加工，产生某种新的东西。也就是说，学习者应该利用学习策略对学习材料进行生成性加工，而不是简单地利用别人已有的知识经验。

5. 有效监控原则

有效监控原则是指学生应该把注意力集中在学习结果和学习过程之间的关系上，监控自己使用每种学习策略所导致的学习结果，以便确定所选的学习策略是否正确。

6. 个人效能感原则

个人效能感原则是指学生在执行某一任务时对自己胜任能力的判断和自信程度，它是影响学习策略的一个重要的动机因素。

(二) 训练学习策略的教学模式

职业教育领域的学生与普通高校学生存在很大的区别，他们在理论学习的基础上更注重技能的学习与应用；职业教育领域的知识学习也不同于传统教育，其最明显之处在于技能知识的学习，这大部分涉及程序性知识学习策略。

在学习策略的训练教学中，非常讲究教学方法。只有根据训练原则，应用相应的教学模式，才能真正帮助学习者掌握有效的学习策略。

1. 课程训练方式

这种教学模式通过开设专门的学习策略课程，讲授教与学策略的有关常识，由专门的教师来教授。它的优点在于能够让学习者形成较为科学和系统的学习策略，不足之处在于尽管研究者已经总结和提炼出很多有效的学习策略，但是还没有形成能够实际采用的教材。这种模式的另一不足在于，即使从理论上掌握了学习策略的有关内容，但如何实际运用却是另外一回事。因此，课程训练方式虽然易于推广，教学的效率相对较高，但其局限也很明显。

2. 学科渗透训练方式

该教学模式将学习策略的训练与特定学科的学习内容相结合，在具体学科知识学习过程中传授学科学习的方法与技巧。它的优点是将所学的学习策略与学科内容学习密切结合，因此学习效果可以说是立竿见影；不足之处在于学习策略源于具体学科内容，易使学习者在具体学习之后将这些学习策略淡忘，难以形成系统的学习策略观，也不便于学习者把学科学习策略迁移并应用到其他学科的学习中去。

3. 交叉学习训练方式

这种教学模式是为了克服前面两种教学模式的不足而设立的，其往往是先简短独立地教学习策略，然后将它与具体的内容结合起来，根据具体学习情境的差异，要求并帮助学生把所学的学习策略用于具体的学习活动中。这种教学模式吸收了上述两种教学模式的长处，避免了它们的短处，实现了学习策略与学习情境的结合，训练的效率与效果更明显。

4. 指导教学模式

指导教学模式与传统的讲授法十分相似，由激发、讲演、练习、反馈和迁移等环节构成。在教学中，教师先向学生解释所选定学习策略的具体步骤和条件，在具体应用中不断给予提示，让学生口头叙述和解释所操作的每一个步骤，报告自己应用学习策略时的思维。通过不断重复这种内部定向思维，可加强学生对学习策略的感知、理解与保持。同时，教师在教学中依据每种策略来选择许多恰当的示例说明其应用的多种可能性，使学生形成多策略的概括化认识。

5. 程序化训练模式

程序化训练就是将活动的基本技能分解成若干有条理的小步骤，在其适宜的范围内作为固定程序，要求活动主体按此进行活动，并经过反复练习使之达到自动化程度。程序化训练的基本步骤包括：

（1）将某一活动技能，按有关原理分解成可执行、易操作的小步骤，而且使用简练的词语来标示每个步骤的含义。

（2）通过活动实例示范各个步骤，并要求学生按步骤活动。

（3）要求学生记忆各步骤，并坚持练习，直至达到自动化程度。

6. 完形训练模式

完形训练就是在直接讲解策略之后，提供不同程度的完整性材料，促使学生练习学习策略的某一个成分或步骤，然后逐步降低完整性程度，直至完全由学生自己完成所有成分或步骤。这其中要求每一步训练所需的心理努力都是学生能够胜任的，更为重要的是，每一步训练都要给学生策略应用的整体印象。

7. 合作学习模式

许多学生可能已经发现，当自己和同学讨论所读到或所听到的材料时获益匪浅。在这种学习活动中，两个学生一组，一节一节地彼此轮流向对方总结材料；当一个学生主讲时，另一个学生听着，纠正错误和遗漏；然后，两个学生彼此交换角色，直到学完所学材料为止。关于这种学习方法的一系列研究证明，以这种方式学习的学生比独自总结的学生或简单阅读材料的学生，其学习和保持都有效得多。有意思的是，合作性讲解的两个参与者都能从这种学习活动中受益，而主讲者比听讲者获益更大。

在实际教学中，教师不管采用什么方法进行学习策略的教学，都要结合学科知识。教师要善于不断探索优化自己的教学步骤，为学生提供可以效仿的活动程序；同时要根据学生原有的学习方式与基础来启发学生的思路，让其有意识地内化有效的学习策略。

本章重要概念

知识获得是知识学习的第一个阶段。在这个阶段，新信息进入短时记忆，与来自长时记忆系统的原有知识建立一定的联系，并纳入原有的认知结构，从而获得对新信息意义的理解。

知识直观指主体通过对直接感知到的教学材料的表层意义、表面特征进行加工，从而形成对有关事物的具体的、特殊的、感性的认识的加工过程。

知识概括指主体通过对感性材料的分析、综合、比较、抽象等深度加工改造，从而获得对一类事物的本质特征与内在联系的抽象的、一般的、理性的认知活动。

知识保持是指识记过的经验在人们头脑中的巩固过程，也就是信息的存储过程。知识的保持是通过记忆来实现的。

瞬时记忆是指客观刺激停止作用后，在一个极短的时间内保存下来的感觉信息，它是记忆系统的开始阶段。瞬时记忆的储存时间为 0.25～2 秒，容量大。

短时记忆是瞬时记忆和长时记忆的中间阶段，保持时间为 5 秒到 2 分钟。短时记忆，容量有限，大约为 7±2 个组块。

长时记忆是指信息经过充分的、有一定深度的加工后，在头脑中长时间保留下来。这是一种永久性储存。它的保存时间长，从几分钟到许多年甚至终生，容量没有限度。

遗忘即记忆的内容不能再认和回忆，或者再认和回忆时发生错误。

记忆术是运用联想的方法对无意义的材料赋予某些人为意义，以促进知识保持的策略。

组块指在信息编码过程中，利用存储在长时记忆系统中的知识经验对进入短时记忆系统中的信息加以组织，使之成为人所熟悉的有意义的较大单位的过程。组块可以是一个字母、一个数字、一个单词、一个词组，甚至是一个句子。

深度加工是指通过对要学习的新材料增加相关的信息来达到对新材料的理解和记忆的方法，如对材料补充细节、举出例子、做出推论，或使之与其他观念形成联想。

知识应用是指学生运用已获得的知识去解决新的练习性课题或实际问题的过程。

精加工策略是指把新信息与头脑中的旧信息联系起来，从而增加新信息意义的深层加工策略。

组织策略是指对经过信息加工提炼出来的知识点加以构造，形成知识结构的更高水平的信息加工策略。

元认知是对认知的认知，即个体对认知活动的自我意识与调节，主要包括元认知知识、元认知体验和元认知监控。

复习思考题

1. 阐述知识习得的过程。
2. 举例说明知识应用的一般过程。
3. 学习策略有哪些？
4. 结合实际学习说明我们可以通过哪些途径来提高知识的学习。

第五章
技能学习心理

本章主要内容

1. 技能的含义、分类及形成过程。
2. 职业技能的含义及高技能人才的职业技能特点。
3. 操作技能形成的主要理论。
4. 操作技能的形成阶段、特征及影响因素。
5. 心智技能形成的主要理论。
6. 问题解决与创造性思维。

案例导入

卢敏，江西九江供电公司变电检修中心变电检修二班班长、电气工程高级工程师，从事变电设备检修、运维等工作二十余年，曾获全国技术能手、中央企业技术能手、江西省技术能手、国家电网有限公司技术能手等荣誉称号。

1997年，卢敏从江西省电力学校毕业，来到九江供电公司湖口分公司110千伏彭泽变电站从事变电运行工作。1998年4月的一天，湖口分公司变电检修班3名员工来到彭泽变电站开展10千伏少油断路器解体大修工作。出于好奇，卢敏在工作间隙向变电检修专业的同事请教了很多专业知识。半年后，他转岗到变电检修班。变电检修专业涉及的设备多，要求检修人员必须掌握继电保护、电气试验等知识。转岗后，卢敏知道自己专业底子薄，必须加倍努力。于是，他白天在工作现场抢着干活，晚上回到宿舍认真翻阅专业书籍。为快速提升专业水平，他每完成一次检修工作就立刻总结分析找差距，碰到不懂的问题马上向班里有经验的老师傅请教。不到两年时间，他就熟练地掌握了变电检修专业的各项技能。2010年以后，变电检修二班的工作内容由原来负责检修21座110千伏变电站和5座220千伏变电站的一、二次设备，变为检修运维32座110千伏变电站、8座220千伏变电站的所有一次设备。工作量增加，新技术应用更频繁，安全性要求也更高。卢敏意识到只有不断学习才能胜任新的工作内容。那段时间，卢敏夜以继日地学习，碰到不懂的就请教专业人员。2013年9月，卢敏作为国家电网江西电力代表队成员参加了国家电网公司变电检修技能竞赛。在此次竞赛中，他从27支参赛队的135名选手中脱颖而出，获得个人第三名的好成绩。

卢敏不仅在提高自身检修技能上下功夫，而且经常用技术创新来解决检修作业中碰到的难题。多年来，他积极开展创新研发工作，提出许多合理化建议，研发检修设备，不断缩短故障处置的时间，提高检修工作效率，为企业创造经济效益近千万元。

思考：
如何才能从一名新手成为技术能手？

当今世界的经济竞争从表面上看是经济资源、产品质量和市场占有率的竞争，而归根结底却是人力资源和知识技术的竞争。在人力资源竞争过程中，高技能技术工人所起的作用尤其重要，这一点已被越来越多的人所认识。因此，如何开发职业技能、提高高技能技术工人在人力资源中的比重，成为各个国家和企业所共同关注的焦点问题。

对于技能人才培养的重要性，我国古代贤哲就有关注。墨子言："国有贤良之士众，则国家之治厚；贤良之士寡，则国家之治薄。故大人之务，将在于众贤而已。""况又有贤良之士厚乎德行，辩乎言谈，博乎道术者乎！此固国家之珍，而社稷之佐也。"（《墨子·尚贤上》）这是墨子对"贤良之士"的培养所提出的标准，具有极强的针对性、极高的概括性，且其内在有着严密的逻辑联系。墨子把德行作为"贤良之士"的首要标准，德行敦厚，就能"兴天下之利，除天下之害"（《墨子·兼爱下》）。其次，"贤良之士"必须具备高超的言谈技巧和交际能力，否则，即使胸怀经世治国之才恐怕也难被当权者喜爱和重视。最后，"贤良之士"必须是知识渊博的"智人"。说到底，墨子心目中的"贤良之士"是具有较高品德、能力学识，并能为社会做贡献之人。"为义犹是也，能谈辩者谈辩，能说书者说书，能从事者从事，然后义事成也。"（《墨子·耕柱》）这基本概括了墨子对职业教育思想的理解："谈辩（注重辩论技巧）"、"说书（宣传墨家学说）"和"从事（掌握实际知识技能）"。从上述这些思想可以看出，古代先贤已经认识到贤良之士除了能言善辩，还要具备一定的技能，能够解决问题，为社会做出贡献。

第一节 技能概述

一、技能的概念

（一）技能

技能是主体运用已有的知识、经验，通过练习而形成的智力动作方式和肢体动作方式的复杂系统。例如：运用笔画、笔顺、执笔、运笔等初步的语言和书法知识，通过一定的练习刚刚学会书写，可以说形成了写字的技能。

技能是先天素质与后天因素结合的产物。先天素质主要指生理解剖素质，如神经系统、感觉器官和运动器官的解剖生理特点；后天因素主要指练习。

先天素质是技能形成和发展的自然前提。技能离开了先天素质就谈不上形成和发展；具备了一定的先天素质，也并不能相应地自然而然地获得某种技能，即技能不是先天就有的，是后天经过练习获得的。

技能由不会到会、由会到熟练，是一个逐渐发展的过程。促进这种发展的基本条件就是练习。练习是一种有目的地对某种动作进行多次重复以达到熟练程度的过程,旨在改进动作,使动作趋于完善,达到自动化的熟练程度。动作系统达到自动化程度,是技能形成的标准。

技能是完成各种活动任务的必要条件,不论生活、学习、工作,都需要有相应的技能。没有技能,人们就无法进行有效的活动。

(二)职业技能

职业技能是个体在职业活动中运用专业知识或经验,通过练习或实践而形成的复杂的操作系统。职业技能形成的初级阶段是在专业知识和经验的调节下,按一定方式进行练习或在实践中通过行为模仿逐渐形成操作系统或行为方式的过程。通过多次练习和反复实践,使操作行为达到完善自如、高度自动化时,就成了职业技巧,它是职业技能发展的高级阶段。

职业技能是随着社会的发展而发展,并受社会历史条件制约的。职业技能的发展依赖于人类社会历史经验,如古代人没有使用和修理电脑的技能、驾驶汽车的技能。随着社会的发展,新的行业、新的分工出现,相应的职业技能也会随之出现。

职业技能是完成各种职业活动的必要条件,各种职业和工作都需要有完成其活动的相应技能,缺乏相应的职业技能就无法有效完成工作。

二、技能的分类

技能可以从不同维度进行分类,有人将技能分为知觉技能、操作技能与认知技能。知觉技能主要指监测某种刺激是否出现的技能;操作技能指包括了明显的身体运动的技能,如打球、游泳等;认知技能则包含了非常复杂的思维决策,如阅读技能、诊断技能、问题解决技能等。一般来说,人们习惯于从技能本身的性质和特点的角度把技能分为操作技能和心智技能两种。

(一)操作技能

操作技能又称为动作技能或运动技能。它是指由一系列的外部动作以合理的程序组成的操作活动方式,写字、绘画、吹、拉、弹、唱、跑步、跳高、武术、舞蹈以及生产劳动过程中的车、铣、刨、磨等活动方式都属于操作技能。

(二)心智技能

心智技能又称为智慧技能或智力技能。它是一种借助于内部语言在人脑中进行的认知活动方式。心智技能可分为一般的心智技能和专门的心智技能。前者如观察技能、分析问题和解决问题的技能等;后者如阅读、运算技能等。

三、操作技能与心智技能的关系

(一)区别

同心智技能相比,操作技能有如下特点:(1)动作对象的客观性。操作技能的活动对象是物质性客体或肌肉。(2)动作执行的外显性。动作执行是通过外显的机体运动实现的。(3)动作结构的展开性。操作活动的每个动作必须切实执行,不能合并、省略,在结构上具有展开性。

同操作技能相比,心智技能的特点有:(1)动作对象的观念性。心智活动的对象是客观事物在人脑中的主观反映,是客观事物的主观表征,是知识和信息,属于主观观念的范畴。(2)动作执行的内潜性。由于心智活动是对观念性对象的加工改造,它既不像操作活动那样以外显的形式通过肢体运动来实现,也不像言语活动那样可以借助言语器官的运动而觉察到活动的存在,因而心智动作的执行是在头脑内部进行的,具有内潜性。(3)动作结构的简缩性。由于内部言语是不完全的、片段的,因而心智动作成分可以合并、省略及简化,不像操作动作那样必须把每个动作实际做出。

(二)联系

尽管学者们为了深入研究技能,对其做了分类,但在实际生活中,许多职业技能包含了这两种技能,各种实际问题的解决都包含着一系列的心智活动和外部操作活动,是通过各种心智与操作动作实现的,并且就这两种技能自身的形成而言也是相互交叉和渗透、很难截然分开的。

四、高技能人才的职业技能

(一)高技能人才

高技能人才是指在生产、运输和服务等领域的一线,熟练掌握专门知识和技术,具备精湛的操作技能,并在工作实践中能够解决关键技术和工艺的操作性难题的人员。其主要包括技能劳动者中取得高级技工以上职业资格及相应职级的人员,如技师、高级技师、特级技师等,可分为技术技能型、复合技能型、知识技能型三类人员。在我国,高级技工人才主要分布在一、二、三产业中技能含量较高的岗位上。

高技能人才是生产第一线的工作人员,他们不仅具有攻克技术难关和解决生产中实际问题的操作技能,而且具有技术更新和技术创新的认知技能。因此,要形成高技能人才的职业技能,必须加强技术应用能力所需要的实用专业基础知识和专业技术知识的学习,具备解决现场操作性技术问题所必需的理论知识;同时,为更好地指导工作实践,还要注意专业技术知识的宽度,使知识结构具有一定的复合性,要掌握某些相关领域一定程度的新知识,形成相对较宽的专业知识面。此外,重视对经验知识的学习,对于高技能人才而言也是相当重要的。

(二)高技能人才的职业技能特点

第一,高级技术工人职业技能最显著的特点是其所拥有的实际操作能力和工作经验具有内隐性。高级技术工人所拥有的娴熟的职业技能,尤其是在生产过程中处理非程序性问题所具有的那部分创造性劳动技能,是其个人在长期的工作实践中通过体验式学习和钻研所获得的个人知识,深深根植于个人的独特经验和行动之中。

第二,高级技术工人的职业能力突出表现为超常的动手能力,这种动手能力不同于一般意义上的体力劳动或简单的肢体运动,而是由一系列外部显性动作和内心隐性的机敏思维所组成的系统,具有"形于外、隐于内"的特点。它是借助于骨骼、肌肉和与之相应的神经过程来整体实现的,是通过长期、反复的练习和实践而逐渐形成和巩固的,由认知技能(心智方面)和动作技能(肢体方面)共同构成,二者缺一不可。

第三,技能的形成与传承具有高风险性和高成本性。技术工人所拥有的职业技能主要是关于特定企业生产活动的知识、经验、技能、技巧和诀窍,都是由特定企业劳动对象的特质、生产操作的工艺原则、工作任务的性质等派生出来并要求掌握的,具有很强的组织专属性或专用性，且其形成与掌握要经过一个相当长的学习和磨炼的过程（要达到高技能人才的程度则尤其如此）。员工如果离开现有组织（无论是主动还是被动），通常意味着其专业技能难以再派上最佳用场，这样就使得以前为学习、钻研技术所投入的时间、精力、机会损失等成为"沉没成本"，形成威廉姆森所说的"套牢"效应。

第二节 技能的形成

一、技能学习的层次

技能是人类生存、发展必备的能力，是人类学习的重要领域之一。技能学习是在练习的基础上逐步掌握某种动作方式的过程。

技能的学习从简单到复杂可分为以下三个层次。

（一）辨别与连锁

这一学习层次相对来说比较简单，连锁主要是指基本（基础）动作与反射动作的连接；辨别需要知觉的参与，将不同的动作区别开来，以使操作技能达到精准的水平。对于从事某一行业的人来说，这一层次的学习主要是明确基本（基础）动作的作用以及适用的条件。

（二）动作语汇的获得

与每门学科一系列概念体系相似，每一专业或行业都有其一整套技能动作群，也就是动作语汇。每一个技能动作又都是由一连串的基本（基础）动作组成的，技能动作是习得，是在练习中逐渐形成的。

（三）问题解决

这一学习层次相对来说比较复杂，是指用一定的策略、技巧动作、知觉能力、体能去解决一个动作问题。动作任务的解决往往是以各种简单学习为前提的。学习者是否具有相当的策略水平、动作语汇是否足够丰富、是否能正确辨别线索、是否有完成任务的敏捷性和力量等，这些都将影响其解决问题的合理性、可行性和经济性。

二、操作技能形成的理论、过程及特征

（一）操作技能形成的理论

1. 动作习惯论

20世纪初兴起的行为主义心理学派，在经典条件反射和操作条件反射理论基础上提出了学习的刺激-反应联结观点。行为主义心理学家认为，操作技能形成的本质就是形成一套刺激-反应的相互联结系统。他们认为，动作学习就是人的外显动作行为在外部影响作用下的变化过程，动作学习的结果就是形成稳定、连贯、准确的动作序列和动作习惯，操作技能的提高就是动作序列和动作联结的不断延长。

动作习惯论把操作技能的形成归结为刺激-反应联结的形成和加强，强调练习和强化在操作技能形成过程中的关键性作用，抓住了人类学习的外部影响条件，为体育运动、职业教育、军事训练做出了重大贡献；但行为主义的学习观对操作技能学习的内部心理过程和心理实质（即心理表征问题）以及习惯动机问题没有深究，没有认识到认知因素在动作

学习过程中的重要作用，因而不能有效解释复杂的高水平的操作技能获得，更难以解释动作创新问题。

2. 认知理论

20 世纪 60 年代，随着行为主义受到各方面的挑战，认知取向的动作学习理论随之兴起，动作学习研究开始从借用一般的心理学学习理论转变为尝试建立专门的动作学习理论。例如：史密斯提倡以控制论来研究动作学习，韦尔福特从认知心理学的角度提出了动作学习的过程论，费茨与波斯纳提出了动作学习的三阶段模型。到 20 世纪 70 年代初，亚当斯（Adams）提出了动作学习的闭环理论，标志着专门的操作技能学习理论初步形成。

（1）闭环理论。

闭环理论揭示了一种动作学习的内部控制机制。亚当斯认为，知觉痕迹和记忆痕迹这两种知觉和记忆形态是操作技能学习的基础。知觉痕迹是在动作过程中获得的一种即时的内部反馈系统，它是联系当前动作与以往动作记忆痕迹的中介，起着反馈和修正动作的作用。记忆痕迹是以往多次动作反应所积累起来的信息库，是一种内部参照系统，起着选择和发动动作的作用，同时也作为一种判断标准，知觉反馈的信息与之相比较，错误动作得以鉴别。可见，闭环理论强调动作学习受一种内部反馈机制控制，操作技能的形成是在动作反应、知觉痕迹和记忆痕迹三种因素的共同作用下得以实现的。动作学习的闭环过程如图 5-1 所示。

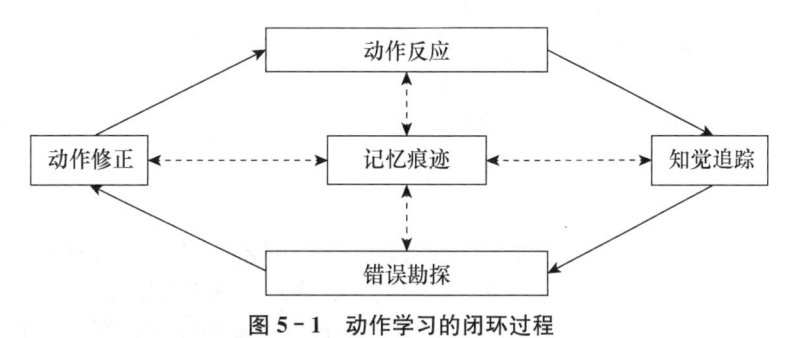

图 5-1 动作学习的闭环过程

注：(1) 箭头表示作用关系，实线表示直接作用，虚线表示间接作用。(2) 内容来源于亚当斯的理论。
资料来源：刘德恩. 试析动作学习理论模式的演变 [J]. 华东师范大学学报，1999 (4)：63-69.

闭环理论初步揭示了动作学习的内部心理机制。但闭环理论也存在一些理论局限：一是记忆的容量问题，即记忆如何储存那么多的动作细节并在需要的时候准确提取；二是反馈的时间问题，即对多变的快速动作知觉何以能在瞬间做出反馈；三是动作的适应性问题，即人在新异情景下能根据环境和任务的要求做出灵活的适应性动作，而闭环理论则难以解释这种灵活性。

（2）图式理论。

为克服闭环理论的缺陷，斯密特（Schmidt, 1976）提出了图式理论。图式理论认为，动作图式是在观察和练习的基础上在大脑中形成的一种概括化的动作结构，它反映的不是具体的动作细节，而是具有一定概括性的动作变量关系和一般性的动作程序及原理。这些图式按概括程度的不同构成了一个多层次的动作图式系统，正是这个图式系统发挥着选择、发动和校正动作的作用。斯密特借用图式概念，强调所储存的是结构关系，而不是详细的具体的细节,这就解决了"储存问题";他强调结构关系是概括化的一般性原理,使得推知刺激情景的反应动作成为可能,这又解决了"新异问题"。动作图式的形成如图 5-2 所示。

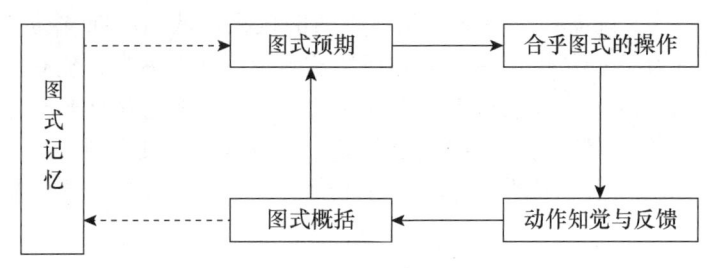

图 5-2 动作图式的形成

资料来源:刘德恩.试析动作学习理论模式的演变[J].华东师范大学学报,1999(4):63-69.

纽厄尔和巴克雷(Newell & Barclay,1982)吸纳了认知心理学家的成果,对传统的图式理论进行修订,提出了图式层次结构的观点。他们认为:不同概括水平的图式组成的有层次的结构,可以很好地从理论上说明操作技能的掌握过程;在图式层次结构中,最具有抽象性和表征性水平的图式是一个概念化的图式,该图式是从个体实际上未在外在表现出来的内部动作的有关信息中抽象出来的;在最具有具体性和"动作性"的水平上的图式,则包括了某个特定动作的运动学或动力学的特征。

图式理论同样强调动作学习过程中的控制,但与闭环理论不同的是,它认为这种控制是开环系统和闭环系统的共同作用。图式理论有效地解释了操作技能学习中的储存问题(即记忆容量问题)、新异问题(即动作的适应性、灵活性和创造性问题)、反馈控制问题(即反馈速度问题)和认知问题(即观察学习和心理练习对动作学习的促进效应问题),对动作学习的解释更加全面、合理和深刻。

(3)信息加工理论。

辛格等人把操作技能的学习看作一个信息的接受、转换、加工、存储和输出过程,于1975年提出了信息加工理论。信息加工理论把人看作一个积极的、具有主观能动性的信息加工者,强调在动作学习的认知阶段,学习者会形成对动作学习的预期。预期包括目标意向和目标期望两种成分。目标意向是指学习者了解和认知动作的性质、功用和要求,回忆过去学过的有关动作,在头脑中形成动作表象,明确完成学习任务的目标反应模式和动作反应模式;目标期望是指学习者根据以往成功和失败的经验,以及自己的能力水平和任务的难易程度,对自己作业水平的估价,即期望自己能做得如何。预期对动作学习起着定向和动机作用,使学习定向于一定的目标上,体现了动作学习的目的性。因而,如何帮助学习者对学习形成积极预期,是操作技能教学中需要着重加以解决的问题。

可以看出,认知心理学家在承认动作本身是一系列刺激-反应联结的同时,更强调操作技能的学习必须有感知、记忆、想象、思维等认知成分的参与。

随着内隐学习研究的展开,学者们也开始转向对操作技能领域的内隐学习研究。马斯特斯(Masters,1992)让两组被试在应激条件下分别使用外显策略和内隐策略练习高尔夫球的击球任务。结果发现,外显学习组被试的技术动作不连贯或有中断现象,而内隐学习组被试的操作绩效仍能持续进步。马吉尔(Magill,1997)采用皮尤(Pew)

的轨迹追踪任务，对不同重复概率和学习方式（内隐学习与外显学习）的学习效果进行了研究。结果表明，在100%的重复概率下，两组的成绩没有显著差异，说明内隐学习与外显学习一样可以提高被试的操作技能。但在50%的重复概率下，内隐学习组的成绩明显好于外显学习组。这表明在模糊的规则条件下，内隐学习比外显学习有优势。可以看出，操作技能不仅可以内隐获得，而且比外显学习具有更多优势。内隐学习不仅能使操作技能保持更长的时间，而且有助于对复杂的操作技能的掌握，以及对各种应激和干扰的适应。

总之，关于操作技能的理论探讨还是一个不断深入的过程，有很多工作需要探究。

（二）操作技能形成的阶段

操作技能的形成，是通过练习逐步掌握某种动作方式的过程。一般来说，操作技能由初步学会到熟练掌握，需要经历相互联系的四个主要阶段。

1. 认知阶段

认知阶段也称知觉阶段或操作定向阶段。这一阶段主要是理解学习任务，并形成目标意向（goal-image）和目标期望（goal-expectancy）。

在这一阶段，学习者要通过对示范动作的刺激情景加以观察，形成一个内部的动作意象，作为实际执行动作时的参照。要形成这样一个意象，则需要对线索和有关信息进行适当的编码。对线索和信息的编码，可以是形象的也可以是抽象的，可以是视觉的也可以是语词的，可以是有意义的也可以是孤立的。为了形成有利于操作技能学习的目标意象，学习者通常用自己擅长的方式来对线索进行编码。

在认知阶段，学习者不仅要形成目标意象，而且要依据自己以往成功和失败的经验，依据自己的能力和目前任务的难易，形成对自己作业水平的期望。这一期望既表现在质的方面，即动作质量的好或坏，也表现在量和范围上，即能完成动作的多寡。一般来说，有明确目标期望的学习，较之于目标期望模糊的学习更有效。

认知阶段的主要任务是学习者集中领会技能的基本要求，全面掌握技能的动作单元及其关系。但是由于注意范围比较狭窄，精神和全身肌肉紧张，动作忙乱、呆板而不协调，会出现很多多余的动作，不能察觉自己动作的全部情况，难以发现错误和缺点。

2. 分解练习阶段

这一阶段也叫操作模仿阶段。传授者将整套动作分解成若干局部或单个动作，学习者根据观察模仿练习。由于对被分解的动作生疏，动作之间还未形成有机联系，学习者的注意力只能集中于个别动作上，不能统观全局和控制动作的细节，所以动作看起来既不连贯又顾此失彼。同时，这一时期往往会出现新动作和已经形成的习惯动作不相符而相互干扰的现象。以骑自行车为例，整个骑车动作可先分解为脚蹬动作和手握把动作，学习者初学时只能逐个去练习。但这两个分解动作是连不起来的，不是忘了脚蹬，就是忘了扭把，动作不协调，不能掌握平衡，而且精神紧张，双眼总是盯着前轮，不敢远视，控制不了自己的动作。

3. 联结阶段

联结阶段又叫操作整合阶段。这一阶段学习者的重点任务是使适当的刺激与反应形成联系并固定下来，整套动作联为整体，变成固定程序式的反应系统。

在这一阶段，练习者已经逐步掌握了一系列局部动作，并开始将这些动作联系起来，但是各个动作还结合得不紧密，在从一个环节过渡到另一个环节即转换动作的时候，常出现短暂的停顿。练习者的协同动作是交替进行的，即先集中注意一个动作，然后再注意另一个动作，反复地交替进行不同的动作。这种交替慢慢加快，技能结构的层次不断提高，然后逐渐形成整体的协同动作。同时，个体还必须排除过去经验中的习惯的干扰。例如已经学会开汽车的人，在学习开飞机时，因为飞机的转弯是用脚操纵的，所以他必须排除用手转动控制盘的习惯的干扰。操作技能相互干扰是负迁移的表现，对新的操作技能的掌握有阻碍作用。

这一阶段的主要特点是技能的局部动作被综合成更大的单位，最后形成一个连贯的操作技能的整体。练习者视觉控制作用逐渐减弱，而肌肉感觉的自控作用逐步提高，动作间的相互干扰减少，紧张程度有所减弱，多余动作趋于消失。

4. 自动化阶段

操作技能形成的最后阶段是一长串的动作系列联合成为一个有机的整体并巩固下来，各个动作之间衔接非常协调、准确、流畅，练习者能根据情况的变化，灵活、迅速而准确地完成动作，能够自动地完成一个接一个的动作，几乎不需要有意识的控制。因为动作受意识控制很少，所以这个阶段被称为自动化阶段。在这一阶段，练习者的多余动作和紧张状态已经消失，操作非常熟练。故此，熟练操作被看作操作技能进入自动化阶段的特征。如有经验的司机，在正常开车时，可以顺利地与别人交谈，而不用紧张地盯着前方。

总之，操作技能的学习需要从领会动作要点和掌握局部动作开始，逐步到建立动作连锁，最后达到自动化。

(三) 操作技能形成过程中心理与动作的变化规律

1. 操作技能形成的心理变化规律

(1) 动作控制的意识性下降。

在技能练习的初期，练习者的每一个动作总是小心翼翼、高度注意地去完成，动作控制表现为意识的高度参与性。例如：初学驾驶的人，必须按照预定的顺序注意每个驾驶动作，但即便如此，还时常发生错误；到了练习后期，练习者需要对各个动作高度注意，这时意识的参与性降到最低水平，表现为技能的自动化。例如：驾驶汽车的技能形成后，对那些习成的常规动作只要稍加注意就行，注意力主要放在道路的选择和避开障碍物上。

(2) 视觉反馈转向动觉反馈。

反馈对技能动作的学习和完善起着重要的调节作用。在操作技能中，反馈可分成外反馈与内反馈两种。外反馈是指视觉、听觉等提供的反馈，它们具有外部的信息源，例如旁观者的指点、某种机械的信号等。内反馈指由肌肉或关节提供的动觉反馈，它们是动作的自然结果，例如在钉钉子时落锤的轻重、落锤的方向提供的动觉反馈。

在技能形成的初期，内反馈与外反馈都很重要，但来自外界的视觉反馈起着更重要的作用，人们根据动作反应后所看到或听到的结果，对反应进行调整和校正，使动作朝向所要达到的目标。随着技能的形成，外部感觉的控制作用逐渐为动觉的控制所代替，动觉反馈在操作技能的调节中便起着越来越重要的作用。例如：一个人刚学打字，他的动作是在视觉的严密控制下进行的，他注视要打的文件和电脑键盘的每一个键；待打字的技能熟练了，他就能够摆脱视觉的控制而熟练地打字了。所谓盲打，正标志着打字技能的形成。由此可见，反馈方式的变化，是技能形成的又一重要标志。

当操作技能尚不熟练的时候，使用动觉反馈逐步替代视觉反馈，甚至在完全没有视觉反馈信息的情况下，依靠动觉反馈，使活动顺利进行。动觉反馈在对动作的监督和调节中占有优势，是操作技能发展水平的重要标志。并且，视觉反馈减弱，动觉反馈增强，这对职业技术活动十分重要。首先，这可以使操作者的视觉从动作控制中解放出来，而放到活动的其他环节或活动情境上，以保证全部活动顺利进行。例如，打字员的视觉可以放在文稿上，而不必关注键盘；汽车司机把视觉注意放在窗外。其次，一些职业活动主要是凭借触摸觉和动觉来完成的。例如，纺织女工接线头的动作就是以触摸觉的控制为主。黄强等（2003）对金属锉削和金属锯削技能学习的试动训练研究表明，动觉反馈在精细操作技能学习初期的调节作用要比视觉反馈更为重要。

（3）动作知觉转化为动作表象。

技能动作的形成首先是借助示范活动，使练习者掌握动作的形象，即形成动作知觉，而后经反复练习和矫正就会在练习者头脑中形成一个与该技能动作相符合的动作表象。这个动作表象是一个动作系列的表象。这个表象是操作技能形成过程中的必然。

所谓动作表象，就是在人脑中重新被唤起的过去动作知觉的形象。比如，体操运动员、舞蹈演员要凭借动作表象来控制身体各部位的动作；汽车司机要凭借动作表象来调节变速杆。因此，动作表象是当前动作进行的一个重要依据。在许多情况下，我们仅按照动作表象去支配和执行当前的动作。

（4）紧张感下降。

操作技能形成的初期，练习者一个较为普遍的情绪反应就是紧张和焦虑。紧张具有双重意义：积极意义和消极意义。练习者在工作时有一定的紧张感，这种紧张感可以提高练习者的兴奋水平，使其处于一定的觉醒状态，可以缩短动作的反应时间，这是操作活动所必需的。但当练习者过度紧张时，就会使动作慌乱，动作的有效性明显降低。焦虑在操作中则只起消极作用，任何焦虑都不能导致有效的行为。心理过度紧张和焦虑导致的外周反应为心跳加快、血压增高、肌肉紧张和肢体震颤。紧张和焦虑的程度受下列因素的影响：1）完成操作活动的自信心；2）完成操作活动可供借鉴和迁移的过去经验的多寡；3）对操作错误可能带来的危险后果的预想；4）成功与失败对自我的意义的大小；5）群体或权威人士的关注带来的心理压力；6）自我期望水平的高低。

由于过度紧张和焦虑是状态性的而非特质性的，所以随着练习次数的增加和练习成绩的提高，练习者的自信心会提高，从而使过度紧张和焦虑这些具有消极意义的情绪得到减弱或消除。

2. 操作技能形成的动作变化规律

（1）动作协调性加强。

在练习初期，练习者只能注意个别动作，若同时进行两种动作，便会发生动作间的相互干扰或根本无法进行；练习后期，则可以同时完成几个动作。例如，熟练的汽车司机在倒车时，脚要踩油门，手要把握方向盘，头扭转着向背后探望倒车的方向，这一系列的动作必须同时进行。而不太熟练的司机，当他把头扭转着向背后探望时往往会熄火，这就是踩油门的脚没有配合好的缘故。动作协调性的加强还表现在练习初期继时性的动作也不能连贯，表现为一个动作过渡到另一个动作时出现停顿，这是因为练习者要先集中注意做一个动作,然后再集中注意做下一个动作;到了练习后期,先后的动作连贯起来,不再出现迟疑和停顿。这样,同时性的局部动作和继时性的先后动作就构成了一个完善的技能动作整体,从而大大提高了活动的效率。

(2) 多余动作逐步消失。

在协调性加强的同时,练习者操作时的多余动作(降低效率或与效率无直接关系的动作)也逐步消失。在训练初期,练习者往往会出现许多多余动作。多余动作的出现,主要是运动分析器皮层部分的兴奋过程扩散的结果。在条件反射形成初期,皮层某一点所发生的兴奋的扩散,产生泛化现象,因此引起肢体的无关部分的不必要动作。由于多余动作对整个活动不产生效果或产生不良效果,因此在练习过程中逐渐受到抑制,而那些有效的动作得到强化,逐渐建立起动力定型。技能形成的过程也就是多余动作不断消失、有效动作不断加强的过程。

(3) 反应敏捷和动作速度加快。

反应敏捷指的是当刺激物出现后能迅速地做出动作反应。动作速度指的是肢体移动一定的距离所花费的时间。当职业活动的复杂程度不变时,操作者反应愈敏捷,速度愈快,说明其技能的掌握愈娴熟。

在飞行驾驶模拟训练中,面对突如其来的情境变化,初练者不能迅速地做出适当的操作反应,而熟练的飞行员却能应付自如。打算盘也强调反应敏捷,看到不同的数字,立刻拨动不同位置上的算珠。手工插秧、割稻子主要强调的是动作的速度;流水线上的装配工作也要求以一定的速度进行操作。

(4) 准确性提高。

动作的准确性对于任何职业都是重要的。对于某些职业活动而言,准确性的要求是第一位的,在准确的前提下再要求技能的其他方面。例如:精密机械的加工要求高度准确;会计、出纳、售货员等都要求把准确性放在第一位。对于另一些职业活动,动作的准确性和敏捷性并重。例如:驾驶超音速飞机,对于飞行员的反应速度和动作的准确性都有很高的要求。

在训练初期,练习者的动作准确性一般较低;通过训练,动觉反馈增强,不规范动作得到矫正,紧张感下降,因而动作准确性也得到提高。

(5) 动作强度趋于合理。

动作强度指的是人在活动中克服动作阻力时肌肉收缩的紧张程度。在职业活动中,要求操作者的动作强度与操作中所需克服的阻力相匹配。例如:不能用绣花的动作强度踩油门。在练习初期,练习者往往不能准确地把握自己的动作强度,不是用力过猛就是用力不足。比如初学木工者对于刨子的使用就是这样,不是刨不动,就是把刨子一下推出很远。经过一段时间的练习,练习者逐步认识了动作强度与工具和工件三者之间的关系,就能根据工具、工件的变化来调节自己动作的强度。

(四) 操作技能形成的特征

1. 动作准确

动作准确即动作系统能很好地完成任务,达到预期目的。

2. 动作稳定

动作稳定一是指动作实现时动作的力量、方向、速度等要素以特定的方式结合,合乎规律地完成；二是指能较久地保持，一时不会遗忘。动作的稳定性是人在长期练习中获得的巩固的暂时的神经联系。操作技能一旦形成，动作就趋于稳定且保持持久。

3. 动作敏捷

敏捷性指的是动作的速度快。敏捷性增加了单位时间内的工作量，这是区别生手和熟练者的标志之一。动作敏捷是操作技能形成的标志之一。

4. 动作灵活

灵活性指的是情境变化后，操作者可以重新组合技能动作以适应新的情况并顺利地完成任务。此时，动作与情境之间的匹配达到了一定水平的概括关系。此外，由于部分动作的自动化，人们的意识活动就可以从动作过程中解放出来，而把注意力放在处理情境的变化上，因此使技能具有灵活性。

5. 动作自动化

所谓动作自动化，是指操作中某些动作的意识控制减弱，操作工具似乎是自动进行的。比如，一边看电视一边织毛衣，这时织毛衣的动作近似自动化的动作。

三、心智技能的形成过程及特征

心智技能的形成问题受到许多心理学家的重视并且做了大量的研究，但是，由于心智技能是在头脑内进行的难以觉察和测定的极其复杂的活动，因此对它的研究比较困难并且至今也没有形成统一的认识。这里我们就目前比较普遍的心智技能形成理论加以介绍。

（一）加里培林的心智技能按阶段形成理论

苏联教育心理学家加里培林认为，智力活动是外部的物质活动的反映，是外部物质活动向反映方面——知觉、表象和概念方面转化的结果。这种转化是通过一系列的阶段来实现的，在每个阶段上都产生新的反映和活动的再现以及系统的改造。

1. 活动定向阶段

这一阶段的主要任务在于建立起进行活动的初步的自我调节机制，为进行实际操作提供内部控制条件。

2. 物质或物质化活动阶段

这一阶段的任务是依据心智技能的实践模式，把主体在头脑中应建立起来的活动程序计划以外显的操作方式付诸执行。

（1）出声的外部言语活动阶段。这一阶段以出声的外部言语形式来完成实在的活动。

（2）无声的外部言语阶段。这一阶段的特点在于智力活动是以不出声的外部言语来进行的。

（3）内部言语活动阶段。这是心智技能形成的最后阶段，是智力活动简化、自动化，似乎不需要意识的参与而进行智力活动的阶段，是名副其实的心智技能形成阶段。其主要特点是简缩和自动化，似乎脱离意识的范畴，脱离自我观察的范围，在言语机制和结构上都发生了重大变化。

（二）冯忠良心智技能的形成三阶段理论

1. 原型定向阶段

原型即智力活动模式，它是心理学工作者通过心理模拟法创拟的心理模型。这一阶段的任务就是使学生了解模式的"原样"，即知道该实现哪些动作或如何完成，从而明确活动的方向，建立起进行活动的初步的自我调节机制，为进行模式操作提供内部控制条件。在心理模拟教学过程中，学生的模式定向往往是通过教师的讲解、示范而获得的。

2. 原型模仿阶段

原型模仿阶段指学生亲自应用智力活动模式去解决问题。由于操作的对象是心理——教学模拟器、检测仪器和心理诊断程序图示等物质形式的客体，学生对智力活动模式可通过一定的机体运动来体现。由于对象在动作的作用下所发生的变化也是以外显形式来实现的，这样，学生做出的动作可以在头脑中产生完备的动觉映象。这就为心智技能的形成和内化打下了基础。

在这一阶段，要求学生严格遵循动作序列，逐一执行，并及时考察动作执行后对象的变化；同时要求学生边执行动作边口头报告，使活动易于向言语执行水平转化。此外，向学生提供错误类型，以便智力活动模式在直觉水平上得以概括，从而形成有关诊断活动的表象。

3. 原型内化阶段

原型内化阶段指智力动作离开心理模式这种物质客体与外观形式而转向头脑内部，借助言语来作用于观念性对象，从而对对象进行加工改造，使模式在学生头脑中转化为心理结构内容的过程。在这一阶段，要求学生离开书面语言形式的模式，在口头言语水平上展开各个动作，然后逐一简缩，省去不必要的动作；同时要求学生由"大声报告"的外部言语逐渐转向内部言语，使动作概念内化到头脑中。

时勘认为，自动机床操作工心智技能的形成过程原则上必须经历上述三个阶段。当然，如果学生在其他心智技能影响下早已形成构成心智技能的某些动作成分，则可在智力水平上直接迁移，而不必经历上述每一阶段。但是，新的智力动作之形成必须要经历这些阶段。由于心智技能是按照一定阶段逐步形成的，因此，在定向培养中必须按照模式定向、模式操作和模式内化三个基本阶段进行分阶段练习。同时，也应采取相应措施，以确保培养效率的提高。

（三）心智技能形成的特点

心智技能的形成需要经历一个较长的过程，而其一旦形成便具备一些相应的特点，我们可以依据这些特点去考察个体的心智技能是否已经形成。心智技能形成后一般具有下列特点。

1. 操作摆脱具体事物

心智技能形成后，内部言语成为心智技能活动的工具，不再需要借助直观和明显的支持物（如图示等）进行操作，而是依靠内部言语进行操作。

2. 操作过程高度简缩

心智技能形成的初期，智力活动的展开是全面、完整和详尽的，最后则高度压缩、简化，已达到自动化。

3. 操作的高效性

心智技能一旦形成，学习者就能运用它快速高效地解决问题。

第三节　影响操作技能形成的因素

一、理解任务的性质和学习情境

辛格等（1982）的研究表明，操作技能的学习首先必须正确理解学习情境和任务性质，并由此形成一个基本判断，继而采取一定的策略。操作技能通常以完成一定的任务为目标，并在一定的学习情境中进行。因此，教师首先要指导学生理解学习任务，并在此基础上形成一定的作业期望，从而激发学习动机；其次，教师应向学生明确提出学习应达到的目标，并提出切实可行的期望。一般来说，有明确的期望和目标的学习较无明确期望、目标模糊的学习更有效。心智技能形成的关键是把所学知识与该知识应用的条件结合起来，形成条件化知识。为促进学生形成条件化知识，教师可以编制产生式例题，让学生进行样例学习；还可以向学生呈现与实际生活背景相似的知识，提高知识在解决实际问题中的可检索性和应用性。通过这些方法来促进学生将应用条件与实际的问题情境有机地联系起来，从而形成条件化知识，为学生心智技能的形成奠定良好的基础。

二、示范与讲解

教师的示范与讲解在操作技能的形成中具有导向功能，能引导学生做出规范的动作。需要指出的是：示范的有效性取决于很多因素，如示范者的个人特征、示范的准确性、示范的时机等都可能对示范的效果产生影响。示范的准确性是影响操作技能学习的直接决定因素，可借助视听教学进行示范，如图片、影片、幻灯、计算机模拟。从示范的时机来看，在实际进行技能操作之前让学习者观察示范动作，效果较好。同时，教师在示范之初应放慢速度，分解动作，并简明扼要地讲解一些操作原理，尤其是动作概念。胡胜利、周爱保等（2004）对112名师生实验操作技能的研究表明，言语指导能明显地促进学生实验操作技能的形成。也有研究通过训练儿童拼七巧板的实验探讨示范与讲解对技能学习的影响，结果如表5-1所示。

表5-1　示范与讲解对技能学习的影响

组别	儿童在观察时的活动	示范者的言语解释	拼七巧板的时间（易）	拼七巧板的时间（难）
1	连续加2至100	无	5.7分钟	25分钟*
2	说出示范者所演示的动作技能	无	3.1分钟	22分钟
3	静默观看	不完全的描述	3.5分钟	16分钟
4	静默观看	完整的描述	3.2分钟	14分钟
5	说出示范者所演示的动作技能	纠正儿童叙述中的错误	2.2分钟	12分钟

注：*25名儿童中仅有3名完成了任务。

由表5-1可以看出，示范时结合讲解或指出错误、进行现场评价等反馈活动，技能学习效果更好。《庄子·养生主》中庖丁解牛的故事就清晰地表明，对于解牛的技术而言，事先掌握牛的生理结构等基本原理至关重要。因此，教师在具体教学过程中，为学习者提供有效的示范的同时，还应注意讲解的有效性以及讲解与示范的结合问题。

三、练习与技能形成

练习与技能关系密切，在练习过程中，技能的变化有如下几个特征：

（一）随练习时间的增多，技能成绩提高

任何新的比较复杂的技能学习，都需要多次练习。总体上，技能成绩都会随练习进程呈现提高的趋势。但因受练习之外其他因素的影响，练习与技能成绩的关系也很复杂，通常有以下几种关系：

1. 技能成绩的提高呈现先快后慢的趋势

在练习的最初阶段，练习能使技能的形成有明显的改善；但随着练习的不断进行，技能进步的速度会逐步减慢，但仍有进步。这种关系也称为练习曲线，如图5-3所示。

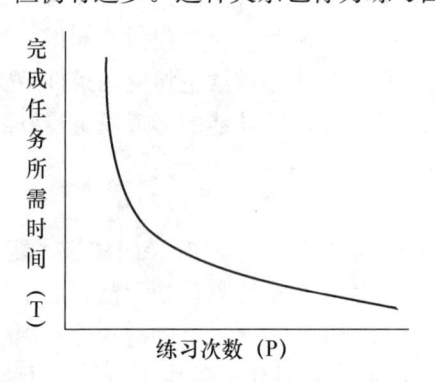

图5-3 技能的熟练程度与练习量的关系图

技能的进步先快后慢，其主要原因有二：一是在练习开始时，学生对技能中某些动作成分可以利用原有的经验，所以在练习初期进步较快；随着可以利用的原有经验的逐步减少，建立新联系的需要逐渐增加，练习中的困难越来越多，有时任何一点改进都需要改造旧的动作习惯，并且要用较大的努力才能达到，所以后来成绩提高就变慢了。短跑、跳高、跳远等运动技能的练习就有这种情况。二是有些技能可以分解为几个简单动作进行练习，比较容易掌握，所以在练习初期成绩进步较快；而在练习后期，主要是达到各个动作之间的协调，而这种协调又不是若干个别动作的简单总和，它比简单动作要复杂得多、困难得多，所以成绩提高慢。此外，学生对某些技能在练习初期可能兴趣比较浓厚、情绪比较饱满、练习比较认真努力，这也是成绩进步先快后慢的原因之一。教师在培养这类技能时，应特别加强后期训练。

2. 练习的进步表现出先慢后快的特点

在少数情况下，练习初期的进步比较缓慢，以后逐渐加快。例如，投掷的技能在练习的第一个阶段，需要掌握有关的基础知识和基本技能，所以进步较慢；但是练习一个阶段以后，由于掌握了有关的基础知识和基本技能，成绩进步也就快了。学习游泳也有类似情况。教师在培养学生这类技能时，应特别加强练习初期的基础知识和基本技能的训练。

（二）练习进程中的"高原现象"

在技能形成过程中，练习中期往往出现进步暂时停顿的现象，这就是练习曲线上所谓

的"高原现象"。其表现为在这段时间内曲线保持一定的水平而不上升，甚至有些下降。但是之后又可以看到曲线继续上升。技能形成过程中的"高原现象"见图5-4。

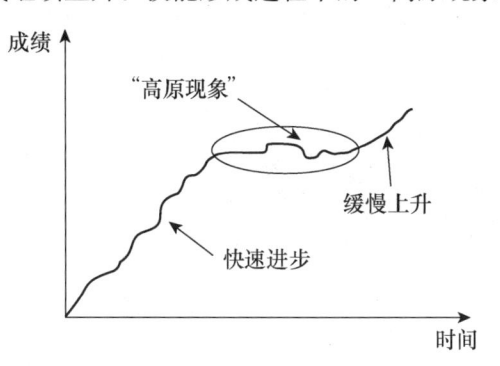

图5-4 技能形成过程中的"高原现象"

"高原现象"产生的主要原因可能有如下三个方面：第一个原因可能是由于学生练习的兴趣降低，或者身体状况欠佳（如疲劳、疾病等）造成的。第二个原因可能是由于这时期新的技能结构还没形成，而旧的技能结构不能适应所导致。在学生没有完成原有技能结构的改造以前，成绩就会处于停顿状态。当学生经过练习，完成了改造过程，成绩又会提高，所以曲线又继续上升。如学生在掌握某些生产劳动技能、运动技能、写字技能等过程中的"高原现象"，可能就是由这一原因所引起的。第三个原因可能同个人的生理极限有关。生理限度是不可否认的，但是从人们掌握技能的实际情况来看，不能轻易说某人的技能水平已达到其生理限度而不可能再提高了。实际上每个人技能提高的潜力是很大的，尤其是青年学生，过分夸大生理限度，对技能的培养和提高是有害的。

"高原现象"并不具有普遍性。如果技能结构比较简单，又没有上述主客观原因，就不会产生这种情况。因此，当学生出现"高原现象"时，教师要帮助学生分析原因，指导他们改变旧活动结构，采用新方式方法，并提高他们的信心，鼓励他们突破，争取更大的进步。

（三）练习成绩的起伏现象

在各种技能形成的过程中，在练习成绩随着练习而提高的总趋势下，练习成绩会出现时而上升时而下降、进步时快时慢的现象。这是因为影响技能表现的因素太多了。例如：外部条件的变化（气温、学习环境、练习工具和教师指导的改变等），学生内部条件的变化（有无强烈的动机和浓厚的兴趣，注意力是否集中、稳定，有无自满情绪，意志努力程度，练习的方式方法有无改变，身体状况等），都会影响技能水平的形成。因此，练习成绩的起伏现象是正常的。但当学生成绩突然急剧下降时，教师要对他们进行教育和指导，使他们了解自己成绩下降的原因，然后严格要求自己，自觉地提高练习的积极性，努力克服缺点，争取更好的成绩。

一般来说，随着练习次数的增多，作业的精确性、速度、协调性等会逐步提高。但是，并非任何练习都会取得良好的效果。练习时，要采用多种练习方法，还要注意练习周期，克服"高原现象"。并且，练习过程中应提供恰当的反馈，提高练习的效果。

（四）刻意练习与技能形成

心理学家埃里克森（K. Anders Ericsson）认为，技能能否有效解决实际问题取决于学习者相关技能的熟练程度，而熟练程度源于重复练习。他认为，从新手到专家级没有大量的练习是不可能的。对于练习活动，他提出了刻意练习的概念，强调练习的针对性、主动性与高投入性。

刻意练习的特点如下所述：

1. 只在"学习区"练习

埃里克森认为，人的知识和技能分为层层嵌套的三个圆形区域：最内一层是"舒适区"，是我们已经熟练掌握的各种技能；最外一层是"恐慌区"，是我们暂时无法学会的技能；二者中间则是"学习区"，如图 5-5 所示。

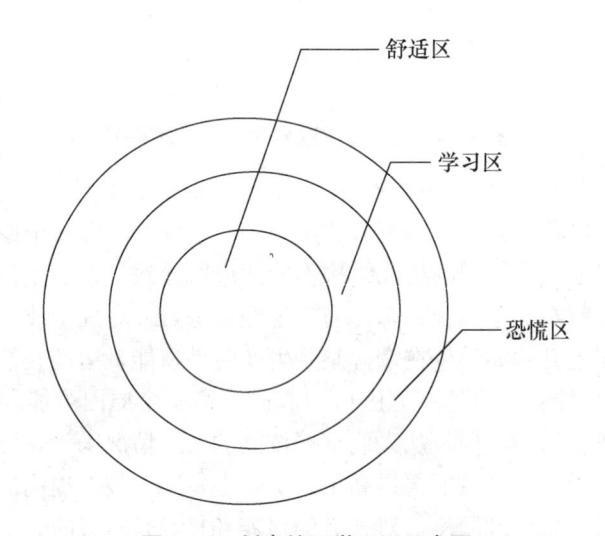

图 5-5　刻意练习学习区示意图

只有在学习区里面练习，一个人才可能进步。有效的练习任务必须精确地在受训者的"学习区"内进行，具有高度的针对性。在很多情况下，这要求必须要有一个好的老师或者教练，从旁观者的角度更能发现我们最需要改进的地方。专家级水平是逐渐练出来的，而有效进步的关键在于找到一系列的小任务让受训者按顺序完成。小任务的特征是那些受训者不会做但可以学习掌握的任务。

研究发现：对于不同技能水平的数控加工专业学习者来说，他们对于加工工件的难易点的认知不同，且与教师的认知也存在差异。教师认为此图的重点在螺纹，螺纹的指令虽然不难，但对尺寸的把握必须非常精确，稍有不对就会出现错误或报废工件。所以，在课堂上教师注重对螺纹加工的讲解，在用刀上采用"大一刀、小一刀"交替进行的方法，用刀量上一般控制在 8～12 刀完成。然而在对学生们的访谈中发现，高水平被试认为只有螺纹比较困难，而低水平被试认为除螺纹困难外，相切圆弧的加工也有些困难；从被试的编程结果中发现，低水平被试中有 46.15% 将相切圆弧的程序写错了，而高水平被试只有 7.59% 将其写错了。由此可以看出，同样的内容，对某些学生来说是舒适区，根本无须再练；而对某些学生则是恐慌区。科学教学必须因材施教，小班学习，甚至是一对一传授。

2. 大量重复训练

研究表明，对任何操作技能掌握的熟练程度都是相对的。有人对工业生产中的操作技能进行了长期的研究，发现雪茄生产工人的操作技能在四年多的时间内都在进步。这些工人要掌握一定水平的技能，必须经过大量的实践。例如，第一年工人生产一支雪茄需用12分钟，第二年降至10分钟，第三年又降到9分钟，在第四年以后技能仍有缓慢的改进。许多体育技能的训练也表明：一个运动员要达到自己的最高水平，需要多年的练习；要保持这一最高水平，同样需要大量的练习。宋代欧阳修《卖油翁》中那句"我亦无他，惟手熟尔"，所表达的正是重复训练对技能习得的重要性。

3. 持续获得有效的反馈

埃里克森认为，看不到结果的练习等于没有练习。真正的高手都有很强的自学能力，对他们而言，老师和教练最重要的作用是提供即时反馈。

4. 精神高度集中

除了强调练习量与技能学习的关系外，埃里克森也非常强调练习质量问题。在练习质量方面，他除了认识到要在学习区练习使练习有针对性以外，也非常重视学习动机对练习效果的影响。他强调有效的练习必须是全身心投入的、精神高度集中的练习，也就是日常生活中所说的"既要出工又要出力"的问题。

符合上述四个特征的练习才是有效的练习，才能保证学习者由新手成为技能专家。

四、反馈

反馈是学习者对自己学习结果的了解。这种对结果的了解对学习活动又起到强化的作用，促进学习者更加努力学习，从而提高学习效率。

反馈在技能学习过程中的作用是非常关键的，但对教师或培训者来说，给予何种反馈、怎么给予反馈是比较复杂的事情。例如：反馈正确信息好还是反馈错误信息好？反馈结果好还是反馈绩效好？反馈定性的信息好还是反馈定量的信息好？反馈信息多一些好还是少一些好？反馈及时一些好还是延迟一些好？内部反馈好还是外部反馈好？

（一）内部反馈与外部反馈

一般来讲，反馈来自内部和外部两个方面。内部反馈，即操作者自身的感觉系统提供的感觉反馈；外部反馈，即操作者自身以外的人和事物给予的反馈。前者是个体通过自身的视觉、听觉、触觉、动觉等获取的反馈信息，后者是教师、教练等外部信息源对学习者的操作结果及操作过程的反馈。

在技能形成的初期，外部反馈作用一般要大于内部反馈，随着技能的逐渐形成，内部反馈的作用越来越突出。但黄强等人（2003）的研究表明，动觉反馈在操作技能形成全过程都有积极作用，且其作用要远大于视觉反馈。

因此，教师和教练需要根据学习者的训练进程适时提供外部反馈，同时还要注意引导学习者学会利用内部反馈信息加快技能形成进程。

（二）反馈正确信息与反馈错误信息

在练习中为学习者提供正确信息还是提供错误信息？研究表明：不管哪一种信息都能促进技能进步，只不过两种信息在促进技能形成过程中所起的作用有所不同。一般来讲，提供错误信息，能促进技能动作的改进与提高；提供正确信息，可以让学习者意识到自己正向着绩效目标进步，能鼓励学习者继续努力。根据斯金纳的观点，在提供反馈信息时提供正确信息更为有利，因为在他看来，任何学习的最终目的是使学习者在刺激与正确反应之间建立牢固的联系，提供了正确的信息，或者说学生操作正确时提供了他操作正确的反馈信息，有助于其对正确操作加深印象。

（三）结果反馈与绩效反馈

结果反馈（knowledge of result，KR）指提供关于操作结果的信息或达到操作目标程度的信息。绩效反馈（knowledge of performance，KP）指提供与操作相关的动作特征信息。

结果反馈对于学习者有两方面的作用：（1）当个体无法确定技能操作结果的正确性时，用来验证任务内在反馈的评价；（2）激励个体继续练习技能。

绩效反馈比较适用于那些：（1）必须根据具体的动作特征进行操作的技能，如车工、钳工、体操技巧等；（2）操作比较复杂的技能。因为复杂的技能动作与动作之间的协调需要比较准确的信息以便纠错和提高。伍登（John Wooden）是美国最具传奇色彩的大学篮球教练，他曾经率领 UCLA 队在 12 年内 10 次获得 NCAA 冠军。为了获得伍登的执教秘诀，两位心理学家曾经全程观察他的训练课，甚至记录下他给球员的每一条指令。统计结果表明，在记录的 2 326 条指令之中，6.9%是表扬，6.6%是表示不满，而 75%是纯粹的信息，也就是做什么动作和怎么做。

在反馈内容的详细程度对操作技能的影响方面，所得结论也不一致。玛吉尔（1989）综合已有研究的观点得出了三点结论：第一，只有学习者进行充分的练习之后，较详细的具体外部反馈信息才有助于学习；第二，对于某些操作任务而言，过分精确的反馈反而导致较差的操作；第三，精确的反馈能否起作用与个体能否理解和应用这类信息有关，过分精确的信息和过分模糊的信息一样不易为学习者所应用。

（四）定性反馈与定量反馈

定性反馈是指描述和显示操作的性质（如好、过大等）和质量。定量反馈指提供包括与操作特征的幅度相关的数值信息（如投棒球的速度）。实验发现：在学习阶段早期应提供定性反馈，当个体掌握基本技能后应提供定量反馈。

（五）及时反馈与延迟反馈

反馈时机也会影响反馈效果，但反馈最佳时机是个很难回答的问题，因为反馈时机与任务本身的难易程度和性质以及个体对技能的熟悉度等都有关系。金亚虹（2005）将 KR 时间点的适宜值作为探测个体自身觉察错误能力形成的切入点，从任务（任务复杂程度、任务性质）、个体技能熟练程度入手，探讨了 KR 时间点的适宜值。结果发现：操作复杂任务时，提供 KR 的适宜时机应提前；与封闭性技能相比，操作开放性技能时提供 KR 的适宜时机应提前；随着技能熟练程度的提高，提供 KR 的适宜时机应延迟，但延迟过久也不利于运动技能的学习。

（六）反馈的频率

过频的反馈容易增加学习者工作记忆的负担，且容易导致过分依赖外部信息，不利于内部动觉经验的形成，也不利于自我发现错误、纠正错误的能力的形成。在几次练习后给予总结性的、简要的反馈信息效果较好。研究发现，反馈频率与任务难度有关：简单任务应降低反馈频率；复杂任务应提高反馈频率。

五、心理练习

心理练习又称概念化、内省、表象练习，指在实际练习之前先在头脑中反复思考身体动作的过程。比较典型的心理练习是动觉训练。黄强等通过实验证实动觉训练对操作技能的形成有益，并提出了以动觉训练为核心的技能培养试动训练新模式，如图5-6所示。

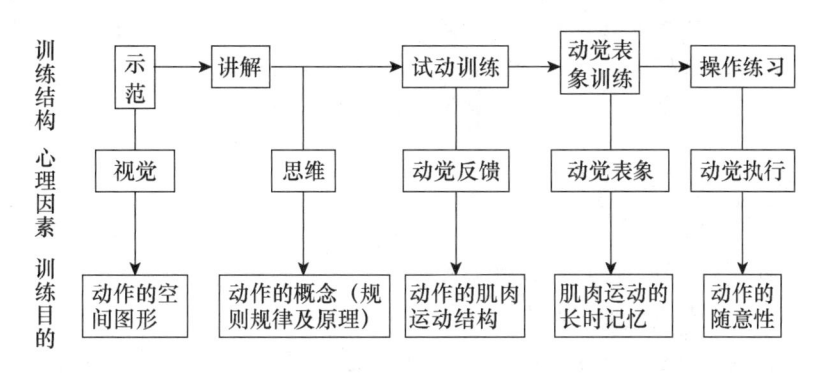

```
训练结构:     示范 → 讲解 → 试动训练 → 动觉表象训练 → 操作练习
心理因素:     视觉    思维    动觉反馈    动觉表象       动觉执行
训练目的:   动作的空间  动作的概念  动作的肌肉  肌肉运动的   动作的随意性
            图形       (规则规律   运动结构   长时记忆
                       及原理)
```

图5-6　技能培养试动训练新模式

六、迁移

迁移对于技能的形成也有非常重要的影响。操作技能的学习与一般学习一样，也存在着迁移，即先前掌握的技能对学习新的技能产生的影响。下面从三个方面来介绍操作技能学习的迁移问题。

（一）两侧性迁移

两侧性迁移指身体一侧器官进行的学习向另一侧器官的迁移，库克称它为交叉教育（cross education）。研究发现，两侧性迁移最明显的是人体对称部位；其次是同侧部位，即左手—左脚、右手—右脚；最弱的是对角线部位，即右手—左脚、左手—右脚。两侧性迁移对于需要双手或四肢协调的操作技能的学习具有促进作用。

（二）语言—动作迁移

在指导操作技能学习的过程中，存在语言—动作迁移。加涅等在1950年做了一个试验，他要求被试按照一定的光刺激（视觉信号）做一定的动作，通过这种使刺激和语言相结合的事先的训练，结果使操作技能学习的效率得到了提高。加涅所进行的事前训练是"见红色按第一个按钮""见蓝色按第二个按钮"等。一般来说，只有当语言的反应不干扰被试的动作时，亦即语言的反应就意味着动作，或者语言的反应简单或语言能提高知觉的辨别能力时，事先的语言训练才能使操作技能得到正迁移。

（三）动作—动作的迁移

此类迁移在日常生活和学习中的事例很多。如会骑摩托车的人，就比较容易掌握驾驶汽车的技能。其原因是这两种活动需要相似的注意分配、反应速度、处理机械的技能。又如，车床和铣床都是机床，结构部件、工作原理、操作方法都相同，所不同的是车床的车刀不转动而被加工的零件转动。因此，具有开车床技能的人会很快掌握开铣床的技能。这些例子说明，操作技能之间存在着正迁移。

旧的技能对新的技能有时也会产生消极的作用，即存在负迁移。例如，开惯小汽车的人，就不容易适应开大型载重汽车。在狭窄地方转弯90度时，大型载重汽车必须在到达直角之前就开始操纵方向盘，转动还不到90度时就应做倒车动作，然后再继续向前转弯。司机原先一直开小汽车，机动灵活，开大车时会感觉不顺手。又如英文打字员学习用俄文打字机时，大部分字母相同，但位置已经改变，他仍然习惯地按原来的位置去操作。这些都是负迁移在起作用。

教师可以利用操作技能迁移的原理提高训练的效果。苏联心理学家研究发现，小学生在练习书写时，先练某些关键笔画，然后将这种技能迁移到书写单个俄文单词上去，大大提高了书写练习效率。美国心理学家盖茨发现，描红的技能可以迁移到临帖上，但长期描红的效果不好。

七、个体差异

个体的认知方式、能力结构以及性格特征等方面的差异也是影响操作技能形成的重要因素。研究表明，对于机械加工类专业技能而言，技能水平较高的专业技能学习者在视觉表象加工、记忆的准确性、视觉空间记忆、视觉工作记忆、问题表征、问题解决策略、共同表征能力等方面均要优于技能水平较低的学习者；认知风格与技能成绩有关，表象型的学习者其技能成绩要优于言语型的学生。研究还发现，场依存型高级工的共同表征能力强于场独立型高级工，但这一差异在中级工群体中并不显著；不同层次技能竞赛选手在责任心和外倾性上存在显著差异，高水平技能人才的责任心显著较高。①

第四节 问题解决与创造性思维

党的二十大报告指出，"教育、科技、人才是全面建设社会主义现代化国家的基础性、战略性支撑。必须坚持科技是第一生产力、人才是第一资源、创新是第一动力"，我国要"加快建设国家战略人才力量，努力培养造就更多大师、战略科学家、一流科技领军人才和创新团队、青年科技人才、卓越工程师、大国工匠、高技能人才"。因此，如何培养创造性地解决各种实际问题的高技能人才是我国职业教育面临的重要课题。问题解决是技能的最高层次，创造性地解决问题是高技能人才的特点之一。因此，培养学生问题解决能力与创造性思维是职业技术教育的核心工作之一。

一、问题解决

（一）问题及问题解决

问题就是使我们感到困惑又不能直接利用经验解决的情况。也就是说，个体在达到所期望目标过程中必然包含困难和障碍的情境才叫问题。

问题解决（problem solving）是由问题情境引起的，按照一定的目标，应用各种认知活动、技能等，经过一系列的思维操作，使问题得以解决的过程。例如：证明几何题就是一个典型的问题解决的过程。几何题中的已知条件和求证结果构成了问题解决的情境，而要证明结果，必须应用已知条件进行一系列的认知操作。操作成功，问题得以解决。

（二）问题解决的过程

一般来说，问题解决分四个阶段：发现问题、分析问题、提出假设和检验假设。

---

① 胡克祖. 个体差异视角下的职业技能心理研究［M］. 天津：天津教育出版社，2022.

1. 发现问题

生活中时时处处存在着各种各样的矛盾，只有矛盾反映到个体的意识中时，个体才会发现它是个问题，并要求设法解决它。发现矛盾的过程就是发现问题的过程，也是解决问题的前提。发现问题对学习、生活、创造发明都十分重要，是思维积极主动性的表现，在促进心理发展上具有重要意义。

2. 分析问题

要解决所发现的问题，必须明确问题的性质，抓住问题的核心与关键。也就是弄清有哪些矛盾，它们之间有什么关系，哪些矛盾是主要矛盾，要解决主要矛盾所必须具备的条件及已具有哪些条件，等等。

3. 提出假设

在分析问题的基础上，提出解决该问题可采用的解决方案，即假设。其中包括采取什么原则和具体的途径、方法。但所有这些方案往往不是简单的和现成的。提出假设是问题解决的关键，正确的假设引导问题顺利得到解决，不正确、不恰当的假设则使问题的解决走弯路或导向歧途。

4. 检验假设

假设只是提出一种可能的解决方案，还不能保证问题必定能获得解决，所以问题解决的最后一步是对假设进行检验。通常有两种检验方法：一是通过实践检验，即按假定方案实施，如果成功就证明假设正确，同时问题也得到解决；二是通过心智活动进行推理，即在思维中按假设进行推论，如果能合乎逻辑地论证预期成果，就算问题初步解决。特别是在假设方案一时还不能立即实施时，必须采用后一种检验方法。但必须指出，即使后一种检验方法证明假设正确，问题的真正解决仍有待实践结果才能证实。不论哪种检验，如果未能获得预期结果，必须重新另提假设再行检验，直至获得正确结果，问题才算解决。

（三）影响问题解决的因素

1. 刺激的呈现方式

有一个问题，已知圆的半径 r，求圆的外切正方形的面积。给出的图形如图 5-7（a）所示。在这种情况下，被试的思维可能会遇到阻碍，但如果给被试的问题如图 5-7（b）所示，问题可能会变得简单。因为图 5-7（a）中的半径 r 初看上去似乎与圆的外切正方形的边长没有直接关系；而图 5-7（b）中的半径 r 一眼就能看出它是圆的外切正方形的边长的一半，这样求正方形的面积就变得简单了。

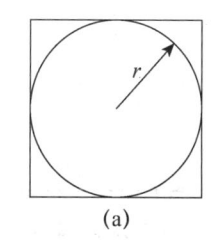

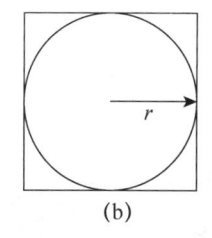

图 5-7 求圆的外切正方形的面积图示

每个问题中所包含的事件和物体（不论是实物还是以词语陈述的），当它们呈现在问题解决者面前时，总要涉及特定的空间位置、距离、时间的先后（或同时）顺序，以及它们当时所表现的特定功能,所有这些具体特点及其关系就构成特定的刺激模式。如果刺激模式直接提供了适合于问题解决的线索,就便于找出解决的方向、途径与方法;如果刺激模式掩蔽或干扰了解题线索,就会使解题增加困难,甚至导向歧途。因此,教师在教学时要十分注意对刺激物的组织处理(如教具安排等),同时要经常训练学生从多种角度观察同一事物,以揭露和认识这一事物在不同情境中所可能具有的多种功能。

2. 已有经验

问题解决的任何一个阶段都涉及有关知识,没有相应的知识不仅难以发现问题,而且缺乏分析问题的基础和提出假设所必需的依据,即使检验假设也必须具有相应的知识。知识对解决问题的影响,还涉及在必要时是否能及时回忆起已有的相关知识,并恰当地加以综合应用。在这方面,为了提高学生解决问题的能力,在教学中必须传授给他们正确、丰富的知识,指导他们有计划按规律复习知识,牢固地保持它,并且能灵活地加以组织。

3. 思维定式

所谓思维定式,指由于从事先前的活动所形成的影响后继活动的一种心理准备状态。这种心理准备状态其实是先前活动产生的定型化的思路。思维定式对解决问题具有双重作用:一方面,思维定式有利于后继的同类问题的解决;另一方面,如果后继问题虽可用前法解决,但也可以采用更合理、更简洁的方法时,思维定式就会影响问题解决的效率,从而起到阻碍创新的作用。因此,平时既要注重训练学生思维的定向性,又要训练其思维的灵活性。

陆钦斯(Luchins,1942)的量杯实验是定势影响迁移的典型例证。实验要求被试用容积不同的量杯(A,B,C)去量一定量的水(D)。量杯容量及要测量的水量如表5-2所示。实验组和控制组开始时做一道练习题,然后按要求解决其他几道题。

表5-2 陆钦斯量杯实验

题序	容器			要测量的水的量
	A	B	C	
1	21	127	3	100
2	14	163	25	99
3	18	43	10	5
4	9	42	6	21
5	20	59	4	31
6	23	49	3	20
7	15	39	3	18
8	28	59	3	25
9	14	36	8	6

前面5道题只能用"B-A-2C"来解决;后面4道题除了可以用上述方法以外,还可以用更简单的方法解决。如,第6小题,可以用"A-C"来解决。实验中,将被试分为实验组和控制组。实验组被试从第1题开始做起;控制组被试从第6题开始做起。考察所有被试在6~9题中的解题方法。结果发现,用简单方法解决6~9题的,实验组被试仅有17%,而控制组被试则100%用简单方法解决问题。这是因为实验组被试做完前面几道

题后，有了心理上的准备，很自然用已经习惯的方法去解决简单的同类问题，这就是定式的作用。

4. 功能固着

问题解决者往往受到物体常用功能的影响，而对其他的功能视而不见，此乃功能固着。这对问题的解决有很大的干扰。梅厄（Mayer）的双绳问题要求被试想办法把两根在物理上无法同时抓握（抓住一根就够不到另一根）的绳子连接在一起，被试者可以利用室内的物品，如图5-8所示。

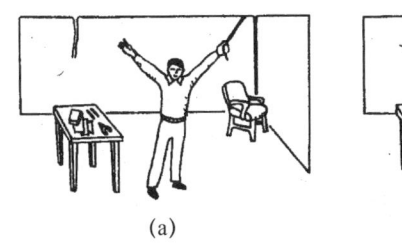

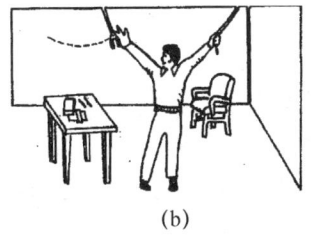

图5-8 梅厄双绳问题

正确的办法是将老虎钳系在一根绳上，让它做钟摆运动，以便当被试握住另一根绳时可以把它抓住。如果在解决这一问题之前，让被试连接一个简单的电路，而这一活动需要他使用老虎钳，那么，在上述问题的解决过程中，被试使用老虎钳做摆锤的可能性便较小，尽管它显然是实现这种目的的最好物品。

5. 原型启发

鲁班爬山时，手不小心被一种丝茅草割破，疼痛之余，他惊诧柔弱的小草竟如此锋利。怀着浓厚的兴趣，他研究、琢磨小草的构造，终于明白草叶边缘的毛刺是关键。就这样，锯子的雏形产生了。从其他事物中得到启示，从而找到解决问题的方法和途径，就是原型启发。我们把这种具有启发作用的事物称作"原型"。

原型起到启发作用要具备两个条件：其一，原型本身的属性和特点，与所要解决的问题有相似之处；其二，个体要处于积极思维的状态。

6. 动机和情绪

动机和情绪在问题解决中有积极和消极两方面的影响。恰当的学习动机和求知欲，不仅对发现问题有极重要的作用，而且是深入分析问题、探索各种假设和反复检验的重要的内部动力。但只有中等强度的动机和平静的心境状态，才有利于问题的解决。动机和情绪的强度不够，则缺乏动力；动机和情绪过于强烈则会干扰思维而影响问题解决。耶克斯和多德森（Yerkes & Dodson）发现：对于一般难度的作业，动机水平适中时效率最高；当作业容易时，动机水平较高时效率最高；当作业困难时，动机水平较低时效率最高。因此，教师应当重视激发学生的求知欲和培养其正确的学习动机，同时教导学生以愉悦和宁静的心态进行学习和解决问题。

7. 个性特点

独立性、自信心、坚韧性、精密性、敏捷性、灵活性以及兴趣等个人特点，均对解决问题的效率产生一定的影响，教师应强化学生有利于问题解决的个性特点，调整其不利的个性特点。

二、创造性思维及其培养

（一）什么是创造性思维

创造性思维是指产生新颖、独特、有社会价值的产品的思维活动。文艺创作、科学发现和新产品的研发制造等活动都离不开创造性思维。

（二）创造性思维的过程

创造性思维在解决问题的活动中，需要一定的过程。英国心理学家华莱士（G. Wallas）认为，任何创造过程都包括准备阶段、酝酿阶段、明朗阶段和验证阶段四个阶段。

1. 准备阶段

准备阶段是收集信息、整理资料、做前期准备的阶段。一般来说，要解决的问题对个体而言往往存在许多未知因素，因此要顺利解决问题需要收集前人的经验，以帮助我们对问题产生新的认识和解决方法。例如爱迪生为了发明电灯，光收集资料整理成的笔记就有200多本，总计达4万多页。

2. 酝酿阶段

这一阶段主要对准备阶段所收集的信息、资料进行消化和吸收，在此基础上，找出问题的关键点，以便考虑解决这个问题的各种策略。在这个过程中，有些问题由于一时难以找到有效的答案，通常会把它们暂时搁置，但思维活动并没有因此而停止，这些问题会时时刻刻萦绕在头脑中，甚至转化为一种潜意识。牛顿由于时时刻刻都在思考如何解决问题，过于投入，以至于把手表当成鸡蛋煮就是明显的例证。

3. 明朗阶段

明朗阶段，也叫顿悟阶段。经过前两个阶段的准备和酝酿，思维已达到一个相当成熟的阶段，在解决问题的过程中，常常会进入一种豁然开朗的状态。例如：耐克公司的创始人比尔·鲍尔曼（Bill Bowerman），一天正在吃妻子做的威化饼，感觉特别舒服。这时他突发奇想：如果把跑鞋制成威化饼的样式，会有怎样的效果呢？于是，他拿着妻子做威化饼的特制铁锅到办公室研究起来，并制成了第一双鞋样。

4. 验证阶段

验证阶段又叫实施阶段，主要是对前面三个阶段形成的方法、策略进行检验，以求得更合理的方案。这是一个否定—肯定—否定的循环过程，即通过不断的实践检验，从而得出最恰当的创造性思维过程。

（三）创造性思维的特点

流畅性、灵活性、独创性是创造力的三个因素，也是创造性思维的三个比较显著的特点。

（1）流畅性是指思维敏捷、反应迅速，对问题情景能很流畅地做出多种反应。

（2）灵活性是指随机应变的能力和适应性。

（3）独创性是指对问题情景做出非同寻常的反应的能力，表现为产生新奇、独特、首创的观念和做法。

（四）创造性思维的培养

创造性思维是在一般思维的基础上发展起来的，它是后天培养与训练的结果。

1. 培养强烈的求知欲

柏拉图和亚里士多德认为，积极的创造性思维，往往是在人们感到"惊奇"时，在情感上燃烧起来对这个问题追根究底的强烈的探索兴趣时开始的。因此要培养学生的创造性思维，首先必须激发学生强烈的求知欲。

2. 培养发散思维

所谓发散思维，是指倘若一个问题可能有多种答案，那就以这个问题为中心，思考的方向往外散发，找出适当的答案越多越好，而不是只找一个正确的答案。其比较常见的方法有功能扩散和结构扩散等。例如：让学生尽可能多地思考砖头的用途、摆七巧板等。

3. 发展直觉思维

直觉思维在学习过程中，有时表现为提出怪问题，有时表现为大胆的猜想，有时表现为一种应急性的回答，有时表现为设想出多种新奇的方法、方案等。为了培养学生的创造性思维，教师就要重视和发展学生的直觉思维。职业学校的学生感觉敏锐、记忆力好、想象极其活跃，在发现和解决问题时，可能会出现突如其来的新想法、新观念，教师要及时发现和鼓励学生捕捉这种创造性思维的产物，要引导和鼓励学生发展自己的直觉思维。

4. 头脑风暴、自由联想训练

除了重视上述几个方面以外，在日常教学中教师应引导和组织学生进行头脑风暴训练、自由联想训练等活动。通过这些活动培养学生思维的流畅性、灵活性和独创性，最终促进其创造性思维的发展。20世纪60年代，美国心理学家曾采用所谓急骤的联想或暴风雨式的联想的方法来训练学生思维的流畅性。训练时，要求学生像夏天的暴风雨一样，迅速地抛出一些观念，不容迟疑，也不要考虑质量的好坏或数量的多少，评价在结束后进行。速度越快表示思维越流畅，讲得越多表示思维流畅性越高。这种自由联想与迅速反应的训练，对于思维，无论是质量还是流畅性，都有很大的帮助，可促进创造性思维的发展。

本章重要概念

技能是主体运用已有的知识、经验，通过练习而形成的智力动作方式和肢体动作方式的复杂系统。

职业技能是个体在职业活动中运用专业知识或经验，通过练习或实践而形成的复杂的操作系统。

操作技能又称为动作技能或运动技能。它是指由一系列的外部动作以合理的程序组成的操作活动方式。

心智技能又称为智慧技能或智力技能。它是一种借助于内部语言在人脑中进行的认知活动方式。

高技能人才是指在生产、运输和服务等领域的一线，熟练掌握专门知识和技术，具备精湛的操作技能，并在工作实践中能够解决关键技术和工艺的操作性难题的人员。

高原现象指在技能形成过程中，练习中期通常出现的进步暂时停顿的现象。高原现象产生的可能原因有：练习的兴趣降低，或者身体状况欠佳（如疲劳、疾病等）；新的技能结构还没形成，而旧的技能结构不能适应；生理极限。

反馈是学习者对自己学习结果的了解。

内部反馈指操作者自身的感觉系统提供的感觉反馈。

外部反馈指操作者自身以外的人和事物给予的反馈。

结果反馈指提供关于操作结果的信息或达到操作目标程度的信息。

绩效反馈指提供与操作相关的动作特征信息。

定性反馈是指描述和显示操作的性质（如好、过大等）和质量。

定量反馈指提供包括与操作特征的幅度相关的数值信息（如投棒球的速度）。

心理练习又称**概念化**、**内省**、**表象练习**，指在实际练习之前先在头脑中反复思考身体动作的过程。比较典型的心理练习是**动觉训练**。

问题就是使我们感到困惑又不能直接利用经验解决的情况。也就是说，个体在达到所期望目标过程中必然包含困难和障碍的情境才叫问题。

问题解决是由问题情境引起的，按照一定的目标，应用各种认知活动、技能等，经过一系列的思维操作，使问题得以解决的过程。

思维定式指由于从事先前的活动所形成的影响后继活动的一种心理准备状态。

创造性思维是指产生新颖、独特、有社会价值的产品的思维活动。

复习思考题

1. 简述技能与能力、技能与知识的区别与联系。
2. 联系实际说明操作技能和心智技能之间的区别。
3. 用具体实例来阐述操作技能形成的各阶段。
4. 影响操作技能形成的因素有哪些？
5. 举例说明反馈在操作技能形成中的作用。
6. 简述加里培林的心智技能按阶段形成理论。
7. 影响问题解决的因素有哪些？
8. 什么是创造性思维？如何培养创造性思维？

第六章 学习迁移

本章主要内容

1. 学习迁移以及学习迁移的作用。
2. 学习迁移的理论解释。
3. 影响学习迁移的条件。
4. 促进学习迁移的教学策略。

案例导入

《论语·公冶长篇》中有一个"闻一知十"的典故：

子谓子贡曰："汝与回也孰愈？"对曰："赐也何敢望回。回也闻一以知十，赐也闻一以知二。"子曰："弗如也！吾与汝，弗如也。"

思考：

这则小故事中"闻一以知十"与"闻一以知二"是什么意思？

第一节 学习迁移概述

迁移是学习过程中广泛存在的一种现象。各种学习理论都非常重视学习迁移问题。平时我们所说的"举一反三""触类旁通""记混了"等都属于迁移。那么，具体到职业教育活动中，中职教师应该如何做，才能更好地促进中职生迁移呢？

一、学习迁移的含义

学习迁移是指一种学习对另一种学习的影响。其实质是经验的整合。

迁移广泛存在于各种知识、技能与社会规范的学习中。比如，掌握了数控车工操作后再掌握数控铣操作就要容易一些；数学学习中的审题技能的掌握可能会影响物理学习中的审题；学生在实训课上的学习态度也会在理论课的学习中得到表现。充分认清这一点，有助于教育工作者深入探索智育领域和德育领域的迁移规律，促进学生全面发展。

二、学习迁移的种类

学习迁移现象是多种多样的,不同的研究者从不同的角度对迁移进行了分类,强调迁移的不同方面。

(一) 正迁移和负迁移

根据迁移效果性质的不同,迁移可划分为正迁移和负迁移两种类型。

正迁移指一种学习对另一种学习起到积极的促进作用。例如,平面几何的学习促进立体几何的学习,阅读技能的掌握有助于写作技能的形成。

负迁移指两种学习之间的相互干扰、阻碍。例如,学习对数运算法则时,受先前所学的法则 $m(a+b)=ma+mb$ 的影响,错误地得到 $\lg(a+b)=\lg a+\lg b$;学会骑自行车后再学习骑三轮车就很费劲。负迁移经常表现为产生僵化的思维定式、缺乏灵活性、变通性,使某种学习难以顺利进行,学习效率低下。

(二) 水平迁移和垂直迁移

根据迁移内容的抽象和概括水平的不同,迁移可划分为水平迁移和垂直迁移。

水平迁移也称横向迁移或侧向迁移,是指处于同一抽象和概括水平的学习内容之间的相互影响。例如,学习直角、钝角、锐角、平角等概念时,它们之间的相互影响就属于水平迁移。

垂直迁移又称纵向迁移,指处于不同抽象、概括水平的经验之间的相互影响。具体来讲,垂直迁移是具有较高的抽象和概括水平的上位经验与具有较低的抽象与概括水平的下位经验之间的相互影响。垂直迁移表现在两个方面:一是自下而上的迁移;二是自上而下的迁移。前者指下位的较低层次的经验影响着上位的较高层次的经验的学习,如对具体事例的理解有助于相关概念和原理的掌握。例如,掌握了"角"这一上位概念再学习"直角""锐角"等概念,或者掌握了"直角""锐角"等下位概念再学习"角"的概念时,先后学习之间的影响就属于垂直迁移。布鲁纳强调原理的学习,其目的在于增强自上而下的迁移。

(三) 顺向迁移和逆向迁移

根据迁移的时间顺序的不同,迁移可划分为顺向迁移和逆向迁移。如果是前面的学习影响后面的学习,就称为顺向迁移。我们通常所谈论的大部分迁移都属于此类迁移。如果是后面的学习影响前面的学习,就称为逆向迁移。

(四) 一般迁移和特殊迁移

根据迁移内容的针对性和迁移范围的不同,迁移可以分为一般迁移和特殊迁移。一般迁移也称普遍迁移、非特殊迁移,就是将一种学习中习得的一般原理、方法、策略和态度等迁移到另一种学习中去。布鲁纳非常强调一般迁移,认为基本的原理、基本的态度具有广泛的适应性,能适用于许多表面特征不同但结构特征相同的情境,并且能使以后的学习变得较容易。

特殊迁移也称具体迁移,指一种学习中习得的具体的、特殊的经验直接迁移到另一种学习中去,或经过某种要素的重新组合迁移到新情境中去。如乒乓球运动学习中,推挡动作的学习可以直接迁移到左推右攻这种组合的动作学习中去。特殊迁移的范围往往不如一般迁移广,仅适用于非常有限的情境,但这并不意味着特殊迁移是不重要的,相反,它对于系统掌握某一专业领域的知识和技能非常重要。

(五) 自迁移、近迁移和远迁移

根据迁移范围的不同，迁移可分为自迁移、近迁移和远迁移。

自迁移是指个体所学的经验影响相同情境中的任务的操作，即原有经验在相同情境中的重复。

近迁移是指个体把所学的经验迁移到与原初的学习情境比较相似的情境中，如校内某些学科之间的迁移，或同一学科内的学习之间的迁移。

远迁移是指个体把所学的经验迁移到与原初的学习情境极不相似的其他情境中，如将校内学习的知识经验迁移到校外的实际生活中去。

(六) 低路迁移和高路迁移

所罗门和帕金斯（Salomon & Perkins，1989）根据迁移的自动化程度的不同，将迁移分为低路迁移（low-road transfer）和高路迁移（high-road transfer）。所谓的低路迁移，是指经过充分练习的技能的自动迁移，这种迁移不需要反省性思维。所谓的高路迁移，是指学习者有意识地将先前习得的抽象知识应用于新的情境。

三、学习迁移的作用

首先，迁移是习得的经验得以概括化、系统化的有效途径，是能力与品德形成的关键环节。学习的最终目的并不是将知识经验存储于头脑中，而是要应用于各种不同的实际情境中，解决现实中的各种问题。通过广泛的迁移，一方面解决了当前的任务或问题，另一方面也使得原有的经验得以改造，更为概括化、系统化，心理结构也更为完善、充实，从而广泛、有效地调节个体的活动。能力与品德的形成和发展是通过广泛的迁移来实现的。

其次，应用有效的迁移原则和规律进行教学和培训，可以使学习者在有限的时间内学得更快、更好，并在适当的情境中主动、准确地应用原有的经验，防止原有经验的惰性化。教育工作者以及有关的培训人员在进行教学和培训系统的设计时，在教材的选择与编排、教学方法的确定、教学活动的安排等方面利用迁移规律，有助于加快教学和培训的进程。

第二节 学习迁移的理论解释

为了更好地利用迁移，我们必须探讨迁移产生的机制及规律。历史上心理学家们围绕这一课题做过大量的研究，初步解释了迁移现象及其规律。早期比较经典的理论解释有形式训练说、相同要素说、经验类化理论和关系转换说，现代比较有代表性的理论有认知结构迁移理论、产生式迁移理论、认知策略迁移理论。

一、早期的迁移理论

(一) 形式训练说

官能心理学认为：迁移就是心理器官的机能得到训练的结果。心理器官的机能即注意、知觉、记忆、思维、想象等。同对肌肉等生理机能的训练一样，注意、记忆等各种心理器官机能也可以通过多种不同形式的训练而得到增强，并自动地迁移到其他活动中去。

形式训练说认为：迁移是无条件的、自动发生的；进行心理器官机能训练时，关键不在于训练的内容，而在于训练的形式，因为内容经常容易忘记，其作用是暂时的，但形式是永久的。

（二）相同要素说

由于形式训练说缺乏科学的依据，所以引起了一些研究者的怀疑和反对。桑代克等提出了一系列的实验检验形式训练说，其结论与形式训练说相悖。根据研究结果，桑代克提出了相同要素说。桑代克等（1901）训练大学生判断不同大小和形状的图形面积。实验中先让被试估计大小不同的长方形面积（10~100平方厘米），当达到显著进步后，再以稍大的各种长方形（150~300平方厘米）或面积相同而形状不同的种种图形（如三角形、圆形等）进行测验。结果发现，当面积与练习时相等而形状不同时，所得进步仅是练习时进步的44%；当形状相同而面积不同时，进步只有30%。对于长度、重量所进行的实验也得出了类似的结论，即被试的知觉估计能力并未因练习而得以提高，也不可能无条件地迁移到其他任务中去。桑代克等用大量的实验证明，迁移是非常具体的、有限的，只存在于含有相同要素的领域。迁移是有条件的，需要有共同的要素。相同要素也即相同的刺激与反应联结。刺激相似且反应也相似时，两情境的迁移才能发生；相同联结越多，迁移越大。伍德沃斯（R. S. Woodworth）后来将相同要素改为共同成分，认为两情境中有共同成分时可以产生迁移。该理论仅把迁移认为是相同联结的转移，认为两种情境中的客观方面的共同要素是决定迁移的唯一因素，否认迁移过程中的复杂认知活动，具有一定的机械性和片面性。

（三）经验类化理论

贾德（Judd，1908）通过水下打靶实验证实了原理、概括化的经验在迁移中的作用。他训练小学五六年级的学生射击置于水中的靶子，其中一组在练习射击之前学习折光原理，另一组则不学习该原理。先将靶子放在距离水面12英寸（1英寸=2.54厘米）处，结果两组成绩基本相等。然后将靶子移至距离水面4英寸处，学过折光原理的那组能迅速适应新的情境，进步很快，在速度和准确度上都超过没学折光原理的那组。贾德认为，掌握了折光原理并不一定马上产生效果，还需要领会和实际练习，即理论不能代替实际，所以两组第一次打靶的成绩并未因学习了折光原理而有所不同。但当有了实际经验后，概括化的原理就可以应用于不同的情境中，能随情境的变化而加以调整，即根据水下靶子的不同的深度进行调整。

由此，贾德认为，概括化的原理和经验是迁移得以产生的关键，对原理学习得越透彻，迁移就越容易发生，对新情境的适应性就越强。后来，亨得里克森（G. Hendrickson）等（1941）在贾德实验的基础上，又进行了更为严格控制的实验，得到了类似的结论，而且指出，概括化的过程不是自动化的，而是与教学方法密切相关。

经验类化理论强调概括化的经验在迁移中的作用，认为迁移更多是依赖于对一般原理的理解以及这种理解在新旧情境的相互关系中的作用。这一点比相同要素说有所进步。但概括化的经验也仅是影响迁移成功与否的条件之一，并不是影响迁移的所有因素。

（四）关系转换说

格式塔心理学家苛勒（1929）用小鸡和一个3岁小孩为被试做实验。他先让被试对深灰纸和浅灰纸形成分化性条件反射，即对深灰纸产生食物条件反射，对浅灰纸不产生食物条件反射。然后，他以黑灰纸代替浅灰纸，以观察被试是对原来的深灰纸产生食物反射还是根据刺激物的深浅关系对黑灰纸产生食物反射。结果发现：小鸡的前一种反应为30%，而后一种反应为70%；小孩则100%地对黑灰纸产生反应。这表明被试的反应并不是根据情境中的相同要素进行反应的，而是根据事物之间的相对关系进行反应的。苛勒认为，个体发现事物间的关系是迁移发生的关键。而对事物间关系的发现、理解是通过顿悟实现的。因此，对事物之间关系的顿悟是迁移产生的机制。

这些早期的迁移理论从不同的角度对迁移的机制进行了探讨，但囿于研究手段的落后、研究范围的狭窄以及缺乏其他相关学科的新观念的影响，对迁移的研究仍无实质性的进展。随着认知科学与信息加工理论的产生与发展，尤其是对认知操作及认知技能的获得的理解的加深，研究者试图用认知的观点与术语来解释、研究迁移问题，对迁移中的一些基本问题进行了更为深入的探讨。

二、现代迁移理论

（一）认知结构迁移理论

现代认知心理学把迁移的研究深入到了教材的知识结构和学生的认知结构。奥苏伯尔系统地研究了学生的认知结构对学习和迁移的影响，下面着重讨论认知结构与迁移的关系。

1. 认知结构与迁移

奥苏伯尔认为，一切有意义的学习必然包括迁移。在有意义学习中，学生的认知结构是最关键的因素。奥苏伯尔指出：即使单独一次练习，其效果也能反映出学生原有认知结构的影响；而通过一次练习所获得的新信息，反过来又修改原有的认知结构，这种改变了的认知结构又会影响下一次练习。

奥苏伯尔认为先前学习不仅指刚刚发生的学习，还包括了过去的经验累积。通过刚刚发生的学习所得到的最新经验并不是直接同现在的学习内容发生相互作用，而是由最新经验影响原有的认知结构的有关特征从而间接影响新的学习。

2. 影响学习迁移的认知结构变量

认知结构在内容和组织方面的特点称为认知结构变量。奥苏伯尔提出了影响学习迁移的三个主要的认知结构变量。

（1）可利用性。

可利用性是指认知结构中可用来起固定作用的适当观念。其中具有较高抽象概括水平的观念对于新知识的学习能提供最佳的固定点。如果原有的认知结构里没有适当的起固定作用的观念可用于同化新知识，新知识便不能有效地固定在认知结构中，从而导致新知识的不稳定和意义含糊，并迅速遗忘。因此，奥苏伯尔认为在学习新知识时，可利用"先行组织者"增加新旧学习的联系。随后的研究发展了"组织者"概念，认为"组织者"的呈现时间既可在新学习材料之前，也可在新学习材料之后。实验证明前者的效果好于后者。"组织者"的抽象概括水平既可高于新学习材料，也可低于新学习材料，如具体形象的事例、实验等。组织者可分为说明性组织者和比较性组织者两种。

说明性组织者是指以概括性的语言对要学习的新知识进行介绍的组织者。它可以是一个概念、一条定律，也可以是一段概括性的说明文字。说明性组织者能为新的学习提供最佳固定点和理解的框架，使学习者懂得如何进行学习。说明性组织者适用于学习者原有认知结构中缺乏适当的上位观念同化新知识时，教师可以设计和呈现说明性组织者，目的在于给学生提供一个适当的上位观念，用来同化即将学习的新知识。

比较性组织者是指对新旧知识进行类比的组织者。这种组织者适用于学生原有认知结构中已具有了同化新知识的某些观念，但原有观念不清晰或不巩固，学生难以应用，或者他们对新旧知识的关系辨别不清。这时教师可以设计和呈现比较性组织者，目的是使学生的原有知识与新知识建立外在联系，以利于学习新知识。

有关组织者的实证研究发现：阅读有关冶金术的文章前提供说明性组织者（冶金的基本概念）的一组比控制组（冶金历史介绍）在随后的记忆保持测验中的成绩要好（奥苏伯尔，1960）；阅读有关佛教的文章前提供比较性的组织者（佛教与基督教的关系）的一组比控制组在随后的测验中的记忆保持要好（奥苏伯尔等，1963）；先行组织者对于不熟悉的课文（学习者缺乏有关的背景知识）比较有效（韦斯特等，1976；梅厄，1979）；具体模型组织者比控制组在创造性问题的解决上成绩要好（梅厄，1986；1979）。

（2）可辨别性。

可辨别性是指新知识与同化它的原有观念系统的可分辨程度。可分辨程度越高，越有利于新知识的学习与记忆。可分辨程度低时分两种情况：第一，原先掌握的知识牢固。这将导致新知识会很快遗忘，因为人们在认识或理解事物时有简化的趋势，当新知识与原有知识相似而不相同时，往往原有的知识先入为主，新的意义被原有的稳定的意义所代替。第二，原先掌握的知识不牢固。这样新旧知识便会产生相互干扰。如有人在学习英语的同时学习法语，由于两种语言都并未掌握牢固，所以学习的时候总会出现相互干扰的现象。

大量研究发现如下方法有助于提高新旧知识之间的可辨别性：第一，当原有的知识不稳定和不清晰时，采用一个比较性"组织者"比过度学习新知识效果更好。因为比较性"组织者"揭示了新旧知识的异同，也增强了原有的起固定作用的观念的稳定性与清晰性。如在概念学习中，呈现一系列相似、相反或相关的概念进行比较，以便区分概念的本质特征和非本质特征，有利于概念的掌握。第二，当原有的知识本身已很稳定和清晰时，提高可辨别性的有效方法就是过度学习新知识。第三，形成一种比较新旧知识的心向而不实际呈现比较性组织者时，也可以促进学习的深入和知识的巩固。

（3）稳定性（清晰性）。

稳定性是指原有的起固定作用的观念的稳定和清晰。如果起固定作用的观念不稳定、模糊不清，不仅不能为新知识的学习提供固定点，而且也影响新旧知识的可辨别程度。为此，利用及时纠正、反馈和过度学习的方法，可以增强原有的起固定作用的观念的稳定性和清晰性。奥苏伯尔等在1961年和1962年的实验研究发现，学生原有知识的掌握程度同以后学习有关的知识成正相关关系。例如，数学知识掌握得较好的学生同掌握得较差的学生相比，前者物理的成绩就会较好。

3. 认知结构迁移理论的启示

学生的认知结构是影响学习迁移的重要因素。学生的认知结构中概括水平较高的观念越多、越清晰、越稳定，越有利于新知识的学习。学生的认知结构来自教材的知识结构，这就要求教材要以概括水平较高的基本概念、原理为核心，基本内容之间要形成清晰的、有层次的联系，教材的呈现次序要遵循渐进分化和综合贯通两个原则。教师在教学中要将教材的设计思想充分展现给学生：既要注意将新知识与学生已有的旧知识联系起来，使学生能用已有的旧知识同化新知识；又要注意引导学生分辨新旧知识之间的区别，将知识纵向联系、横向贯通，塑造学生的良好认知结构。

(二) 产生式迁移理论

1. 主要观点

产生式迁移理论是由辛格莱（M. K. Singley）和安德森（J. R. Anderson）提出的。这种理论认为学习和问题解决的迁移之所以产生，主要是由于先前学习和问题解决中个体所产生的产生式规则与新问题解决所需要的产生式规则有一定的重叠。

在他们看来，一个产生式就是一个条件和行动的规则（简称 C-A 规则）。在这里，C 代表行为产生的条件，它不是外部刺激，而是学习者工作记忆中的认知内容；A 则代表行动或动作（行为反应、心理运算）。每个产生式都包含了一个用于识辨情景特征模式的条件表征和一个当条件被激活时用来构建信息模式的活动表征。活动的产生需要对条件的激活。产生式的形成首先必须使规则以陈述性知识的形式编入学习者原有的命题知识网络，并经一系列练习才能转化而成。

2. 迁移的种类

根据产生式的形成过程，产生式迁移理论将迁移划分为以下四种：

(1) 程序性知识-程序性知识迁移：当训练阶段所获取的产生式能直接用于完成迁移任务时，程序性知识-程序性知识迁移就产生了。其先决条件是在现阶段要接受大量的练习，以形成适当的产生式。

(2) 陈述性知识-程序性知识迁移：训练阶段获得的陈述性知识结构有助于迁移阶段产生式的获取，这就是陈述性知识-程序性知识的迁移。任何技能的学习总是从陈述阶段开始，然后进入程序阶段，所以每一技能的学习都反映陈述性知识向程序性知识的迁移。因此，这种类型的迁移是非常普遍的。

(3) 陈述性知识-陈述性知识迁移：它指已有的陈述性知识结构促进或阻碍了新的陈述性知识结构的获取。这一课题在心理学界一直都受到广泛的关注，如早期的语言与联想学习的迁移研究以及后来奥苏伯尔的认知结构迁移研究。

(4) 程序性知识-陈述性知识迁移：它指获得的认知技能促进了陈述性知识的获取。最有代表性的是读、写、算等这些基本技能，没有这些基本技能做基础，人们就不可能吸取大量社会和自然科学知识。此外，掌握一些更复杂的技能，如复述课文、提出假设，都会有助于大量陈述性知识的获得。

3. 对迁移的实验研究及结论

在上述对迁移分类的基础上，安德森等研究者重点研究了新手对技能的表征情况，他通过追踪个体多次尝试的过程去研究被试的迁移表现，并应用计算机模拟来进行精细水平的分析。通过大量的研究，安德森等提出了下面两个观点：

(1) 迁移量的大小取决于实验情景及两种材料之间的共同性。从一种技能到另一种技能的迁移量主要依赖于两种技能的共有成分有多少。这种共有成分的多少以共有的产生式系统的多少来衡量。具体来说，就是用相同或相似的产生式法则来描述两种技能任务共有的知识和经验。如果两个情景有共同的产生式，或两个情景有产生式的交叉、重叠，就可以产生迁移。

安德森认为，在打字和文本编辑之间没有共同的产生式，而在两种文本编辑之间有许多共同的产生式，这是导致两组迁移效果不同的最重要原因。

(2) 知识编辑对产生式的获得与迁移有直接影响。安德森等分析了一名叫 BR 的被试在学习用 LISP 语言定义一个新函数时的学习过程及其所遇到的困难，然后通过计算机辅助教学机模拟他解决问题的过程，发现知识编辑是将陈述性知识转化为程序性知识的一个重要学习阶段。在知识编辑之前，知识处于陈述性阶段，被试用弱方法解决问题。一旦知识经过编辑后，许多小的产生式被一个或几个高级的产生式替代，这时被试用强方法解决问题。用强方法解决问题既快又精确。这种在知识编辑前后解决问题的特点在人的学习中普遍存在。安德森等进一步认为，这也正是新手与专家解决问题的差异所在，新手是以陈述性知识去解决问题的。

4. 产生式理论对技能教学的启示

因为两种技能任务共有的产生式数量决定迁移水平，所以，要实现"为迁移而教"的目的，从教材的选编来看，必须考虑循序渐进的原则。教材知识一般可以分成若干单元，先后两个单元应有适当重叠，使先前的学习作为后继学习的准备，后继学习是先前学习的自然延伸。从教学方法来看，技能之间产生迁移源于共同的产生式而不是它们的表面相似。共同的产生式也就是共同的规则，规则又必须以概念和原理为基础，所以不论何种具体技能的教学都必须注重概念和原理。从练习的设计来看，有研究表明，先前学习的内容必须有充分的练习才易于迁移，否则先后两种技能任务因有共同成分而会导致混淆。也就是说，学生可能没有掌握它们的共同的产生式规则，只注意了表面上的相似而未发现实质上的差异。如果有充分练习，许多基本技能可以成为自动技能而不必有意识地注意，这样就可能有力地促进新任务的学习。

(三) 认知策略迁移理论

1985 年，加泰勒（E. S. Ghatala）等研究了自我评价对迁移的影响。结果表明，经过策略的有效性自我评价训练的被试能长期运用训练过的策略，并能迁移到类似的情境中，而单纯的策略训练仅有短期的效果。

这表明，学习方法或学习策略的迁移是迁移的重要方面，对策略作用的自我评价是影响策略迁移的重要因素，特别是在今天这个"知识爆炸"的时代，让学生掌握迁移学习策略就显得尤其重要。如何才能让学生掌握迁移学习策略呢？首先得让学生对使用的学习策略有明确的认知，其次是学生要对学习策略的作用进行自我评价并形成习惯。

第三节　影响学习迁移的条件

研究表明，迁移的产生不是自动的，而要受制于各种条件。学习者的有关特点、最初的学习水平、学习材料的特性等，这些不同的因素及各因素间的复杂的相互作用共同影响着迁移。下面就针对影响迁移的一些基本因素进行论述。

一、相似性

相似性是影响迁移产生的一个重要因素。相似性既包括学习材料、学习环境、学习目标和学习过程等客观因素的相似，也包括学习态度、学习过程中的情绪情感等主观因素的相似。一般来说，较多的共同成分将产生较大的相似性，并导致迁移的产生。

二、原有认知结构

原有的学习对后继学习的影响是比较常见的一种迁移方式，原有认知结构的特征直接决定了迁移的可能性及迁移的程度。奥苏伯尔的认知结构迁移理论对此进行了明确的阐述。原有认知结构对学习迁移的影响表现在以下几个方面。

（一）原有认知结构中是否有相关的背景知识

原有认知结构中是否有相关的背景知识是学习迁移产生的前提条件。已有的背景知识越丰富，越有利于新的学习，学习迁移越容易发生。认知结构中是否有适当的起固定作用的观念可以利用，是决定新的学习与保持的最重要因素。

（二）原有认知结构的学习水平

认知结构与迁移的原理告诉人们，如果进行两种学习，当某一种学习还没有达到全面深刻的理解和相当的巩固程度时，在头脑中就缺乏可利用、可辨别和稳定的认知结构，难以同化或接纳新的知识，这样进行另一种学习，容易产生负迁移。布卢姆（B. S. Bloom）认为，前面的学习要掌握达到80%～90%的正确率，才能开始新的学习。他强调原有知识的巩固，认为只有巩固和清晰的知识才能迁移。因此只有当全面深刻地理解、熟练地掌握了一种学习，再进行另一种学习，才不会产生负迁移，并且原有学习越理解越巩固，对新学习的正迁移的可能性越大，效果越好。

（三）原有的认知结构的概括水平

根据概括化理论，产生学习迁移的关键是学习者能概括出两种学习存在的共同原理。因为学习迁移本身就是一种学习中获得的经验对另一种学习的影响，这要求学生在学习过程中必须依据已有的知识经验去识别或理解当前的事物或问题。学生对习得的知识经验进行了概括，就能反映同类事物或问题间的共同特点和规律性的联系，对具体事物或问题的联系也就越广泛，认识也越深刻，就越能揭示没有认识过的某些同类新事物新问题的本质，并易于纳入已有的知识经验系统中去，实现从一种情境向另一种情境的迁移。相反，如果已有知识经验概括水平低，不能反映事物的本质，新学习的内容就难以纳入已有经验中去，对于新的学习就不能产生积极的影响，学习迁移就越困难。

（四）原有认知结构中的认知策略与元认知策略

决定原有经验的可利用性的关键因素是学习者的认知技能、元认知技能以及迁移意识。迁移过程是通过一系列复杂的认知活动来完成的，认知技能、元认知技能以及明确的迁移意识对迁移过程中的各种认知活动进行调节、控制，以保证其顺利完成。所以，个体是否具有认知技能、元认知技能以及迁移意识，影响着迁移的产生。有时，学习者虽然掌握了相应的背景知识，但仍不能产生很好的迁移效果，其原因之一是缺乏必要的认知策略和元认知策略。掌握必要的认知策略和元认知策略，是提高迁移发生可能性的有效途径。唐卫海和孙秀宇（2006）在初二年级选择了两个平行班，利用自编的平面几何学习策略（相当于认知策略）训练教程和元认知训练单，在自习课对一个班进行了5课时学习策略（相当于认知策略）和11课时元认知训练，另一个班按传统教学方法组织学生自习，训练期间两班作业量相等。结果表明：（1）训练对提高初二学生的几何成绩有效；（2）训练对学生学习代数、物理具有远迁移作用；（3）训练对学习成绩中、差生效果显著，对优等生效果不显著；（4）训练对男女生都有非常显著的影响。这表明认知策略与元认知策略对于学习迁移有促进作用。

三、定式

定式通常指先于一定的活动而又指向该活动的一种动力准备状态，有时也称为心向或定势。定式的形成往往是由于先前的反复经验，它发生于连续的活动中，前面的活动经验为后面的活动形成一种准备状态。定式使个体在认识方面和外显的行为方面以一种特定的方式进行反应，使个体在活动方向的选择方面有一定的倾向性。正因如此，定式在迁移过程中也起到一定的作用。定式对迁移的影响表现为两种：促进和阻碍。定式既可以成为积极的正迁移的心理背景，也可以成为负迁移的心理背景，或者成为阻碍迁移产生的潜在的心理背景。

定式对迁移究竟是产生积极的影响还是产生消极的影响取决于许多因素，但关键要使学习者首先能意识到定式的这种双重性，具体分析学习情境，既要考虑如何充分利用积极的定式解决问题，同时又要打破已形成的僵化定式，灵活地、创造性地解决问题。

四、其他因素

除前面所涉及的影响迁移的一些基本因素外，诸如年龄、智力、学习者的态度、教学指导、外界的提示与帮助等，都在不同程度上影响迁移的产生。

第四节 促进学习迁移的教学策略

学生将学习的原理或技能应用于新情境中的迁移能力不是自动发生的，准确来说，学习迁移是通过教学实现的。那么在教学中如何创造条件、积极主动地促进学习的正向迁移呢？

一、精选和改革教材内容，促进学习迁移

（一）精选教材内容，促进学习迁移

在教学过程中，教师并不是把一门学科的所有内容都一步步教给学生，学生也不是毫无选择地学习所有内容。学习所有内容不仅是不可能的，也是没有必要的。要想使学生在有限的时间内掌握大量的有用的经验，教学内容就必须精选。精选的标准就是迁移规律，即选择那些具有广泛迁移价值的科学成果作为教材的基本内容。所谓具有广泛迁移价值，是指掌握这些基本内容后，在以后的学习或应用中，许多与之相关的其他内容无须重新教学或学习，只需稍加引导和点拨，学生即可掌握。这些基本内容具有广泛的适用性。

（二）改革教材内容，促进迁移

适应社会需要，培养适应生产、建设、管理、服务一线的高素质技能型专门人才是职业教育的根本任务。这就决定了职业教育的课程设置和教学内容灵活多变，相应的职业教育教材内容必须适时更新、及时变革才能符合社会需求。因此，从事职业教育的教师、专家在编写教材的时候，一定充分考虑教材内容要符合学习迁移规律，促进学习迁移。

在编写教材时必须重视基本概念和原理的介绍，同时，还必须包括基本的、典型的事

实材料，脱离事实材料空谈概念、原理，则概念、原理也是空洞的，是无源之水、无本之木，当然也无法迁移。大量的实验证明，在教授概念、原理等基本知识的同时，配有具有典型代表性的事例，并阐明概念、原理的适用条件，则有助于迁移的产生。好的教材结构可以简化知识，可以产生新知识，有利于知识的运用。这种结构必须兼顾科学知识本身的性质、特点、逻辑系统和学生的知识水平、智力状况及年龄特征，还要考虑教学时数以及教法上的要求，以保证教材的系统性和教学的循序渐进性。

二、合理编排教学内容，促进学习迁移

精选的教材内容只有通过合理的编排，才能充分发挥其迁移的效能，学习与教学才能省时省力，否则迁移效果小，甚至会阻碍迁移的产生。怎样才能合理编排教学内容呢？从迁移的角度来看，其标准就是使教材达到结构化、一体化、网络化。

（一）结构化

结构化是指教材内容的各构成要素具有科学的、合理的逻辑联系，能体现事物的各种内在关系，如上下、并列、交叉等关系。结构化的教材能够在教学中促进学生重构教材结构，进而构建合理的心理结构。

（二）一体化

一体化是指教材的各构成要素能整合为具有内在联系的有机整体。一体化教材能够通过同化、顺应与重组的相互作用不断构建心理结构。为此，既要防止教材中各要素之间的相互割裂、支离破碎，又要防止相互干扰或机械重复。

（三）网络化

网络化是一体化的引申，指教材各要素之间要沟通，要突出各种基本经验的联结点、联结线，这既有助于了解原有学习中存在的断裂带及断裂点，也有助于预测以后学习的发展带、发展点，为迁移的产生提供直接的支撑。

三、改进教学内容的呈现方式，促进学习迁移

学生将信息从一种情境向另一种情境迁移的可能性，有时会受到初次学习时信息的组织方式的影响。有经验的教师在教学中往往精心安排教学的程序，给学生提供一个条理清楚、组织良好的框架。奥苏伯尔认为，"渐进分化"和"综合贯通"是人的认知组织的原则。这两条原则也适用于教材的组织和呈现。

（一）从一般到个别，渐进分化

依据学生认识事物的过程，教学内容的呈现或课堂教学内容的安排应符合从一般到个别、从整体到细节的顺序，即渐进分化原则。

（二）综合贯通，促进知识的横向联系

依据知识的系统性和科学性，概念之间、原理之间、知识的前后连贯与单元纵横之间应体现出内在的关系和联系。

在呈现教材时，除了要从纵的方面遵循由一般到具体渐进分化的原则以外，还要从横的方面加强概念、原理、课题乃至章节之间的联系。教师在教学中应引导学生努力探讨观念之间的联系，指出它们的异同，消除学生认识中表面的或实际存在的不一致之处。

（三）教学组织系列化，确保从已知到未知

依据学生学习的特点，教材组织应由浅入深、由易到难、从已知到未知。

教学次序要合理。新的知识、技能应当是在过去学过的知识、技能之上学习的，过去学过的知识、技能应当为新的知识、技能学习做好铺垫。两者衔接得好，练习的时间和难度都可以减少，知识、技能的组织也非常系统。

知识可以分成若干单元，每个单元还可分成若干小步子，让后一步的学习建立在前一步的基础之上，前一步的学习为后一步提供固定点。教师在制订教学计划时必须安排好教学内容的顺序，使教学内容的联结达到最佳化。最佳的序列要能够反映知识的逻辑结构，体现渐进分化和综合贯通的原则，还要适合学生的认知功能发展水平。教师选择和合理组织教学内容有利于学生获得知识，也有利于促进概念、原理的学习迁移作用。

四、教授学习策略，提高迁移意识性

学习不仅要让学生掌握一门或几门学科的具体知识与技能，而且还要让学生学会如何去学习，即掌握学习方法的知识与技能。学生只有掌握了良好的学习方法，才能把所学知识技能顺利地进行应用，促进更广泛、更一般的迁移，也就是说，学生学会了如何学习，就可以实现最普遍的迁移。

学习方法是一种学习经验，它可以对后继学习产生一种比较广泛的一般性迁移。学习方法包括概括的方法、思考的方法、应用原理的方法、归纳总结的方法、整理知识的方法和研究探讨的方法等。学习方法还包括一些相关的心智技能，如阅读技能、观察技能、分析技能、构思技能等。

教师在教学中要重视引导学生对各种问题进行深入分析、综合、比较、抽象、概括，帮助学生认识问题之间的关系，寻找新旧知识或课题的共同特点，归纳知识经验的原理、法则、定理、规律的一般方法，发展学生分析问题和概括问题的能力，必须重视对学习方法的学习，以促进更有效的迁移。

此外，教师还需要引导学生在日常生活和学习中有意识地使用各种学习方法和策略把新学的知识与已有的经验加以结合。日积月累，只有当学生能在学习和生产实践中自觉地进行学习的迁移时，其学习效率才能成倍提高。

本章重要概念

学习迁移是指一种学习对另一种学习的影响。

正迁移指一种学习对另一种学习起到积极的促进作用。

负迁移指两种学习之间的相互干扰、阻碍。

水平迁移也称横向迁移或侧向迁移，是指处于同一抽象和概括水平的学习内容之间的相互影响。

垂直迁移又称纵向迁移，指处于不同抽象、概括水平的经验之间的相互影响。垂直迁移表现在两个方面：一是自下而上的迁移；二是自上而下的迁移。

顺向迁移是指前面的学习影响后面的学习。

逆向迁移是指后面的学习影响前面的学习。

一般迁移也称普遍迁移、非特殊迁移，就是将一种学习中习得的一般原理、方法、策略和态度等迁移到另一种学习中去。

特殊迁移也称**具体迁移**，指一种学习中习得的具体的、特殊的经验直接迁移到另一种学习中去，或经过某种要素的重新组合迁移到新情境中去。

自迁移是指个体所学的经验影响相同情境中的任务的操作，即原有经验在相同情境中的重复。

近迁移是指个体把所学的经验迁移到与原初的学习情境比较相似的情境中，如校内某些学科之间的迁移，或同一学科内的学习之间的迁移。

远迁移是指个体把所学的经验迁移到与原初的学习情境极不相似的其他情境中。

低路迁移是指经过充分练习的技能的自动迁移，这种迁移不需要反省性思维。

高路迁移是指学习者有意识地将先前习得的抽象知识应用于新的情境。

定式通常指先于一定的活动而又指向该活动的一种动力准备状态，有时也称为心向或定势。定式的形成往往是由于先前的反复经验，它发生于连续的活动中，前面的活动经验为后面的活动形成一种准备状态。

复习思考题

1. 简述学习迁移的种类，并联系实际说明生活中的迁移现象。
2. 联系实际学习，举例说明迁移理论的应用。
3. 影响迁移的因素有哪些？
4. 在教学中如何创造条件，积极主动地促进学习的正向迁移？

第七章
职业学校学生学习动机

本章主要内容

1. 动机、学习动机的概念。
2. 动机的功能及形成机制。
3. 学习动机与学习效率之间的关系。
4. 经典的动机理论（强化理论、需要层次理论、成就动机理论、期望理论、归因理论、自我效能理论、自我价值理论）。
5. 职业学校学生学习动机的激发和培养。

案例导入

小明、小刚和小红一起考入了国内的一所高职院校的互联网专业。小明从小对互联网技术有着浓厚的兴趣，即使成绩并不差，但他依然选择了进入职业院校进行互联网专业方面的学习，希望有朝一日能进入知名互联网公司工作。因此，在进入该专业之后，小明课堂上认真听讲，课余时间不断学习最新的编程技术，在网络上不断了解自己心仪的公司需要怎样的技术人才，不断学习特定领域技术，最终收到了几家公司的面试通知。小刚对互联网并不感兴趣，只是认为IT领域来钱快，即使以后不进入该领域，也可以试试升本科。小刚一开始在课堂上还能认真听讲，过了一段时间便觉得课程内容无聊，便逐步打消了进入IT领域工作的想法，临近毕业，他自认为没有学到什么技术，又萌生了换专业的想法，但是由于不知道自己热爱什么专业，就草草报了家里人推荐的专业，后来在备考过程中三天打鱼两天晒网，最终的考试结果也是不尽如人意。毕业后去公司应聘，但都被以课程成绩不高以及技术不过关被拒绝。小红一进入学校就给自己确定了目标，学好课程内容，升本考试转到会计专业，方便以后获得稳定的工作。小红一开始十分刻苦努力，早出晚归，后来身边的同学告诉她升本考试面试环节对现阶段的成绩并不十分看重，小红便萌生了放弃学好课程内容、获得好成绩的想法，跟着同学一起打游戏，把学业抛诸脑后。直到临近毕业开始备考之后，小红才发现自己已经脱离了学习状态许久，一时半会无法安下心来学习，最终考试也是名落孙山。

思考：
1. 小明和小红都有明确的目标，都有获得工作的需要，为什么二人的结果却截然相反？
2. 小刚明明每阶段都有一个大致的目标，为何最终的结果却是找不到工作？

第一节　动机概述

人的各种活动都是由一定的动机所引起的。学习行为同人类其他行为一样，也受动机的影响。因此，弄清学生的学习动机形成及规律，无疑对调动学生的学习积极性、提高其学习效率有重要作用。在说明学习动机之前，先说明动机的含义及其性质。

一、需要与动机

（一）需要

当被问到"人为什么要吃饭、为什么要做各种事情"时，人们总会脱口而出："我有吃饭的需要呀，我饿呀……"由此可以看出，我们的各种活动动力是来源于我们的需要。那么什么是需要呢？

心理学家认为，需要是有机体因生理和心理上的缺失或不平衡而引起的内部紧张状态。它往往以内部的缺失或不平衡状态表现出其生存和发展对于客观条件的依赖性。需要促使有机体产生了想要接近能减少缺失和不平衡，能消除其紧张状态的客观事物的欲望，为可能发生的行为提供了动力产生的基础。

肚子饿了就一定会去吃东西吗？答案是不确定的。这是因为需要仅仅为个体行动提供动力基础而已。能不能激发其行动，要看个体有没有行动的动机。什么是动机呢？

（二）动机

1. 动机的定义

动机是引起个体行为，并维持这种行为，使之朝向某一目标的一种内部心理状态。它是个体活动的直接动力。

2. 动机的功能

在需要的基础上产生的动机对个体有何重要作用呢？

（1）激发功能。动机能激发有机体产生某种活动。例如，你为什么来上课呢？可能出于好奇，想知道老师今天到底讲些什么，也可能担心不上课会受到老师的批评。好奇或担心被批评作为动机诱发了来上课的行为。

（2）动机维持行为。当个体的某种活动产生以后，动机维持着这种活动朝向一定目标，并调节着活动的强度和持续时间。如果达到了目标，紧张解除，个体终止这种活动；如果尚未达到目标，在动机作用下个体会继续这种活动以达到目标。

（3）使行为指向一定的目标。因为动机的存在，人的行为才有明确的目标；也是因为有动机的存在，人的行为才能始终指向特定的目标。由于动机种类不同，人们行为活动的方向和所追求的目标也不同。例如，在学习动机的支配下，学生的活动指向与学习有关的目标，如书本、课堂等；而在娱乐动机支配下，其活动指向的目标则是娱乐设施。

动机就像汽车的发动机和方向盘，既给人的行为以动力，又可控制行为的方向。

（三）动机的产生机制

动机是在需要的基础上产生的。当人的某种需要没有得到满足时，机体就处于紧张状态，释放出一定能量或冲动（内驱力），内驱力促使有机体作出反应，反应的最终结果使需要得到满足，而这种反应是有目标的。内驱力与目标联系起来，反应才能出现。这种能满足需要的目标就是促使行动产生的外部诱因。所以诱因具有诱发或激起有目标指向的行为的作用。获得诱因，就使个体的某种行为倾向得到巩固和加强。当需要所引发的内驱力指向某种特定的目标、诱因或强化物时，个体就形成了动机。在动机的作用下引发朝向目标的行动，最终达到目标，满足需要，解除紧张。随着内外条件发生改变，个体会产生新的需要，周而复始，使得个体不断产生各种各样的活动。动机的产生机制如图7-1所示。

图7-1 动机的产生机制

课堂上调动学生学习积极性的许多措施，实际上就是提供诱因。如讲课前提出要解决的问题，给学生的回答评定分数或等级等，都是为了使学生把自己的行为指向学习。诱因的获得又使个体的该种行为倾向得到巩固和加强，按照强化理论，此时诱因又大致相当于强化物。比如，需要学生学习的知识（目标），以问题的方式向学生提出（诱因），诱导他们把注意力、思维集中指向问题，问题得到解决（诱因的获得），使学生的学习行为（注意听讲，积极思考）得到巩固和加强（诱因又成了强化物）。

需要注意的是，有了需要和诱因并不一定导致动机的产生，需要的强度和诱因、对于个体的价值都对动机的产生及其强度有着复杂的影响。只有需要而无明确的目标或只有一个模糊的目标，这种需要难以成为行为的推动力量；相反，只有目标而无强烈的需要作为动力，则行为难以持久。例如，学生有学好知识的需要或愿望，但无学好知识的具体目标，则学好的需要难以转化为学好的动力；有了学好的具体目标，而无强烈的学好的需要作为动力，则学习行为往往半途而废，难以持之以恒。因此，在培养学生的学习动机时，既要使学生的需要强烈、恰当，又要注意目标明确、具体，方能收到较好的效果。

二、学习动机

（一）学习动机

学习动机是动机的一种。据此，我们可将学习动机定义为：引起个体的学习行为，并维持这种学习行为，使这种学习行为朝向某一学习目标进行的一种心理状态。

（二）学习动机与学习

1. 学习动机与学习的关系

学习动机与学习之间的关系是典型的相辅相成的关系。学习动机可以提高学习效果，而学生学到了知识反过来又可增强学习动机。这也提醒教师，当学生尚未表现出对学习有适当的兴趣和动机以前，没有必要推迟教学活动，而应该采取多种措施激发学生的学习动机。提高学习动机的办法之一是使学生学懂学会，学生的好奇心、求知欲得到了满足，自然就会产生学习动机。

2. 学习动机对学习的影响

（1）学习动机对学习过程的影响。

首先，学习动机可以加强注意。学习动机既影响学习活动的指向性（选择性）又影响其集中性。学生选择什么内容进行学习，学习过程中注意力的集中情况如何，在很大程度上受学习动机的影响。

其次，学习动机可以动员个体立即对学习做好准备，从而降低学习过程中的知觉阈限（指引起知觉的最小刺激量），提高识记效果和反应速度。例如，课堂教学中教师说："这部分内容比较难，大家要认真听""这个公式很重要，一定要记住它"等，就会降低学生的知觉阈限，使他们听得真切、看得清晰、理解透彻、记忆牢固。

再次，学习动机适中，回忆和再认的效果最好。学习动机通过影响回忆和再认的可利用性阈限而影响再现。所谓可利用性阈限，是指从认知结构中提取习得的意义的可能性的大小。阈限越低，提取的可能性越大；阈限越高，提取的可能性越小。学习动机可以使可利用性阈限提高或降低。学习动机过强或过弱会使可利用性阈限提高；学习动机适中会使可利用性阈限降低。例如，考试中越着急越回想不起来学过的知识就属于这种情况。反之，调动动机使上述因素排除，可利用性阈限降低，提取就会较为顺利。

最后，学习动机可以提高学习的坚持性。有的实验用成就动机强弱不同的被试作比较研究，结果发现，成就动机强的被试比成就动机弱的被试更能坚持学习。

（2）学习动机对学习效果的影响。

关于学习动机与学习效果的关系，耶克斯与多德森于1908年就提出了耶克斯-多德森定律。他们发现，学习动机与学习效果之间呈倒U形曲线的关系，并且这种关系还与学习任务的难度有关：对于难易适中的学习任务，中等强度的学习动机水平学习效率最高；对于容易或简单的学习任务，较高的学习动机水平学习效率最高；对于困难或复杂的学习任务，较低水平的学习动机学习效率最高。其具体关系如图7-2所示。

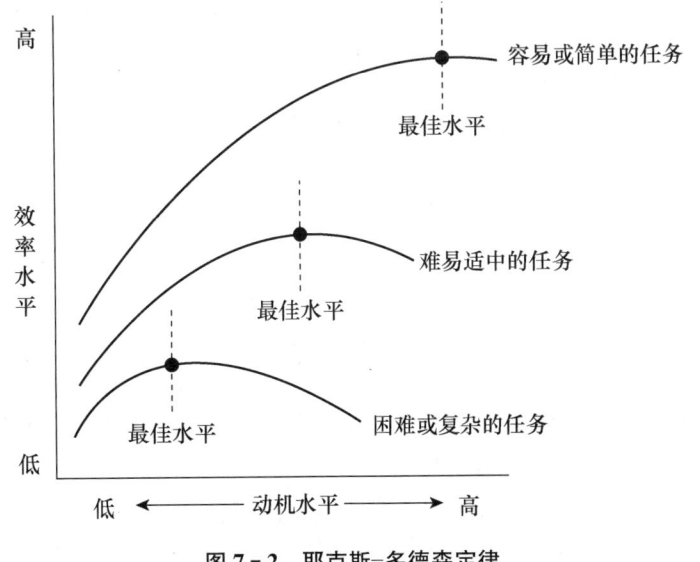

图7-2 耶克斯-多德森定律

关于学习的简单和复杂程度，应从学习材料的难度和学习者的能力两个角度考虑。因此，在教学实践中应用耶克斯-多德森定律，要灵活地随教学内容和学习者水平而定。

布鲁纳与波斯特曼共同进行了一个实验研究。实验中让两组被试先辨认迅速呈现的三个词的短句，然后要求第一组在呈现时间极短的条件下说出一种复杂图形的细节，尝试过程中一再指责他们成绩太差；对第二组被试则只要求判断照明的水平，呈现的是同样的图形，呈现的时间也一样；接着，再让两组被试辨认速示的短句。结果，第一组被试或者高估了所给的信息以致做出了一些荒谬的推测，或者低估了所给的信息以致对呈现的材料不能理解。这说明过高要求，使被试产生了过强的学习动机，学习效率反而下降。另外，考试"晕场"现象，也是因为动机过于强烈，以致一进入考场便因情绪太紧张而使知识的可利用性阈限提高，连平时较为熟悉的题目内容都回答不上来。

尽管如此，大多数心理学家还是认为学习动机与学习效果的关系是不直接的，它们之间往往以学习行为作中介；而学习行为又不单纯只受学习动机的影响，同时还受制于一系列客观的因素，如学习基础、教师指导、学习方法、学习习惯、智力水平、个性特点、健康状况等。因此对于二者的关系可以这样认识：学习动机是影响学习行为、提高学习效果的重要因素，但不是学习过程中不可缺少的条件；在学习中，激发学习动机固然重要，但应当把改善各种主客观条件、提高学习行为水平作为重点来抓。

（三）学习动机的分类

1. 内部动机和外部动机

根据动机的来源，人们把学习动机分为内部动机和外部动机。

内部动机是指人们由于对学习本身的兴趣所引起的动机，动机的满足在活动之内而不在活动之外，它不需要外界的诱因、惩罚来使行动指向目标，因为行动本身就是一种动力。如有的学生喜爱数学，他便在课上认真听讲、课下刻苦钻研。具有内部动机的学生能在学习活动中得到满足，他们积极地参与学习过程而且在教师评估之前能对自己的学业表现有所了解，他们具有好奇心、喜欢挑战、在解决问题时具有独立性。

外部动机是指那些不是由活动本身引起而是由与活动没有内在联系的外部刺激或原因诱发出来的动机，动机的满足不在活动之内而在活动之外。例如，有的学生努力学习并不是因为对学习感兴趣，而是为了得到奖励、避免惩罚、取悦于老师等。具有外部动机的学生一旦达到了目的，学习动机便会下降。

2. 远景性动机和近景性动机

根据动机行为与目标的远近关系划分，人们把学习动机区分为远景性动机和近景性动机。

远景性动机是指与长远目标相联系的动机。近景性动机是指与近期目标相联系的动机。例如，学生在确定选修课程时，有的是考虑今后走上社会、踏上工作岗位的需要，有的只是考虑眼下是否容易通过考试，他们的择课动机便属远景性动机和近景性动机范畴。

远景性动机和近景性动机具有相对性，在一定条件下，两者可以相互转化。长远目标可分解为许多近期目标，近期目标要服从长远目标、体现长远目标。"千里之行，始于足下"是对远景性动机和近景性动机辩证关系的生动描述。

3. 主导性动机和辅助性动机

根据动机在活动中的地位和所起作用的大小，人们把学习动机区分为主导性动机和辅助性动机。

对行为起支配作用的动机称为主导性动机（dominative motivation）；对行为起辅助作用的动机称为辅助性动机（assistant motivation）。当主导性动机和辅助性动机之间的关系比较一致时，活动动力会加强，如果彼此冲突，活动动力会减弱。一般来说，在同一时间内，在一个学生身上，主导性学习动机只有一个，而辅助性学习动机则可能会有一个以上，并且这些辅助性学习动机的强度和稳定性也都不会是一样的。

4. 奥苏伯尔的分类——认知内驱力、自我提高内驱力和附属内驱力

奥苏伯尔指出："一般所说的学校情境中的成就动机，至少应包括三个方面的内驱力决定成分，即认知内驱力（cognitive drive）、自我提高内驱力（ego-enhancement drive）以及附属内驱力（affiliative drive）。"

（1）认知内驱力。

所谓认知内驱力，是指学生渴望认知、理解和掌握知识，以及陈述和解决问题的倾向。简言之，它是一种求知的需要，且大都存在于学习任务本身之中。要提高学生的认知内驱力，最好的办法之一是使学习情境具有吸引力。

（2）自我提高内驱力。

自我提高内驱力是一种通过自身努力，胜任一定的工作，取得一定的成就，从而赢得一定的社会地位的需要。对于学生来说，自我提高内驱力会使学生变得更加努力，会使学生努力地提高自己的能力，努力地获得好的学习成绩，在同伴中赢得优越的地位。

同认知内驱力相比，自我提高内驱力虽然属于外部的、间接的学习动机，但是，它的作用时间往往比认知内驱力还要长久。认知内驱力往往随着学习内容的变化而发生变化。当学习的内容不能激发学生的认知兴趣时，认知内驱力就要下降或转移方向。所以，认知内驱力对于大多数学生或大多数学科来说，很难起到持久的激励作用。而自我提高内驱力一旦指向远大的理想或与长期的奋斗目标结合起来，就会成为鞭策学生努力学习、持续奋斗的长久力量。因此，在教学中，教师对学生寄予较高期望、开展适当的学习竞赛、表扬或奖励学习优秀的学生、为后进学生提供可以学习的榜样、培养学生树立崇高的理想和远大的抱负等，都是激发和提高学生自我提高内驱力的有效措施。

但是，过分强调自我提高内驱力的作用，会助长学生的功利主义倾向，使学生把学习看成追求功名和利益的手段，而降低对学习任务本身的兴趣。因此，培养和激发自我提高的内驱力一定要与培养和激发学生的认知内驱力结合起来，使内部动机和外部动机都发挥应有的促进学习的作用。

（3）附属内驱力。

附属内驱力是指个人为了保持长者们或权威们对自己的赞许或认可而表现出来的一种把学习或工作做好的需要。对于学生来说，附属内驱力表现为，学生为了赢得家长、教师的认可或赞许而努力学习从而取得好成绩的需要。附属内驱力有比较明显的年龄特征。在年龄较小的儿童身上，附属内驱力是成就动机的主要成分。随着儿童年龄的增长和独立性的增强，附属内驱力不仅在强度上有所减弱，而且在附属对象上也从家长和教师转移到同伴身上。在青少年时期，来自同伴的赞许或认可将成为一个强有力的动机因素。因此，引导同学之间的积极评价是提高职业学校学生附属内驱力的有效措施之一。

三、学生学习动机的判断准则

学习积极性可以从注意状态、情绪状态和意志状态这三方面体现出来，所以根据个体

在上述三方面的情况，可以在一定程度上判明学生是否存在动机问题。斯迪帕特（Stipet）认为，教师应经常通过观察来有意识地注意识别学生可能存在的动机问题。以下是他提出的教师应该经常观察的现象：

（1）学生是否注意教师？
（2）学生在课堂上是否主动回答问题？
（3）学生能否迅速开始某项活动？
（4）学生注意力能否维持到任务最后完成？
（5）学生能否坚持自己解决问题、不轻易放弃看上去较难的问题？
（6）学生能否自觉地学习？
（7）当确实需要他人帮助时，学生提出这种要求了吗？
（8）学生能否按时交作业？
（9）学生能否顺利完成任务？
（10）允许选择时，即使有失败的可能，学生能否选择具有挑战性的任务？
（11）学生能否接受学习新东西时难免产生错误之类的观点？
（12）当从事不同的学习任务但需要相似的学习能力时，学生是否有相似的表现？
（13）学生的考试成绩与平时成绩是否一致？
（14）学生是否参与课外的一些学习活动？
（15）学生学习时是否显得快乐、自豪、热情和投入？
（16）学生能否跟得上教师的教学与辅导？
（17）即使成绩很好，学生是否仍很努力地去改善？
（18）学生能否主动地选择具有挑战性的学习活动？
（19）在没有奖励或评定时，学生能否努力地去学习？

通过回答上述问题，教师对学生的动机状况会有一个较全面的了解。当然，教师既要观察所有的学生，同时也要观察同一学生在不同学习活动中的表现，以便全面了解学生的学习动机情况。

第二节　学习动机理论

心理学家研究动机已有近百年的历史了，积累了较丰富的资料。这里就几种影响较为广泛的动机理论加以介绍。

一、动机的强化理论

在行为主义心理学家看来，所有的心理现象都可以看作行为，因此，动机在他们看来也是个体的行为之一。他们认为，个体的行为动机也可以像通过强化提高学习者的学习行为一样通过强化得到增强。他们认为，只要对个体的行为进行强化后，其行为背后的动机也会同时得到强化。至于强化的程序和方式，在前文有关学习理论部分已有阐述，本章不再赘述。需要强调的是，强化对于提高学生学习动机确实非常有效，在教学中合理强化，将有助于提高学生的学习动机水平，改善他们的学习行为及其结果。

二、需要层次理论

美国人本主义心理学家马斯洛（A. Maslow）于1943年在《人的动机理论》一书中，首先提出了需要层次理论。马斯洛认为，人的需要多种多样，但人的基本需要按其发生的先后次序，可以归纳为生理需要、安全需要、归属与爱的需要、尊重需要和自我实现需要五类，如图7-3（a）所示。此后，他在1954年出版的《动机与个性》一书中探讨了他早期著作中提及的另外两种需要：求知需要和审美需要。这两种需要未被列入他的需要层次排列中，他认为这二者应居于尊重需要与自我实现需要之间。1970年新版书内，他将这两种需要列入需要层次排列中，形成七个层次的需要理论，如图7-3（b）所示。流传比较广泛的是他的五层次需要理论。

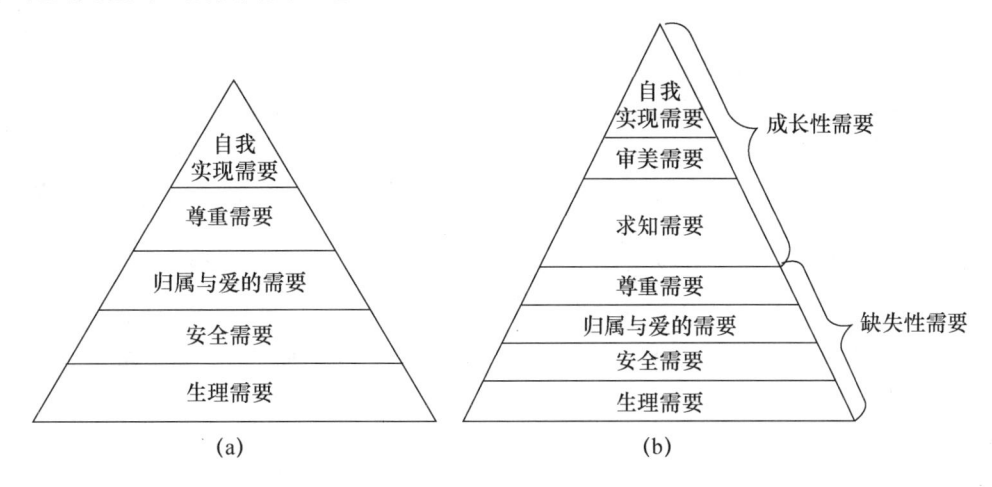

图7-3 马斯洛需要层次划分示意图

（一）各层次需要的含义

1. 生理需要

这是人类生存所必需的，也是最基本的需要。这类需要包括对食物、水、空气、睡眠和性等方面的需要。如果这类需要得不到满足，就有生命的危险，因此，它具有自我和种族繁衍的意义，是推动人们行为最强大的动力。

2. 安全需要

安全需要是指人们寻求保护自己免受生理上与心理上侵害的一类需要。诸如，人们都希望自己身体健康，喜欢安全的、有秩序的、可以预测的环境，要求有稳定的职业并有生活保障，愿做较习惯或熟悉的事情等。

3. 归属与爱的需要

归属与爱的需要包括跟别人交往、归属于群体、得到别人的信任与支持、友谊与爱情等方面的需要。

4. 尊重需要

这类需要包括自尊和他尊的需要。人们需要自尊，也需要为别人所尊重。社会上多数人都希望自己有稳固的社会地位，希望获得事业的成功、得到他人的好评，希望自己具备各种能力和知识等，这些都是尊重需要的具体表现。

5. 求知需要

求知需要指对己、对人、对事物变化有所理解的需要。

6. 审美需要

审美需要指对美好事物欣赏并希望周遭事物有秩序、有结构、顺自然、循真理等心理需要。

7. 自我实现需要

这是一种要求发挥自身的潜能、实现自己的理想和抱负的需要。它与尊重需要有所区别：尊重需要是指要求得到别人的重视，在社会上有一定地位；自我实现需要则是更高一层的需要，是要使自己成为理想的人，完成与自己最大能力相称的工作，实现个人的志向和抱负，成就一番事业。

(二) 各层次需要的发展及相互关系

1. 需要层次由低级向高级发展

马斯洛认为，人类行为由上述七大类需要所驱动，而这些需要又是分层次、由低级到高级发展并且依次逐步提高的，是一个固定系列。较低级的需要得到满足后，较高一级的需要就会显得相对突出并成为支配人的行为的新的优势的需要。另外，每个人的优势需要各不相同。

2. 需要的发展与个体心理发展水平相对应

各种需要的发展与个体的心理发展水平有一定的对应性。这种对应性表现为，在一定时间内，个体的有些需要较重要或较强烈，而另一些需要则可能不重要或较微弱，如图7-4所示。

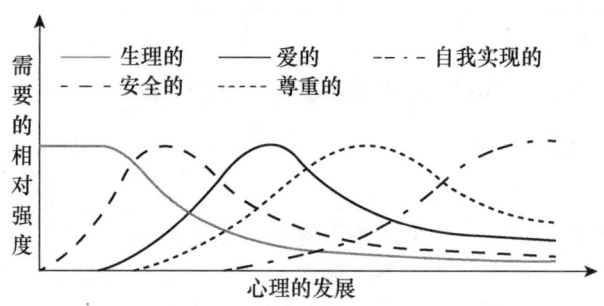

图7-4 需要的发展与个体心理发展水平的关系

3. 缺失性需要与成长性需要

经过仔细分析，马斯洛认为生理需要、安全需要、归属与爱的需要、尊重需要都是由于生理上或心理上有某些欠缺而产生的，与个体的生存及社会适应有关。因此，他把这四种需要归为一类，称为缺失性需要（deficiency needs），又称基本需求（basic needs）。求知需要、审美需要和自我实现需要与个体的生存及社会适应关系不大，但与个体自我提升及心理发展关系密切，因此，他把这三种需要称为成长性需要（growth needs）。

马斯洛认为，缺失性需要可以因缺失得到弥补而满足导致其动力作用下降或消失；成长性需要的特点是越满足越容易产生更强的需要，因永远无法得到完全满足而起到持续动力作用。因此，教师在教学过程中要设法激发和利用学生成长性需要，促进其学习主动性与积极性。

马斯洛的需要层次理论使我们认识到影响学习动机的因素的多样性，提示我们在教学过程中应该充分了解学生的优势需要，根据其需要调动学生学习的积极性。同时，马斯洛强调成长性需要对个体活动的持续动力作用，也提示我们在教学中除了要创造条件满足学生低层次需要外，还应重视个人的自我发展，激发和培养学生的成长性需要。

三、动机的认知理论

认知心理学家用个体对其环境的认知来解释动机的产生与改变，认为凡是个体在其生活环境中的一切有目的的活动均受其对事物的认知所支配。也就是说，个体对事物的判断、抉择等，均以其对该事物的认知为基础，至于如何认知，则受过去的经验、目前的情境以及对未来的期待三方面因素影响。动机的认知理论很多，如成就动机理论、期望理论、归因理论、自我效能感理论、自我价值理论等。

（一）成就动机理论

早在20世纪30年代末，默里（H. A. Murry，1938）就提出了成就需要这一概念，后经麦克利兰德（D. C. McClelland）、阿特金森（J. W. Atkionson）等的研究，逐渐发展成为成就动机理论。

1. 成就动机

成就动机是在人的成就需要的基础上产生的，是人愿意去做自认为重要的或有价值的工作并力求达到完善地步的一种动机。例如，学生为获得优良的学业成绩而努力学习，科研人员为攀登科学高峰而废寝忘食地进行科学探索，都是成就动机的表现。这种动机是人类所独有的，是后天获得的具有社会意义的动机。在学习活动中，成就动机乃是一种主要的动机。

2. 阿特金森的成就动机理论

阿特金森认为，成就动机由追求成功的动机和避免失败的动机组成。前者是人们追求成功和成功带来的积极情感（如自我满足、自豪）的倾向性；后者是人们避免失败和失败带来的消极情感（如羞耻、屈辱）的倾向性。两者相互冲突。个体可同时拥有这两种动机，但其水平不一定相同。

阿特金森认为成就动机可以用下面的公式来计算：

$$T_a = (M_s - M_f) \times (1 - P_s) \times P_s$$

式中，T_a代表成就动机；M_s代表对取得成功的稳定的、长期的个性倾向，简称成功倾向，一般用主题统觉测验（thematic apperception test，TAT）测量；M_f代表避免失败的稳定的、长期的个性倾向，简称失败倾向，可以用焦虑问卷测验（TAQ）来测量；P_s代表对取得成功的可能性的主观估计即成功期望概率。

失败倾向高的人在选择不同的成功期望概率的任务时，更倾向选择非常容易或非常困难的任务，而不是中等难度的任务。如果他们在困难的任务上失败了不会感到不安，因为大多数人都不能完成这项任务，如果他们选择非常容易的任务则最有可能取得成功，因此选择这两种任务引起的焦虑水平最低；如果他们在中等难度的任务上失败了，最说明他们无能，所以选择这种任务引起的焦虑水平最高。

阿特金森想方设法加强成就动机的可测量性以及其理论的预测性，这是可取并值得借鉴的。但从学习实际来看，影响学习行为的动机是多种多样而且非常复杂的。阿特金森虽然认识到了环境因素对动机的影响，但环境因素怎样和个性因素结合起来影响动机，阿特金森的理论并没有回答，因此他的理论尚须进一步完善。

（二）期望理论

1. 期望理论的基本内容

该理论是美国心理学家弗鲁姆（V. H. Vroom）在其1964年出版的《工作与激励》一书中提出来的。期望理论解释了人的需要、动机与行为之间的关系及其规律。

弗鲁姆认为，人的行为是以达到某种目标的愿望的强烈程度为基础的，换言之，就是只有当人们认为存在实现预期目标的可能性并且其需要还没有得到满足时，这种需要才会成为一种推动人的行为的内驱力。同时，实现预期目标对个体越重要，这种预期目标使个体产生的动机水平就越高。也就是说，决定人的行为动机的因素有两个，一个是期望值，另一个是效价，行为动机是由二者的乘积决定的。因此期望理论可用如下公式来表示：

$$动机水平 = 期望值 \times 效价$$

或

$$M = E \times V$$

式中，M为动机水平，E为期望值，V为效价。

期望值是个体根据以往的经验对实现目标可能性大小的判断，它是期望理论的核心。在数学中它被称为主观概率，数值变化范围是0~1。弗鲁姆根据人的行为目标的层次性将期望分为两类：通过努力达到一定工作成绩（第一层目标）的可能性，称第一类期望（E_1）；达到一定工作成绩后获得适当报偿（第二层目标）的可能性，称第二类期望（E_2）。

效价则是指个体对所预期目标满足个人需要的重要程度和价值大小的判断。由于人们所处的社会环境、地位、态度、价值取向、个性特征和需要程度等因素的不同，同一个目标在不同人的心目中的效价各异，同一个目标在不同的条件下在同一个人心目中的效价也会不同。当个体多少希望达到预期目标时，效价为正值；当个体不希望某种结果出现时，效价为负值；当个体对预期目标无所谓时，效价为0。只有效价为正值时，才有激发人的积极性的作用。效价越高，动机水平也越高，激励作用越大；否则相反。在多数情况下，人们达到一定工作成绩后所获得的报偿不会只有一种，而会有多种（如表扬、提升、晋级或成就感等），也就是说，人们会有多种效价（V_i）。这种效价可以是正值也可以是负值，因为人们的报偿既可能是奖赏也可能是惩罚、批评。

因此，期望理论表达比较完善的数学公式如下：

$$M = E \times \sum I_i V_i$$

式中，I为工具性，指个体对工作成绩将会得到报偿的可能性估计；$\sum$是指总和，即每个I值与V相乘之积的总和。由于此公式反映了动机水平或动机M是V、I、E三者的函数，因而期望理论有时也被称为"VIE理论"。

2. 期望理论在教学中的应用

根据期望理论，若想有效地激发学生的学习动机，必须正确处理好以下三种关系，也

就是 E、I、V 三个因素：

(1) 努力与学习成绩的关系（第一类期望 E_1）。

人的一切行为都是希望通过自己的努力去获得一定的成功，以满足自己的成就需要。如果学习任务太难或学习目标太高，可望而不可即，学生就会丧失信心、缺乏动力。因此，教师在教学中一方面应根据学生的学习能力水平和特长分配适合每个学生的学习任务，另一方面应为学生提供学习指导和培训，保证学生有能力完成学习任务，并尽可能排除那些可能会干扰学生完成学习任务的不利因素。只要做好了以上工作，学生学习的信心就会树立起来，这正是调动学生学习积极性的基础。

(2) 学习成绩与奖励的关系（第二类期望 E_2）。

对于许多学生来说，完成学习任务并不是他们的终极目的。他们总是希望在取得良好成绩后获得适当的额外奖励。由此可见，学生学习积极性的高低，还要取决于学习成绩与奖励之间的关系。因此，学校和教师一方面要制定出学习奖励制度，使学生意识到学习成绩与奖励有关联；另一方面，学校和教师必须贯彻这种制度，说到做到，信守诺言。这样做的目的是使学生为了得到奖励而付出学习努力。

(3) 奖酬与满足需要的关系（效价 V）。

决定人的活动积极性的因素除了期望和关联性以外，还有奖励物的效价因素。每个人总是希望通过努力所得到的奖励能够满足自己的需要，如果获得的奖励并不是其需要的，这样的奖励就没有起到激励作用，其动机就不会被激发起来或保持下去。因此，教学活动中，要想很好地激发学生的学习动机，奖励要内容丰富、形式多样，尽可能满足学生多方面的需求。只有这样，才能最大限度地调动学生的积极性。

(三) 归因理论

所谓归因，是指人们对他人或自己行为结果产生原因的知觉或推断。人们通常要对他人或自己成功或失败的原因进行分析、总结，以指导下一步的行为。这就是心理学家探索归因问题的客观依据。

最早提出归因理论的是社会心理学家海德（F. Heider）。在社会知觉研究中，研究者关注人们对他人行为的解释，例如"某人为什么会表现出那样的行为"等。海德于1958年率先提出了归因理论对此进行解释。海德的归因理论被称为朴素归因理论，其要点有二：第一，外归因（或情境归因）和内归因（或性格归因）。将行为发生解释为情境因素使然者，称为外归因；将行为发生解释为当事人性格因素使然者，称为内归因。第二，对人、对己行为原因解释的差异倾向。解释别人的行为时倾向采取内归因（或性格归因），解释自己的行为时倾向采取外归因（或情境归因）。

美国心理学家韦纳（B. Weiner）在20世纪70年代提出、在80年代修正的归因理论认为：个体在行为之后对自己行为成功或失败的解释会影响到后续行为动机的强弱。因此他的理论又称自我归因理论。也有人因韦纳的理论对行为的归因偏重于对行为成败的解释而将其称为成败归因理论。

1. 韦纳三维归因模型

韦纳发现人们倾向于将活动成败的原因归结为能力高低、努力程度、任务难度、运气（机遇）好坏、身心状态和其他（不能归入以上五因素的因素，如他人帮助、教师阅卷是否公平等）六大因素。韦纳按各因素的性质，分别将它们纳入以下三个维度：

（1）稳定性：指当事人自认影响其成败的因素，在性质上是否稳定，即是否在类似情境下具有一致性。

（2）因素来源：指当事人自认影响其成败因素的来源是个人条件（内控）还是外在环境（外控）。

（3）可控性：指当事人自认影响其成败的因素在性质上是否能由个人意愿决定。

这六大因素在三个维度上的属性如表7-1所示。

表7-1 韦纳的三维归因模型

	稳定性		因素来源		可控性	
	稳定	不稳定	内因	外因	可控	不可控
能力高低	+		+			+
努力程度		+	+		+	
任务难度	+			+		+
运气好坏		+		+		+
身心状态		+	+			+
其他		+		+		+

2. 归因方式对个体心理与行为的影响

（1）成功与失败的情感反应。

当学生将成功归因于内部因素时，会感到自豪与满意。当学生把成功归因为外部因素时，则体验到的是感激而不是自豪。相反，如果学生将失败归因于内部因素，如不努力或无能，他会感到自责、内疚或羞愧；学生把失败归因于外部因素，则会感到生气或愤怒。

（2）成败归因对未来行为结果期望的影响。

学生将成败归因于稳定因素时，对未来行为结果的期待会与目前的结果一致。例如，把失败的原因看作自己能力差，就会担心下一次还会失败，因为能力是比较稳定的，很难在短时间内得到提高。相反，若将成败归因于不稳定的因素，则对以后成败的预期影响较小。

（3）成败归因对后续努力程度的影响。

如果学生认为失败是由于努力不够造成的，则他们在以后的学习中有可能更加努力。若学生将失败归因于缺少能力，也就是说，即使努力也不能成功，则他们很容易放弃，尽管有些任务是他们以前成功地完成过的。研究表明，后一类学生很容易产生习得性无助感。

3. 归因理论的教学意义——积极归因训练

既然不同的归因方式会影响到学生今后的学习行为，那么可以通过改变学生的归因方式来改变他们后续的学习行为。在教育教学工作中，当学生完成某一学习任务后，教师应指导学生进行积极归因。需要注意的是，积极归因与正确归因不同，正确归因是找到学习成败的真正原因，而积极归因是从有利于今后的成长的角度进行归因。积极归因的原则是：把成功归因为内部可控因素（努力），会增强今后行为发生率和坚持性；将失败归因于内外部的努力的程度不够和运气不好等不稳定因素，有利于学生今后学习行为的保持。反之亦然。林其勋2010年的调查发现，中职生把数学学习失败主要归因于学习基础、学习策略、努力程度、学习能力等内部原因，而把成功的原因归为教学水平、学习难度、技能发挥、考题难度、努力程度等因素。徐学绥 2015 年的调查表明，高职生的归因方式略倾向于内归因。这些研究结果表明，对职业院校学生进行积极归因训练尤其必要。

4. 影响归因的因素

（1）个性差异。

研究发现，人们在进行成败归因时存在着归因偏差。一般来说，成就动机比较强的人会把成就归因于自己的努力，把失败归因于努力不够；他们不甘于失败，坚信再努力一下便会取得成功；他们相信自己有能力应付，只要尽力而为，没有办不成的事。成就动机不强的人认为努力与成就没有多大关系；他们把失败归因于其他因素，特别是归因于能力不足；他们认为成功是外界因素作用的结果，如任务难度不大、运气好等。

（2）个人成败经验。

个人成败经验也是影响归因方式的重要因素。屡屡失败的人更容易把成功归因为运气等外部因素，而把失败更多归因为个人能力等内部不可控因素。

（四）自我效能感理论

是什么让有些人能够走出失败并最终获得成功，而有些人却在挫折面前认输了呢？心理学家认为是"自我效能"（self-efficacy）。这是一些人具备的一种坚定不移的信念，他们相信自己具备取得成功的要素。"自我效能"由斯坦福大学心理学家阿尔伯特·班杜拉在 20 世纪 70 年代首次提出，已经成为教育界的一个关键理念，正在被广泛应用于医疗保健、管理、运动等领域。

1. 自我效能感的定义

自我效能感是指个体对自己是否有能力完成某一行为所进行的推测与判断。

班杜拉对自我效能感的定义是：人们对自身能否利用所拥有的技能去完成某项工作行为的自信程度。班杜拉认为，人除了有结果期望外，还有一种效能期望。结果期望指的是人对自己某种行为会导致某一结果的推测。如果人预测到某一特定行为将会导致特定的结果，那么这一行为就可能被激活和被选择。

2. 自我效能感的功能

班杜拉等的研究指出，自我效能感具有下述功能：决定人们对活动的选择及对该活动的坚持性；影响人们在困难面前的态度；影响新行为的获得和习得行为的表现；影响活动时的情绪。

自我效能感影响或决定人们对行为的选择，以及对该行为的坚持性和努力程度；影响人们的思维模式和情感反应模式，进而影响新行为的习得和习得行为的表现。

自我效能感高的人期望值高、显示成绩、遇事理智处理、乐于迎接紧急情况的挑战、能够控制自暴自弃的想法、需要时能发挥智慧和技能。

自我效能感低的人畏缩不前、显示失败、情绪化地处理问题、在压力面前束手无策、易受惧怕及恐慌和羞涩的干扰、需要时其知识和技能无法发挥。

3. 影响自我效能感的因素

班杜拉等的研究指出，影响自我效能感形成的主要因素如下：

（1）个人自身的成败经验。

一般来说，成功经验会提高效能期望，反复失败会降低效能期望。但事情并不这么简单，成功经验对效能期望的影响还要受个体归因方式的左右，如果归因于外部机遇等不可控的因素就不会增强效能感，把失败归因于自我能力等内部的可控的因素就不一定会降低效能感。因此，归因方式直接影响自我效能感的形成。

（2）替代经验。

人的许多效能期望是来源于观察他人的替代经验。这里的一个关键是观察者与榜样的一致性，即榜样的情况与观察者非常相似。

（3）言语劝说。

言语劝说因其简便、有效而得到广泛应用。言语劝说的价值取决于它是否切合实际，缺乏事实基础的言语劝说对自我效能感的影响不大，在直接经验或替代性经验基础上进行劝说的效果会更好。

（4）情绪状态。

班杜拉发现，高水平的唤醒会使成绩降低而影响自我效能。当人们不为厌恶刺激所困扰时更能期望成功，但个体在面临某项活动任务时的身心反应、强烈的激动情绪通常会妨碍行为的表现而降低自我效能感。

（5）情境因素。

不同的情境提供给人们的信息是大不一样的。某些情境比其他情境更难以适应和控制。当一个人进入陌生而又易引起焦虑的情境中时，其自我效能感的水平与强度就会降低。

（五）自我价值理论

1. 理论观点

自我价值（self-worth）理论关注人们如何评估自身价值。科温顿（Covington）的自我价值理论的基本假设是：自我接受是人类的优先追求，当自己的自我价值受到威胁时，人类将竭力维护。在学校，学生在遭遇竞争失败时，尽量保持积极的、有关能力的自我形象就是自我价值起作用的体现。学生的价值通常源于他们在竞争中取得成功的能力。

2. 自我价值类型

该理论认为在学校中，存在以下四种不同自我价值类型的学生：

（1）高驱低避型。

这类学生拥有无穷的好奇心，对学习有极高的自我卷入水平，是学习本身而非外界刺激带给他们一种源于内心的快感。他们几乎在所有时间里都处于孜孜不倦的学习中。他们自信、机智，又被称作"成功定向者"或者"掌握定向者"。他们的学习超越了对能力状况和失败状况的考虑，他们学习仅仅因为学习是他们快乐的手段、是他们生命的存在方式。在学校中这些学生很少见，他们超脱于教学环境，可适应任何一种教学条件。如陈景润对数学的学习就是如此。

（2）低趋高避型。

这类学生又被称为"逃避失败者"，他们更看重逃避失败而非期望成功。他们不喜欢学习，虽然他们不一定存在学习问题或学习困难，他们只是对课程提不起兴趣。他们看起来懒散、不爱学习的背后隐藏着强烈的对失败的恐惧，尤其是面对没有把握成功的任务时，这种恐惧甚至让其必须采用逃避的手段。这种防御更多体现在心理层面，比如幻想（希望考试取消）、尽量弱化该任务的重要性（这门课根本不重要，学好学坏无所谓）、为自己的失败找借口（我昨天晚上失眠，所以考试发挥失利）、对别人吹毛求疵以减少自己所要承担的责任（如果我有一个好老师，我会学得更好）。他们怀疑自己的能力，害怕被指责为没有能力的人，感受着高度的焦虑和紧张。对能力的怀疑影响了他们考试时的临场发挥，干扰了他们对先前学习内容的回忆。

(3) 高驱高避型。

具有这种动机形式的人在受到成功诱惑的同时也充满了对失败的恐惧。他们对任务又爱又恨，既追求又排斥让他们常常处于一种冲突状态。他们兼具了成功定向者和逃避失败者的特点。这类学生通常是老师非常喜欢的孩子，他们学习努力、聪明能干，而且似乎比同龄人成熟一些。对于大部分没有挑战性的作业和功课，他们会自己提出更高的要求和目标，以赢得老师额外的奖励。从表面来看，他们很好，但事实上他们严重地感受着紧张、冲突等精神的困扰。这类人被称作"过度努力者"。为了成功同时又要掩饰自己的努力，他们中就出现了一种"隐讳努力"的现象。他们在同学中尽量表现得贪玩、不在乎考试，但私下里却偷偷努力、拼命学习。这样，成功时，他们的成绩更有价值，更能说明他们的能力过人；即使失败，他们也可以为自己的失利找到很好的理由，不会被认为无能。

(4) 低驱低避型。

这种类型的人又被称作"失败接受者"。他们不奢望成功，失败也不感到丝毫恐惧或者羞愧。他们内心如同一潭死水，鲜有冲突。他们对成就表现得漠不关心，不接受任何有关能力的挑战。用自我价值理论解释，这种不关心意味着一种放弃，这样也就防止了对自己无能的评价。

这就要求教师在日常教学中积极引导学生形成积极的自我评价，从而提高学习的动机。

第三节　职业学校学生学习动机的培养

一、职业学校学生学习动机的特点

(一) 学习目标不明确

学习目标不明确是中职学生在学习动机方面普遍存在的问题。中职学生对自身学习未设置近期目标和远期目标，或者其设置的目标不够科学、合理。

(二) 学习成就感不强

调查发现，大部分学生把学习当成一项学校或监护人强加给他们的任务。他们不太关注学习成绩和班级排名，其学习多数与父母期望、文凭获取有关，并没有意识到学习的真正意义[1]。

(三) 学习兴趣不浓，求知欲不强

职业院校学生普遍存在学习兴趣不浓、求知欲不强的情况。张文龙等（2015）和段炜等（2016）的调查发现，中职生的学习兴趣处于中等水平以下[2]，他们的内部学习动机水

---

[1] 李雪莹，李孝更. 中等职业学校学生学习动机研究——基于吉林省中工技师学院的调查和分析 [J]. 吉林工程技术师范学院学报，2021, 37 (10): 33-36.

[2] 张文龙，梁成艾. 教育"9+3"计划背景下中职生学习动机调查分析 [J]. 中国职业技术教育，2015 (23): 62-64.

平明显低于中学生和优秀大学生的水平[①]。职业院校学生对于文化基础课程尤其缺乏学习兴趣。

二、影响职业学校学生学习动机的因素

造成中职生学习动机缺乏的因素是多方面的,包括社会的、学校的、家庭的和个人的原因,下面具体分析自身因素、家庭因素和学校因素。

(一) 自身因素

正如本书第二章所述,职业学校学生学习动机不强的原因来自内外两方面。就学生自身而言,缺乏明确的学习目标、缺乏学习兴趣、基础薄弱、学习方法欠缺、成功经验匮乏、习得性无助、自我效能感低下、自卑、情绪唤醒度较低、不恰当的成败归因、逆反心理等都是造成学习动机不强的重要原因。

例如,有一位学生在自己的周记中是这样写的:我是一位来自贫困乡镇的家庭经济困难的中职生,学业成绩一直非常优异。上学后,忽然感到心中茫然,学习没有动力,生活没有目标,有时候想到在家辛苦劳作的父母,我也恨自己不争气,可我的确找不到奋斗的目标与学习的动力,学习上得过且过,生活上马马虎虎、漫无目的,上课打不起精神,我不是因为喜欢上网而荒废了学业,而是因为实在没劲才去上网聊天打游戏。我如何才能摆脱这种状态?

有的中职生由于所学的专业并不是自己的选择(如填报的专业是父母或老师的意愿),入学后因专业和兴趣不对口,往往有"明珠暗投"之感,对专业学习缺乏热情。

逆反心理是人们彼此之间为了维护自尊而对对方的要求采取相反的态度和言行的一种心理状态。对职校生靠权威压服会造成学生畏惧和防卫等不正常心态,诱发学生的反抗心理,使他们对老师的教育产生怀疑,对正确的管教产生抵触,对班集体冷漠,与老师感情疏远。

研究表明,习惯于外归因的中职生具有较低的成就动机,他们把学习的成败归因于外界因素,比如把学业成功归因为猜对了答案、运气好等,把失败归因于他人,如教师教得不好、题目太难等客观因素。在他们看来,学习的成败与好坏不能由自己控制,因此,不论学习成败,他们的反应都是消极的。

(二) 家庭因素

家庭教育方式、家庭氛围和家庭期望也是影响职业学校学生学习动机的重要因素。在职业学校中,有相当多的学生来自单亲家庭或者问题家庭。部分学生长期缺乏亲情的关爱,导致他们对生活、对学习等日常活动也缺乏应有的热情;也有部分学生在溺爱型的教养方式中长大,从小没有养成良好的学习习惯和生活习惯。有的家长受各种因素影响,对自己孩子进入职业学校就读本身没有过高期望,甚至仅仅将其看作大的"托儿所"。这种过低的家庭期望也会影响学生自身努力学习的积极性。相关针对职业学校学生学习动机的调查发现,职校生学习动机中"为报答养育我的恩人"和"不辜负一个我十分爱戴的人"得分排在第2位和第3位,说明职校生学习与父母和家庭的付出与期望有很大关系[②]。

[①] 段炜,林向朋,张艳芳. 中职生自我管理与内部学习动机的调查与分析 [J]. 职教通讯,2016 (13):16-20.
[②] 徐文兰,张阳. 职业学校医学生学习动机的现状调查与研究 [J]. 齐齐哈尔医学院学报,2016,37 (27):3443-3445.

（三）学校因素

学校是影响职业学校学生学习动机的最主要的场所。在学校里，造成学生学习动机不强的原因有专业设置的不合理、学校教育和教学方法的陈旧刻板、教师对其期望很低、存在从众心理等。

从众是指个体在社会群体的无形压力下，不知不觉或不由自主地与多数人保持一致的社会心理现象，通俗来说就是"随大流"。某学生本来想好好学习，天天去上自习，但坚持了几天之后发现周围的同学都没有去，而且同学会对他投来异样的目光，为了让自己看起来不那么"特别"，他也放弃了学习，和其他同学打成一片。

三、培养职业学校学生学习动机的途径

（一）外部学习动机与内部学习动机相互转化

在学习活动中，有时是外部学习动机起主要作用，有时是内部学习动机起主要作用，二者轮流交替、相互转化。一般情况下，学生一开始学习更多是为了获得外部奖励，当学生为了获得奖励进行学习并取得成功获得奖励的同时，渐渐地对学习活动本身产生了兴趣，于是就更加积极、主动地学习。这样外部学习动机便转化为内部学习动机。反过来，当学生因为兴趣而学习，取得优秀成绩并获得外部奖励后，下一次为了获得这种奖励，学生学习劲头就更足了。这样，内部学习动机又转化为外部学习动机。

因此，教师可以创设各种外部条件，以激发学生的外部学习动机；当学生有了一定的外部学习动机之后，就应当有目的地激发其转化为内部学习动机；实践中应以激发和维持学习者的内部学习动机为主，适当利用外部学习动机，使二者相互促进和转化。

（二）远景性学习动机教育与近景性学习动机教育相结合

远景性学习动机教育和近景性学习动机教育主要体现在学习目的或目标教育之中。为了搞好学习，学生必须有明确的学习目标，不仅要有总的学习目标，而且还要有阶段性的具体目标。布朗（M. Brown）等研究发现：凡是设立具体学习目标的学生，其成绩都比较优异，而且富有积极进取精神；反之，未设立具体学习目标者，其成绩都比较差，而且常有行动迟缓、裹足不前、缺乏学习兴趣的表现。

学习目标的高低、大小，往往与一个人的抱负水平正相关。一般来说，抱负水平高的学生设立的学习目标高，抱负水平低的学生设立的学习目标也低。也就是说，具有高抱负水平的学生，必然追求高学习目标，因而能激发起强烈的学习动机；具有低抱负水平的学生，追求的学习目标也低，其学习动机也相对微弱。因此，在教育教学中，教师要做到以下三点：

（1）要从社会的发展趋势、国家的需要出发，采取辩论、演讲等符合学生心理发展特点的教育教学活动，激发学生为国家和社会发展而贡献力量的愿望，提高学生的抱负水平。

（2）在一门新课程讲授新内容之初，应先说明学习课程的目的、任务及其重要性和必要性，在讲授过程中还应阐明具体知识在整个学科体系中的地位及其实践意义，使学生目标明确，从而做到有的放矢。

（3）教师要帮助学生设立恰当的具体学习目标。具体学习目标的设立要考虑学生的能力水平和学科的复杂程度，目标过高或过低都不利于学习。目标过高，虽然学生顽强拼搏，失败也往往多于成功，自然也就难以体验到成功时的快感；目标过低，学生不经刻苦努力即可轻松地达到，久而久之，学生取得成功时的那种激动心情便会渐渐淡薄下来。

(三) 主导性学习动机与辅助性学习动机协调作用

按学习动机作用的主次不同，学习动机又可划分为主导性学习动机与辅助性学习动机两种。所谓主导性学习动机，是指在学生的学习活动中居于支配地位、发挥主要作用的学习动机。它与同时起作用的所有其他学习动机相比，对学习活动的影响最为强烈、最为稳定。在同一时间内，主导性学习动机只有一个。辅助性学习动机是指在学生的学习活动中居于从属地位、发挥次要作用的学习动机。相对于主导性学习动机来说，它对学习活动的影响则比较微弱和不大稳定。在同一时间内，辅助性学习动机可能有几个，它们的强度与稳定性也不一样。

上述两种学习动机的划分不是绝对的，二者的地位与作用可以相互转化。在学习活动中，这一时间段内起主导作用的学习动机，在另一时间段内可能会成为辅助性的学习动机；反之亦然。在学习活动中，教师应善于发现学生的主导性学习动机，同时也要积极调动学生的辅助性学习动机，使二者协同作用，促进学生学习。

(四) 学习动机的迁移

学习动机迁移是学习迁移的一个方面。所谓学习动机迁移，是指把其他活动的动机转移到学习上来，或者把这一科目的学习动机转移到另一科目的学习之中。在学习中，教师可以指导学生：第一步，分析现有动机，看它是否正确、合理。第二步，找出现有动机与将要形成的学习动机有哪些相同的地方。第三步，强化"相同因素"。第四步，把强化后的有利因素与新的活动联系在一起。这四个步骤是紧密联系的，如果能一气呵成，其效果往往会更理想。

四、激发职业学校学生学习动机的方法

(一) 创设问题情境，实施启发式教学

创设问题情境，激发学生的求知欲望，通过解决问题，使其求知需要得到一定的满足，从而强化其求知兴趣，进而转化为探求更多新知识的动机。

问题情境中的问题，最好是学生依靠自己已有的知识经验不能立即解决，但问题中表露出的矛盾能引起学生的认知冲突，这就吸引学生非要将问题解决不可。有些教师善于创设问题情境，唤起学生的求知欲，造成学生的期待心理，然后及时导入新课。

在创设问题情境时，应注意以下几点：第一，教师要熟悉教材，掌握教材的结构，了解新旧知识之间的内在联系。第二，教师还要充分了解学生，了解他们已有的经验和智力水平，从而严格遵循从已知到未知、由表及里、由简到繁、由易到难等循序渐进的原则。第三，在各个教程之间和一个教程的开始、进行中或结束时都要注意创设问题情境。它既可以用教师设问的方式提出，也可以用作业的形式提出；既可以从新旧教材的联系方面引进，也可以从日常经验引进。第四，要坚持多样化的原则，特别是学生作业，其内容和形式应尽量避免重复。第五，问题情境的创设不仅可应用于课堂教学之中，也可在课外兴趣小组的活动中应用。第六，教师在创设问题情境和教学时，应以培养学生的学习兴趣为核心，从课堂教学的内容和形式上抓住学生的兴趣点，吸引学生。在职业院校，教师在教学尤其是文化基础课程教学过程中要非常重视学生学习兴趣的培养。

(二) 根据学生需要，科学运用奖励与惩罚

这里的奖励泛指能引起学生愉快情绪体验的诱因条件，如获得知识、得到教师赞许、

学校的表彰、集体的认可。反之，能使学生产生不愉快体验的种种诱因条件，就是惩罚，如学业失败、教师批评、学校给予的行政处分等。

关于奖励与惩罚效果的研究表明，一般来说，奖励的效果优于惩罚，但两者都比学生受忽视要好。奖励比惩罚效果好的一个原因是：奖励给学生以"好""对""应该这样做"等信息，给学生指明方向，使其巩固自己的行为；而惩罚给学生以"不好""不对""不能这样做"等信息，它只是告诉学生不该做此事，但没有告诉该做什么、怎么做。

为了使奖惩起到良好的作用，教师应事先公布奖惩规则。事先公布惩罚条件，可以起到预先警告的作用。因为在学校情境中，惩罚的目的在于运用惩罚的威胁，帮助学生努力学习，克服懒散、拖沓及各种违纪行为，以避免惩罚，而不是要让学生通过犯错误去体验惩罚。

在运用奖惩调动学生学习动机时，首先要充分考虑到学生的需要，要根据其需要提供奖励物才能激发其学习动机。比如，学生 A 对唱歌情有独钟，教师可以鼓励他坚持自己的理想，并鼓励他参加学校举办的文娱活动。学生对理想的追求得到了肯定，会增强他的自信心，从而加强学生对其他学习活动的学习动机。职业学校学生主要的需要是爱与归属的需要以及受尊重和认可的需要。

此外，教师还必须注意学生特点。心理学研究表明：对于外向、学习能力强的学生，惩罚效果更好些；并且上述结论还与学生过去受过的奖惩史、教师的威信以及师生关系、学生对奖惩的预期、学生对奖惩的重视程度、学生对教师评价的看法和奖惩次数的多少等因素有关。一般来说，对于预期自己能够获得奖励的学生，不给奖励意味着受惩罚；对于预期自己将要受罚的学生，不予惩罚在某种程度上意味着奖励。如果学生认为教师的表扬是公正的、批评是善意的，则这些表扬、批评就有效。另外，过多使用赞扬和责备都无效果，因为过多的赞扬会使人感到"厌足"，而过分地运用惩罚会激起学生过高的焦虑水平，反而破坏学习。

（三）引导学生学会积极归因，促使学生继续努力

由归因理论可知，对成功和失败的归因模式不同，对个体的心理和行为影响不同（见表 7-2）。

表 7-2　有关成就行为的归因模式

归因模式	结果	因素	心理体验	行为表现
积极的归因模式	成功	能力强	自豪、自尊/增强对成功的期望	愿意从事有成就的任务
	失败	缺乏努力	内疚/增强对成功的高期望	愿意并坚持从事有成就的任务
消极的归因模式	成功	运气好	不在乎/很少增强对成功的期望	缺乏从事有成就任务的愿望
	失败	能力差	羞愧、无能感、沮丧/降低对成功的期望	避免或缺乏对有成就任务的坚持性

一个人的归因模式是可以改变的。通过归因训练，可以帮助学生消除消极的归因模式、建立积极的归因模式。进行归因训练可采用以下三种方法。

1. 团体发展法

这种方法是以集体讨论的形式进行，小组成员（一般为 3～5 人）在一起分析讨论学

习成败的原因，并由一名受过专门训练的教师或管理人员对每个人及整个小组的情况作比较全面的分析，引导小组成员作可控制的、不稳定因素（如努力）的归因；然后，每个人填写归因量表，要求从一些常见的备择原因中选出与自己学习成绩关系最为密切的因素，并且对几种主要因素（如能力、努力、任务难度、同伴帮助、学习策略等）所起作用的程度做出评定。教师或管理人员对其归因和评定及时给予反馈，指出归因误差，鼓励比较符合实际的、积极的归因模式。这种训练可以定期在学校进行，要求学生能主动配合，同时教师必须在训练之前注意观察、了解和记录学生学习的情况，从而使训练取得良好效果。

2. 强化矫正法

采用这种方法进行归因训练时，让学生在规定时间内完成具有一定难度的任务（可以是实际操作，也可以是其他学习任务），然后，要求学生根据任务的完成情况（成功或失败）在归因量表上做出选择。每当学生做出比较积极的归因时（如努力或同学帮助），随即给予鼓励或奖励（即强化），并对那些很少做出这类归因的学生给予暗示和引导，促使他们形成比较正确的归因倾向。

3. 观察学习法

让学生看几分钟有关归因训练的视频。视频中表现学生在完成任务后进行归因的情况，完成任务成功和失败（如解题的对错）的顺序是预先确定的。每当学生做对题目时，就给予纪念品奖励并显示绿灯，视频中的教师告诉大家"他做对了，说明他努力做了"；当做错题目时，不给奖励并显示红灯，说"他答错了，还应更加努力才能做对"。训练时，让学生多次看视频，以加强观察学习的效果。在运用观察学习法时，应该使视频中学生的特征（如性别、年龄等）与接受训练的学生尽可能相似，所从事的任务也应与受训者的实际学习任务相一致，并且难度逐步提高。在观看视频后，让学生重复类似的任务。这样能够促使学生把观察学习的效果更好地迁移到其日常学习活动中去。

（四）根据任务难度，确立合理的学习目标，维持适当的学习动机

根据耶克斯-多德森定律可知，学习动机水平与学习效率之间的关系与任务难度有关。对难度水平较大的任务而言，太强的学习动机反而不利于任务的完成。不同的个体由于自身能力水平的限制，也应该针对不同的任务建立不同的期望，这样更有利于学习动机的激发，适宜的学习动机也有利于任务的完成。例如，对于自身来说难度水平本来就很大的任务，如果学生对它抱有太大的期望，而自身的能力也远远不够完成任务，这样，当任务失败时，由于学生之前有很大的期望，投入了很大精力，他的挫败感也会很强，学习的积极性会受到打击。

（五）充分利用反馈信息，提高学生学习动机

在学习过程中，反馈能够为学生提供信息，使学生的正确认识得到证实，错误之处得到纠正，混淆的概念得到澄清，以便把精力集中在学习的薄弱部分，提高学习效率。不仅如此，反馈还可以起到增强动机的作用。例如，学生了解了自己学习的进步，可以增强自信；而知道自己学习成绩不够理想，可鞭策自己发奋努力。

张玉卿的研究发现，学生在即时反馈条件下达到标准所用的学习次数少于延迟反馈。另有研究发现，有目的、多频次的教师反馈对学生的学习具有促进作用，在反馈中加入教师的价值判断、给学生正向的评价能有效提高反馈的效果。

因此，教师在为学生提供学习反馈时要注意以下几点：第一，反馈应该是及时的。及时反馈给学生留下的印象较深，可以使学生及时纠正学习中的错误。因此，教师批改的作业和试卷要尽可能快地发还给学生。第二，反馈提供的信息要全面。能提供正确答案的反馈就比简单的判断为"对"或"错"的反馈更有效。如果能使学生不但知道什么是对的和错的，而且知道为什么对、为什么错，反馈的作用就更大。第三，反馈的信息要明确、具体。

此外，教师还要注意根据任务的性质和学生自身的特点来把握反馈的时间点。当学生做错了时提供反馈还是做正确时提供反馈？对于这个问题，我们应该视学生的具体情况来定。例如，对于较自卑的学生，教师应该在他做对了时给予反馈，这样有利于增强该学生的自信心，从而有利于他之后的学习生活；相反，对于很自信但是比较粗心的学生，教师应当在他犯错误时给予提醒，这样做不但不会打击学生的积极性，反而更加有利于让他在今后的学习生活中变得谦虚和细心。

（六）提升学生自我效能感

自我效能感是影响职业学校学生学习积极性和主动性的重要因素。教师可以通过以下几个方面帮助学生提高自我效能感。

（1）增加学生个人的成功经验。教师应该引导学生回忆自己成功的经历，让他意识到自己原来也并不是一无是处、曾经也做过很多成功的事情。对于失败的经历，教师应引导学生进行合理的归因。韦纳认为，对于失败的经历，对其进行可控性归因有利于学生增强自信心。比如，对考试的失利可以归因为可控的因素——努力程度不够，相信自己只要下次好好学习就一定能取得好的成绩。此外，教师可以创造条件，帮助学生在学习活动中通过努力获取成功，从而提高自我效能感。

（2）引导学生学会比较，获取积极的替代经验。帮助学生树立积极的榜样有利于增强他们的自我效能感。特别是那些条件与自己相当甚至不如自己的学生通过努力取得成功的事例，对增强学生自我效能感非常有利。教师可以引导学生学会比较，获取积极的替代经验。

（3）学会言语劝说，提高学生自我效能感。通过教师言语劝说也能提高学生自信心。但是运用言语劝说时一定要注意具体化，这样才能达到更好的效果。例如，在鼓励学生参加主持人大赛时说"你能行，你一定行"就远没有"我相信你，你外表出众、形象和气质俱佳，最重要的是你的普通话不但流利而且富含感情、很有磁性"效果好，前者给人感觉笼统而敷衍，而后者具体又真诚。

（4）引导学生学会调节情绪，促进自我效能感的形成。强烈的情绪通常会妨碍行为的表现而降低自我效能感。因此，教师在教学过程中应引导学生学会调节情绪，保持恰当的情绪状态，顺利完成活动任务，促进自我效能感的形成。

（七）积极关注学生，发挥教师期望作用

1968年，美国心理学家罗森塔尔（R. Rosenthal）带着一个实验小组走进一所普通的小学，对校长和教师说明要对学生进行"发展潜力"的测验。他们在6个年级的18个班里随机抽取了部分学生，然后把名单提供给任课老师，并告诉他们这些学生是最有发展潜能的学生，同时，再三嘱托教师在不告诉学生本人的情况下注意长期观察。8个月后，当他们回到该小学时，发现名单上的学生在学习成绩、智力表现、兴趣、品行和师生关系等方面均有明显进步。罗森塔尔对这一现象的解释是教师的期望能激活学生的潜能，从而使

学生取得教师所期望的进步。此后，这一现象被称为"期望效应"，也称作"教师期望效应"或"皮格马利翁效应"。

因此，职业学校的教师在日常教学和管理中也应改变自己对职业学校学生的认识和期望，积极关注他们，相信他们都是很有发展潜力的孩子。对学生抱有积极期待，有助于学生学习积极性的提高，有利于学生的健康发展。

本章重要概念

动机是引起个体行为，并维持这种行为，使之朝向某一目标的一种内部心理状态。它是个体活动的直接动力。

学习动机是引起个体的学习行为，并维持这种学习行为，使这种学习行为朝向某一学习目标进行的一种心理状态。

耶克斯-多德森定律是指学习动机与学习效果之间呈倒 U 形曲线的关系，并且这种关系还与学习任务的难度有关：对于难易适中的学习任务，中等强度的学习动机水平学习效率最高；对于容易或简单的学习任务，较高的学习动机水平学习效率最高；对于困难或复杂的学习任务，较低水平的学习动机学习效率最高。

内部动机是指人们由于对学习本身的兴趣所引起的动机，动机的满足在活动之内而不在活动之外，它不需要外界的诱因、惩罚来使行动指向目标，因为行动本身就是一种动力。

外部动机是指那些不是由活动本身引起而是由与活动没有内在联系的外部刺激或原因诱发出来的动机，动机的满足不在活动之内而在活动之外。

远景性动机是指与长远目标相联系的动机。

近景性动机是指与近期目标相联系的动机。

主导性动机是对行为起支配作用的动机。

辅助性动机是对行为起辅助作用的动机。

认知内驱力是指学生渴望认知、理解和掌握知识，以及陈述和解决问题的倾向。简言之，它是一种求知的需要，且大都存在于学习任务本身之中。

自我提高内驱力是一种通过自身努力，胜任一定的工作，取得一定的成就，从而赢得一定的社会地位的需要。

附属内驱力是指个人为了保持长者们或权威们对自己的赞许或认可而表现出来的一种把学习或工作做好的需要。

生理需要是人类生存所必需的，也是最基本的需要。这类需要包括对食物、水、空气、睡眠和性等方面的需要。

安全需要是指人们寻求保护自己免受生理上与心理上侵害的一类需要。如希望自己身体健康，喜欢安全的、有秩序的、可以预测的环境，有稳定的职业等。

归属与爱的需要包括跟别人交往、归属于群体、得到别人的信任与支持、友谊与爱情等方面的需要。

尊重需要包括自尊和他尊的需要。如希望自己有稳固的社会地位，希望获得事业的成功、得到他人的好评，希望自己具备各种能力和知识等

求知需要指对己、对人、对事物变化有所理解的需要。

审美需要指对美好事物欣赏并希望周遭事物有秩序、有结构、顺自然、循真理等心理需要。

自我实现需要是一种要求发挥自身的潜能、实现自己的理想和抱负的需要。

缺失性需要是由于生理上或心理上有某些欠缺而产生的需要,与个体的生存及社会适应有关,包含生理需要、安全需要、归属与爱的需要和尊重需要。

成长性需要与个体的生存及社会适应关系不大,但与个体自我提升及心理发展关系密切,包含求知需要、审美需要和自我实现需要。

成就动机是在人的成就需要的基础上产生的,是人愿意去做自认为重要的或有价值的工作并力求达到完善地步的一种动机。

追求成功的动机是人们追求成功和成功带来的积极情感(如自我满足、自豪)的倾向性。

避免失败的动机是人们避免失败和失败带来的消极情感(如羞耻、屈辱)的倾向性。

期望值是个体根据以往的经验对实现目标可能性大小的判断,它是期望理论的核心。

效价是指个体对所预期目标满足个人需要的重要程度和价值大小的判断。

外归因是将行为发生解释为情境因素的归因方式。

内归因是将行为发生解释为当事人性格因素的归因方式。

自我效能感是指个体对自己是否有能力完成某一行为所进行的推测与判断。

复习思考题

1. 动机产生的机制是什么?
2. 简述各种理论的主要观点及对教育教学的意义。
3. 如何培养职业学校学生的学习动机?

第三部分 品德心理与职业指导

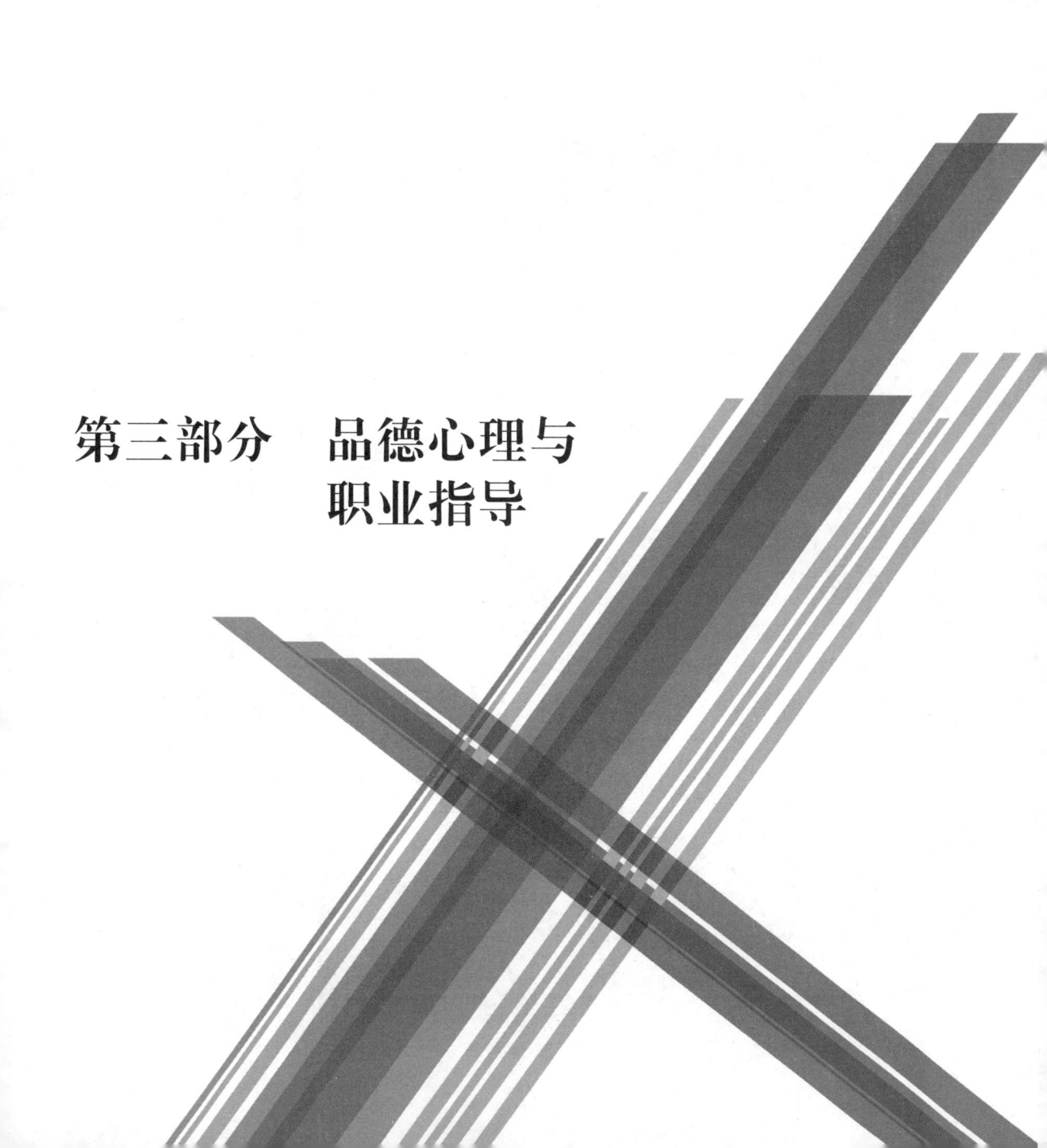

第八章 品德的形成与培养

本章主要内容

1. 品德及品德的心理结构。
2. 影响学生品德形成的内外部因素。
3. 学生良好品德的培养内容、途径与方法。
4. 学生职业道德及其培养途径。

案例导入

一年级学生肖童在班里被大家称作"犯错积极分子",他不仅迟到早退是家常便饭,而且上课睡觉、下课吵闹,有时还要和老师顶嘴。很多老师对他都不满,都说他是扶不起的阿斗。为了挽救肖童,班主任找他深谈了一次,通过谈话班主任了解到,原来他初中时并不是这样的,但是由于中考没有发挥好,失去了上高中的机会,导致他有了自暴自弃的想法。后来班主任和肖童一起从他现在所学专业的角度为他做了深入分析。慢慢地,肖童开始转变了,说话也不像开始那么冲了,最后还与班主任私下做了个努力改正的约定。约定好先从改正迟到问题着手改正自己。渐渐地,肖童迟到少了,惹事少了,作业能及时完成了,班级里的事爱帮忙了,劳动也积极了。更使人意想不到的是,在实习上岗证考试中,他竟然一次通过了。

思考:

1. 肖童一开始的行为表现是否属于品德问题?为什么会出现这样的问题?
2. 如果是你,你还有什么方法可以帮助肖童改变自己的态度?

第一节 品德概述

重视品德教育是中华民族的优秀传统。党的二十大报告指出:"培养造就大批德才兼备的高素质人才,是国家和民族长远发展大计。""培养什么人、怎样培养人、为谁培养人是教育的根本问题。育人的根本在于立德。"早在两千多年前,孔子就非常重视道德教化对社会的重要性。他在《论语·为政》中提出了"道之以政,齐之以刑,民免而无耻,道之以德，齐之以礼，有耻且格"的观点。司马光认识到品德对个人活动方向的指导作用，提出了"才者，德之资也；德者，才之帅也"的以德为先的人才观。他充分认识到才胜德的人对社会的危害，远比一个无才无德之人要严重得多。因此，在《资治通鉴·周威烈王》中提出"是故才德全尽谓之圣人，才德兼亡谓之愚人，德胜才谓之君子，才胜德谓之小人。凡取人之术，苟不得圣人、君子而与之，与其得小人，不若得愚人。"认为选用人才最好德才兼备，如不能两全，则宁舍才而取德。

一、品德的概念

品德是道德品质的简称，是社会道德在个人身上的体现，是个体依据一定的社会道德行为规范行动时表现出来的比较稳定的心理特征和倾向。

二、品德与道德的关系

（一）品德与道德区别

1. 品德与道德所属范畴不同

道德是社会现象，是调整人们相互关系的各种行为规范和准则。道德的形成、发展和变化受整个社会的发展规律的制约，属于社会意识的范畴。品德是个体现象，是社会道德在个体身上的体现，其形成、发展和变化受社会规律和个体生理、心理活动规律制约。调节个体的道德行为属于个体意识形态范畴。

2. 品德与道德所反映的内容不同

道德反映的内容是社会生活的总体要求，是调节社会关系的行为规范的完整体系。品德的内容是社会道德局部的具体表现。

3. 品德与道德产生的需求不同

道德的产生是社会需要，是为了维护人们的共同利益、保障社会稳定与和谐发展而制定的共同遵守的行为规范。品德的产生是个体需要，个人归属于一定的社会群体，就必须遵守一定的社会道德规范，保障个人与社会协调发展。

（二）品德与道德的联系

1. 品德是道德的具体化

品德是社会道德在个体身上的体现，是个体在社会生活中将外在的社会规范要求转化为个体的内在需求，形成了稳定的个人品质与行为特征。

2. 社会道德风气影响着品德的形成与发展

品德不是天生的，是个体在社会化过程中在社会舆论与道德教育下逐步发展起来的，因此，社会道德风气的发展会在某种程度上影响品德的形成与发展。

3. 个体的品德对社会道德有一定的反作用

某些正向或者反向具有代表性人物的品德可以作为社会道德的典范，对社会风气的影响深远。

总之，品德和道德既相互联系又有区别，是辩证统一的关系。

三、品德的心理结构

品德的心理结构包括道德认知、道德情感、道德意志和道德行为四种心理成分。

（一）道德认知

道德认知指的是对道德规范及其执行意义的认知，是个体品德的核心部分。道德认知的形成包括三个方面：道德知识的掌握、道德信念的确立、道德评价能力的发展。当一个人在面对道德矛盾冲突时，道德认知可以使个体自觉地意识到是非善恶从而做出道德选择。

（二）道德情感

道德情感是根据道德认知来评价自己或他人行为时产生的内心体验。如果符合自己所认同的道德准则就会产生积极的道德体验，如果不符合就会产生消极的内心体验。道德情感是人们产生道德行为、进行自我监督的一种内部力量，它对道德认知、道德行为具有调控作用。道德情感的表现形式包括直觉的道德情感体验、形象性的道德情感体验和伦理性情感体验。直觉的道德情感体验是指由于某种直接情景引起快速发生的道德情感，它是已有的道德认知和道德经验的直接反应；形象性的道德情感体验是由身边的具体道德形象（如身边的榜样）所引起的情感体验；伦理性情感体验是指意识到社会道德要求和意义所产生的情感体验，具有清晰的意识性和明确的自觉性，是在许多道德经验、情感体验的基础上概括而成的。

（三）道德意志

道德意志是一个人自觉地调节行为、克服困难以实现一定道德目的的心理过程，通常表现为个人的信心、决心和恒心。意志行动过程包括：头脑中产生各种可供选择的行动方案—预测各种行动方案的结果—衡量行动后的利弊得失—按照决定行动—行动结果—接受行动结果的反馈—反馈影响心理结构。

（四）道德行为

道德行为是实现道德动机的行为意向及外部表现。道德行为是道德认知、道德情感和道德意志的具体表现，学校教育的基本任务就是使学生的道德认知、道德情感和道德意志转化为相应的道德行为。

总之，个体在实践活动中发展道德认知、激发道德情感，在二者的共同作用下产生推动行为发生的内部动力即道德意志，在道德意志的努力下导致道德行为的发生。同类行为不断反复强化，就会形成一定的道德行为习惯。上述四种心理成分相互联系、相互促进，促进品德的形成。

四、品德发展的主要理论

品德发展的研究中，最具有代表性的理论主要有皮亚杰的道德发展阶段论和科尔伯格的品德发展阶段论。

（一）皮亚杰的道德发展阶段论

瑞士心理学家皮亚杰在研究儿童品德发展方面作出了突出的贡献，他在20世纪30年代对儿童的道德判断问题进行了系统研究，此研究为品德发展的研究提供了理论框架和研究方法，奠定了品德心理研究的科学基础。

皮亚杰设计了一些道德价值内容两难的故事，要求儿童判断是非对错并说明理由，从儿童对行为的道德判断中探究他们所依据的道德规则以及道德观念的发展水平。

道德两难故事的设计通常采用对偶的方式，故事后面附有1～2个问题。下面就是皮亚杰在研究中所用的一个对偶故事。

A. 小男孩约翰听到妈妈喊他吃饭，就去开饭厅的门。但是他不知道门外有一把椅子，椅子上放着一只盘子，盘子里有十五只杯子，结果撞翻了盘子，十五只杯子被打碎了。

B. 小男孩亨利趁妈妈不在家，想偷吃柜子里的果酱。由于果酱放的位置太高，他爬上椅子伸手去拿，结果碰翻了一只杯子，杯子掉在地上碎了。

问题：这两个孩子的过失是否相同？这两个孩子中，哪个更坏一些？为什么？

通过大量的实证研究，皮亚杰发现儿童道德的判断能力的发展与道德认知能力的发展存在互相对应的关系，而这种认知能力是在与他人及社会的关系之中发展而来的。他认为儿童的道德认知发展可以分为以下四个阶段：

1. 自我中心阶段（2~5岁）

这一阶段的儿童还不能把自己和他人、外界的环境区别开来，把外界环境看成自身的延伸。这一阶段的儿童虽然已经开始接受外界的规则，但是规则对于他们还没有约束力，他们往往按照自己的想象执行规则，他们的行为是自己独立活动的任意行为，与同伴之间还没有形成合作关系。

2. 权威阶段（6~8岁）

权威阶段又称他律阶段。这一阶段的儿童最突出的特点就是对外在的权威绝对尊敬和顺从，认为"听话"的孩子就是好孩子，反之就是坏孩子。另外，这一阶段的儿童会把成人的准则看成是固定不变的，进行道德判断的依据是客观的结果而不考虑主观动机。比如，这一阶段的儿童在回答上面的道德两难故事的问题时，会认为打碎十五只杯子的孩子比打碎一只杯子的孩子的行为要更坏些，应该受到更严重的惩罚。

3. 可逆性阶段（9~10岁）

可逆性阶段又称自律阶段。这一阶段的儿童已经对规则的看法发生了转变，认识到规则其实是同伴间的共同约定，不是固定不变的，而是可以改变的。他们认为：尊重同伴间的社会关系，就应该尊重同伴间共同约定的规则。从这里可以看出，这一阶段的儿童的思维已经从自我中心解脱出来，认识到遵守规则可以更好地维护自己与他人及社会的关系，因此倾向于自觉地遵守规则，而不是出于对权威的盲目崇拜。儿童的道德认识从这一阶段开始初步形成。

4. 公正阶段（11~12岁）

这一阶段儿童的道德认识逐步成熟并接近成人，儿童的道德观念在可逆性关系上逐步发展为追求公平性关系，倾向于主持公平、平等，体验到公平、平等应符合每个人的特殊情况。这一阶段的儿童进行道德判断的依据更多的是从行为的动机出发，而不再单纯依据行为的结果来判断行为的责任，与成人的关系也从权威性过渡到平等性。

皮亚杰认为，儿童品德发展与个体的认知能力和社会关系有很大关联。道德教育的目标是促使儿童从他律道德达到自律道德，注意培养同伴间的合作，使他们认识到道德规范是在相互尊重和合作的基础上制定的；成人与儿童的关系不是服从与权威，儿童犯错误时，不仅要让儿童认识到自己错了，而且要让儿童认识到犯错误的原因，这样才能逐步发展儿童的道德认识。

（二）科尔伯格的道德发展阶段论

美国发展心理学家和道德教育理论学家科尔伯格在皮亚杰的道德发展阶段论基础上进

行了全面实验研究，于20世纪50年代末提出了自己的道德发展阶段论。

为了更好地揭示儿童道德发展水平，科尔伯格不再使用"对偶故事法"，而是采用较为开放的"两难故事法"作为引发儿童道德判断的工具，即向儿童讲一些模棱两可、进退两难的故事，从被试的回答中研究他们的道德推理。其中最具代表性的道德两难故事是"海因茨偷药的故事"。

> 海因茨的妻子得了重病，危在旦夕。海因茨了解到只有本城一个药剂师最近发明的一种药可以救她。但当海因茨到了药店时，药剂师将药价提高到了成本价的十倍。由于妻子长期卧病，海因茨已经花光了积蓄，为了挽救妻子的生命，他四处奔走向亲友借贷，但最终也只凑到购药所需钱数的一半。海因茨只能恳求药剂师把药便宜一些卖给他，或者先把药给他回去救妻子一命，余款保证筹到后马上补足。但是药剂师拒绝了海因茨的请求，声称自己发明药就是为了赚钱，不考虑其他问题。在走投无路的情况下，为了挽救妻子的生命，海因茨在当天夜里撬开药店，偷得药物，救了妻子一命。

科尔伯格围绕故事向被试提出一系列问题，如：你认为海因茨偷药救妻的行为对不对？如果他对，为什么？如果他不对，为什么？这种道德两难问题，具有不同道德水平的人会做出不同的判断，给出不同的判断依据。科尔伯格通过大量的研究，提出了儿童道德发展"三水平六阶段"的道德发展阶段理论。

1. 前习俗道德水平（0～9岁）

这一水平的主要特点是儿童已经具备关于是非善恶的社会准则和道德要求，但是他们判断是非的依据是行为的直接后果及与自身的利害关系。这一水平包括以下两个阶段：

阶段一：惩罚与服从的道德取向阶段。这个阶段的个体道德判断的依据是服从权威、逃避惩罚。他们认为得到权威赞扬就是好的、遭到批评就是坏的，会无条件服从权威并且避免惩罚，而不考虑权威背后的道德准则的适宜性。这个权威通常是父母或者老师。

阶段二：工具性的相对主义的道德取向阶段。这个阶段的个体道德判断的依据是是否符合自己的需要和利益。他们认为对自己有利的就是好的、对自己不利的就是坏的，他们把人和人的关系看成交易的关系，好坏以自己的利益为准。

2. 习俗道德水平（10～15岁）

这一水平的主要特点是个体能够从社会成员的角度出发，着眼于家庭、社会、他人对其的期望和要求去考虑问题，认为道德的价值在于为他人和社会尽义务以维持社会的传统秩序，判断是非的依据是行为是否有利于维持习俗秩序、是否符合他人的愿望。这一水平也包括以下两个阶段：

阶段三：寻求认可的道德取向阶段。这个阶段个体道德判断的依据是是否得到别人的认可或喜爱，是否对别人有帮助或受到别人称赞。他们认为能得到赞扬与他人维持良好关系的行为就是好的。虽然这时的儿童还是以他人的反应来判断是非，但是他们关注的是认可而不是绝对的身体力量，这一点和惩罚与服从的取向阶段有明显不同。这一阶段的儿童愿意遵从他人或者家庭的标准来维持自己的好名声，所以这一阶段也可以称为人际关系取向阶段或者好孩子取向阶段。

阶段四：遵守法规取向阶段。这个阶段个体道德判断的依据是是否遵守普遍的社会秩序，强调服从法律和权威，不再遵从其他个体的标准。他们认为社会规范中规定的事项是正确的而且是不能改变的、守法是对的，并且认为只要接受了这些社会规则就可以免受指责，而且要求其他人也要遵守。所以，这一阶段也可以称为维护权威和遵守社会秩序的道德定向阶段。

3. 后习俗道德水平（16岁以上）

这一水平的主要特点是个体不仅能自觉遵守某些行为规则，而且开始考虑在人类的正义、公正、个人尊严等层面反思这些规则的合理性，建立某些超越法律的普遍原则。这一阶段，他们判断是非时可以摆脱外在因素的影响，尊重个人内心意愿，从人类公平公正的角度进行判断。

阶段五：社会契约的道德取向阶段。这个阶段个体不再刻板地遵守法律与秩序，认识到了道德信念的可变性，道德是一种社会契约，是可以改变的，是人们经过理智讨论找到全体中更多成员利益的产物。这个阶段个体的道德判断更加灵活，能从法律上、道义上较辩证地看待各种行为的是非善恶。

阶段六：普遍的伦理取向阶段。这是道德判断的最高阶段。在这个阶段，个体既能认识到社会秩序的重要性，也能认识到刻板维持这种社会秩序带来的弊端。其表现为能以公正、公平、尊严这种最一般的原则为标准思考道德行为，而不是拘泥于刻板的法律或者他人的评价。达到这一发展水平的个体具有高度个体化的道德信念，就像面对"海因茨偷药的难题"，赞成者会认为尊重生命的原则高于一切，反对者则认为如果别人都像海因茨一样，那么会损害到其他同样急需这种药物的人，应该考虑所有人生命的价值，而不是单纯地只着眼于一个个体的利益。

科尔伯格认为，这六个阶段的发展是按照由低到高的发展顺序进行的，不可以次序颠倒，每一阶段的道德判断能力的发展应在相应的年龄阶段完成，错过这个关键期，后期补救效果不佳。道德教育的目标就是根据各阶段道德判断发展的特征加以培养，有意识地为学生提供一定的道德两难的问题，教师与学生、学生与学生之间互相讨论是发展其道德判断能力的有效方法，从而促进品德的发展。科尔伯格道德发展阶段论是皮亚杰道德发展阶段论的深化与扩展，将道德发展阶段扩展到个体的一生，提倡民主化的道德教育、民主化的师生关系，发挥学生的主观能动性。

五、职业学校学生品德发展的特点

这一阶段的学生的品德发展走向成熟，处于伦理发展时期。伦理道德发展具有自律性，表现为自觉地依据道德信念、价值标准去行动，并逐步形成人生观和世界观。

（一）形成道德信念与道德理想

这一年龄阶段的学生的道德信念和道德理想已经形成并以此来指导行动，学生的道德行为较有原则性和自觉性。

（二）道德意识增强

这一阶段的学生自我意识较强，能够主动关注自我修养并努力提高。

（三）道德行为习惯逐步巩固

这一阶段的学生由于具有较为稳定的道德信念，逐步形成较为定型的道德行为习惯。

（四）品德结构更为完善

这一阶段的学生道德认知、道德情感、道德意志、道德行为相互协调，形成一个较为完善的动态结构，并逐步内化成自身个性心理结构的一部分。

（五）品德发展趋于成熟

这一阶段的学生品德发展以自律为主要形式，是用道德信念来调节道德行为的成熟时期。

第二节　影响学生品德形成的因素

职业学校学生已经具备一定的道德知识，处于品德快速发展的时期。这一时期要通过学校教育进一步深化他们对道德知识的理解，使其树立稳定的道德信念。对学生品德形成产生重要影响的因素包括家庭、学校、社会等外部因素和个体认知能力等内部因素。

一、影响品德发展的外部因素

（一）家庭环境教育因素

家庭是人类社会中最基本的社会单位，由婚姻关系、血缘关系或者收养关系组成。社会的人际关系在家庭中会得到最本质的反映，是最初对个体品德的形成和发展起重要作用的因素。家庭对学生的职业道德品质的影响是直接的，主要通过以下三个方面来影响学生：

1. 家庭的氛围

良好的家庭气氛有助于儿童品德发展的稳定性，而比较恶劣的家庭氛围，如父母感情不和，长期争吵乃至于感情破裂导致分居或者离婚，给孩子的生活带来不稳定的同时，会造成孩子心理上的孤独与被忽视感，甚至会对孩子道德品质的发展产生严重不良影响。

2. 父母的示范

父母是孩子道德品质发展进程中的第一位导师，父母的一言一行长期潜移默化地影响孩子的道德认知与行为。如果父母行为不端，孩子善于模仿，很容易形成不端的道德行为习惯；反之，如果父母时刻注意自己的言行，用实际行动起到良好的表率作用，孩子更容易以父母为榜样，形成正确的道德认知，规范自己的道德行为，为道德品质的发展打下良好基础。

3. 教养方式

每一对父母都对自己的孩子抱有殷切的希望，希望他们能成为自己所希望的人，拥有良好的道德品质和行为。但是在教育孩子的过程中，不同的家长会采取不同的教育方式，这对孩子道德品质的形成有很大的影响。研究表明：对孩子采用耐心说服、循循诱导的方式效果最好，过于严厉的态度甚至体罚容易使孩子产生逆反心理和对抗行为，或者使孩子产生对父母的畏惧心理，被动屈服于家长的指示，这都不利于孩子道德认知的形成。

（二）学校教育环境的影响

学校教育通过有目的、有计划、有系统的方式对学生职业道德品质产生影响，在学生品德的形成过程中起主导作用。由于孩子从小学开始多数时间是在学校度过的，因此，学校是除家庭外又一个对孩子品德形成与发展起主导作用的因素。学校主要通过以下三个方面来影响学生：

1. 班风和校风

班风和校风是在学生群体中占优势的言行倾向，学校的素质教育和校园精神文明建设可以增进班级凝聚力,帮助学生抵制不良风气。如果学校重视精神文明建设,学生会随着学校素质教育的不断提高来不断完善自身品德,毕业之后不但能对社会上的不良风气产生较强的免疫力,还会将学校形成的优良风尚带入社会,推动时代的进步。除此之外,学校还应该注重校园文化建设,比如校园环境要求文明、优雅、整洁。校风是整体趋势的影响,一个班的班风对学生有最直接的影响。一个团结友爱、互帮互助、奋发向上的班级,可以最大限度地提高班级凝聚力,是一种放大的教育力量,身处班级的学生个体很容易被感染。个人的道德行为如果得到班级的权威性肯定,可以增强个人荣誉感,强化优良道德行为的重复发生,在行为实践中促进道德认知的提高。

2. 教师的示范

学生在学校中除同伴外,和教师的接触是最多的,教师对学生来讲有一定的权威性,尤其是对低年级学生的影响甚大,学生会常以教师的行为、品德作为自己的标准。因此,教师一定要以身作则、为人师表。

3. 学校德育课程的影响

学校德育课程的设置要符合学生的心理发展特点,除设置专门的德育课程外,还应将德育课渗透于其他教学活动中,在潜移默化中提高学生的品德认知及行为。比如在文科教学中穿插爱国主义教育和高尚的道德情操教育,在理科教学中树立辩证唯物主义和科学精神。为了避免德育课程空洞的说教,应将德育的内容外延到实际活动中,比如开展社会调查、进行公益劳动、请模范人物作报告,结合学生年龄特点开展文体活动,将理论应用于实践,在实践中培养集体荣誉感和义务感等道德情感、锻炼道德意志、增进道德行为。

(三)社会因素的影响

随着学生年龄的增长,学生将越来越多地接触多元化的社会,不同文化背景的社会价值观及日益发达的网络媒体对学生道德品质的影响巨大。社会主要通过以下三个方面来影响学生:

1. 人才选拔标准及用人机制

国家对不同层次人才选拔标准会直接影响学生的社会态度与价值取向。我国自古就有"万般皆下品,唯有读书高"的价值取向,考取功名的选拔方式就是科举制度,现在通过高考选拔人才,还有很多职业资格考试等,这些直接影响了学生的价值取向,从而出现一定的道德行为。

2. 社会文化和传媒

学生是网络、电视等大众传媒的主要受众,它们所宣传的内容会直接冲击学生的道德价值观,刺激其模仿意向,从而影响学生道德品质的形成。学生由于认知能力和社会经验的局限,对大众媒体表达出的信息的辨别能力较弱。社会名流、权威人士等人物的语言、行为也会对学生的价值取向和行为产生影响,学生的模仿性比较强,对各个行业的名人充满好奇心,会模仿自己偶像的言行、服饰,从而影响自己的价值观。这些信息无论是正面形象还是反面形象,都会在不知不觉中左右学生的道德认知,影响其道德情感,控制其道德行为。

3. 社会风气

社会风气对学生的影响是直接的,而且学生比较容易接受直接从社会观察到的信息。学生亲眼看到、亲耳听到的社会现象对其品德形成具有较大冲击力,一些不良社会风气与学校道德教育相悖，会动摇学生的道德信念，增加学校道德教育的难度。

二、影响品德发展的内部因素

（一）认知失调

人类具有一种维持平衡和一致性的需要，即维持自己的观念、信念一致，假如出现了与原来认知及行为相反的看法或者做了一件违背初衷的事，人的认知就出现不协调，进而处于不舒服或紧张的心理状态。认知失调可能是因为逻辑的矛盾、文化价值的冲突、观念的矛盾、新旧经验相悖而形成的，认知失调后个体迫切希望尽快恢复协调认知，因此产生态度改变。道德价值观也在不断的态度改变中形成。

（二）态度定式

态度定式是指个体由于过去的经验，对所面临的人或事具有某种说不出理由而较执着地肯定或否定的内心倾向，如好感或厌恶、赞成或反对、趋向或回避等心理准备状态。态度定式会影响一个人态度的改变。在日常教学中，如果学生对教师具有消极的态度定式，那么对老师的教诲将产生抵触的心理，听不进去也不认真执行；反之，如果学生对教师具有积极的态度定式，那么就会顺利接受老师的教育并努力执行。培养学生对教师、对集体、对学校积极的态度定式是学生接受道德教育的前提。改变消极认知，发展积极的态度定式，是培养学生道德品质的开端。

（三）道德认知

根据皮亚杰和科尔伯格的道德发展阶段理论，要提高个体的道德水平，必须遵循先他律后自律、循序渐进的原则，道德教育应符合个体的道德认知能力，一味灌输高于学生认知能力的道理，即便学生熟记这些道理，也并不能作为内化的道德信念来指导行为。道德认知是品德发展的基础，提高学生的道德水平应遵循学生的认知能力。

第三节 学生良好品德的培养内容、途径与方法

道德品质教育是指教育者按照社会要求，有目的、有计划、有组织地对受教育者施加系统的影响，把一定社会的道德思想转化为个体的思想意识和道德品质。道德品质教育的过程就是以受教育者形成一定道德品质为目的，教育者与受教育者共同参与的教育活动过程。品德教育过程是从外部对受教育者施加影响的过程，个体品德的形成与发展离不开品德教育过程。

一、培养良好品德的内容

品德的培养主要从提高学生道德认知能力、激发学生道德情感体验、培养学生道德意志品质、训练学生道德行为四个方面进行。

（一）提高学生的道德认知能力

学生道德品质的发展首先取决于道德概念的掌握，个体的大部分行为是受认知支配的。当道德知识作为指导个人行动的准则并且个体坚信它时，道德知识便转化为道德信念。学生根据道德信念对各种社会行为进行道德判断时，标志着道德评价能力的形成。学生的道德评价能力是随着年龄和认知逐步发展起来的。职业道德品质培养要求学生首先掌

握本职业要求的道德知识。

道德认知的形成与发展，主要通过道德概念的掌握、道德信念的确立和道德评价能力的发展三个维度来完成。

1. 促进学生对道德概念的掌握

道德概念是人对社会道德现象的本质特征和内在联系的反映。道德概念是在道德现象的基础上通过分析、综合、抽象、概括而来的，因此适用于更广泛的情境中，使人摆脱了具体情景的制约，才能够更准确地掌握是非善恶的道德标准。

道德概念的形成需要建立在形象的事件和感性的经验上，所以教育工作者应该在德育教育时创设道德情景，提供具体事例或者榜样，比如班上开展互助互学活动，老师对表现好的同学给予表扬，对活动进行通俗易懂的点评，这样有助于学生对乐于助人、取长补短等道德认识的理解。在具体道德经验的基础上发展学生道德知识的抽象的概括能力，抓住本质才能在进行具体道德判断时做出正确的判断。此外，要引导学生理解社会树立道德规范对社会和个人的意义，这样学生才会自觉地遵守并产生相应的行为。

2. 引导学生把道德知识转化为道德信念

道德信念是指人们将道德知识作为指导个人行动的基本原则，当人们坚信它并决定为之奋斗时，就产生了道德信念。道德信念不是单纯的道德知识，一经形成就不会轻易改变。道德信念是道德动机的高级形式，它可以使道德行为表现出坚定性和一贯性，是道德品质形成的关键因素。

学生道德信念的形成，仅仅通过理解道德知识是不够的，必须亲身体会到按照一定的道德标准要求行动会给集体、他人带来好处，才能坚信这种道德信念的正确性。所以教师在德育教学中要通过实际的班级道德行为活动，合理奖惩，以强化学生良好的道德行为。

3. 发展学生的道德评价能力

道德评价是指学生根据已掌握的道德规范对已发生的道德行为的是非、善恶进行分析判断的过程。道德评价是一种智力活动，在评价中可以不断深化道德认识，促使道德信念形成。

学生的道德评价能力从"他律"到"自律"，即从效仿他人到独立评价的过程，教育工作者要避免在工作中草率做决定，影响学生道德评价能力的发展；从"结果"到"动机"，即从依据行为的客观结果过渡到依据行为的动机进行判断，教育工作者应该在教学中多设置一些诸如道德两难问题的故事，和同学们讨论，以发展其道德判断能力；从偏重评价别人过渡到评价自己；从片面性评价发展到较全面地评价。

（二）激发学生的道德情感体验

道德情感是个体对道德规范在情绪上的认同，是个体根据社会的道德规范评价自己和别人的行为时产生的内心体验。依据道德规范，如果个体行为符合要求，则产生肯定的情绪体验，否则产生否定的情绪体验。道德情感体验的获得对个人品德的形成与发展有着十分重要的作用：

（1）道德情感是道德品质结构中必不可少的部分，在道德行为中起到约束和制约的作用。比如一个人如果试图做一件违背道德的事，出于强烈的内疚感会终止行为的产生。

（2）道德情感会引导与深化道德认识。我们常常见到某些学生将道德准则背得头头是道，可是在实际行动中从未遵守，这说明他只是将道德知识作为一种条文，在行动时根本没有激发道德情感。

（3）道德情感会引发与支持道德行为。在道德行为的具体实践中，道德情感促使道德行为保持坚定性，促使个体全身心地投入行动，如在危急关头舍生取义，这需要激发强大的道德情感。

（4）移情是亲道德情感的一种，是亲社会行为的中介变量。移情指设身处地以别人的立场去体会当事人的心情。在这种情感支配下，个体更有可能做出利他的道德行为。反之，如果一个人无法体会他人的境遇，就不会出现利他行为。

教学中教师讲解范例时，应做到知情结合，投入感情，发挥自身感染力，比如声情并茂地讲解、慷慨激昂地赞扬，以激发学生的道德情感体验。另外，要培养学生正确、健康的审美观，以美育情，丰富学生的道德情感。美感包括自然美感、社会美感和艺术美感。比如教师应带领学生领略祖国的大好河山，激发学生对祖国的自豪感；引导学生对社会现象做美丑评价，激发学生热爱生活的热情；选择优秀文艺作品与学生交流，唤起他们对真、善、美的追求。教师作为学生最直接的教育力量，要以身作则，以真情感化学生，逐步提高学生的道德品质。

（三）加强学生道德意志的锻炼

道德意志是人们为实现一定的道德行为所做出的有意识的努力。道德意志是道德意识向道德实践转化的过程，这一过程体现了人主观能动性的特点。道德意志使人们在职业活动中、在实践道德行为时，能用理智战胜欲望，能排除干扰、坚持到底。

道德意志表现为自觉地确定道德行为的目的、排除或抑制不道德行为的欲求、调节与控制消极的情绪、克服道德行为中的困难。道德意志的过程包括决心、信心、恒心三个阶段。第一阶段确定行为目的、选择行为方式、决定实施行为；第二阶段根据自己的道德信念坚信行为的正确性，产生行为；第三阶段克服困难、维持行为。

教师在德育教育中应有意识地让学生获得道德意志的观念和榜样，比如经常向学生介绍一些英雄模范人物的事迹或请优秀学生介绍自己锻炼意志的心得和体会，激发学生意志锻炼的自觉性。教师应指导学生将意志锻炼渗透到整个教学与教育活动中，比如坚持上课出勤、认真完成作业、坚持体育锻炼等。另外，教师还要培养学生抵抗诱惑的能力。学生会在一些外部条件下的诱惑中做出一些不符合道德要求的行为，如考试作弊、违反纪律等不良行为，教师应常提醒学生、与学生常交流，尽量规范学生的行为。

（四）注重学生道德行为训练

道德行为是通过实践形成的，是实现道德认知、道德情感及道德需要产生的道德动机的行为定向及外部表现。只有产生道德行为，其品质才具有社会价值。道德行为是由一定的道德情景因素引起，与个体的道德意识因素相互作用的产物。道德意识因素包括道德认知、道德情感、道德意志。道德动机是推动人们产生和完成道德行为的内在动力，在内在动机的驱动下，个体运用某些必要的行为技能和习惯构成一定的行为模式，称为道德行为方式。道德行为的发展过程就是运用道德意志将道德动机与道德行为方式有机地结合起来，达到知行合一。一般来讲，道德动机与道德行为的结果是一致的，但是有些学生采取了不当的道德行为方式，出现了"好心办坏事"的情况，教师在德育教学中应帮助学生掌握适当的行为方式。比如，通过对各项规章制度的讲解，使学生熟知学校中基本的行为要求；通过课文或故事讲解，使学生了解在某种道德情景中典范人物行为方式的合理性；组织学生讨论做好事应采取的行为步骤，让学生认识到不同情况下决定采取某种行为的客观依据。

在培养学生道德品质时，要培养学生的道德行为习惯。习惯是指稳定的、经常的、在一定情景下自然而然出现的行为方式，是反复练习巩固形成的。良好的行为习惯能使品行达到高境界，而不良的行为习惯对品行矫正会带来一定的困难。培养学生良好的道德行为习惯需要促使学生了解有关行为的社会意义，使其产生自愿练习的愿望；开展一些学生喜闻乐见的课内外活动，创造重复良好行为的情境，避免产生不良行为的机会；在学生中树立榜样，让学生进行模仿；培养学生道德品质的自律性，使他们经常能反思自己的道德行为、矫正自己的不良行为习惯。

二、培养良好品德的途径

（一）课堂教学

教学是学校有目的、有计划、系统地对学生进行教育的基本途径，道德品质培养也是如此。思想品德课是学校有目的、有计划、系统地对学生进行道德品质培养的基本途径。各科教材中都包含丰富的教育内容，教师要充分发掘教材中的德育因素，在传授科学文化的同时，将科学精神和辩证唯物主义世界观等德育因素融入其中，帮助学生形成良好的道德品质。

（二）班会、团会、学生会的活动

这些活动学生基本是以群体形式参与，有组织性和持久性，可以潜移默化地影响学生的价值观，还能有效及时地解决学生的思想或心理问题。

（三）班主任工作

班主任是学校教育系统中的最基本的力量，直接负责学生基层的管理工作，所以班主任的言传身教对学生道德品质的塑造有极其重要的作用。

（四）课外、校外活动

学生根据自己的兴趣爱好自愿选择参加课外活动，可以充分调动他们的积极性，是道德品质培养一个不可少的部分。课外和校外活动属于课堂教学必要而有益的补充，是学校教学计划之外的，因为不受教学计划的限制，在内容上丰富多彩，学生可以根据兴趣自由选择参加。这种形式符合学生活泼好动、追求新事物的心理特点，可以激发学生的学习兴趣。

三、培养品德的方法

（一）说服教育法

这是品德教育的基本方法，通过摆事实、讲道理，使学生提高思想认识，形成正确观点。其主要形式有语言说服和事实说服。语言说服主要是通过讲解、谈话、报告、讨论、阅读报刊等形式向学生讲述道理，帮助学生明辨是非。事实说服主要是通过参观、访问、调查等形式使学生获得直接经验，帮助学生提高道德品质素养。

（二）榜样示范法

榜样示范法是以他人的高尚思想、模范行为和卓越成就来影响学生品德，榜样一般通过教师、同学、家长、英雄人物、革命领袖、历史伟人和文学形象等树立。这种方法把道德观点和行为规范具体化，比较生动形象，对学生有较强的感染力。在选择榜样时，要注意根据时代需要和学生实际出发，这样更有针对性，更容易激起学生对榜样的敬慕之情，引导学生把对榜样的感情转化为自身的实际行动，在实际行动中又加深这种感情，从而更好地培养道德品质。

（三）实践锻炼法

实践锻炼法是指教师有目的、有计划地组织学生课余多参加相关的社会活动，在真实环境中感受道德操守。其与学校教育相辅相成，主要通过学习活动、委托任务、组织活动、执行制度、行为训练等方式来完成。需要注意的是，在活动中教师要端正学生态度，严格要求，持之以恒，并有意识地激发学生的主观能动性。

（四）情感陶冶法

情感陶冶法是指教师通过以身作则和利用环境中的教育因素对学生进行熏陶和感染，使学生的道德品质发生潜移默化的改变。这种方法的要点是首先创设良好的情境，比如校园环境、人际环境，熏陶学生的道德情感，同时配合教师的启发说服，会有事半功倍的效果。另外，良好情境的创设不仅依赖于教师，还应当更多地引导学生加入其中，如组织学生参加绿化校园、争创校园文明岗之类的活动。

（五）品德评价法

品德评价法是指通过对学生的思想和行为进行肯定或者否定的评价机制来促进学生发扬优点、改正缺点。肯定（奖励）的形式有赞许、表扬、奖赏等，否定（惩罚）的形式有批评、警告、记过、留校察看、开除学籍等，以此促使学生品德的健康发展。奖惩机制要求遵循客观、公正、民主的原则，并通过广播、墙报等形式广而告之，做到公开透明。

（六）自我教育法

自我教育法是指在教师的指导下，学生按照一定的道德规范进行自我认知、自我评价和自我提高以形成良好品德的方法。职业学校的学生已经具备了一定的主体意识，教师应鼓励学生自觉主动地学习、反省自我思想与行为。

道德品质教育只有遵循人的品德形成发展规律，才能有效地促进品德的形成与发展。学生的道德品质是由道德认知、道德情感、道德意志、道德行为四个基本因素构成的。由于社会生活的复杂性和学生身心发展的不均衡性，每个学生知、情、意、行的发展都是不平衡的，因此品德教育过程中教育者必须全面关心和培养学生品德的知、情、意、行，选择最需要、最有效的要素作为教育的开端，即品德教育可以从知或情的培养入手，也可以从锻炼意志或行为开始，但无论如何，都要注意不要与其他因素割裂，这样才能促使学生品德知、情、意、行几个因素协调发展，培养其良好的道德品质。

第四节 学生职业道德及其培养途径

一、职业道德

（一）职业道德的概念

职业道德是指人们同职业活动紧密联系的符合职业特点所要求的道德品质。每种职业都要求从业人员遵守一定的职业道德。职业道德反映的内容不是社会道德的一般要求，而是反映职业、行业、产业特殊利益的要求，表现为从事某一职业的人们会具有特殊的道德心理和道德品质。例如，师德、律师道德、科学道德、编辑道德、作家道德、画家道德、体育道德等。

职业道德是社会分工的产物。在原始社会末期，随着农业、手工业、畜牧业等职业分工的出现，职业道德开始萌芽。进入阶级社会以后，又出现了商业、政治、军事、教育、医疗等职业。这些特定的职业不但要求人们具备特定的知识和技能，而且要求人们具备特定的道德观念、情感和品质。各种职业集团，为了维护职业利益和信誉，适应社会的需要，从而在职业实践中，根据一般社会道德的基本要求，逐渐形成了职业道德规范。我国很早以前就有职业道德的记载。例如，《孙子兵法·始计第一》中就有"将者，智、信、仁、勇、严也"的叙述，将智、信、仁、勇、严看作为将之德。我国古代对医生提出过"疾小不可云大，事易不可云难，贫富用心皆一，贵贱使药无别"的道德要求。清代为官清廉一生的于成龙为自己定下的《示亲民官自省六戒》提出"勤抚恤、慎刑法、绝贿赂、杜私派、严征收、崇节俭"六条戒律可以看作对官员的职业道德要求。商品经济的发展促进了社会分工的扩大，各种职业集团为了增强竞争能力，纷纷提倡职业道德，以提高职业信誉。许多国家和地区成立了职业协会，制定协会章程，规定职业宗旨和职业道德规范，从而促进了职业道德的普及和发展。

（二）职业道德的特点

1. 职业道德适用范围具有针对性

各种职业的职业责任和义务不同，从而形成特定的职业道德规范准则。

2. 职业道德发展具有历史继承性

职业的发展不仅是技术传承，管理理念以及与服务对象的相处方式也在传承，比如"学而不厌，诲人不倦"一直属于教师的职业道德准则。

3. 职业道德具有纪律性

纪律处于法律和道德之间，要求大家自觉遵守，同时又带有一定的强制性。

4. 职业道德的表现形式具有多样性

职业道德的表现形式灵活多变，可以采用守则、制度、公约、条例、标语等形式，具体形式根据职业活动特点而定。

（三）职业道德的作用

首先，职业道德的基本功能是调节从业人员之间关系，增强企业凝聚力，同时职业道德还有调节从业人员和服务对象之间的关系，从而塑造本职业从业人员的职业形象的功能。比如，企业依靠职业道德规范要求员工团结、互助、爱岗、敬业，要求营销人员对客户负责。其次，通过职业道德的约束，有助于提高本行业的信誉。企业良好公信度的打造，与员工良好的职业道德操守具有很密切的关系。最后，职业道德属于整体社会道德的一部分。如果每个行业的每个从业者都能够严格遵守职业道德要求，那么对整体社会道德的提高会起到十分重要的促进作用。

二、培养学生职业道德的途径

（一）加强职业道德理论学习，提高对职业道德的认识

没有正确的职业道德认识就不可能形成正确的职业道德观念和道德判断能力，就不可

能有正确的职业行为，提高自身的职业道德修养就将成为空中楼阁。

职业道德理论是马克思主义理论的重要组成部分，也是提高社会主义职业道德修养的指导思想。学习职业道德理论是提高自身职业道德修养的前提和方法。职业道德理论学习包括对职业道德的基本理论、职业内外部关系及调节这些关系的道德原则、规范的认识、理解和接受。通过职业道德理论学习，学生可以树立和把握正确的善恶评价标准，增强明辨是非的能力。职业院校应结合专业开设相应的职业道德理论课程，如职业道德与职业素养系列课程，同时各专业课程应积极开展课程思政工作，在专业教学中有机融入职业道德和职业素养内容，教师应积极引导学生自觉学习这些理论知识，并转化为自己的思想觉悟和品德，增强善恶、是非、荣辱观念，保证自己职业道德行为方向的正确性。此外，还可以邀请优秀的企业家或职业人士到校开设讲座，帮助学生了解职业道德的重要性。

（二）发挥榜样的作用，学习职业道德模范

利用校园内各种宣传栏、校园网、课堂教学、各种校园活动和图书资料，为学生提供与其专业相关的职业道德模范及先进人物事迹，引导学生学习职业道德模范的事迹，从中去体会、感受他们的伟大、崇高，使学生的内心受到高尚职业道德的熏陶和感染，从而提高自己的职业道德修养。例如，开展全国道德模范人物事迹展、模范人物事迹报告会等。

（三）在实践中提高职业道德修养

职业生活实践是职业道德产生的基础。实训实习课堂是进行职业道德教育的重要场所。教师要充分利用实训和实习课对学生进行职业道德品质的培养。例如，结合实训和实习活动培养学生对工作的责任心、忠诚感等职业道德品质。

本章重要概念

品德是道德品质的简称，是社会道德在个人身上的体现，是个体依据一定的社会道德行为规范行动时表现出来的比较稳定的心理特征和倾向。

道德认知指的是对道德规范及其执行意义的认知，是个体品德的核心部分。

道德情感是根据道德认知来评价自己或他人行为时产生的内心体验。

道德意志是一个人自觉地调节行为、克服困难以实现一定道德目的的心理过程，通常表现为个人的信心、决心和恒心。

道德行为是实现道德动机的行为意向及外部表现。

职业道德是指人们同职业活动紧密联系的符合职业特点所要求的道德品质。每一种职业都要求从业人员遵守一定的职业道德。

复习思考题

1. 简述品德与道德的区别与联系。
2. 简述品德的心理结构。
3. 简述影响学生品德形成的因素。
4. 试述如何培养学生的职业道德。

第九章 职业指导

本章主要内容

1. 职业学校职业指导的概念、功能、特点。
2. 职业学校职业指导的任务、工作内容及经典理论。
3. 职业指导的一般过程、职业生涯规划的原则、步骤和注意事项。
4. 求职准备、求职礼仪及职业适应等具体指导技术。

案例导入

据《安徽日报》报道：2023年5月24日，安徽省十四届人大常委会第二次会议上，省人社厅厅长代表省政府作了《关于保障全省产业高质量发展用工需求工作情况的报告》。该报告显示，随着安徽省经济产业的高速发展，不同行业和地区间用人需求差异较大，在保障企业用工方面还存在一些困难和挑战。一方面，就业市场技工、普工紧缺，根据人力资源市场职业供求分析，安徽省制造业对技术、技能人才需求量占总用工需求的30%左右；另一方面，劳动者对高质量就业需求提高，特别是高校毕业生等青年群体对岗位要求更高，存在选择性"就业难"。此外，安徽省人大常委会于2023年4月针对保障全省产业高质量发展用工需求问题进行的专题调研发现，在皖南某市，当地3所高校2022年毕业生本地就业率仅12.23%。另外，从2022年国考安徽报名的竞争比来看，最激烈的是铜陵市，达到84.5∶1，其次是合肥市（70∶1）、六安市（51.7∶1），最低的是蚌埠市，为21.9∶1。竞争比最高的职位是长江海事局芜湖海事局一级行政执法员（五），竞争比达到775∶1，其次是长江海事局芜湖海事局一级行政执法员（六），竞争比为571∶1，位居第三的是国家税务总局安徽省税务局一级行政执法员（三），竞争比为552.5∶1。

思考：

造成这种"用工荒"和"就业难"现象并存的原因是什么？

第一节　职业指导概述

一、职业指导的概念及含义

职业指导是帮助人们选择、准备和从事适合自己职业的过程，是采用科学方法帮助人们了解自己，根据社会职业需要和个人特点引导人们理性确定职业方向，并根据社会与家庭环境等条件培养和发展个体的生理和心理特点，为从事职业活动做准备的过程。职业指导是沟通求职者和用人单位、教育部门和社会的有效途径。

职业指导可以分为两类：一类是学校的职业指导，包括升学指导和就业指导。升学指导是指导毕业生选择深造的院校和专业；就业指导是指导学生进行就业准备、职业选择、职业适应。另一类是社会的职业指导，包括人事部门、劳动部门、新闻媒体等社会组织为人们择业、就业所进行的指导活动。本书所关注的主要是职业学校的职业指导工作。

目前，我国的职业学校职业指导可以从以下几个方面来理解：第一，职业指导是一个特殊的教育过程，本质上属于学校心理教育的范畴，是学校教育的重要组成部分；第二，职业指导的目标是让学生了解自己、学会自我设计、学会选择职业，从而为实现人职科学匹配做好心理准备；第三，职业指导的内容主要包括指导学生了解自己的职业倾向、了解职业信息，培养学生的职业意识、职业理想和职业道德，为学生提供就业咨询和服务。

总之，职业指导就是运用职业评价分析、调查访谈、心理测量方法和手段等，帮助学生认识自己的职业兴趣、职业能力与个性特点，了解社会就业形势与当前就业状况，了解社会人才需求和有关人事与劳动政策法规，并且依据市场人才供求，结合求职择业者的个人条件、求职意愿以及单位用人要求，提供咨询、指导和帮助，追求人职科学匹配的过程。

二、职业指导的功能

职业指导作为一种正式的教育活动，有着独特的功能。

（一）教育功能

职业学校职业指导是重要的教育内容之一，是通过培养职业学校学生职业素质、树立职业学校学生自身职业形象、提高职业学校学生自身职业决策能力来实现其教育功能的。通过职业指导，可以增进职业学校学生对自身、对职业、对社会的了解，从而培养和树立其正确的职业价值观、健全的职业自我形象、良好的职业决策能力。

（二）经济功能

盲目择业往往造成盲目的职业流动和人职不匹配，最终导致劳动者情绪低落、消极怠工。劳动者只有找到合适的职业，其劳动积极性和创造性才能充分发挥。通过职业指导可以帮助人们选择和从事适合自己的职业和岗位，同时也可以帮助企业找到相应工作岗位最合适的劳动者，实现最佳的人职匹配。

（三）社会功能

我国2021年有770多万职业学校毕业生（其中中等职业学校学生毕业生 3 753 709

人，高等职业学校毕业生 3 984 094 人[①]）。解决就业问题不仅关系到职业学校学生个人的生存与发展，而且关系到国家和社会的稳定与繁荣。通过职业指导，使职业学校学生选择适合自己的职业、更好发挥才能的同时，也有助于协调社会职业结构，促进国家和社会的稳定与发展。

三、职业学校职业指导的特点

（一）需求的紧迫性

由于我国中学阶段缺乏相应的职业指导活动，职业学校学生也普遍缺乏对于自我的认知，专业选择存在较大的盲目性，对将来所从事相关行业情况的了解少之又少[②]。职业学校短短三五年的学习时间，学生的发展任务繁重，加上当前不容乐观的就业形势，职业指导工作已成为职业学校非常紧迫的工作任务。

（二）活动的专业性

职业指导涉及教育、心理、法律、管理和职业学等多学科跨领域知识，因此是一项专业性要求很高的活动。职业学校学生往往缺乏相应的工作经验，面对职场既好奇又困惑，容易受他人的影响盲目跟风，这时若能给予他们专业的职业指导，就会使他们少走弯路。如美国职业指导工作一个值得借鉴的做法就是要求所有的职业咨询师必须具有美国职业咨询师资格证书并拥有丰富的职业咨询经验，以保障为学生提供从入学到毕业全过程的专业咨询服务。

（三）指导内容的综合性

职业学校职业指导除了为学生提供职业决策等方面的技术指导以外，还需要为学生提供职业教育理论指导，加上不同学生的职业指导需求不同，因此，职业指导的内容具有综合性。

（四）指导过程的长期性

很多新生对自己所学专业并不十分了解，对其专业前景也不清楚，因此，职业学校职业指导必须从新生一入学就开始，第一时间帮助学生了解专业，了解与他们所选专业相匹配的职业，使他们更好地调适自己。因此，职业学校职业指导工作是贯穿学校教育全过程的长期性工作，而不是毕业前简单的就业指导。

四、职业指导的任务

（一）帮助学生了解职业

职业是参与社会分工，利用专门的知识和技能，为社会创造物质和精神财富，从而获取合理报酬，以满足物质和精神需求的工作。职业教育目的的多样性，为学生提供了较宽的职业选择面。虽然专业课学习可以为学生未来择业奠定大方向，但是并不是每个学生都了解自己的专业和自己未来可以干什么，因此，职业指导应从入学开始，帮助学生寻找到适合自己的职业兴趣，使他们逐渐明晰自己的职业目标，将努力学习作为增强自身综合竞争力的主要途径。

---

① 中华人民共和国国家统计局. 中国统计年鉴 2022 [J]. 北京：中国统计出版社，2022.
② 徐一源，崔景贵. 近十年中职生职业生涯规划教育研究进展 [J]. 机械职业教育，2023（5）：25-29.

（二）帮助学生认识自我

认识自我是职业生涯的开端。了解自己的兴趣、能力和技能，是职业选择时必须考虑的重要条件，是关系未来职业生涯成功与否的关键因素之一。职业指导要引导职业学校学生从以下几个方面来认识自我：第一，了解自己的兴趣。兴趣若能和职业选择重合，将极大地提高工作效率，保证职业的稳定，这是职场成功的重要因素。第二，了解自己的能力。能力是完成某一活动所需的必要条件，表明你现在能干什么。职业学校学生经过系统的专业课程学习，掌握相关专业能力，是从事未来职业的核心竞争力。第三，了解自己的潜能。潜能是指尚未表现出来的能力，它预示个体未来上升空间的大小。

（三）帮助学生做好职业选择

职业选择就是个人挑选和确定自己就业的类型、就业的方向的过程，是人们真正进入社会生活领域的重要行为，也是人生的关键环节。构成职业选择的基本要素主要有三个，如表9-1所示。在进行职业选择时，要综合考量这三个要素，慎重做出决定。

表9-1 构成职业选择的基本要素

要素	影响职业选择基本要素的具体内容
职业能力	评估自身能力，选择自己能胜任的职业。
职业意向	综合考虑多种因素，包括理想、现实（社会压力、潮流）以及家庭的建议。
职业岗位	在考虑待遇、劳动强度以及社会地位等因素时，审时度势。

在指导学生进行职业选择时，需要注意以下几点：第一，要争取学以致用，只有所学与所用相符合，才能最大限度地发挥专长，在竞争中脱颖而出。第二，要注意扬长避短。第三，根据自身特点，确定合适的择业范围。

（四）帮助学生做好职业生涯规划设计

职业生涯规划是指针对个人职业选择的主观和客观因素进行分析和测定，确定个人的奋斗目标并努力实现这一目标的过程。职业定位是决定职业生涯成败的最关键的一步。首先，要系统分析自身的优缺点、能力、技能以及兴趣，明确自己想要干什么、自己能做什么，客观地评估自己的能力。其次，通过客观的测试或请教专业人士，对自己当前的状况进行测评，找准职业定位，明确就业方向。最后，为自己树立近期和远期奋斗的目标。职业生涯规划是一项系统工程，所以确定阶段性的奋斗目标会起到督促和引导作用，有助于提高职业生涯的成功率。

五、职业指导的工作内容

（一）测评职业素质

职业指导的基础工作就是了解指导对象的职业素质，这是进行职业指导的依据。因此，通过各种有效的测评工具对指导对象的身体素质、职业能力倾向、职业个性特征等职业素质进行测量和鉴定是职业指导工作的首要工作内容。

（二）提供职业信息服务

掌握丰富的职业信息是个体做出职业决策的重要条件。为了帮助职业学校学生了解职业活动特点、职业活动要求、职业需求和职业发展前景状况，职业学校职业指导的重要工作之一就是为职业学校学生提供有效的职业信息服务。职业信息服务内容十分广泛，一般包括传播职业知识、宣传就业政策、提供市场供求信息等。

（三）提供职业咨询

职业学校学生在即将进入社会、从事职业、独立生活时，往往会感到紧张，表现出不太愿意就业或对于就业不知所措的现象。即使职业学校学生对自己的职业素质和职业信息有所了解，但受多种因素的影响，他们进行职业决策时仍然可能遇到各种困难。例如，当出现了多个就业机会时该如何做出合适的职业选择，这往往使职业学校学生无所适从。因此，为职业学校学生在职业决策过程中提供职业咨询显得非常必要。

职业咨询的主要目标是：促进职业学校学生自我概念的发展；建立正确的职业观念；培养决策技能和提高适应能力。职业咨询的目的不是代替职业学校学生做出职业决策，而是运用心理咨询的技术和方法，帮助职业学校学生明确困扰自己的问题的实质，通过促进职业学校学生提高自我认识能力，引导他们自己寻找解决问题的方法和途径，以克服职业发展过程中的障碍和问题。

六、职业指导的理论

（一）金斯伯格的职业发展理论

美国职业指导专家金斯伯格（E.Ginsberg）认为，职业发展同人类的身心发展一样可以分为几个阶段，每个阶段都有不同的特点和任务。个体从童年开始就有了懵懵懂懂的职业选择，随着时代的变迁、教育和其他因素的影响，个体的职业选择也会不断变化，呈现不同的特点。职业在个人生活中是一个连续的、长期的发展过程，如果前一阶段的任务没有完成，将影响到下一阶段的成熟，最终导致错误的职业选择。

在对青少年职业选择进行深入研究的基础上，金斯伯格提出了职业发展的三个阶段，即幻想、尝试、现实三个阶段。职业发展各个阶段的心理特点及职业需求特点如表9-2所示。

表9-2　金斯伯格的职业发展三阶段

特点	幻想期 （儿童期：11岁之前）	尝试期 （过渡期：11~17岁）	现实期 （青年期：17岁~成人）
心理特点	对职业好奇且局限于自己的生活经验之内，情感色彩浓厚，冲动、盲目、不稳定	职业价值观开始形成，具有独立意识，有了基本的社会经验	能够将主观愿望和客观的条件相联系，并以此为基础寻找适合自己的职业角色
职业需求特点	凭兴趣爱好、不考虑自身条件以及社会需求等，完全处于幻想之中	不仅限于职业兴趣，更多地考虑到客观现实的因素，开始注意职业角色的社会性（如社会地位、社会需求等）	具有现实的、具体的职业目标，表现出客观性和现实性

（二）休伯的职业生涯发展理论

20世纪50年代初，许多学者开始研究职业生涯发展的问题，其中休伯（Super）的生涯发展理论是最有代表性的理论之一。休伯认为：生涯是一种连续不断、循序渐进且不可逆转的过程。生涯发展是一种有秩序、有固定形态且可以预测的动态过程。自我观念在儿童期开始发展，到了青春期变得逐渐清晰，到了成年期后转化为职业生涯的概念。他将人的生涯发展分为成长、探索、建立、维持与衰退五个阶段，每一阶段又分别包含了几个子阶段。

1. 成长阶段（0~14岁）

成长阶段对职业会经历从好奇、幻想到有兴趣，再到有意识培养职业能力的过程。这一阶段又被休伯分为三个子阶段：

（1）幻想阶段（0~10岁）：儿童对自己觉得好玩和喜爱的职业充满幻想并进行模仿。

（2）兴趣阶段（11~12岁）：儿童根据自己的兴趣理解、评价职业，开始做职业选择。

（3）能力阶段（13~14岁）：儿童开始考虑自身能力与喜爱的职业要求是否相符，并有意识地进行能力培养。

2. 探索阶段（15~24岁）

探索阶段通过社会活动探索自己的职业，形成具体化、特定化的职业偏好。这一阶段也可分为三个子阶段。

（1）试探阶段（15~17岁）：综合认识和考虑自己的兴趣、能力、价值观、就业机会等条件，并进行择业尝试。

（2）过渡阶段（18~21岁）：考虑现实状况并试图整合自我概念，进入劳动力市场，进行职业培训。

（3）尝试阶段（22~24岁）：选定工作领域，找到一份入门并维持生活的工作。

3. 建立阶段（25~44岁）

建立阶段即建立稳定职业阶段。这一阶段包含两个子阶段：

（1）尝试阶段（25~30岁）：调试原以为适合自己现在却并不十分满意的工作。

（2）稳定阶段（31~44岁）：确定职业，开始致力于稳定工作。

4. 维持阶段（45~64岁）

该阶段人们不再考虑变换职业，力求维持现有的成就和地位并避免停滞感。

5. 衰退阶段（65岁以后）

该阶段人们有意退出工作岗位，寻求新的角色和方式满足个人需求。这一阶段可分为两个子阶段：

（1）减速阶段（65~70岁）。适应生理与心理的发展特点，工作性质、速度都发生了变化。

（2）退休阶段（71岁以后）。不同的人有不同的表现。

休伯认为这些阶段之间可能有交叉，并不存在严格的界限；同时，在人生的不同时期，都可以由这五个阶段构成一个小循环。休伯把人生发展分为三个层面：第一是时间层面，即一个人的年龄或生命的历程；第二是广度层面，即一个人终其一生所扮演的各种不同角色；第三是深度层面，即一个人在扮演每个角色时投入的程度，比如有的人在工作角色上投入程度更多一些，有的人则在家庭角色上投入更多一些等。

他认为自青少年期至成人期，随着年龄的增长，个人的兴趣、价值观、需求、对父母的认同、社会资源的利用、学历以及其所处社会的职业结构、趋势、态度等现实因素对个人职业的选择愈加重要。

第二节 职业指导的技术

一、职业指导的一般过程

职业指导的目的是通过多样的手段和方法来帮助职业学校学生树立正确的就业观，选择自己理想的职业，为国家和社会合理地配置人力资源。职业指导主要包括如表9-3所示的八个过程。

表9-3 职业指导的一般过程

过程	主要观点
职业观念的培养	是职业指导工作的重点，其任务是帮职业学校学生树立正确的职业观念。
就业政策指导	是职业学校学生就业的重要依据，可以使其准确地捕捉就业机遇，避免选择中的盲目性、随意性；是择业行为规范的法规性要求。
自我评价与职业设计指导	通过谈话、观察、调查等方式，对毕业生的性格、知识能力等方面进行客观的评价，并将其反馈给毕业生，帮助他们了解自己的特点并考虑市场的需求，完善自己的职业设计。
信息咨询	是职业指导的重要内容，包括国家经济发展趋势、人才市场供需形势、毕业生供需信息发布及调查等；向学生全面系统地介绍社会职业状况、各种职业的性质和条件及发展机会等信息，帮助学生了解职业。
心理指导	建立在学生对自己心理状况充分了解的基础上，运用心理学的原理和方法，使职业学校学生保持良好的择业心态，有利于求职目标的实现，完成角色转换，确定适合自己心理特点和能力范围的职业领域。
技术指导	通过对毕业生择业技巧的指导，使毕业生掌握应聘、就业程序，掌握自荐方式和应试的有关礼仪，掌握本人的个人形象设计和与人交谈时语言、肢体语言表达等方面的方法。
创业指导	指导内容包括创业的基本知识、创业者的素质、创业的程序、创业的策略以及创业的思路等。
职业调试	针对职业选择错误的学生，帮助其寻找职业不符的原因，并帮助他们进行调试，包括职业选择与个性心理、生理素质不相符者，职业选择与个人能力、所学专业不相符者，非主观因素引起职业选择错误的学生。

二、职业生涯规划的原则与步骤

（一）职业学校学生职业生涯规划的原则

职业学校学生在确立职业生涯规划时，应遵循如下基本原则。

1. 个性化原则

每个人都有自己独立的能力系统，且各种能力的发展是不平衡的。职业生涯目标与规划因人而异，每一步都应该从自己的实际情况出发，因此，职业学校学生在进行职业生涯规划时应充分考虑自己的人格特质，制定出具有个性色彩的职业规划。

2. 专业化原则

每个职业学校学生都有自己的专业，每个专业都有一定的培养目标和就业方向，这一阶段系统学习和掌握某专业方面的知识、技能是每个职业学校学生的优势所在。用人单位在招聘过程中，首先会考虑职业学校学生所学的专业。因此，职业学校学生在进行职业生涯规划时，应尽可能坚持学以致用。

3. 开放性原则

个人是职业定位和职业生涯规划的主要角色，但这并不意味着必须由个人独立完成职业生涯规划，经常与朋友、家人、职业指导专家等交换意见、听取建议，有利于丰富和完善自己的规划。另外，还应与外界环境尽可能多地交换信息，避免信息偏差导致的误判。

4. 阶段性原则

职业发展目标往往由多个阶段性目标构成，这些目标都应有明确的时间坐标，即何时启动、何时实现这个目标需要有所设计。阶段性目标是实现最终目标的阶梯，阶段性目标的设立和实施有利于及时对目标进行评估和调整，使职业发展处于良性循环过程，为最终实现职业目标奠定基础。

5. 可行性原则

可行性原则也称可操作原则。职业生涯规划要以事实为依据，实事求是、切实可行。择业是一种社会活动，受到社会的制约；在进行个人职业定位和职业生涯规划时要兼顾个人、组织和社会三者利益，既要考虑现实的客观环境，又要结合自己的能力、特性，既要胸怀职业理想，又要脚踏实地。

(二) 职业学校学生职业生涯规划的步骤

职业学校学生职业生涯规划一般包括职业理想树立，进行自我剖析与定位，评估职业生涯机会，确定职业生涯目标，选择职业生涯路线，制定职业生涯策略并实施，对职业生涯设计进行评估、反馈与修正等步骤，每个步骤又有相应的注意事项。

1. 树立职业理想

职业理想是人们对未来职业表现出来的一种强烈的向往，是对未来职业生活的构想和规划，是可预想的、有一定实现可能性的长远目标。它反映了职业学校学生的理想、胸怀、情趣和价值观，将影响一个人的奋斗目标及成就。因此，在制定生涯规划时，首先要确立职业理想，这是制定职业生涯规划的关键，也是职业生涯中最重要的一点。

2. 自我剖析与定位

自我剖析与定位是个体职业生涯规划的基础，是能否获得可行的规划方案的前提。自我剖析就是要通过科学认知的方法和手段，对与个人相关的所有因素（职业兴趣、气质、性格、能力、价值观、认知风格）进行全面的认识，了解自己的优势与不足，弄清楚自己是谁、自己想要做什么、自己能做什么，避免设计的盲目性，以达到设计高度适宜。

3. 机会评估

机会评估是指分析内外环境因素对自己职业生涯发展会产生哪些影响。任何一个人的职业生涯都必然受到一定社会、经济、政治、文化和科技环境的影响，因此，在进行职业生涯规划时，要分析环境的特点、趋势及其与个人之间的关系，分析有利与不利的因素，明确把握职业生涯发展的机会。

4. 确定职业生涯目标

确定职业生涯目标就是明确自己想成为一个什么样的人，这是职业学校学生职业生涯发展的关键。职业生涯规划的目标设置应建立在自我剖析、机会评估和自我定位的基础上，要符合自身特点，符合组织和社会需求，目标的实现要注意长期和短期相结合。

5. 选择职业生涯路线

选择职业生涯路线是指当职业学校学生确定职业生涯目标后，选择向哪一条路线发展。由于发展路线不同，对职业发展的要求也不相同。通常职业生涯路线的选择须考虑以下三个问题：一是想往哪一条路线发展。有人认为目前主要的职业路线是从政、经商、创业，选择哪条路线要通过对自己的职业价值、职业理想、职业动机等的分析，确定自己的职业目标取向。二是能往哪一条路线发展。这要通过对自己的性格、特长、经历、学历进行分析，来确定自己的职业能力取向。三是可以往哪一条路线发展。这要通过对自己身处的社会环境、经济环境、政治环境、组织环境进行分析，来确定自己的机会取向。对于以上三个问题进行综合分析，才能确定自己的最佳职业生涯路线。

6. 制定并实施职业生涯策略

实施职业生涯策略是指为实现职业生涯目标，制订相应方案并以实际行动予以落实。在确定了职业生涯目标后，就要制订相应的行动计划来实现它们，把目标转化成具体的方案和措施并分阶段完成。

7. 评估、反馈并修正职业生涯规划

在实现职业目标的过程中，应有意识地收集相关信息和评价，不断地总结经验和教训，自觉地修正对自我的认知，适时地调整职业目标。影响职业生涯规划的因素很多，需要对职业生涯规划进行评估和调整，以便更好地符合自身发展和社会发展的需要。

三、求职准备

毕业生迈入社会是其人生的重要转折点，所以，必须调整好心态，做好充分准备，去迎接人生新的挑战。职业学校学生毕业前要从知识、技能、就业信息、自荐材料等方面做好充分的准备，为更好地步入社会、实现自我价值奠定基础。

（一）储备知识与技能

知识与技能的储备包括专业和非专业两方面。

1. 储备专业知识与技能，提高自身核心竞争力

专业知识是职业学校学生求职择业的最大资本，是企业较为看重的重要因素。扎实的专业基础、过硬的专业素质，是学生参与社会竞争的资本。因此，职业学校学生在学习过程中应注重专业知识的积累和储备，此外，要注重专业实践，充分利用好各种实践机会（如毕业实习、毕业设计等），努力将所学知识转化成专业实践能力。

2. 扩展非专业知识与技能，增强就业竞争力

非专业知识是对所学专业知识之外所学知识的统称，是构成职业学校学生知识系统不可或缺的部分，包括社会适应、人际沟通、生活常识、人文素养、待人接物的礼仪等知识。比如，对于职业学校理工科学生来说，除了专业知识外，如果还有相关的技术经验、组织管理、政策法规、社会交际、历史文化、国际政治经济等方面的知识和修养，用人单位应该更愿意招收。

(二）培养能力，提升素质

职业学校学生在走向社会前，应当尽可能地培养自身多方面的实用技能，提升自身的综合能力，以更好地适应社会。孔子在《论语》中就根据学生的个性能力来指导他们从事适宜的职业，如《论语·里仁》中提到，"不患无位，患所以立；不患莫己知，求为可知也。"告诉学生，重要的是掌握专业能力，有能够胜任职位的本领，这样才有机会得到职位，并让别人知道自己的能力。职业学校学生必备的能力和素质主要有以下几个方面。

1. 基本技能

能够精通计算机操作、操控驾驶汽车、应用现代办公设备等，已成为"现代人"工作和生活必备的基本技能。作为即将走向社会的当代职业学校学生，毕业前要积极利用好学校和家庭提供的一切条件，努力学会这些基本的实用技能，提高自身的综合素质。

2. 表达能力

语言和文字表达能力是职业学校学生必备的基本能力。在日常生活中，语言和文字具有不可替代的作用。无论是技术人员、管理人员、财会人员，还是事业单位的工作人员，表达清晰、准确很重要。能用准确、流畅的语言讲述事实、表达观点，能够撰写计划、总结、调查报告、公函等文书，是表达能力的具体体现。

3. 逻辑思维能力

逻辑思维能力是对事物进行观察、比较、分析、综合、抽象、概括、判断、推理的能力，是采用科学的逻辑方法准确而有条理地表达自己思维过程的能力。逻辑思维能力不仅是学好数学必须具备的能力，也是学好其他学科、处理日常生活问题必须具备的能力。较高水平的逻辑思维能力是高效工作的保障。

4. 实践能力

经过 3~5 年的在校学习，职业学校学生已经掌握了某个专业领域的理论知识，但由于缺少实践，进入工作岗位后有可能不能很快地适应工作，这就要求职业学校学生充分利用寒暑假及课余时间多实习、多接触实务，注重理论与实践相结合，在实践中磨炼自己的专业技能，为日后步入工作岗位奠定基础。

5. 人际沟通能力

沟通是指信息的传递和理解，人际沟通和交往是现代社会生活中每一个人都必须面对的问题。职业学校学生要积极学习人际沟通知识，始终坚持诚实守信、以诚待人的原则，把握各种交流机会，参加各类集体活动，多与他人沟通交流，不断增强自身的人际沟通能力，为走上和融入社会打好基础。

6. 创新能力

创新能力是运用知识和理论，在科学、艺术、技术和各种实践活动中不断提供具有经济价值、社会价值、生态价值的新思想、新理论、新方法和新发明的能力。学校教育虽然对职业学校学生创新能力的培养比较重视，但仍需要学生本身也关注创新能力的养成。

7. 应变能力

应变能力是指在紧急情况下处理突发事件的能力。应变能力可以通过以下途径得到培养和提高：

（1）参加富有挑战性的活动。个体在参加富有挑战性的活动时，大多会努力去解决问题、克服困难，而想尽一切办法解决问题本身就是增强人的应变能力的过程。

（2）扩大交往范围。不同的人，思想观念不一样，行为方式各异。因此，扩大交往范围，学会同各种各样的人打交道，与不同类型的人良性互动，也有助于个体应变能力的提高。

（3）加强自身的修养。应变能力强的人往往能够处变不惊、果断决策。因此，在工作、学习和日常生活中，一方面要主动锻炼自己分析问题、迅速做出决策的能力，另一方面要努力控制自己，遇事沉着冷静，培养自己的定力。

8. 团队合作能力

团队合作能力是指建立在团队的基础之上，发挥团队精神，互补互助，以达到团队最大工作效率的能力。职业学校学生应重视自身团队合作能力的培养。提升自身团队合作能力的途径很多，可以通过团队游戏活动，也可以通过团体实践活动。不论通过哪种途径培养，学习者都应注重以下方面的问题：

（1）尊重和欣赏他人。
（2）宽容和信任他人。
（3）对人热心、诚信。
（4）善于沟通，勇于担责。

（三）就业信息的收集与筛选

1. 收集有效的就业信息

就业信息是指通过各种媒介传递的有关就业方面的消息和情况，如就业政策、就业机构、用人信息、岗位要求、人才结构以及发展状况等。随着网络的发展，就业信息的来源和渠道日益增多。收集有效的就业信息是职业学校学生求职择业前的一项重要任务。职业学校学生主要通过以下几个渠道收集就业信息：

（1）学校就业指导中心和各级就业管理机构。各职业学校都设立了专门从事毕业生就业指导工作的机构，如毕业生就业指导中心以及工作处等。这些机构所提供的信息，就信息来源来说一般来自政府部门，就岗位信息而言一般是用人单位根据职业学校学科专业设置向上级人事部门申报的计划，还包括一些国家下达的就业指令性指标计划，具有权威性和可靠性。

（2）供需见面会、人才交流会及职业介绍服务机构。这些场所所容纳的毕业生需求信息量较大、专业对口性强，同时毕业生可以直接与用人单位接洽、相互了解。但求职者在参加供需见面会前要注意了解全面信息，要注意收集用人单位分发的说明材料，根据所掌握的信息随时调整应聘策略。

（3）新闻媒体。报纸、杂志、电视等传统媒体是获得信息的主要渠道。关注招聘广告时，应注意招聘单位、招聘条件等信息，同时还要留意附加条件，看清联系方式及要求。通过网络等现代化媒体获得的信息则需注意信息的真实性。

（4）用人单位。这是了解信息最直接、最准确、最及时也最具体的途径。求职者可直接询问，也可利用兼职或实习的经历亲身体验，还可在面试、面谈的过程中获得信息。

（5）社会关系。家人、亲朋好友及其他社会关系是最直接的社交范围。他们分布在各行各业，了解的社会需求信息针对性更强，信息可信度和效度都比较高。

（6）刊登求职广告。通过在媒体上刊登求职广告、在互联网上设计个人主页等方式，充分、系统地介绍自己的能力和专业特长，全方位地展示自我，便于用人单位与自己联系。

2. 筛选就业信息

毕业生接触的大量信息，有真实的，可能也会有虚假的信息混杂其中。这些信息庞杂无序，需要毕业生对所收到的信息进行整理、筛选，从中挑选出有用的信息。对用人单位信息有效性的评估主要从以下几个方面进行：

（1）就业信息的可靠性评估。在评估信息的可靠性时，首先要考虑信息来源的可靠性。一般来讲，学校就业指导中心和各级就业管理机构提供的信息可信度高，其他渠道获得的信息还需要进一步核实才能判断它的可信程度。

（2）就业信息的可用性评估。要注意用人单位对生源地、性别、学习成绩、个人素质等方面的要求，以及对户籍等条件的要求，力争真实、全面、准确地了解用人单位的意图，必要时可与信息的提供方核实情况。

（3）就业信息的时效性评估。信息很重要的一个特征就是时效性，在收集、整理和处理就业信息时一定要注意信息的有效时间，争取及早对信息做出应有的反应，正所谓"机不可失，时不再来"。

（4）就业信息的针对性评估。应该注意就业信息的针对性，适合自己的信息一定要予以重视，看信息是否与自己的兴趣、专业、爱好甚至收入、工作环境、地域要求相符，争取找到最适合自己的工作。

（四）求职礼仪

求职者的形象给面试官的印象好坏，常常关系到其能否顺利踏入社会、找到一份满意的工作。在面试过程中表现出的礼仪水平，可以反映出求职者的人品、修养等个人形象，是职业学校学生在求职过程中不可忽视的重要环节。

1. 面试的形象礼仪

合理得体的穿着打扮不仅能体现求职者良好的形象，更能反映出求职者内在的审美要求。求职者的形象设计主要涉及服饰、化妆和发型等方面。

一般正规的企业都很欣赏传统、保守的正装，求职者服饰打扮应该注意稳重、正式。应聘一般的职位不一定要穿什么时装、名牌服装，庄重、得体就好。

女士穿着要注意简洁大方，职业套装是最适合的，裙子要盖住大腿 2/3，袜子以肉色为宜。

男士穿西装应以深色为宜，注意清洁。领带的色调、图案应配合衬衣和西装。至于领带的长短，应以刚刚超过腰际皮带为好。西裤不要太窄，也不要太短。皮带的颜色以单纯黑色为宜，袜子以深色的、没有明显的图案和花纹的纯棉袜子为好。皮鞋的颜色要选黑色，这与白衬衣、深色西装一样属于最稳重、保险的色调。

另外，不可忽视不同职位对穿着的不同要求，例如应聘公关职位就要适当地注意时尚，而应聘文秘、财会职位就应与时尚拉开适当的距离。

化妆与发型也很重要。面试前，应整理仪容。女士忌浓妆艳抹，佩戴的饰物应简单朴素。男士要注意脸部清洁，忌长发、光头、中分，不要留小胡子。

2. 面试的谈话礼仪

面试谈话的目的是检验求职者是否适合求职者岗位。

如果可能，要记住谈话对方的名字和职位，以便恰当地称呼对方。谈话时，要正视对方的眼睛和眉毛之间的部位，和对方进行目光接触。认真倾听，记住说话人讲话的重点，适当做出一些反应，如点头、会意地微笑、提出相关的问题，以表示对说话者的重视。

面谈时，讲话要充满自信，回答问题时尽量详细，要按招聘人员的话题进行交谈。有的主考官会故意提一些令你感到受冒犯的问题，用来试探一下你如何对待，考查你的修养和应变的能力，此时一定要冷静，不能意气用事，拒绝回答时口气和态度一定要婉转、温和。

3. 面试的举止礼仪

形体语言指人的举止和动作，包括姿态、手势和面部表情等。在面试过程中，形体语言起着重要的作用。求职者要"站如松，坐如钟"。女士双膝和双脚要靠紧，男士两脚间可稍分开一点距离，但不宜超过肩膀。

4. 面试的时间礼仪

一般来讲，比约定时间早5～10分钟到达面试地点比较好。如果求职者有客观原因不能如约按时到场，应事先打个电话通知主考官，以免对方久等。如果已经迟到，不妨主动陈述原因，宜简洁表达。

5. 面试时需要注意的其他礼仪

（1）入室敲门。求职者进入面试室时应先敲门，敲门时要注意声音的大小和速度。正确的做法是用右手的手指关节轻轻地敲三下，问一声：我可以进来吗？待得到允许后再轻轻地推门进去。

（2）微笑示人。求职者在踏入面试室时应面露微笑，如果有多位考官应环视，以眼神向所有人致意；与考官相识之后，便要稍微收敛笑容，平静的面容有助于求职者面试成功。

（3）莫先伸手。求职者进入面试室，行握手之礼，应是主考官先伸手，然后求职者单手相应，右手热情相握。

（4）请才入座。进入面试室，如果没有指定的座位，可选择主考官对面的位子坐下。如果主考官叫你入座，求职者应该表示感谢，并坐在主考官指定的椅子上。如果椅子不舒适或正好面对阳光，求职者不得不眯着眼时，那么最好提出来。

（5）及时告辞。有些面试官以起身表示面谈的结束，另一些人则用"同你谈话我感到很愉快"这样的辞令来结束谈话。求职者要注意关注这些细节，及时起身告辞；告辞时应同面试官握手，还要将椅子放回原位，然后面带微笑地向面试官致谢。

（五）求职文书

毕业生参加各种毕业生供需双向选择见面会、人才交流洽谈会、人才资源招聘会、访问用人单位、拜托亲友帮忙时，都需要一份介绍自己的书面材料，大部分用人单位安排面试的依据也是有关毕业生情况的书面资料。因此，撰写有说服力并能吸引用人单位注意力的书面资料是赢得竞争的第一步。书面资料包括毕业生推荐表、求职信、简历等。

1. 毕业生推荐表的准备

毕业生推荐表是学校发给毕业生填写的本人情况介绍，并附有各院（系）及学校学生就业指导服务中心书面意见。该表是学校正式向用人单位推荐毕业生的书面材料，具有较高的权威性和可靠性，一般要求手写。推荐表上面的内容必须如实认真填写，字迹要清晰、整洁，不要涂改。自己可多复印几份，以备在双向选择过程中与其他材料一起送到用人单位。

2. 求职信的准备

求职信又称自我推荐书或自荐信，主要表述毕业生的主观愿望与专业特长等。求职信常以突出的个人特征与求职意向来打动招聘者。求职信不宜过长，但是要有针对性，说明自己所掌握的知识、经验和专业技能，以及与工作需求相符合的特长、性格和能力。求职信要整洁美观、言简意赅、措辞恳切、适度自信、突出个性，以达到打动用人单位的目的。求职信的内容如表9-4所示。

表9-4 求职信的内容

项目	注意事项
个人的基本情况和招聘信息来源	首先介绍个人的基本情况，其次说明获得招聘信息的来源，做到师出有名，并写明要申请的职位，开门见山地表明自己的意图。一般来说，一封求职信只应提及一个求职目标。
强调胜任某项工作的条件	求职信的核心部分，主要是向对方说明你有知识、有经验、有专业技能，有与工作要求相符的特长和性格等。特别要突出你胜任所聘岗位的特长和个性，不落俗套，能起到吸引和打动对方的作用。
凸显自我潜能	目前企业比较看重一个人的发展空间，因此，要凸显自己的潜能。
相关的证明材料	强调随时可以提供相关学习成绩单、获奖证书等资料。
面谈的愿望	强调面谈的愿望，以争取更大的机会。

3. 简历的准备

一般用人单位都通过简历筛选面试候选人，一份好的个人简历是获得面试机会的关键。对于外企，一般中文和英文简历都需附上，对于国内企业单位则不需要附英文简历。简历重在"简"，不宜过长，一般不超过两页，同时也要讲究真实性和针对性。只有这样，才能提高就业成功率。简历的内容如表9-5所示。

表9-5 简历的内容

项目	具体内容
基本情况	姓名、性别、户籍、出生日期、毕业院校、专业、学历、政治面貌、联系方式、照片等。
应聘职位	想应聘的岗位。
受教育情况	学习经历、所学课程、英语水平、计算机水平、其他培训。例如：时间＋地点＋教育（培训）项目。
实践与实习	主要指社会活动、实习或兼职经历，可填写与用人单位相关的主要实践内容。
获奖情况	例如：时间＋地点＋奖项名称。
兴趣爱好	可以展示你的品德、修养、社交能力、与人合作能力。

四、职业心理与调适

职业学校学生完成学业,从学生身份转变为现实的社会求职者,是人生的重大转折,因此,要积极转变角色、主动适应社会需要,在求职过程中要认清就业形势,正确评估自己,做好充分心理准备,以最佳的心理状态面对就业。

(一)求职前期的心理准备

1. 正视现实,客观认识自我

每个职业学校学生对自己未来的职业都有着美好的期待,但面对竞争日益激烈的就业形势,择业时要避免理想主义,及时调整就业期望值,将自己的理想与现实结合起来,不要奢望一次就能找到最理想的工作岗位,客观地认识现实以及认识自我是做好心理准备的必要前提。

2. 增强自信,全面展示自己

拥有自信心是个性成熟的表现,关系到求职的成败。面对社会的选择,要把主观愿望和客观条件结合起来,充满自信地向社会推销自我,积极培养自信乐观、自强不息、宽容豁达、开拓创新等品质,做到自尊、自爱、自强,保持乐观进取、积极健康的心态。

3. 增强竞争意识,积极应对挑战

在严峻的就业形势面前不能畏难、退缩,而要积极主动、敢于竞争、抓住机遇,特别是在面对困境或突发事件的时候要保持冷静的心态,努力想出解决问题的有效办法。

4. 调整心态并正确对待挫折

一次求职失败并不意味着被淘汰,反而是一种阅历、一种鞭策,一方面可以丰富社会知识、积累求职经验,另一方面也可以激发人的斗志、加快自强自立的转化过程。遇到挫折不要气馁,要客观冷静地分析失败原因,为迎接下一次挑战做好准备。

5. 谋求社会支持,克服不良心态

求职过程中发挥个人的独立性固然重要,但谋求社会力量的支持也很重要。当求职中出现不良心理时,尤其应求助于职业指导师、心理咨询师、辅导员或亲朋好友,在他们面前宣泄一下消极情绪,听取他们的规劝,可有效地排除不良心理。

(二)就业早期的职业适应

职业适应是指刚毕业的学生对职业环境的适应和习惯过程。每个刚踏上新工作岗位的青年学生都要经历从不适应到适应的心理过程,这一过程实际上是青年社会化不可逾越的阶段,对今后的发展与成才将产生重要影响。因此,入职初期,应尽快适应角色转换,积极主动地融入新的工作团体之中。

1. 重新定位并转换角色

所谓转换角色,是指职业学校学生转变为现实社会的求职者。学校和社会的差异很大,职业学校学生应该摆正自己的位置,客观冷静地进入职场,积极主动地应对挑战,迎接社会的选择与考验。这就要求职业学校学生从以下几个方面入手提高自身的适应性。

(1)心理适应。保持自信,有耐心与恒心;具有整体协作意识、独立工作意识、创造意识。

(2)岗位适应。调整自己的期望值和目标,做好角色定位。

(3)环境适应。认同组织文化、组织价值观、做事风格、模式。

（4）知识技能适应。善于学习、总结经验。
（5）人际关系适应。严于律己，自尊、自重、自爱。
（6）宽以待人。尊重、谦虚、互助。

2. 树立良好的形象

良好的形象会给人留下好的印象，而印象在一定程度上会对人的工作绩效产生影响，这种影响很可能会持续一段时间甚至长期不变，所以，到一个新的岗位，应十分注意自己良好的形象，特别是第一印象。具体应注意以下几点：

（1）注重仪表。要衣着整洁，仪表得体。
（2）举止文明。待人接物文明守礼，有分寸。
（3）愉快接受任务。对上级交办的任务要愉快地接受，努力去完成。
（4）认真负责，实事求是。有些职业岗位是关键性的，责任重大，要严谨认真，绝不能在上班时间擅自离开工作岗位。

3. 迅速适应新的工作

要迅速适应新岗位，可以从以下几个方面入手：

（1）勤奋学习，虚心求教，不断丰富自己的知识能力结构。
（2）积极投入，勇于承担职责。努力去承担职业工作中的责任与义务，加快对新工作的适应。
（3）不断增强自己的环境适应能力。首先是做好职业工作性质方面的适应，摆正自己在该工作中的位置。其次是做好工作环境物质条件方面的适应。最后是做好人际环境的适应。一般来说，任何一个群体都有其自身的组织特点、工作风格和职业习俗，新入职人员要学会观察、了解组织文化，遇到不理解的地方，可根据具体情况，向与自己工作联系较多的老同事咨询，然后采取恰当态度来对待。

4. 把握工作机会

试用期间是双方相互了解和考察的过程，也是让自己试一试能否胜任该职业岗位工作的过程，因此，要好好把握试用机会。一方面，努力在试用期间培养和锻炼自己。另一方面，要认真对待试用单位提出的要求，改正自身的缺点或不足，并努力在今后的工作实践中加以克服，更好地适应新的职业角色，出色完成各项工作任务。

本章重要概念

职业指导是帮助人们选择、准备和从事适合自己职业的过程，是采用科学方法帮助人们了解自己，根据社会职业需要和个人特点引导人们理性确定职业方向，并根据社会与家庭环境等条件培养和发展个体的生理和心理特点，为从事职业活动做准备的过程。

职业选择是个人挑选和确定自己就业的类型、就业的方向的过程，是人们真正进入社会生活领域的重要行为，也是人生的关键环节。构成职业选择的基本要素主要有三个，即职业能力、职业意向和职业岗位。

职业生涯规划是指针对个人职业选择的主观和客观因素进行分析和测定，确定个人的奋斗目标并努力实现这一目标的过程。

职业发展理论：职业发展同人类的身心发展一样可以分为几个阶段，每个阶段都有不同的特点和任务。金斯伯格提出了职业发展三阶段理论，休伯提出了职业生涯发展五阶段理论。

复习思考题

1. 职业学校职业指导的特点有哪些？
2. 列举职业学校职业指导的经典理论。
3. 职业学校职业指导的一般过程是什么？
4. 求职面试应注意哪些方面？
5. 如何做好入职的适应工作？

第四部分　职业学校教学心理

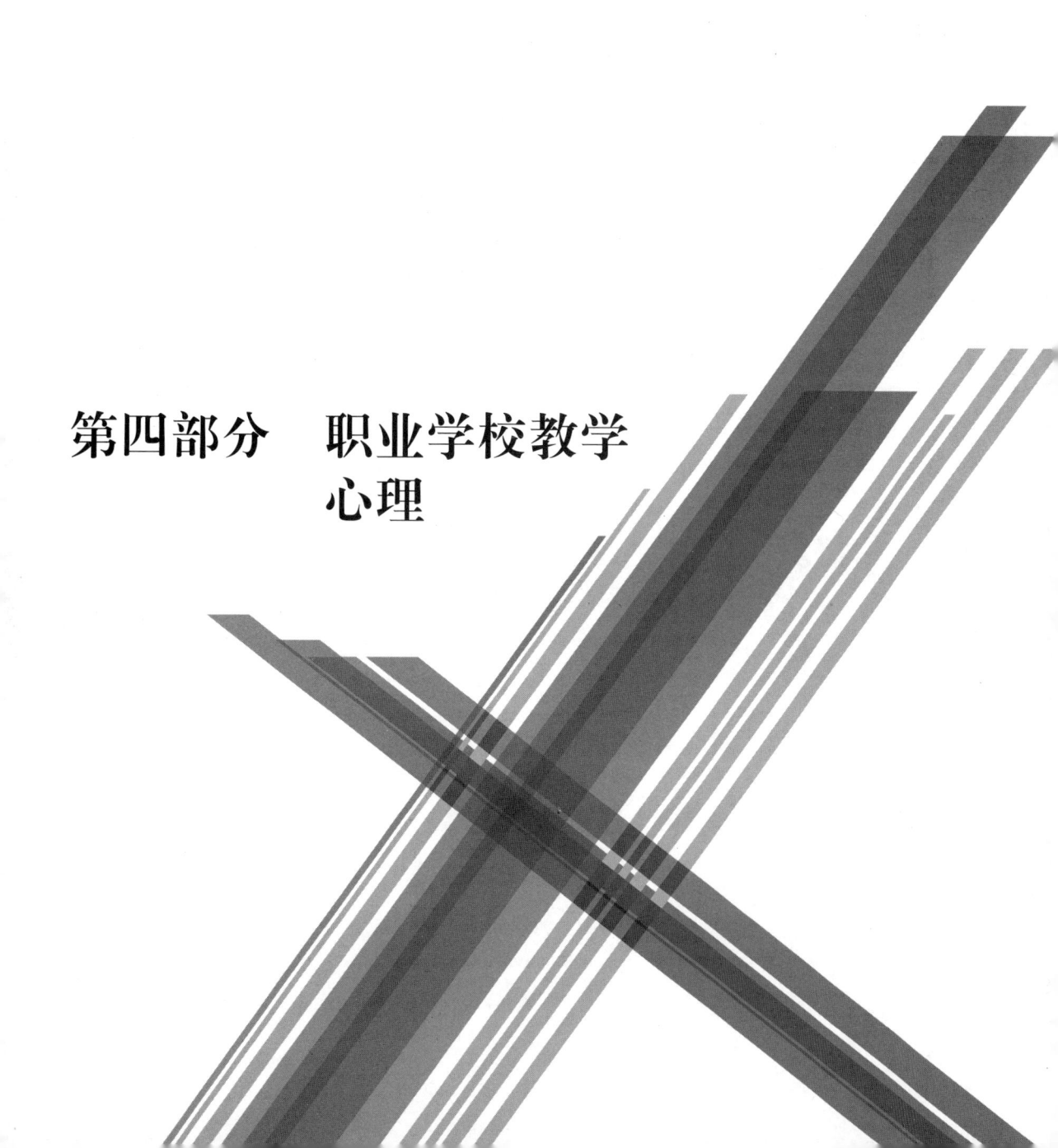

第十章
职业技术教学的基本程序与策略

本章主要内容

1. 工作分析的定义及其与职业教育课程的关系。
2. 工作分析的方法、工作分析在职业教育课程开发中的程序。
3. 教学目标的分类、教学目标设计的原则及步骤。
4. 教学过程的设计、教学方法的选择。
5. 几种不同的教学环境、课堂的管理。
6. 实训教学基地的设置、实践教学的影响因素。

案例导入

2022年6月23日,《人民日报》报道了高职学生赵庆龙的故事。赵庆龙是常州机电职业技术学院数控技术专业的一名高职生。入学后不久,学校组织大家到某液压公司厂区参观,看到数控工人可以给数控机床编写指令,生产出不同规格和性能的油缸,赵庆龙很惊讶,这也点燃了他对专业的热情。一、二年级,赵庆龙在学校打基础,既有理论课,又有实训课。实训课在校内实训基地或科教城的公共实训基地进行。公共实训基地由政府、学校和企业投资共建共享,园区内的职校都能使用这些实验设备,企业培训中心也在这里,这里的设备经常更新,从而保障了学生总能用上最新的设备。实训基地的任务由易到难,不断升级,最后还需要跟小组成员一起完成。

赵庆龙在三年中要经过三个阶段来完成学习:岗位认知、工学交替、顶岗实习。一年级的"岗位认知",赵庆龙在学校接受职业岗位认知教育,体验典型岗位。二年级的"工学交替",赵庆龙要进车间,接受全过程工学结合的培养。三年级的"顶岗实习",赵庆龙在工厂里顶岗实习。刚进车间实习时,赵庆龙跟着师傅看他如何工作。赵庆龙认为,虽然学校学的内容较广,但公司实际所用的更专,基于基础理论相通,再加上师傅边讲边练,他上手很快。

赵庆龙所在的学院与企业合作,从培养方案的顶层设计、教学安排和教材的开发等,都有企业的参与。学校采用的这种人才培养模式,不仅使企业获得了大批技术技能人才,也助推了企业的技术转型升级。

思考：
1. 相比较校内实训基地，案例中提到的公共实训基地有什么优势？
2. 企业在学校的人才培养方案制定中起到什么作用？

第一节　职业技术教学的准备

一、工作分析与职业技术教学

工作分析是人员素质测评中用来收集工作信息，为工作评价与人员录用提供依据的管理活动。工作分析是从不同个人职业生涯与职业活动的调查入手，分析工作者职务、职位、职责、任务与要素的过程，并由此确定工作的性质要求与任职条件。

近年来，也将工作分析的方法运用在职业教育课程的研究中。在职业教育的课程研究领域，工作分析既是针对某个岗位群的学校工作任务开发，又是工作导向工作分析和人员导向工作分析的统一，即工作分析专家通过"头脑风暴"式的会议研讨分析具体专业所对应的就业岗位。

工作分析在职业教育中的价值体现在以下方面。

（一）工作分析是明确专业定位和培养目标的前提

工作分析的前提是对工作岗位的清晰认识，即专业所对应的具体的工作岗位，这也是职业教育课程开发的起点。通过岗位工作分析，可以明确该专业的人才培养目标和方案，这也是专业定位的依据。

（二）工作分析是课程设置的根据

工作岗位的任务分析是工作分析的核心之一，包括工作任务的描述，如工作是如何完成的，旨在收集工作的具体职责，工作中使用的机器、工具、设备、辅助设施和材料等。基于任务来设置课程，有利于各学校根据自身实际情况，合理安排专业课程，搭建学科平台。

（三）工作分析是课程内容选择的重要参考

职业能力分析是工作分析的另一核心，包括胜任工作所需要的相关知识、具备的技能、工作要求的灵巧与正确程度、工作要求具备的相关经验等。完整的职业能力分析有利于课程内容的选择，一方面让课程内容具有实际应用性，另一方面有利于学生就业和职业生涯的发展。

（四）工作分析是教学组织设计的保障

工作分析的结果是制定工作任务与职业能力分析表，它是教学组织设计的保障，即实现将职业要素转化成课程要素进而扩展为学习要素，设计出基于学习分析的、符合学生学习过程和学校具体教学实际的、兼具教学价值的学习项目。

二、工作分析的方法

（一）观察法

观察法是由有经验的人通过直接观察，记录被观察者某一时期的工作内容和方法的活动。为了提高观察的效度，所有重要的工作内容都要记录下来，而且应选择几个对象在不同的时间内进行观察，以消除不同工作者工作行为方式上的偏见以及同一工作者在工作时间上的偏差。一般来说，观察法更适用于短时间（几分钟到几小时）的生理性工作特征的调查分析。观察法要求以标准格式的观察记录表记录观察结果。

（二）工作者自我记录法

工作者对其工作任务要求是最清楚的，该法是指由工作者本人按照标准格式及时详细地记录自己在工作中的行为与感受。

（三）主管人员分析法

该法是由主管人员来记录被管理人员的工作活动、任务、职责等。一方面主管人员对职位要求的工作技能非常清楚，另一方面主管人员以前多从事过这些工作，因此由他们进行记录工作任务、活动是比较可靠的。该方法需要跟企业进行合作。

（四）访谈法

访谈法一般适用于那些分析者不可能实际去做或直接观察困难的工作，例如飞行员、建筑师等。访谈前须细心准备访谈计划，并采用标准形式的访谈记录表进行记录。

（五）关键事例法

关键事例法是通过对实际工作中特别有效或无效的工作者行为的简短描述，来调查与分析工作的一种方式。关键事例的收集可由主管、工作者本人单独完成或两者共同完成。该方法需要跟企业进行合作。

（六）问卷法

问卷法相对于其他方法来说，花费少、收效大。有的问卷要求在工作时间内完成，完成之后由主管检查修订，当工作者与主管意见一致后才返给工作调查与分析者。问卷形式分为标准化与非标准化两种，例如职务分析问卷（PAQ）就是一种标准化问卷。

（七）文献查阅法

文献查阅法又称职业信息法。美国出版的《职业名称录》中对不同职业一一列出了四个主要特征：任务的复杂性；职业培训要求；体现职业特点的兴趣、才能和气质；身体要求和工作条件。

三、工作分析在职业教育课程开发中的程序

（一）明确工作分析的目的

首先要明确是对现有骨干专业还是对新设专业的职业岗位或职业群进行工作分析活动，由此决定工作分析的范围、对象和内容，选择合适的分析方式、方法，并弄清应当收集什么资料、从何处收集、怎样去收集。

（二）确定工作分析系统

根据工作分析的描述语言或要素维度，可以把工作分析分为工作（任务）导向性的工作分析和人员（工作者）导向性的工作分析。工作（任务）导向的工作分析系统侧重于分析提供产品和服务所需要的任务和行为，其目的直接对准工作目标、任务和其他有关工作实质性特征的事项，即以工作本身作为工作分析的出发点和落脚点，如职能工作分析方法（FJT）、任务清单分析系统（TIA）。而人员（工作者）导向的工作分析系统则强调成功完成工作任务和行为所需要的工作者的知识、经验、技能、能力和性格特征等，以任职者为工作分析的出发点，即通过了解任职者的潜质、能力和执行工作中表现出来的性向来了解工作，如职务分析问卷（PAQ）、工作要素法（JEM）。

根据不同类型的工作有针对性地选用不同的分析系统，要考虑以下几个方面情况。

1. 工作的结构

当选定的工作样本是高结构性的时候，采用工作导向性的分析系统是有效的；在工作结构性低的情况下，人员导向的分析系统较具优势。

2. 产业类型

传统产业如农业、制造业的岗位分工是非常细化的，标准化和程序化程度较高，其产品和生产工艺相对固定，以个体劳动为主，服务对象单一，采用工作导向的分析系统；而对于知识性产业，要求对外部环境的变化快速适应，工作的内容和方法始终处于变化之中，工作结果个性化，以团队合作为主，服务对象多元化，因此应采用人员导向的分析系统。

3. 某类特定人员

对某类特定人员的工作进行分析的时候，人员导向的工作分析系统是首选，如销售人员、技术人员、税务人员、会计等。

(三) 建立并培训工作分析小组

工作分析的顺利进行需要有较高的专业知识和技能要求作保证，工作分析人员的数量和专业知识、经验结构要视选定的典型工作样本、工作量而定。他们通常接受过一种或多种工作分析方法的培训。工作分析小组的人员组成可以是工作分析专家、企业专家、专业教师、企业中层管理人员、相关技术领域的专家及该专业毕业且从事相关工作的毕业生。

工作分析专家必须接受过专门的训练，掌握工作分析的专门方法和技能，能够系统地收集和分析工作信息，能够保证信息的客观公正。企业专家能提供有关工作的信息，也能保证信息的真实性和可靠性。因此专家需具备一定的条件：具有综合的职业能力，直接从事该领域的专职工作，具有良好的口头交流和书面表达能力，能与他人友好合作，不存在偏见等。

对工作分析人员要进行培训，培训的内容主要包括：对工作分析的意义、使用工具的特点进行讲解，对项目用语的标准含义、指导语、分析过程的引导与控制进行统一规定，回答成员的疑问，并对有歧义的问题予以讨论和确定。

(四) 收集工作信息

工作信息收集的内容主要包括：

(1) 工作活动，包括工作任务的描述，如工作是如何完成的，旨在收集工作的具体职责、胜任工作所需要的相关知识和技能、工作要求的灵巧与正确程度、工作要求具备的相关经验等。

(2) 工作中使用的机器、工具、设备、辅助设施和材料等，以及如何使用这些工具，即完成与设备相关的任务需要的操作技能。

(3) 工作条件，包括工作环境、劳动强度、工作背景等，其中工作环境主要是指工作的自然环境及工作的社会和心理环境，在分析活动中应重点关注劳动环境中各种有害因素和不良条件的测定，这是劳动安全保障的重要依据。

(4) 对任职者的要求，包括与工作相关的特征要求，如必要的年龄限制、所需的教育程度、作业身体姿态及特殊心理品质、态度要求等。

(五) 分析工作信息

对工作信息进行分析就是将利用各种收集信息的方法所获得的信息进行统计、分析、研究、归类的过程，以获得各种规范化的信息，如典型工作项目、任职资格要求等。首先要从收集到的信息中确定典型工作项目，并进一步分解为具体的工作职责（一般为8~12个），以行为动词加以描述，即通常我们所说的综合职业能力；然后再对每个职责进行划分，形成更为具体的工作任务（一般为 6~30 个），此时完成每项工作任务所需要的能力是专业能力，每项专业能力包括完成此工作任务需要的知识、技能、能力、态度、所需工具以及完成该任务所需要的时间和质量标准要求。专业能力完成后还需要经过该岗位工作人员的进一步认定才能保证分析结果的准确性与全面性。

（六）编制工作分析表

工作分析表是工作分析所获得信息的标准化、简洁化的文字形式，它通常包括工作名称、代表性的任务领域、单项任务、工作执行标准、任务使用的频率和难易程度等。单项任务并不是单一的专业知识和操作技能，而是与工作情境相联系的综合职业能力，如汽车发动机机械维修，是能够观察和测量且能产生产品、服务和决策之类的成果。调查所开发的工作任务模块在工作过程中使用的频率，以及掌握这个模块的难易程度，如表10-1所示。工作任务的表述应明确、具体、标准，采取"动词＋对象"的格式，如"识别和挑选零件"，避免使用"知道""理解""懂得"之类的动词。

表10-1　IT产品制造专业工作任务使用频率、难易程度分析（操作工）

任务领域	单项任务	任务行为	使用频率 高	使用频率 中	使用频率 低	难易程度 高	难易程度 中	难易程度 低
工艺方法调整 A	技术参数调整 A1	机器参数调整 A11		√		√		
	流程调整 A2			√			√	
	检验方法调整 A3			√			√	
	试生产数据统计分析 A4	收集数据 A41	√				√	
		分析数据 A42	√			√		
		得出结果 A43	√			√		
		决定是否再调整 A44	√			√		
	文件更改 A5			√				√
	原材料调整 A6			√		√		
日常生产准备 B	原材料准备 B1		√			√		
	设备工具准备 B2		√			√		
	人员准备 B3		√			√		
设备操作 C	印刷机操作 C1		√			√		
	贴片机操作 C2	设备参数调整 C21	√			√		
		设备上、下料 C22	√					√
		设备运行状态记录 C23	√				√	
		设备小故障排除 C24	√			√		
		设备产生统计记录 C25	√				√	
	点胶机操作 C3		√			√		
	回流焊炉操作 C4		√				√	
	割板机操作 C5		√				√	
	波峰焊操作 C6		√			√		
	AOI 操作 C7		√				√	
	Flying Probe C8		√			√		
	X-Ray C9		√			√		

第二节　职业技术教学的设计

教学设计是运用系统方法分析教学问题和确定教学目标，建立解决教学问题的策略方案、试行解决方案、评价试行结果和对方案进行修改的过程。教学设计理论的研究对象不是教学系统的性质，而是教学系统的设计方法；教学设计理论的研究对象也不是教学规律，而是如何使实际教学更符合教学规律的方法。

一、教学目标的设计

教学目标是教师选择教学内容，运用教学方法、教学策略、教学媒体以及调控教学环境的基本依据。教学目标具体规定教学活动的预期结果和质量要求，因而在检验、评价教学效果时必须以教学目标为基本的评价尺度，从而使教学目标具有评价教学效果的功能。教学目标能够提供给学生一个明确的方向，使学生明确通过学习要达到的具体目标，因而在学习过程中它可以有效激发学生学习的内部动力、增强学生学习的兴趣，是学生自我激励、自我评估、自我调控的重要手段。因此，确定教学目标是教学设计中最先要考虑的问题。

（一）教学目标的分类

布卢姆（Bloom，1956）认为教学目标可以分为三种类型，即认知目标、情感目标和动作技能目标，每个目标又由低级到高级分成若干层。

1. 认知目标

布卢姆认为，认知方面的目标包括知识、领会、运用、分析、综合和评价6级水平，各学习水平的定义、相应的举例如表10-2所示。

表10-2　认知目标的分类

学习水平	定义	亚类型及举例
知识	要求学生在学习情境中把某种信息储存在大脑中，以后所要做的就是回忆这些信息。知识这一类别所涉及的主要心理过程是记忆。	（1）具体的知识，是指对具体的、孤立的片段信息的回忆，如熟悉的大量词汇的一般意义、对某些特定文化中的主要事实的回忆；（2）处理事物的方式方法的知识，是指有关组织、研究、判断和批评的方式方法的知识，如了解演讲与写作中的正确形式和习惯用法、对某种作品及阅读目的作出适当判断的准则；（3）学科领域中的普遍原理和抽象概念的知识，指有关把各种现象和观念组织起来的主要观念、体系及模式的知识，如用来概括我们所接触到的生物现象的重要原理的知识、对进化论进行比较完整阐述的知识。
领会	指的是当学生要进行交流时，要求他们知道交流些什么内容，并能够利用材料或材料中所包含的观念。这里的领会是狭义的领会，它与"完全理解""完全掌握"并不是同义词。这里的领会是"用来表明理解交流内容中所含的文字信息的各种目标、行为或者反应"。	（1）转化，指个体能把交流内容转化为其他术语或转化为另一种交流形式，如把材料中的冗长部分转化成较简略或较抽象的表述的能力；（2）解释，指把交流内容作为一种观念结构来处理，如解释各种社会资料的能力；（3）推断，指根据最初交流中所描述的条件，在超出用以确定各种内涵、后果、必然结果和效果等既定资料之外的情况下，延伸各种面向或趋势的能力，如预测发展趋势的能力。

续表

学习水平	定义	亚类型及举例
运用	指在某些特定的和具体的情境里使用抽象概念。例如，把在一篇论文中使用的科学术语或概念运用到另一篇论文所讨论的各种现象中去。	
分析	将交流分解成各种组成要素或组成部分，以便弄清各种观念的有关层次，或者弄清所表达的各种观念之间的关系。	(1)要素分析，指识别某种交流所包括的各种要素，如区别事实与假设的技能；(2)关系分析，即交流内容中各种要素与组成部分的联结和相互关系的分析，如领会一个段落中各种观念之间相互关系的技能；(3)组织原理的分析，指对将交流内容组合起来的组织、系统排列和结构的分析，如识别文学艺术作品的形式和模式，使之成为理解其意义的一种手段的能力。
综合	指把各种要素和组成部分组合成一个整体。	(1)进行独特的交流，指提供一种条件，以便把自己的观点、感受和经验传递给别人，如有效地表述个人经验的能力；(2)制订计划或操作步骤，指制订一项工作计划或一项操作程序，如为某种特定的教学情境设计一个教学单元的能力；(3)推导出一套抽象关系，指确定一套抽象关系，用以对特定的资料或现象进行分类或解释，或从一套基本命题或符号表达中演绎出各种命题和关系，如作出精确的发现和概括发现的能力。
评价	为了特定目的，对材料和方法的价值作出判断。	(1)依据内在证据来判断，指依据诸如逻辑上的准确性、一致性和其他内在证据来判定信息的准确性，如指出论点中逻辑错误的能力；(2)依据外部准则来判断，指根据挑选出来的或回忆出来的准则来评价材料，如对某些特定文化中的主要理论、概括、事实进行比较。

以上 6 级目标由简单到复杂，构成金字塔式的排列。布卢姆认为较高水平的目标包含并依赖于较低水平的认知技能，这样评价水平的目标比起认知水平的目标所要求的心理操作就要复杂一些——更高水平的认知技能。同时，较高水平的目标比较低水平的目标更真实，因为它们更能代表学习者生活/工作和娱乐与其中的现实世界所要求的行为类型。

对于认知目标的评价，评价知识、领会、运用和分析水平的目标可以是是非题、简答题、匹配题以及多项选择题，综合和评价水平则比较适用于论文测验。

2. 情感目标

教学中，不仅要设置认知方面的目标，还要考虑情感方面的目标，如培养学生的兴趣、态度以及价值观等，具体内容如表 10-3 所示。

对情感目标进行评价时，可以在上课前先将这些目标用作诊断的标准，看学生把什么价值体系带到了课堂，那么，课后的评价就可以帮助估量自己在多大程度上成功地使学生的态度或价值朝预想的方向变化了。

表 10 - 3　情感目标的分类

水平	定义	亚类型及举例
接受	学习者感受到某些现象和刺激的存在，愿意接受或注意这些现象和刺激。	(1) 觉察，指学习者意识到某一情境、现象、对象或事态。与"知识"不同的是这种意识不一定能用语言来表达。例如，形成对服装、陈设、建筑物、城市设计、美好的艺术品等事物中的美感因素的意识。(2) 愿意接受，指学习者愿意承受某种特定刺激而不是去回避。例如，增强对人类需求和社会紧迫问题的敏感性。(3) 有控制的或有选择的注意，指自觉地或半自觉地从给定的各种刺激中选择一种作为注意的对象而排除其他的无关的刺激。例如，注意文学作品中记载的人类价值和对生活的判断。
反应	学习者对出现在其面前的刺激已经不只是愿意注意而是上升到积极的注意。	(1) 默认的反应，指学习者对某种外在要求、刺激作出反应，但是还存在一定的被动性。例如，愿意遵守游戏的规则。(2) 愿意的反应，指学习者对于某项行为有了相当充分的责任感并自愿去做。例如，对自己的健康和保护他人健康承担责任。(3) 满意的反应，指学习者不仅自愿做某件事，而且在做了之后会产生一种满意感。例如，从消遣性阅读中获得乐趣。
价值评价	学习者确认某种事物、现象或行为是有价值的，就是说学习者将外在价值变为他自己的价值标准，形成了某种价值观、信念，并以此来指引他的行为，其包括价值的接受、对某一价值的偏好、信奉三类。	(1) 价值的接受，即接受某种价值。例如，始终渴望形成良好的演讲和写作的能力。(2) 对某一价值的偏好，指不仅学习者接受某种价值，而且这种价值驱使着、指引着学习者的行为，同时，这种价值被学习者所追求，被学习者作为奋斗目标。例如，追求精益求精的工作精神。(3) 信奉，指个体坚定不移地信奉某种观念或事业，自己全力以赴地去实现这种他自认为有价值的观念或事业，并且他还力图使别人信奉这种观念、参与这项事业。例如，献身中华民族伟大复兴事业的理想。
组织	学习者在连续地将价值加以内化的过程中遇到各种不同的价值情境时，把各种价值组织成一个体系，确定价值之间的相互关系，确立占主导地位的和普通的价值的活动，其包括价值的概念化和价值体系的组织两类。	(1) 价值的概念化，即通过使价值特征化，使各种价值能够联系在一起。例如，试图识别所欣赏的某一艺术客体的特征。(2) 价值体系的组织，指学习者把各种价值（可能是毫无联系的价值）组成一个价值复合体，并使这些价值形成有序的关系。例如，制订一个根据活动的要求来调节自己休息的计划。
由价值或价值复合体形成的性格化	由价值或价值复合体形成的性格化，是指各种价值已经在个体内在的价值层次结构中固定下来，已经被组织成为一种内在一致的体系，长期控制个体的行为，使个体长期地以某种方式去行动，即成为他的稳定的性格特征，而不再是一种表面性的或暂时性的情绪反应。这个领域也包括两个亚类型。	(1) 泛化心向，指一种在任何特定的时候都对态度和价值体系有一种内在一致的倾向性。例如，根据事实随时准备修正判断和改变行为。(2) 性格化，指外在价值已经内化为学习者的最深层的、整体的性格，包括世界观、人生观等。

3. 动作技能目标

辛普森将动作技能目标分为七个水平，具体的含义如表 10-4 所示。

表 10-4 动作技能目标的分类

水平	定义	举例
知觉	通过感觉器官觉察客体、性质或关系的过程。	通过机器运转的声音，知道机器运转的毛病。
定式	为某种特定的行动或经验而作出的预备性调整或准备状态。	渴望熟练地操作钻床。
指导下的反应	个体在教师指导下或根据自我评价表现出来的外显的行为。	根据示范表演一种舞蹈；通过尝试各种程序，发现烫平衬衫的最有效的方法。
机制	已成为习惯的习得的反应。	混合各种原料，制作奶油蛋糕的能力。
复杂的外显反应	个人能够表现复杂的动作和行为。	演奏小提琴的技能。
适应	改变动作活动以符合新的问题情境。	通过改编已知的舞蹈技能，形成一种新的现代舞蹈。
创作	创作出新的行为方式及动作。	创造一种现代舞蹈。

评价动作技能目标可以有两种方式：一是要求学生演示该种技能，以观察其效率；二是评价学生的产品。

(二) 教学目标设计的原则

1. 确定依据的科学性

关于哪些因素制约课堂教学目标的制订或者说课堂教学目标的制订依据是什么，众说纷纭。确定教学目标的依据是多方面的，其中最主要的有三个方面，即学生的发展需要和兴趣、当代社会需要、学科的性质与特点。只有兼顾这三个方面的因素才能保证课堂教学目标确定的科学性。各要点的教学目标不一定都能达到最高层次，通常应该选择位于学生的"最近发展区"内，即能促进学生经过努力能够达到的层次要求。

2. 教学目标的系统性

所谓系统是指由若干相互联系、相互作用的部分组成的具有一定结构和机能的整体。课堂教学目标内容的系统性就是用系统论来考查教学目标，使课堂教学目标形成一个有层次结构的、整体的、动态的系统。根据课程标准的要求，教学目标应从知识与技能、过程与方法、情感态度与价值观三个方面进行设计，但各类教学目标之间是相互联系、相互促进和相互制约的，智力因素和非智力因素共同影响着学生的发展。要做到课堂教学目标的系统性，就必须使课堂教学目标本身体现出层次性、结构性、整体性与全面性。

3. 教学目标的可操作性

教学目标应是可观察、可测量的。马杰（Mager）于 1962 年根据行为主义心理学提出一个教学目标包括三个基本要素：（1）行为，即学生做出什么行为才算达到了目标。例如，"可以独立实现手动和自动布线印刷电路板的设计"等。（2）条件，即学生应在什么条件下做出这种行为。例如，"提供一张电路图，能够计算电路基本物理量"。（3）标准，即学生的这种行为应达到怎样的水平,或合格行为的最低标准。例如,市场营销专业的学生能够撰写一份市场调研问卷,其合格率不低于95%。

4. 教学目标表述的恰当性

课堂教学目标表述的要求可概括为恰当性原则。能使课堂教学目标很好地发挥其功能的表述方式即是恰当的。教学目标的表述应注意以下几个问题:

(1) 表述学生的行为,而不是老师的活动。教学目标陈述的是通过教学后学生会做或会操作什么。

(2) 表述学生的学习结果,而不是学生的学习过程。表述学生的学习结果的行为采用动词,如掌握、了解、运用等,而像讨论、观察、参与等动词所描述的行为虽然也是可观察的,但它们本身只是说明学生的学习过程中发生的行为,因而并不能用于教学目标的表述。

(3) 表述明确具体且易观察,而不是含糊不清、模棱两可。可采用"心理与行为相结合的目标"这一理论技术,先陈述一个比较笼统的总目标,再细分几个比较具体的行为目标。

(4) 表述应有层次性,而不是齐头并重。教学目标的陈述应反映学习结果的层次性,而不是所有的子目标都在一个层次上,从而才能使这节课重点突出、详略得当。

(三) 教学目标设计的步骤

1. 列举学习内容和行为

在为某个教学单元设计目标时,可以采用行为-内容矩阵表的设计方法。行为-内容矩阵表就是将所期望的学生行为和课程内容整合起来的表格,借助它,教师可以使学生达到具体目标。其具体做法是:首先确定课程的一般目标,用广义的术语加以表达。然后,将每个一般目标分为两个维度。第一个维度是学生的行为,如获得知识、理解、分析以及概况等;第二个维度是课程内容,即覆盖该课程的各个课题。以机电一体化专业"机床"为例,该课程目标是通过任务引领型的项目活动,使学生掌握电气设备控制系统运行与维护的技能和相关理论知识,能完成本专业相关岗位的工作任务。那么学生的行为就可能包括知识、看图能力(机床说明书、结构图等)、分析能力(分析性能)、操作能力(安装、调试)、判断能力(判断故障)以及形成价值观念(形成安全意识)等。课程的内容包括典型低压电器、异步电动机、双速电动机、线绕式电动机等。画出的行为-内容矩阵表如表10-5所示。

表10-5 机床课程的教学目标的行为-内容矩阵表

内容	行为				
	知识	看图能力	分析能力	操作能力	判断能力
典型低压电器	1	1	1	1	1
异步电动机	1	2	2	2	1
双速电动机	1	2	2	2	1
线绕式电动机	1	2	2	4	1
总目标数	4	7	7	9	4

2. 任务分析

当确定了某课程的所有教学目标之后，就要对每个教学目标进行任务分析。任务分析是指将目标化成各级任务，再将各级任务逐级划分成各种技能和子技能的过程。在课堂里，教师一开始要问自己："学生在达到我头脑中的最终目标之前，先得做什么？"对这个问题的解答有助于确定几种基本的技能，假设教师识别出了5种技能，那么要接着问："学生要成功掌握这5种技能，他们必须做什么？"对这个问题的解答又能使每种基本技能产生许多子技能。如此反推有助于描绘出学生成功完成目标所必须具有的所有能力。

二、教学过程的设计

教学过程是教学活动开展的过程，对教学过程的本质、功能、特点的学习和研究，有助于更好地改进教学、提高教学的有效性与效率。

（一）教学的基本要素

1. 教学对象——学生

教学活动是为学生组织的，没有学生就没有组织教学活动的必要与可能。学生是学习的主体，是教学活动的根本因素。学生这个因素主要指的是学生的身心发展水平、已有的知能结构、个性特点、能力倾向和学习前的准备情况等。

2. 教师

教师是教学活动的组织者，也是对学生进行学习的引导者。在教学活动中，学生方面必然也有时多时少的自学活动成分。但这种自学是在教师指导下的活动，仍属教学活动的组成部分，而且在教学活动中还要依靠教师来发挥主导作用。教师这个要素主要指的是教师的思想和业务水平、个性修养、教学态度、教学能力等。

3. 教学内容

教学内容是学与教相互作用过程中有意传递的主要信息，一般包括课程教学大纲、课程标准、教材选择及教案等。它规定学生在教学中所应掌握的知识、技能和体系及其思想政治方向。

职业教育的职业属性要求教学内容必须做到实用性、针对性，必须根据职业资格要求去有的放矢地选择教学内容，恰当处理好就业上岗需要及职业生涯发展需要的关系。具体来说要考虑以下几点：一是必须针对培养高技能人才的教学目标设计教学内容；二是针对性地教习职业岗位需要的技能；三是教学内容选择要注重培养学生的转岗就业能力、继续学习能力和职业生涯持续发展能力。

确定教学内容的程序一般遵从如下原则和程序：

（1）典型工作岗位确定典型工作任务。根据工作岗位中的各种工作任务选取工作过程结构完整的综合性工作任务，能较好地反映该工作岗位的主要工作内容和工作方式，能较全面反映出对完成工作任务所需要的知识、技能、职业素养、合作沟通等能力。例如，产品零件生产岗位中的工作任务有：完成零件生产加工、零件某道工序生产加工、零件返修加工等，应该选取完成零件生产加工作为典型工作任务。

（2）典型工作任务确定教学项目。典型工作任务是针对一个岗位而言的，它是设计教学项目的基础，但教学项目不一定是企业真实岗位工作任务的真实再现。岗位任务随企业劳动组织方式不同而不同，在不同的企业，相同岗位的任务内容可能不同，不同岗位的工作任务内容也可能相同。教学项目是对典型工作任务进行"教学化"处理的结果，它既不是岗位任务，也不是简单的知识学习和技能训练任务。教学项目是由教师在典型工作任务的基础上根据本校教学资源、教师状况和学生接受能力的实际设计的。至于一项典型工作任务设计几个学习任务、如何设计学习任务，这不但取决于典型工作任务所对应的岗位、产品、工艺、流程或服务对象，与学校的教学条件也有关系。

(二) 教学过程的基本阶段

教学活动总是以过程的形式展开，通常把教学过程分为教学准备阶段、教学实施阶段和教学检查评定阶段。在这三个阶段中，教学系统各要素是紧密联系在一起并相互作用的，它们共同构成了教学过程的动态运动。

1. 教学准备阶段

教学准备阶段主要是教学设计：首先要确定教学目标，其次要分析学习者特征，再次是进行教学策略和教学方法的设计，最后是教学的反馈。

职业教育的教学设计应注意以下几点：

(1) 设计适合学生发展需要的教学目标。心理学研究发现：处于"最近发展区"的教学目标能发挥教学的最大效益，促进学生的最大发展。

(2) 设计"问题性"与"应用性"相结合的教学内容。"问题性"是指教学内容应以问题为中心来组织，引发学生探究的兴趣。"应用性"是指教学内容应与实践应用相结合，使学生感到对其就业和职业生涯发展有用。

(3) 设计"自主操作性"的教学方法。自主操作能够引发学生的自主活动，发挥他们的主动积极性。通过自主操作，可以使学生的应用能力得到训练与加强。

2. 教学实施阶段

(1) 理解知识。

职业教育课程教学不是教"系统的理论知识"，而是教"系统的应用知识"。这就要求教师从实用出发，对原有的知识体系从应用的角度进行新的、系统化的改造。工作过程知识的教学不能从概念出发，要打破过去"先学后做"的习惯，采取"边学边做"或"先做后学"的方式。给学生基于职业活动的学习任务，让学生在完成任务的过程中锻炼能力、探索知识、总结经验，从而形成抽象概念。教师要学会使用行动引导教学法，设计教学内容的引入、驱动、示范、归纳、展开、讨论、解决、提高、实训等过程，引导学生兴趣，提高学习能力。

(2) 运用知识。

将所学知识经验运用于实践，是帮助学生加深对书本知识的理解、形成分析问题和解决问题能力的关键环节，尤其是在培养学生的独立性和创造性方面，有着重要的作用。

在教学过程中，教师引导学生运用知识的形式是多种多样的，有练习作业、实验、实训、实习等，另外，还可以与生产劳动、社会实践等活动联系起来，相互配合、相互促进。在指导学生运用知识时，教师应注意明确知识的目的和要求，教给学生运用知识的正确方法。

(3) 职业能力训练。

这一阶段，教师要对"能力的实训过程"进行科学设计，确定演示、实训、实习、实验的内容，做好实践教学的各项准备工作；在能力训练过程中严格按照标准，由浅到深，由简单到复杂，由单一到综合，循序渐进。教师要认真进行训练指导、严格考核，要使学生通过学习来掌握技能，特别是通过"创造我的产品"使学生更有成就感。在考核中以学生能力的最终化成果作为课程考核依据，让学生创造自己的产品。通常职业学校学生职业能力训练有：1）通用基本技能实训。包括计算机应用能力、外语应用能力、普通话水平等。2）专业基本技能。专业基本技能指专业领域内的基础性技能。3）专业技能训练。这种实训通常是根据教学进度及教学要求，安排学生到校外实习基地进行实训或在学校模拟实践。4）综合职业能力训练。可以组织学生参加职业技能大赛、相关专业技能或等级职业资格证书的考核，促进学生综合职业能力的提高。

3. 教学检查评定阶段

教学检查和评定，是保证教学过程良性循环、争取理想教学效果的重要环节。这一阶段要注意处理好以下三个问题：

（1）要确立好检查评定的标准。标准既要全面反映知识掌握、能力培养和职业道德与职业素质等内容，又要具体规定知识掌握、能力培养和素质养成的层次要求。

（2）要重视师生的自我总结与评价。

（3）要突出学生学习过程的评价。

通过检查反馈，教师可以了解学生对所学知识的掌握情况，及时采取措施，改进教学工作，提高教学效果；学生可以对自己的学习效果有明确认识，可以自觉调控学习过程，强化学习动机，增强学习能力，从而保证教学取得更好的效果。

上述教学过程反映了教学过程时间连续性的特征。各个阶段都有自己的独立地位，发挥着独特的作用，彼此之间又是有机联系、相互衔接的。在实际教学中不应把它们截然分开、孤立地进行，也不能机械地搬用，应从实际情况出发，灵活掌握。

三、教学方法的选择

教学方法是为了一定的教学目标，教师组织和引导学生进行专门内容的学习活动所采取的方式、手段和程序的总和。它包括教师的教法、学生的学法和教与学的方法。

不同的教学方法有不同的特点，适用于不同的教学任务与教学内容。在教学实践中，不同的教学方法应该结合起来使用，才能达到良好的教学效果。选择与运用教学方法应该考虑以下原则。

（一）与学生的心理特征、知识水平相适应

学生的心理特征、知识水平、学习态度、智力发展水平等常常是制约教学效率的重要因素，这些因素可统称为"学情"。教师在选择教学方法时要考虑学生的已有知识水平及心理特征，体现学生发展的具体性与特殊性，根据学生的个别差异选择不同的教学方法，才能满足促进学生个性发展的要求。

值得注意的是：教学方法是教师实现教学目标、完成教学任务的工具，不同教师在选择教学方法时会受到自身的业务水平、教学经验和个性因素的影响，在长期的教学实践中也会逐渐形成自己的教学"个性"，使教师在教学活动中习惯性地选择能够发挥自己特长的教学方法。这本身无可厚非，但教师的角色决定了教师作为学生学习的"指导者"的职责所在，也就决定了教师在教学方法的选择上不能只考虑自己的"个性"而忽视学生的学情，不能只展现自己的特长而不学习和尝试新的教学方法。总的来说，教师选择与运用教学方法应以适应学生的"学情"需要为原则。

（二）坚持启发式教学，反对注入式教学

启发式教学的精神是尊重学生的主体人格，强调指导学生的学习方法，重视学生的技能形成、能力发展和个性展示；强调运用各种方式调动学生学习的积极性、独立性、主动性和能动性，引导学生通过自己积极的学习活动掌握知识、形成技能、发展能力，促进个性健康发展。

注入式教学是指教师从主观出发，把学生置于被动地位，把学生看作"知识的容器"，教学过程只注重知识的传授，让学生生吞活剥、不加咀嚼地死记硬背，抑制了学生的思考能力与创新精神。这种教学方法既不利于学生真正领会掌握知识，又不利于其智慧的发展，是一种不科学、不民主的教学方法。

（三）与教学目标、教学内容及教学条件相适应

教学方法本身并无优劣之分，但不同的教学方法能否达到预期的效果却受到教学条件的影响，且教学方法对教学目标、教学内容的适应性也有所不同。例如，传授新知识时，概念性的内容宜选择讲授法，而阐明事物的特性、提示事物发生和发展规律则可选用演示法，操作技能的训练宜用任务教学法，等等。不同的教学阶段，教学的内容不同，需要达成的目标也不尽相同，关键在于选择、设计适宜的教学方法，以利于课程目标的达成，提高完成教学任务的效率。

不同的教学方法能否达到良好的教学效果，还受到教学环境与教学条件的制约。例如没有必要的设施与设备，学生就无法进行操作技能的训练，示范教学、任务教学等方法的实施效果将受到严重影响。但教学条件有一个逐渐完善的过程，这就要求教师在教学活动中既要充分考虑现有的教学条件对教学方法的支持力度，也要不断地自力更生，不断优化和完善教学条件，为教学方法的多样化创设条件。

四、教学设计案例——浙江信息工程学校机械制造技术专业一体化教学项目设计案例

（一）教学项目的确定

选取的典型岗位为机械安装调试岗位，选取的典型工作任务为滚齿机导轨的装配与调整。直线滚动导轨副以其定位精度高、磨损小、承载能力强、容易组装且互换性强等特性已被广泛应用于机械行业，具有机械装配岗位工作的典型性。因此教师与企业技术人员共同制定了教学项目——直线导轨副的装配与调整。

（二）明确项目学习任务和教学目标

根据所确定的教学项目，分析并明确学生在该项目中需要熟练掌握和运用的相关理论知识和操作技能等。如认知直线滚动导轨结构以及掌握直线导轨装配与调试的工艺方法是必须掌握的知识点；掌握线轨类安装与平行度调试方法是必备的技能点。如表 10 - 6 所示。

表 10-6 直线导轨副的装配与调试教学项目设计要求

学习项目	学习任务	知识点	技能点	教学标准	学校操作设备
直线导轨装配与调试	认知直线导轨	直线导轨的规格及型号。	能够根据使用要求选择相应规格型号的导轨。	了解直线导轨相关零部件名称及作用、读懂其规格型号、知道其特点、判别滑块能够滑动顺畅。	实训基地：机械安装与调试设备
		直线导轨的特点。	能够判别直线导轨是否能够正常使用，滑块滑动是否顺畅。		
	安装第一根（基准）直线导轨	直线导轨的安装步骤及工艺要求。	能够使用内六角扳手和扭力扳手正确安装直线导轨，并达到平行度要求及预紧要求。	与基准面平行度≤0.02mm；预紧力应根据被连接件的材料及内六角螺钉规格进行确定。	
	安装第二根直线导轨	直线导轨的安装步骤及工艺要求。	能够使用内六角扳手和扭力扳手正确安装直线导轨，并达到平行度要求及预紧要求。	两导轨间平行度≤0.02mm；预紧力应根据被连接件的材料及内六角螺钉规格进行确定。	
	安装结果校验调试	直线导轨的安装结果校验调试步骤及工艺要求。	能够使用等高量块和大理石量尺，配合精密的水平仪调试底座水平。	底座中凸 2～3 格。	

（三）教学项目实施环节和策略

该教学项目来自企业的真实工作任务，为了更好地让学生了解生产的实际情境和工作要求，其项目教学的完整过程应该由"企业生产认知—岗位任务认知—工学一体化教学—企业岗位任务实践"的环节来实现。促进学生对知识技能的企业需求、知识和技能的实际应用、知识和技能的学习、知识和技能的成果有全方位的真实体验，提高学习积极性，增强学习效果。

（四）具体教学设计

1. 根据教学内容和要求确定教学目标

（1）知识和技能目标。

了解直线导轨副的功能用途，掌握其相关结构组成和质量标准，会应用游标卡尺、百分表等工量具根据安装要求设计合理的安装调试工艺，会根据安装工艺在一定工时内按照检验标准完成工作任务。

（2）过程和方法目标。

能读懂工作任务书，理解工作任务书的具体要求。通过观察教师的现场操作和标准化操作视频资源总结操作技巧，形成自身的感性认知和体会，并应用在实际工作任务操作中。

（3）情感和价值观目标。

培养细致耐心观察和总结技巧经验的能力，建立合作学习的沟通理解机制，养成安全文明生产的职业素养。

2. 根据学生的基础情况确立教学重点和难点

直线导轨副的装配与调试一体化教学项目教学的重点为直线导轨副装配和调试的标准工艺的有效掌握；教学难点是直线导轨副安装与平行度调整的方法技巧。为了有效突出重点和突破难点，可以采用教师演示讲解、学生模仿操作进行实际体验和播放标准化工艺视频，学生总结工艺步骤要领等环节实现。

3. 教学准备

除设施设备和信息化资源外，最重要的是工作任务书的设计。工作任务书一般包含工作任务描述、工作任务知识点和技能点问答、工量具清单表填写、工艺卡操作工艺填写、检测标准和检测结果填写、工作任务学习体会等内容，用于整理和记录工作任务的学习和完成过程。

4. 教学实施

在教学中采取任务驱动教学法。教师引导学生清晰理解工作任务的要求，学习或复习相关知识点和技能点。对于操作过程中的一些关键步骤，教师应现场演示示范，并进行讲解要领和技巧，学生在旁边进行观摩，同时详细记录教师具体的操作步骤，以及操作中需要特别注意的问题。对于工作任务的完整性操作应播放准备好的视频，学生观看后进行工艺步骤的小结。在学生实际操作环节，要求学生填写工作任务书中相关工量具清单、工艺卡操作工艺、检测标准等内容，进一步明确工作任务的步骤和方法后开始实践。教师进行巡回性观察，对学生进行针对性指导。

5. 教学评价

在操作完成之后，学生根据检测标准进行自我评价，也可以学生之间进行互评，最后教师对学生整体的操作过程和操作结果进行点评总结，指出共性问题，特别是操作过程中职业素养问题，分析其问题的原因和改进方法。

第三节 职业技术教学的实施与课堂管理

一、课堂教学环境的创设

课堂教学环境是一种特殊的教育性的环境，与一般的环境不同。它嵌入教学中，影响教学，并通过教学影响学生的心理和行为。职业教育的教学环境比普通教育更复杂，对学生的影响更大。

（一）基本的课堂空间设计

基本的课堂座次排列是传统的纵横排列模式（见图 10-1）。这种传统的排列适用于独立的课堂作业、提问和回答，有助于学生将注意力集中于教师，使学生更容易配对学习。传统排列也最适于演示，因为学生更接近教师，增加了教师的控制和学生的被动性。但是，如果教师希望鼓励大组交流时，这个安排不是最好的选择。

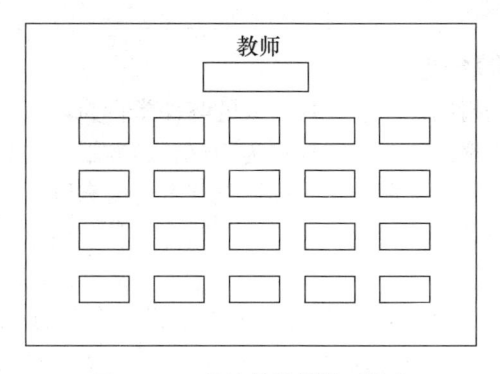

图 10-1 传统的纵横排列模式

（二）特殊的课堂空间设计

以学生为中心的、非指导的教师与以课堂为中心的、指导的教师相比，更倾向于采用非正式座次模式，如矩形、环形、马蹄形等（见图 10-2）。

矩形　　　　　　　环形　　　　　　　马蹄形

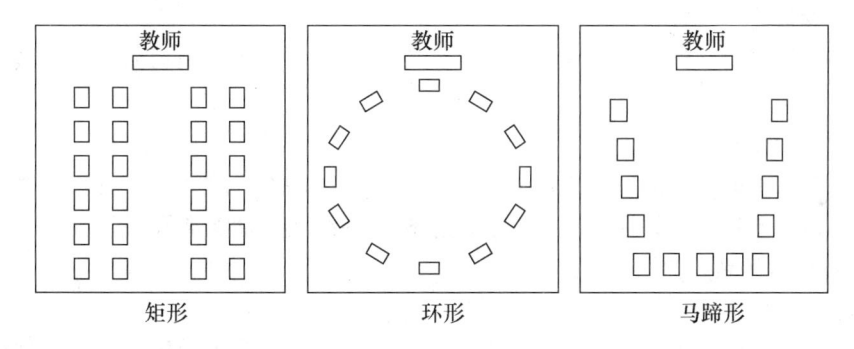

图 10-2 特殊的课堂空间形式

矩形安排容许学生相互交谈、相互帮助，但对全班讲解可能差一些，并且会使班级控制变得较困难。环形安排比较适合讨论，也可以进行课堂作业。马蹄形中，教师处于"U"字缺口的对面，与学生目光接触的频率会提高，可以让全班学生尽可能地参与课堂活动，比较适合教师和学生一道讨论研究问题。采用矩形、环形和马蹄形模式时班级规模一般不应超过 25 人，25 人以上需要使用双矩形、双环形和双马蹄形模式（见图 10-3）。

双矩形　　　　　　双环形　　　　　　双马蹄形

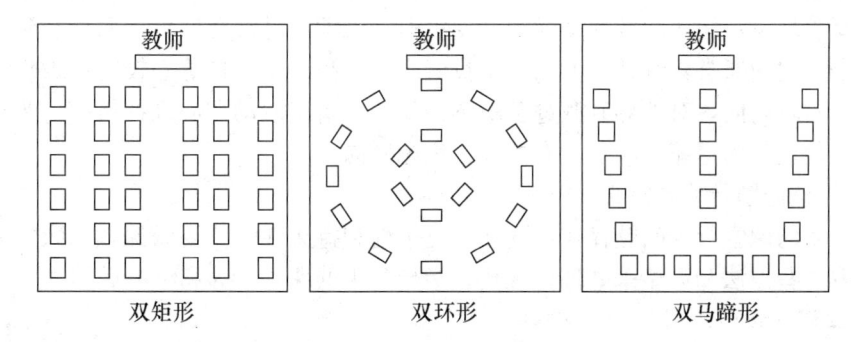

图 10-3　25 人以上特殊的课堂空间形式

二、课堂管理的实施

(一) 常见的课堂问题行为

课堂问题行为一般是指在课堂上表现出来的与课堂行为规范和教学要求不一致,并影响正常课堂秩序及教学效率的行为。这种行为不仅会影响学生的身心健康,而且常常引起课堂纪律问题,影响教学质量。职校学生的课堂问题行为有以下几类。

1. 外向性的问题行为

(1) 思维叛逆。

这些学生往往有好胜、好奇的虚荣心,独立意识和自我意识强,不愿意受成人的监护。其在校表现为:不接受老师的教导,常与老师对着干等。这类学生吸烟、喝酒、早恋现象较多。

(2) 挑衅行为。

以大欺小、以众欺寡、以强凌弱、有意伤害、重复发生是其基本特征;同时易激惹、好争辩,难与他人友好相处,有时突然发火,有时攻击与欺负别人。

(3) 缺少自控,不能自律。

行为随便,自由散漫,纪律观念不强,缺乏责任心,自我约束力差,我行我素,以自我为中心。

(4) 行为习惯不良。

包括逃学、旷课、擅离座位走动、交头接耳、做小动作、吃东西、考试作弊、吵嚷起哄、发出怪声、不带课本、注意力分散、玩手机、递纸条、随意离开课堂等。

2. 内向性的问题行为

(1) 心理缺失。

这些学生经常感到失落,容易产生退缩、孤独、紧张和悲观消沉心理,一般带有隐蔽性和持续性,主要表现如不喜欢上课、怠学、逃学、自卑、心事重重,不易控制情绪,与同学、老师不能和谐共处等。

(2) 行为反复。

其主要表现是:情绪不稳定、暴躁,不安心学习,注意力分散,经常迟到、早退,考试作弊等。

(3) 情感压抑。

其主要表现是:胆怯、敏感多疑、过度焦虑、厌学,时常受欺负,而且受到欺负时几乎从不反击,他们通常具有某些消极的自我概念或自我认识,自尊心较弱,表现出浓重的自卑感,通常较内向,对外界刺激过于敏感,易产生情绪波动和心理挫折感,为抑郁、焦虑所困扰。他们行为退缩、顺从,有抑郁、焦虑倾向。

(二) 课堂问题行为的矫正

职校学生的课堂行为问题存在普遍性、复杂性和持久性,需要做深入细致的工作。教师可以采取一些方法和策略来处理、规范、指导学生的课堂行为和学习活动。

1. 建立课堂教学规则

建立课堂教学规则,明确学生的行为准则。让每个学生都能够明确是非标准,知道什么行为是好的、什么行为是不好的,哪些行为是大家认同的、哪些行为是大家所不认同的。教师可以在开学初期与学生共同讨论，对课堂行为提出明确而具体的要求与规范，并以此作为共同遵守的准绳。

2. 明确个人规划

职业学校学生大多处在青春期，心理、智力迅速发展并逐渐成熟，对自己兴趣爱好的把握也更加清晰，对追求成功的态度也渐渐明朗。积极参与课堂学习的学生大多有个人价值实现的追求，想在所学领域获得成功。但是这一时期的学生心理状态不稳定，容易受到周围同辈群体的影响，甚至会因负面的影响而放弃追求。明确的个人规划可以引导职校学生评估自己的目标和现实之间的距离，激发自己为实现个人目标而坚持良好课堂行为的动力，防止因失去奋斗目标而迷失。

3. 合理组织教学过程

课堂教学中应尽量增加学生参与的时间，让学生在课堂上有事可做。因此教师要提供有趣、参与度高的学习内容，让学生积极参与学习。教师的教学要从学生的实际水平出发，根据学生的强项来组织自己的教学，深入浅出，可采用诙谐的语言营造民主、轻松的课堂气氛。

保持教学过程的流畅，吸引学生的注意。教师也可以将教学任务分为几个阶段，以保证学生在较短的时间内集中注意力。每个阶段的不同任务可激发学生任务探索的好奇心和任务完成的成就感。

适当的表扬可以使学生能够从听课中有所得，提高自尊心、消除焦虑、避免情绪波动，并用更加努力学习的态度对教师的帮助给予回报。

4. 恰当处理课堂问题行为

要想预先处理好课堂问题行为，就需要教师深入了解学生的思想状况和个性特点。对易出现问题行为的学生，教师在课堂上应予以密切关注，通过言语的和非言语的表达来稳定他们的情绪，调动其学习积极性。比如，跟这些学生保持视线接触，或者用提问的方式促使他们思考、集中注意力。

对于发生在教学过程中的问题行为，教师应当冷静、理智，不可冲动，更不可用体罚、讽刺挖苦、赶出教室等"以恶制恶"的方式来处理；可以适当采用中止授课策略，即立刻中止授课对该学生进行批评，但是在批评时应慎重，要避免冗长的训斥、说教，要对事不对人，而且与说理相结合，尊重学生人格，不伤害其自尊。中止授课行为应有一个中心任务（要做什么），而不应把重点放在不允许上；教师最初的中止行为虽然仅针对某个学生，但能使全班学生受到教育。教师也可以采取一些隐性的策略，如站到违规学生旁边，移走让其分心之物或提问示意等。

5. 构建合作学习小组

合作学习所倡导的学习方式强调学生的主体性，因而教师必须设法使学生成为学习的主人，促使学生意识到自己是学习的主人，自觉主动、积极地参与到学习中。

教师可以在班级中通过开班会、搞活动、讨论等方式，营造出良好的集体氛围，一方面使那些破坏课堂纪律的问题行为在班级中受到冷遇、指责，另一方面使那些表现出课堂退缩行为（如胆怯、不参与等）的学生得到同学的帮助和鼓励，在集体的良好氛围内表现出自身的长处，从而提高自信心，克服自卑感，建立良好的伙伴关系。

6. 建立和谐的师生关系

和谐的师生关系是成功课堂管理的关键因素，对于学生的精神成长有着极其重要的作用。教师在处理问题时应心态平和、要尊重学生，批评教育的时候话语应自然、风趣、热情，不宜一开口就把问题说得太重，以免学生不知所措；要善于利用学生的期待心理，充分肯定其进步，并指出其今后努力的目标。学生对比较熟悉的老师更能产生亲近感，也更有学习该课程的意愿。师生共同参与活动是增进师生感情的有效途径。记住学生的名字也会让学生觉得老师有亲和力。

7. 加强家校沟通

职校学生的问题行为与家庭教育有很大的关系，因此，教师应积极争取家长的合作，加强与家长的沟通，让家长参与学校的教育，使学校和家庭在对学生的要求和教育上保持一致，对改善学生的课堂问题行为有积极的促进作用。教师可以通过多种渠道与家长联系，如家访、请家长到学校座谈、成立家委会、打电话、网络聊天等，加强家校沟通。

8. 加强校园文化建设

从学校管理层面来说，要一切从实际出发，制定切实可行的科学管理制度，规章制度要符合职校学生的多元性特点。因此学生管理制度可具有一定的弹性，具体问题具体分析。可以将学分管理制度纳入职校学生的课堂行为管理中，制定学生课堂行为规范，并给行为规范的具体细则划定学分，符合规范则可以获得一定的学分，若出现严重违反堂课堂规范的行为时可酌情给予惩罚和扣除部分学分。在课程结构安排上，应合理调整理论课与实践课的结构比例，提高职校学生技能培养的质量，提升职校学生就业的能力。

在物理环境等方面，要努力消除影响学生情绪的各种干扰源，让室外的各种设施和室内的各种设置都能给人以美感，成为教育资源的有效组成部分。

9. 与心理辅导相结合

课堂问题行为的根本矫正不仅在于改变学生的外部行为表现，还要把良好的行为模式内化为学生的自觉意识与行动。这就要求在矫正过程中做好学生的心理辅导工作，以调整学生的自我意识，帮助学生正确认识与评价自己，从而真正转变问题行为。因此，把行为矫正与心理辅导结合起来，会收到更好的效果。

三、实训教学基地的设置

实训教学基地是为学生提供直接进行技能训练，并以技能训练为基础，融理论讲授与技能训练于一体的教学场所。

（一）实训教学基地的类型

承担基地建设的主体不同，实训教学基地有不同的特点。实训教学基地可分为以下三类。

1. 校内虚拟仿真实训基地

校内实训基地是由各职业学校自己建立、拥有产权并且为自己服务的，经费来源可能是政府财政、学习办学经费，也可能是企业或其他社会团体捐赠或赞助。

校内基地的工作情境大多属于模拟性，没有工作压力，能够形成宽松的学习环境。对比较复杂的操作过程，可以放慢速度，反复进行示范和讲解等，使学生有充分的学习机会。因此，校内实践采取更为正式的教学方法，为技术理论知识和技术实践知识的整合提供了机会，让学生进行初步的技能训练。

随着信息技术的高速发展，虚拟仿真实训作为一种创新的教育方法，正以其独特的优势被广泛应用到医学、工程和管理等领域的技能教学活动中。它通过模拟真实情境和不同场景的虚拟环境，为学习者提供了与真实应用场景相似的体验和机会，让学习者在安全的环境中进行各种实际操作和模拟练习。例如，在医学教育中，学生可以通过虚拟手术进行手术操作的练习，而不必担心对真实病人的伤害；在飞行员训练中，学员可以通过虚拟飞行模拟器进行各种飞行操作的训练，感受真实飞行的各个方面，提高技能和应对各种情况的能力。虚拟仿真实训系统还可以实时监控和分析学习者的行为、反应和表现，根据学习者的需求提供个性化的反馈和指导。学习者可以在虚拟环境中不断尝试和实践，根据反馈信息及时调整自己的行为和决策，从而更快地掌握知识和技能。

2. 校外实训基地

校外实训基地主要指企业建立的用于职业学校实践教学的基地。这种实践教学基地通常是企业的生产场地和设备整合在一起，为了满足职业学校学生实习需要，由职业学校与企业在协商的基础上共同建立的实践教学场所。

校外基地的实践教学是基于工作本位的学习过程，是在真实的情境中实施以完成真实任务为内容的教学，而工作任务具备整合理论与实践的功能，对于克服学校本位学习的僵化、无趣、与现实相脱离等弊端，对提高学生的学习兴趣，整合知识与实践知识，促进工作诀窍、默会知识的学习以及技术实践能力的发展是非常有效的。

3. 公共实训基地

公共实训基地是指经费来源主要是政府公共财政，并且为社区内所有职业学校服务的，要求向社区所有职业学校开放的实践教学基地。

某些昂贵的设备，企业和学校利用率都不太高，公共实践教学基地正好可以提供设备的共享，从而提高设备的利用率、提高投资效益。政府投入实践教学基地建设，把用于失业培训及其他与失业有关的资金用于建立公共实践教学基地，有缓解青年缺乏工作经验而失业率高的作用，是积极防御青年失业的有效办法。

党的二十大报告提出，要"统筹职业教育、高等教育、继续教育协同创新，推进职普融通、产教融合、科教融汇，优化职业教育类型定位"。学校通过与企业共建实训基地，有助于推动和加强校企合作，职业院校可以利用企业的设备资源，企业也获得了所需人才，实现人才培养与企业需求的高效对接。

(二) 校内虚拟实训基地建设的策略[①]

1. 构建逼真的学习空间

学习空间为良好的技能学习效果提供保障。情境化的学习空间既包括物理的、真实的空间，也包括虚拟的空间。

学习空间的构建应充分考虑知识与技能在生产生活中的实际应用，通过或真实或模拟或仿真的情境，提高学习空间的逼真度，以增强学生学习过程中的体验，激发学生积极探

---

① 奚军. 学习情境链视域下虚拟仿真实训基地建设策略[J]. 中国职业技术教育，2023 (11): 68-73.

索与思考的强烈动机。如利用虚拟现实技术还原危险品生产安全事故、建筑施工塌陷透水事故、能源生产爆炸事故、道路重大交通事故或酒店火灾现场等，这类场景在工作生活中很少发生，却是学习过程中必须掌握的内容。

2. 营造链式职业场景

实训教学的目的是培养学生多视角分析和解决现实问题的能力，实现职业能力与通用能力训练的完整性。实训基地是理论与实训、教学与生产相结合的教学做一体的教学场所，强调工作任务、工作场景的立体化呈现。因此，实训基地建设需要打破设备设施对技术技能培养的限制，创设多种生产或服务场景，培养学生对行业内典型生产或服务的适应性和应变能力。例如，在加工制造行业，由于设备昂贵且升级迭代快，实训基地经常以某个企业某个型号产品为主，实训过程主要是完成部分典型工作任务或某些特定功能。在此过程中虽然注重专业技能训练，但多属于重复、机械式的练习，学生所学多为对应岗位需求的显性技能，造成独立思考能力、知识迁移能力薄弱。因此，基地建设中可根据区域产业和行业特点，补充企业的真实设备模型，特别是本地企业用量排名靠前的生产设备。就汽车维修专业而言，很多院校不具备整车实训条件，仅仅提供发动机、底盘给学生熟悉内部构造。有整车实训的院校，因设备昂贵难以提供真正的拆装，更不用说提供多种品牌型号的汽车用于技能训练，因此与大型汽车集团合作，将本区域销量较大的品牌车型做成虚拟仿真实训资源能有效弥补这一缺失。基地设备的实际操作与多型号的虚拟仿真实训穿插进行，使学生经过多情境维修的实践，抽象出专业知识和技能的核心概念，以这种概念去解释实际工作中的现象，解决真实世界的问题，专业能力就夯实了。在服务类行业，酒店服务实训的单一情境常常是客房和餐饮，几张床铺、桌子和餐具，而实际的岗位有前台、客房、餐饮和营销。在基地建设过程中，可灵活利用空间创设多元情境，结合岗位特点构建空间情境链，设置一个空间作为前台和营销场地，学生为酒店设计商务、婚礼、美食节等庆典活动时，此空间变身为营销实训室，制作销售海报、布置场地、举办活动、组织餐饮或茶歇、服务礼仪等一系列技能得到训练。拆去活动设备，隔断空间即可设置成若干个前台，学生在此训练订单处理、房态维护、对客服务、仪容仪表整理、服务沟通等技能。另外，从酒店的全链条服务看，邮轮服务是重要组成部分，会用英语交流、能背诵每日一换的菜单、24小时快节奏的生活、与同伴分享自己的狭小空间等是水上酒店的特殊技能，实训基地应创设邮轮服务的情境，将学生的服务意识、服务技能培养到位。从几张床铺、几张餐桌扩张到前台、营销，再扩展出邮轮舱房、餐厅，酒店服务的情境链即告完整。邮轮生活的体验，可通过虚拟现实技术，将学生置身于摇摇晃晃的大海轮上，克服晕船的困难为客人打扫卫生、整理房间、介绍菜单、端菜服务，将实训时间延长至每天8小时，加快节奏，令学生感受真实的邮轮服务生活，同时将工作数据留在后台，供企业师傅评价和指导。

3. 营造职业素养情境

除了技术技能，耐挫力、职场沟通能力等职业素养是企业对职业院校人才培养最期望的，也是衡量职教育人效果的重要尺度。因此，在校内虚拟实训基地建设中，将毕业生刚进入职场中普遍遇到的困境编写成脚本，融入物理的、人际的、管理的情境，营造真实的生产、服务场景与氛围，在项目、任务实施的过程中，与技能实训相结合，加强学生对工作的认识，理解工作与学习的区别。例如，可借助虚拟仿真实训系统设定若干角色，使之产生工作联系，如企业内部生产岗与管理岗之间、企业甲乙方的员工之间，不同的关系创造出特殊的心理情境，或畏惧、或依赖、或凌驾，在此情境下沟通的方式方法和时间选择成为影响工作成效的关键因素。假设甲方购买一批贵重设备，夜班操作人员使用不当产生生产问题，乙方陪产人员已经休息，甲方紧急致电乙方，乙方是否接电话，铃声响几遍接电话，在睡眠被打扰的情境下如何回复对方。假设此种情况常态化发生，乙方人员如何应对，才达到解决问题而又不因态度问题被投诉等情境，以培养学生的综合职业素养。

此外，加强实训基地职业文化建设也是培养学生职业素养的重要途径。在建设实训基地时，可以把行业领域著名企业经典案例、典型人物的典型事例等信息进行整理，利用阅览室、阅读角、墙报、宣传标语或微信公众号、校园网等线下线上媒体提供给学生，以潜移默化地塑造其职业素养。

（三）实训教学微环境的布置原则

实训教学环境的布置原则，不同的专业有所不同。以自动化专业为例，实训教学环境的布置要考虑以下原则。

1. 满足课程要求

检测/校准方法对环境条件的要求是最基本的，可能涉及气象条件、动力供应与电磁环境，诸如通风、采光、结构、温度、湿度、环境噪声、气压、电源、水源、接地、防振、防电磁干扰等，需要事先对检测/校准项目逐一调研，明确每一项目的具体要求。

需要注意的是，检测/校准方法的变化有时也会导致环境条件要求的变化，因此在进行检测/校准方法变化导致的能力变化时，应考虑此因素，并就变化的要求及时与条件保障部门取得沟通。

2. 节能降耗

对于温场均匀、波动度小、控温要求高的教学实习环境，为降低实习耗能，宜将温度要求相同或接近的实习环境布置在同一楼层邻近房间，由恒温恒湿控制系统的同一机组控制。此外，加厚外墙、采用双层密封玻璃、安装闭门器等均有助于实习室恒温而达到节能的效果。

3. 人体舒适

在自然环境条件下，气温、气压、相对湿度、风速四个气象要素对人体感觉影响最大。实验室条件下，气温、气压、相对湿度的控制范围往往已在标准中作出规定，噪声、光照度等影响人体感受的因素则应在设计时予以关注。根据《工业企业噪声控制设计规范》，为防止噪声过大对实验人员听力造成的伤害，实验室背景噪声宜控制在 60dB 以下。为了可清晰地视物，既不产生视疲劳又不产生眩光，实验室内照度在 1 000～2 000lx 为宜，为此应科学选择光源类型与光源位置。没有自然采光的实验室，房间之间可采用玻璃相隔，以减少实验人员的孤独感，另外也便于值班人员巡查。

4. 安全环保

在教学实习中，安全永远是第一位的。对于有危险性的（如高压、易爆）设备，都应该有专门的保护措施。在使用焊接装置时，应该提醒学生注意烫伤。在购置各种教学实习设备时，应秉承环保原则。在使用各种高压储气瓶时，应以铁环等固定器材将其稳固在支架或墙壁上，防止因触碰而翻倒。

四、影响实践教学活动的因素

实践教学作为职业教育的一种重要类型,是通过以实践活动为主的方式使学生获得知识、技能,形成相应的态度的教学活动。

(一) 学生的主体意识

学生专业实践主体意识的培养是一个潜移默化的过程。让学生意识到专业实践对于专业能力提高的重要意义,引导学生寻找专业实习环境的途径,是非常重要的。可以通过社会专家与教学的融合,向学生讲授自己亲身实践的经验,说明社会岗位对专业能力的实际需要,使学生树立培养全面素质的意识,产生专业实践的愿望。学生通过与社会专家的交往,可以认识更多的社会业内人士,在这样的环境中,有助于培养和提高学生的求知欲和主动学习的意愿。

(二) 实践教学与社会专业岗位的融合

任何一种专业工作的完成,都是在一定的社会性和组织性的环境中进行的。校园内的实习,与社会专业岗位的能力需求有一定的距离,把实践教学与社会专业岗位的训练结合起来,有助于促进学生将课堂知识与专业岗位的需求联系起来进行思考,同时也有利于他们同业内人士进行交流和学习。

(三) 学生成绩测评机制

目前职业学校学生成绩评价多数建立在学科性评价基础之上,沿用普通教育评价模式,学生的职业素养、职业能力的评价没有得到充分的体现。可以建立学生成绩多元化评价,加大实践教学的考核。进行实践考核时,可以邀请社会专家和业内人士与学校专业教师同时践行,在测试中鼓励学生走出校园进行社会专业岗位锻炼。也可结合职业素养方面进行测评,强调过程测评,更清晰地考查学生知识、技能等综合素质情况。

(四) 教材的选择和使用

目前,不少职业学校的教材仍以知识性为主体,而不是以应用性为主体。在实践教育中,不应采取全盘拿来、照本宣科的方法,而是要采取"串珠式"的教材使用方法,以学生专业的实际操作为主线,把有价值的教学内容串起来,以满足学生专业实践能力的需求。

(五) 实践教学指导策略

1. 目标的确定

在实践教学中,教师应指导学生将知识、技能目标细化为可操作的具体目标,并给学生指出任务的难点和重点所在,说明任务大体上分几个阶段,每个阶段的具体目标和值得关注的问题。

2. 实施方案的制订

综合性的实践教学项目通常要求学生自行制订实践工作方案,落实具体的教学目标,确定实践教学的基本操作步骤。

3. 资料的收集

实践教学通常需要收集大量资料,教师应多提供资料的渠道、收集的方法等。团队实践中,还要注意指导学生进行资料收集的分工合作。

4. 社会资源的开发利用

实践教学活动,需要一定的社会资源的支撑。教师可指导学生开发利用社会资源,启发其从已有的人际网络中寻找资源，如家长、亲戚、朋友等。另外也要鼓励学生主动走向社会，学会和不熟悉的人交流，在更广泛的领域内寻求和积累社会资源。

5. 交往与合作

教师要注意引导学生学会与各种人打交道，学会交往合作，比如组织团队活动等；还应教会学生坚持人际交往中的重要原则，如诚信、求同存异、理解与宽容等。

6. 克服困难，解决问题

实践活动的困难是难免的，要指导学生克服困难。首先要与学生保持沟通，随时掌握学生的实践活动信息，了解学生学习过程中的问题；其次要培养学生的耐挫能力；最后还要鼓励学生，帮助学生认识已有成果的价值。

7. 总结成果

指导学生系统思考实践过程，使实践任务的解决方案更加清晰，个体经验得到调整，认知结构得到完善。指导学生学会用恰当的形式表达实践教学的成果，使成果形式接近职业工作岗位的标准格式。

第四节　混合式虚拟实训教学模式[①]

一、混合式虚拟实训教学的提出

随着信息技术和数字化学习水平的不断提高，人们认识到把传统学习方式的优势和数字化或网络化学习（e-Learning）的优势结合起来，优势互补，从而获得更佳的教学效果的必要性，提出了混合式教学（Blending Learning）。由于虚拟仿真技术的不断提高，混合式虚拟实训教学也开始发展起来。虚拟仿真技术是开展虚拟实训的基础，根据实现虚拟仿真技术的设备类型，可以将虚拟实训分为桌面式和沉浸式两类。其中桌面式虚拟实训是在利用个人计算机创建和呈现的虚拟环境中进行实训教学；沉浸式虚拟实训是在利用高性能计算机创建并利用VR头盔进行呈现的虚拟环境中进行实训教学。桌面式虚拟实训和沉浸式虚拟实训分别在学生自主对知识和技能学习结束后，教师引领学生对知识和技能回顾结束后开展，可大大提高迁移应用的及时性。

二、混合式虚拟实训教学模式

混合式虚拟实训教学模式是指教师通过线上和线下混合的九环节五阶段教学过程，实现学生从低阶的记忆到高阶的创新思维的培养的过程。该模式如图10-4所示。

在线上环境中，教师主要任务是引导学生自主对知识进行学习和应用练习，包括呈现问题和分析问题两个阶段。呈现问题阶段以问题导向为主线，该阶段教师需要根据真实情况创设源于生活的情境，发布到线上学习平台，并回答学生的疑问；分析问题阶段以分析问题为主线，让学生在教师指导下进行自主学习，掌握完成情境任务所需要的知识和技能，并使用桌面式虚拟实训资源进行模仿迁移应用；利用学生自制的知识图谱对学生知识内化情况进行评价。

[①] 李亚昕，冯瑞，张栋科. 面向深度学习的高职混合式虚拟实训教学模式探究［J］. 职教论坛，2022（11），58-65.

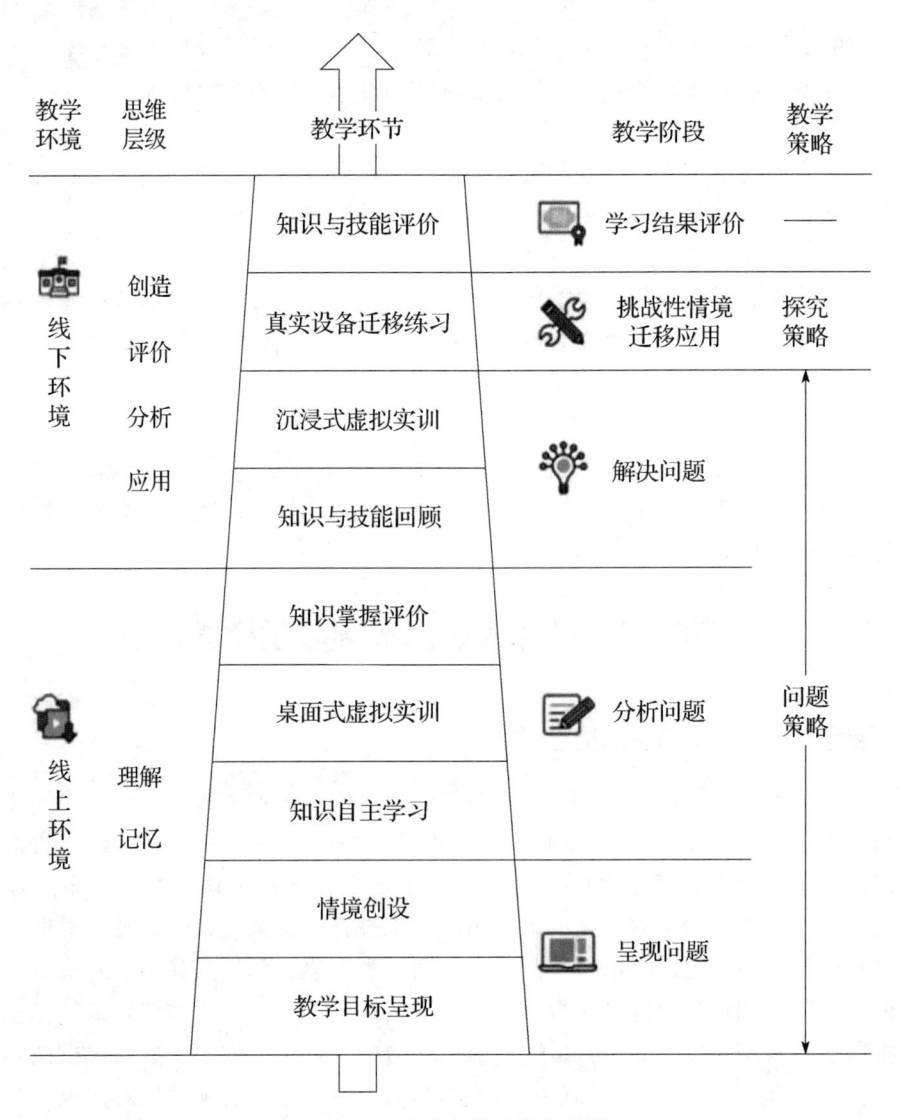

图 10-4　混合式虚拟实训教学模式

在线下环境中，教师主要任务是引导学生进行探究式学习，包括解决问题、挑战性情境迁移应用和学习结果评价三个阶段。解决问题阶段以问题解决为主线，教师引领学生进行知识和技能的回顾，指导学生利用所学知识设计情境任务的完成方案，并鼓励学生使用沉浸式虚拟实训资源对完成方案的有效性进行验证；挑战性情境迁移应用阶段以探究式学习为主，教师创建新的具有挑战性情境，并指导学生利用真实设备完成情境任务。学习结果评价阶段，教师利用测试题等形式对学生学习结果进行评价。学生的创新思维培养是在学习知识、理解知识和创造性应用知识的过程中实现。

三、混合式虚拟实训教学模式的特点

混合式虚拟实训教学模式，以线上线下为主的教学环境混合为基础，实现了实训活动、实训资源和实训评价的混合。

（一）实训活动混合

实训活动的混合表现为线上实训练习和线下实训练习的混合。线上实训练习是学生利用线上桌面式虚拟实训资源，对习得的知识和技能进行模仿操作练习；线下实训练习是学生利用沉浸式虚拟实训资源和真实设备，对设计的问题解决方案进行验证和迁移应用。

（二）实训资源的混合

实训资源的混合表现为虚拟资源和真实资源的混合。虚拟资源指的是桌面式和沉浸式虚拟实训资源，分别用于知识学习后的模仿练习和问题解决方案的验证；真实资源是利用真实设备组成的实训资源，用于培养学生创造性应用知识的能力。

（三）实训评价的混合

实训评价的混合表现为知识学习评价和实践操作评价的混合，以实现对教学结果的全面化评价。知识学习评价是利用知识图谱这一呈现知识间关系的工具，对学生知识学习结果进行评价；实践操作评价是通过学生利用真实设备解决挑战性问题的呈现，对学生实践技能进行评价。

四、实施混合式虚拟实训教学模式需要注意的问题

（一）需要明确的教学目标

教学内容分析是混合式虚拟实训教学目标设计的重要基础，是综合目标和具体目标产生的重要依据。以教学目标设计为目的，首先，需要对教学内容的知识结构、知识类型和知识转化进行分析。知识结构分析是根据知识点所包含的内容，对不同知识点之间的上位或下位逻辑关系进行分析；知识类型分析是根据陈述性知识的特点，总结出教学内容中所包含的陈述性知识；知识转化分析是利用问题解决的方法，将陈述性知识转化为程序性知识。其次，根据转化的程序性知识，总结课程所要解决的中心问题和内容。再次，以中心问题和内容为基础，总结出知识理解能力和实践操作能力两方面的综合目标。最后，从知识与技能、过程与方法、情感态度与价值观三个维度对综合目标进行细化，产生完整的教学目标。

（二）要有适当的教学策略

混合式虚拟实训教学模式中，线上环境的作用是对知识和技能进行初步学习，是开展前期、中期教学活动的环境基础。线下环境的作用是对知识和技能进行巩固学习，是开展后期教学活动的环境基础。因此，线上环境应使用问题教学策略，在呈现问题过程中增强社会临场感，让学生产生对学习共同体的认同感；在分析问题的过程中增强教学临场感，让学生对理论知识和操作技能进行初步学习；在解决问题的过程中增强教学临场感，让学生设计问题解决方案。线下环境中应使用探究策略，在练习过程中增强认知临场感，让学生自主应用所学知识和技能解决问题，从而起到巩固提高的作用。

（三）要有高质量的虚拟实训资源促进知识理解

虚拟实训的关键功能是实现知识抽象化向具象化转变，能够让学生在实践练习中促进知识学习，因此需要注重虚拟实训资源质量。这一方面需要教师十分清楚问题情境的解决流程和知识的作用原理；另一方面，还需要教师拥有较高的信息技术素养，并且能够较为熟练地应用计算机语言和开发工具。

本章重要概念

工作分析是从不同个人职业生涯与职业活动的调查入手，分析工作者职务、职位、职责、任务与要素的过程，并由此确定工作的性质要求与任职条件。

工作（任务）导向的工作分析系统侧重于分析提供产品和服务所需要的任务和行为，其目的直接对准工作目标、任务和其他有关工作实质性特征的事项，即以工作本身作为工作分析的出发点和落脚点。

人员（工作者）导向的工作分析系统强调成功完成工作任务和行为所需要的工作者的知识、经验、技能、能力和性格特征等，以任职者为工作分析的出发点，即通过了解任职者的潜质、能力和执行工作中表现出来的性向来了解工作。

教学设计是运用系统方法分析教学问题和确定教学目标，建立解决教学问题的策略方案、试行解决方案、评价试行结果和对方案进行修改的过程。

教学目标是教师选择教学内容，运用教学方法、教学策略、教学媒体以及调控教学环境的基本依据。

课堂教学环境是一种特殊的教育性的环境，与一般的环境不同。它嵌入教学中，影响教学，并通过教学影响学生的心理和行为。

课堂问题行为是指在课堂上表现出来的与课堂行为规范和教学要求不一致，并影响正常课堂秩序及教学效率的行为，主要包括外向性的问题行为和内向性的问题行为。

实训教学基地是为学生提供直接进行技能训练，并以技能训练为基础，融理论教授与技能训练于一体的教学场所。

虚拟仿真实训是指通过模拟真实情境和不同场景的虚拟环境，为学习者提供了与真实应用场景相似的体验和机会，让学习者在安全的环境中进行各种实际操作和模拟练习。虚拟仿真实训作为一种创新的教育方法，正以其独特的优势被广泛应用到医学、工程和管理等领域的技能教学活动中。

复习思考题

1. 简述工作分析在职业教育中的价值。
2. 简述工作分析的方法。
3. 简述工作分析在职业教育课程开发中的程序。
4. 简述教学目标的分类。
5. 简述如何设计教学目标。
6. 简述如何选择教学方法。
7. 简述课堂教学环境的类型。
8. 简述常见的课堂问题行为及其矫正。
9. 简述实训教学基地的类型。
10. 简述影响实践教学活动的因素。

第十一章
职业教育活动中的教学测评

本章主要内容

1. 教学测量与评价的功能和原则。
2. 教学测验的不同类型。
3. 有效教学测验的基本要求。
4. 不同类型的教学评价。
5. 职业能力的测评。

案例导入

某中职学校为了科学、客观地评价教师教学质量，提高教学水平，在以往教学评价的基础上修订了新的《中职教师教学质量评价方案》，新方案规定如下：

评价周期：教学质量每学期评价一次。

评价人员：学校成立教学质量评价领导小组，在教务处成立教学质量评价工作小组作为办事机构。各年级由学校领导、教研组组长、教师代表6~8人组成教学质量评价小组，负责本年级教师教学质量评价工作的领导和实施组织。

教学质量评价实行百分制。

评价指标体系包括五个方面：(1) 教学态度（10分）；(2) 教学基本功（10分）；(3) 教学内容（20分）；(4) 教学方法（20分）；(5) 教学效果（40分）。每个方面分别包含相应的条目进行打分。如有主持完成教学研究课题、主编并公开发表教材或教学论文、获得教学成果奖的，可适当予以加分（最高10分）。如存在师德问题，或出现过教学事故的，则扣分（最高10分）。

评价方式：评价以教师所任班级的学生和教研组组长随堂打分统计结果为基本分，由年级教学质量评价小组根据"教学质量加减指标体系"对基本分进行加减后的结果为综合分。综合分经教务处评价小组审核，学校评价领导小组审定后为最后得分。

评价程序：学期结束前两周，年级评价小组负责组织学生和教研组组长对本学期任课教师教学质量进行随堂评价，评价的方法为分别就教师的"教学态度"、"教学基本功"、"教学内容"、"教学方法"和"教学效果"五个方面进行评分。评价小组对学生打分结果进行统计，得到每位教师的基本分，再根据加减分指标体系对加减分材料进行审核、认定，计算出教师教学质量评价最终综合分，并确定等级评价结果。

评价结果：依据综合得分评定出四个等级，包括优秀（90分以上）、良好（80～89分）、合格（60～79分）、不合格（59分以下）。

激励机制：对教学质量评价结果为优秀的教师，学校发放课时津贴按照规定标准的120％核发；教学质量评价结果为不合格的教师，按照规定标准的60％核发。教学质量评价结果不合格的教师不得参加高一级职称评定，三年内两次不合格的，取消教师资格，交学校人事管理部门另行安排。

思考：
1. 该教学质量评价方案是否合理？
2. 案例中使用了哪些种类的教学评价？
3. 如何提高学生评价的准确性和客观性？
4. 如何通过学生评价真正地帮助教师改进教学效果，不断提升教学质量？

第一节 教学测量与评价概述

一、教学测量与学绩测验

教学测量是借助一定的心理量表及其操作，对学生的学习成绩进行考查，并以一定的数量来表示的考核办法。教学测量的目的在于考查教师的教学成效，即考查教学目标的完成情况。因此，教学测量的目标应以教学目标为依据，测量目标应与教学目标一致，而不能偏离教学目标。教学成效多以学生的学习成绩为直接考查依据。

由于教学成效是以学习成绩来表示的，因此教学测验又称为学绩测验。学绩测验是对个体一个阶段的学习或训练的知识、技能的发展水平的测定，就是选择能代表学习成绩的一些行为样本进行考核并做出数量分析。学绩测验是教学测量的工具和手段，教学测量是对学绩测验所得结果的客观描述。

二、教学评价

教学评价是依据教学目标，对学绩测验所得测量结果进行分析及解释。一方面，教学评价是教师依据教学目标，运用学绩测验收集数据，判明学生知识、技能、规范的掌握程度及能力与品德的形成状况的过程。另一方面，教师要根据学绩测验收集的信息对教学成败的原因进行分析，并对今后教学工作的改进方面做出明确的规定。

三、教学测量与教学评价的关系

教学测量与教学评价是两个不同的概念，但在实际工作中常被混淆和误用。教学测量是对教学效果或者学生各方面的发展予以测量和描述的过程。而教学评价是根据一定的标准，对教育事务或现象的价值进行系统的调查，在获取足够多的资料或事实的基础上做出价值分析和价值判断。因此，教学测量是教学评价的基础；而教学评价往往是教学测量过程的延续，是对测量结果的解释与应用。

四、教学测评的功能

教学测评为教学提供了大量的信息，任何教育决策的制定都必须建立在评定的基础上。政策制定者、行政人员和学校计划人员、教师和教学管理人员、学生及其家长都会受益于教学测评。教学测评有以下功能。

（一）诊断功能

通过进行教学测评，教师可以从中发现自身工作中的成功之处与需要改进的问题。第一，教师可以根据学生的学习情况分析教育目标是否恰当；第二，教师可以了解教育内容、方法及手段的选择是否适宜；第三，教师可以判断教学活动的效果与效率。

（二）反馈调节功能

通过教学测评，可以为评定教师教学状况和了解学生学习情况提供反馈信息。通过对学习和教学效果进行测量、评定和反思，教师可以准确地把握教学目标的完成情况，从而进一步修订教学内容、改进教学方法、提高教学效果。教学测评的反馈信息也有助于学生了解自己的学业状况，调整和改进自己的学习，提高自身的学习成绩和学习能力。

（三）激励功能

教学测评对教师和学生具有监督和强化作用。通过教学测评反映出教师的教学效果和学生的学习成绩，进而提高教师的教学效能感，激发学生的学习动机。评定结果往往可以作为诱因激励学生更加努力学习。

（四）管理功能

可以为教育行政部门客观地进行学校教学监督和管理提供依据，也可以为学校课程管理提供参考。根据教学测评结果，学校可以对学生进行选拔和分类指导，并为学生设计更合理的培养计划。此外，教学测评也可以为家长提供学生在校学习情况，有助于家长配合学校的教育；还可以为用人单位全面了解人才提供信息，帮助用人单位高效选聘人才。

五、教学测评的原则

教学测评实施过程中应注意以下五个原则。

（一）客观性原则

客观性原则是指在进行教学测评时，从测量的标准和方法到评价者所持有的态度，特别是最终的评价结果，都应该符合客观实际，不能主观臆断或掺入个人情感。因为教学测评的目的在于给学生的学和教师的教以客观的价值判断，如果缺乏客观性就失去了意义，会因此而导致教学决策的错误。

（二）整体性原则

整体性原则是指在进行教学测评时，要对组成教学活动的各方面做多角度、全方位的测评，而不能以点代面、一概而论。由于教学系统的复杂性和教学任务的多样化，教学质量往往从不同的侧面反映出来，表现为一个由多因素组成的综合体。因此，为了反映真实的教学效果，必须把定性评价和定量评价综合起来，相互参照，以求全面准确地判断评价客体的实际效果。

（三）指导性原则

指导性原则是指在进行教学测评时，要把评价和指导结合起来，要对测评的结果进行认真分析，从不同的角度找出因果关系，确认产生的原因，并通过及时的、具体的启发性的信息反馈，使被评价者明确今后的努力方向。

（四）科学性原则

科学性原则是指在进行教学测评时，要从教与学相统一的角度出发，以教学目标体系为依据，确定合理的统一的评价标准，认真编制、预试、修订测评工具，在此基础上，使用先进的测量手段和统计方法，依据科学的评价程序和方法，对获得的各种数据进行严格的处理。

（五）发展性原则

发展性原则是指教学测评的目的是鼓励师生、促进教学，因此教学测评应着眼于学生的学习进步和动态发展，着眼于教师的教学改进和能力提高，以调动师生的积极性、提高教学质量。

因此，编制一个有效的教学测评需要考虑信度、效度以及项目难度和区分度等多个指标，并要依据目的选择测评的类型。在具体操作过程中，要遵循相应的命题原则和评分原则。质性评价和量化评价的结合能更加全面地反映教学活动的进展和学生学习的状况，这已成为现代教学测评发展的新趋势。

第二节 教学评价

教学评价是依据教学目标对教学过程及结果进行价值判断并为教学决策服务的活动，是对教学活动现实的或潜在的价值做出判断的过程。教学评价一般包括对教学过程中教师、学生、教学内容、教学方法手段、教学环境、教学管理诸因素的评价，但主要是对学生学习效果的评价和教师教学工作过程的评价。从不同角度可以对教学评价做出不同的分类。

一、职业教育活动中常见的教学评价分类

（一）诊断性评价、形成性评价与总结性评价

从评价的时机与功能来分，教学评价一般可以分为诊断性评价、形成性评价和总结性评价三种类型。

1. 诊断性评价

诊断性评价是指在教学活动开始前，对评价对象的学习准备程度做出鉴定，以便采取相应措施使教学计划顺利、有效实施而进行的评价。诊断性评价的实施时间，一般在课程、学期、学年开始或教学过程中需要的时候。诊断性评价的作用主要表现在三个方面：一是确定学生的学习准备情况，明确学生发展的起点水平，为设计教学活动提供依据；二是识别学生的发展差异，适当安置学生；三是诊断个别学生在发展上的特殊障碍，作为采取补救措施的依据。

2. 形成性评价

形成性评价是在教学过程中了解学习进展，发现学习和教学问题，为调节和完善教学活动，保证教学目标得以实现而进行的评价，也称为过程性评价。形成性评价的内容可以是学习结果、学习态度、学习方法、学习速度等，还可以是影响学习的因素。例如，单元

测试就是形成性评价的形式之一。大多数情况下，形成性评价强调学习过程与方法的反馈与指导，关心学生对学习活动本身的理解与感受，有利于学生学习能力的提高。

3. 总结性评价

总结性评价也称结果评价，是以预先设定的教学目标为基准，对评价对象达成目标的程度即教学效果做出评价。总结性评价注重考查学生掌握某门学科的整体程度，概括水平较高，测验内容范围较广，常在学期中或学期末进行，次数较少。总结性评价可以考查学生群体或每个学生整体的发展水平，为各种选拔、评优提供参考依据，还可以总体把握学生掌握知识、技能的程度和能力发展水平，为教师和学生确定后续教学起点提供依据。

(二) 相对评价和绝对评价

根据教学评价资料的处理方式和标准，可以将评价分为相对评价（参照评价）和绝对评价（标准参照评价）。

1. 相对评价（参照评价）

相对评价也叫参照评价，它没有明确的评价标准，通常通过对被评价者进行比较来确定其知识、技能水平的高低或进步与否。相对评价常用于对学生进行筛选、选拔、编班和奖惩等。常见的相对评价有常模参照评价和内差评价。

常模参照评价指在某一团体中确定一个基准，将团体中的个体与基准进行比较，从而评出其在团体中的相对位置的评价。用来进行比较的基准就叫常模，可用作参照常模的有平均值、众数和中数等。一般地，评价时以学生所在团体的平均成绩作为参照标准（即所谓常模），根据其在团体中的相对位置或名次来报告评价结果。

内差评价是通过个人自身历史情况的比较，对其进行评价的方法。这种方法有助于个别化指导和控制学习过程，也有利于培养学生自我调控和自学能力。

2. 绝对评价（标准参照评价）

绝对评价，又叫标准参照评价，是根据事先在被评价对象的集合以外确定的客观标准来评价学生对专业知识和技能的掌握程度。标准参照评价能用来鉴定学生的基础知识与技能的学习情况，了解其哪些学得较好、哪些没有学好，以便补救。因此，标准参照评价主要用于对基本知识、基本技能的评价，用于诊断及个别指导。职业资格考试、技术等级考核、上岗考核、英语水平考试等就属于绝对评价。

(三) 自我评价与他人评价

根据评价的实施者，可以将评价分为自我评价和他人评价。

1. 自我评价

自我评价指被评价者自己参照评价指标体系对自己的活动状况或发展状况进行自我鉴定。自我评价实质上就是评价对象自我认识、自我分析、自我提高的过程。开展自我评价时，要特别注意对自我评价者的引导，并把自评和他评结合起来。

2. 他人评价

他人评价是指由其他有关方面的人员对评价对象所实施的评价。他人评价包括：教师评价、师傅或主管评价、同学或同事评价、服务对象评价和家长评价等。在他人评价中，能否在评价主体之间建立和谐的关系是决定他人评价成效的关键。

二、职业教育教学活动中常用的评价方法

(一) 测验

测验就是教师或研究者运用数量化的方法对学生某方面的发展特点或学习结果进行测定和评价。测验的分类标准不同，其名称也不同。例如，根据测验的标准化程度可分为标准化测验和自编测验；按照施测的方式可以分为个别测验和团体测验；按照测验内容的表达方式可分为纸笔测验和操作测验；按照测验的内容可分为智力测验、能力测验、人格测验、学业成就测验等；按照测验的功能可分为诊断测验、预测测验、成就测验、速度测验、描述测验和难度测验等。对于测验评价技术的具体内容将在本章第三节详细介绍。

(二) 非测验的评价技术

在实际教育中，纸笔测验并不是收集资料的唯一途径。教师还可使用许多非测验的评价技术，尤其是职业教育领域和情感领域的教学评价更需要采用非纸笔测验。

1. 观察

通过教学过程中的非正式观察，教师也能够收集到大量的关于学生学业成就的信息。这种观察不只限于智能的发展，还包括学生生理、社会和情绪的发展。为了确保观察的有效性，教师应注意自然地对学生进行全面系统地观察，然后客观、详细地记录下观察信息。

(1) 行为检查单。教师可以使用检查单来记录其在教学中的观察结果。

(2) 轶事记录。轶事记录是描述所观察的事件。但是，轶事记录比较费时，而且也很难排除主观偏见。

(3) 等级评价量表。等级评价量表对于连续性的行为可能更为有效。

2. 案卷分析

案卷分析是一种常用的评价策略，其内容主要是按照一定标准收集起来的学生认知活动的成果。例如，根据学生家庭作业、课堂练习、论文、日记、手工制作等作品，对学生的认知活动等进行判断和决策。

在教学实践中，教师可以根据不同测评目的，选择使用代表作案卷、成长案卷或过程案卷。代表作案卷为学生的最佳作品。成长案卷收集的是学生在同一学习目标上不同时期的作品。过程案卷强调学生在某几个重要作品上的多次草稿和终稿，比如毕业设计的反复修改及最终稿。

3. 情感评价

许多时候，教师有必要针对学生的情绪、学习动机、个人观点等进行评价。

三、教学评价中应注意的事项

(一) 尊重学生的个体差异

教学评价中应关注学生的个体差异，能及时为学生提供反馈和信息，诊断并激励学生学习，帮助学生发现学习中存在的问题，促进学生个性发展。在教学过程中，应用平等的态度对待每个学生，根据每个学生的发展特点和性格，因材施教。在教学评价中应有针对性地设置不同难度的题目让不同层次的学生回答，根据不同学生学习需要体现出差异化教学，促进学生在各自水平上的发展。

(二）重视对过程的评价

在教学评价中，教师除了注重对"知识与技能"结果的考查外，还应重视对学习过程的评价、学生理解和掌握知识和技能过程的评价，以及发现问题和解决问题能力的过程评价。如在开展小组探究学习活动过程中，教师可以对学生的学习习惯、参与活动的投入程度、创新性思维、灵活应用知识、方法思考和解决问题的水平、合作意识等进行评价，结合学生特点，激励学生学习。

（三）注意多种评价方式有机结合

评价实施中应合理利用评价的鉴别、诊断、激励等功能，定量评价与定性评价、形成性评价与总结性评价、自我评价与他人评价、测验与非测验技术相结合，全面、清晰地反映学生的发展状况，增强评价的客观性与民主性，发现学生学习过程中存在的问题，使学生最大限度地接受评价结果，而不是把评价结果强加于学生。

（四）注意教学评价方式与职业技能的适配性

有些测评（特别是高级技能测评）对任务情境性要求较高，有些测评（较低级技能的测评）对任务情境性要求较低。因此，在设计技能评价方案时，要充分考虑职业领域的工作情境和完成任务的行动类型的差异。对开放性和独创性要求较高的设计与对话行动特点的职业（如护士、工艺美术等）要关注工作过程评价、预留设计空间。对于目的理性行动特点的职业，虽然影响工作过程的因素很少，但不可忽略对工作过程或方案设计的评价，特别要关注工作过程规范性、安全性及方案设计合理性等方面的考查。以人为服务对象的服务类职业的技能评价强调情境性、认知或技能导向型评价方法，宜采用情境性的综合理论考试＋口试或技能考试；以技术为服务对象的服务类职业的技能评价强调情境性、认知和技能导向型评价方法，宜采用情境性试题的综合理论考试，辅之以技能考试和（或）口试。对"目的理性行动"主导的职业（专业）如数控加工等，可采用情境性的、完整行动导向型的技能评价方法，考核其从明确任务、制订计划、做出决策的角度探讨完成技术任务的过程，同时以操作技能考试作为辅助；对"设计与对话行动"主导的职业（专业）如营销、汽车维修等，可采用情境性的、认知或技能导向型技能评价方法，同时以口试作为辅助[①]。

四、教学评价的发展趋势

自提出"互联网＋"概念以来，我国各领域纷纷引入互联网技术并与本领域技术结合，实现了技术革新和产能升级。互联网技术也给我国的教育行业注入了新鲜血液，在"互联网＋"技术与教学过程不断结合的背景之下，线上形式的教学评价逐步融入学校和家庭教育之中。

首先，在信息技术的支持下，评价的结果更加科学可靠。教师编制试卷的工作量明显减少且试卷准确度显著提高，智能化组卷可自由选择试卷的题型构成和难度分布，自动评估试卷的总体难度，相比于传统方法，更加科学、省时、省力，且可上传至云空间，实现问卷数据化储存、共享。试卷的阅卷结果同样可以进行数据化储存，方便教师进行大量试卷管理。其次，学习过程的评价更加客观、全面、准确。大数据、互联网等技术采取全过

[①] 黄方慧，赵志群．不同职业类别的职业技能评价方法研究［J］．职教论坛，2022（12）：56-63．

程数据，包括但不限于学习过程中的专注度、互动程度、任务完成时间等，实现学习者的个性化分析，助力教师的教学评价工作。再者，传统教学评价方法对于学生的纵向发展往往依靠教师的主观判断，或者根据固定几个时间点的成绩进行比较，而大数据技术能保存学生先前的多种数据与现阶段数据，并将二者进行全方位比较分析，实现全方位综合纵向比较，对学生的进步或退步有更加客观的了解。最后，评价更加全面。评价内容多维化，除学生的学业知识水平外，创新精神、劳动技能等也被纳入考察范围，对学生的整体素质进行全方位考量；评价主体多维化，在信息技术的支持下，学校、家长、学生都是评价的主体，形成完整的评价链条，评价来自多方面，有助于各方根据总体评价调整自己的教学或学习状态。信息技术与教育的融合，发展出了一系列提升教学评价整体过程的全面性、科学性、客观性的应用技术，对教育行业响应国家号召，提升素质教育水平起到巨大作用。

除上述信息技术教学评价方法外，成果档案袋也是新发展起来的一种评价方法。该方法要求学生自己收集足以反映自身学习经历和成果的作品，撰写学习心路历程，并用一定的方法进行展示和讲解，该方法强调展示什么成果由学生自己决定，因此教师在原则上不可以对学生的决定进行干预。这种评价方法的操作步骤：提前给学生创建个人成果档案袋网页，由学生不断在网页上添加新的内容，同时其他学生也可以自由浏览学习，学生先将成果统一上交到教师的个人网页，教师进行评分，完成后学生再整合至个人网页中。该方法与其他传统方法的最大不同在于：提供了学生自我认知学习过程、成果的视角，通过这一过程加强学生的成就感、责任感，甚至帮助学生认识到自己未来的发展方向，调整学习状态。

第三节　教学测验

教学测验是测量教学中一个行为样本的系统程序，即通过观察少数具有代表性的行为或现象来量化描述人们的心理特征。

一、教学测验的类型

（一）标准化成就测验

标准化成就测验是指由专家或学者们所编制的适用于大规模范围内评定个体学业成就水平的测验。常见的如高考、英语四六级考试、省市联考等。其特点是：测验是由专门机构或专家学者按一定测验理论和技术，根据全国或某一地区所有学校的共同教育目标来编制的。所有受试人所做的试题、时限等施测条件相同，计分手段和分数的解释完全相同。正因为此，标准化成就测验具有如下优点：

（1）计划性。专家在编制标准化测验时，已经考虑到了所需的时间，因此标准化测验比课堂测验更具计划性。比如，全国计算机等级考试的题目类型及具体测验题目都是在专家考虑、分析了计算机课程及有关部门的建议下确定的。

（2）客观性。多数情况下，标准化测验比教师自编测验更客观。标准化测验能比较全面地考虑造成误差的各种因素，并最大限度地降低这些因素的影响。

（3）可比性。标准化测验具有统一的参照标准，使得不同的考试分数具有可比性。标准化测验有助于将单个学生的分数与标准化样本进行比较，以便弄清楚学生在某特定领域的优势和劣势。

标准化成就测验在很多方面卓有成效，但也存在下面一些局限：

（1）与学习内容契合度较低。实际教学情境中，标准化测验与学校课程内容的关系往往不是十分对应。一方面，标准化成就测验检测的内容有可能不是教师讲授的重点内容，这时标准化成就测验不可能测量某个课程所有的知识和技能，其结果就不能有效地反映学生的学习成绩与教师的教学效果。另一方面，教师很有可能为了提高学生在测验中的成绩而以测验为中心开展教学。

（2）使用条件严格，测验结果解释力有限。标准化测验要求被测试者在所有重要方面尽可能接近总体人群的平均水平。这说明，标准化测验的分数不是绝对正确的，解释分数和与其他人做比较时需要谨慎对待。

伴随计算机技术的进步，标准化测验计算机化成为新趋势，计算机化的适应性测验（Computerized Adaptive Testing System，CATSYS）应运而生。计算机化的适应性测验不仅是纸笔测验的呈现器，而是运用最先进的信息技术来改革测验工具和模式，利用计算机的优点使之成为一种测验工具。计算机在测验生成、组织测验和进行测试后分析等方面已经成为教师的优良工具，但是计算机化的适应性测验的含义不仅局限于此。计算机化的适应性测验将多个富有创造性的测验特性结合在一起，它能根据被测试者当前正确和错误所反映的情况，来变化后面若干测试项目的难度，以此来决定被测试者的水平。因此，只要一个较短的测验就能提供与较长的传统测验相同的评定结果。并且，计算机化的适应性测验产生的测验更清晰，更易于作答，因此也更为测验者所青睐。计算机适应性测验在选题上很有特色。一方面，测验将安排大量的题目类型来测量同一种心理特质，教师把大量组织好的试题连同对试卷的要求（题目范围、难易程度、类型、预计测验时间等）都存放在计算机的题库管理系统中，形成计算机化的题库；另一方面，测验能够根据受测者的反映情况，自动选择难度适合答题者的题目。这样，测验可以在较短的时间内取得满意的结果。能力高的受测者不必在简单的题目上浪费时间，而能力稍差的受测者也不用完成他无法答出的题目。良好的适应性测验在分数的解释和管理方面也很简便。测验不仅可以解释某名学生在每个分量表上的表现，而且能够随时对他在每一道题目上的作答情况进行分析，以便决定下面题目的难度。由于使用了计算机，它不仅可以迅速完成对学生的能力和缺陷的分析，还能对试卷编制水平、教学情况等教育信息进行系列分析，为提高测试水平和教育质量创造了条件。对于计算机化的适应性测验，心理学的研究主要探讨了影响测验成绩的因素和人机对话的问题。例如，计算机的反馈信息，应该在什么时间提供，详细到何种程度；计算机化测验的信度和效度；在计算机测验中，各种题目类型的适宜性；怎样提高受测者（尤其是低学业成就学生）的答题动机等[①]。

仿真技术以及虚拟仿真技术与技能测验的结合使得虚拟仿真测评也成为职业技能测评的发展趋势。虚拟仿真测评常见的做法是将职业测评标准或专家技能操作信息作为评价标准注入测评系统，让被测评者通过仿真系统或虚拟仿真系统进行模拟操作，对照两者的操作信息，即可做出相应的技能操作评定。仿真测评或者虚拟仿真测评系统往往与训练系统

---

① 陈琦，刘儒德. 当代教育心理学（第三版）[M]. 北京：北京师范大学出版社，2019：428-429.

结合在一起发挥教学功能，极大地提高了职业技能训练与测评效率。制约仿真测评系统的主要因素来自职业技能标准的有效性和可靠性，测评系统所依据的算法的先进程度，还有职业技能的复杂程度。

（二）教师自编测验

教师自编测验是由教师根据具体的教学目标、教材内容和测验目的自己编制的测验，是为特定的教学服务的。教师自编测验通常用于测量学生的学习状况，而标准化成就测验则用来判断学生与常模相比时所处的水平。

1. 测验前的计划

（1）确定测验的目的。测验是用于形成性目标还是总结性目标抑或是为了诊断学困生？不同的测验目标，决定了测验长度和题目的取样，也会影响测验题型，因此，教师在编制测验前必须解决此问题。

（2）确定测验要考查的学习结果。教师必须依据特定的教学目标和布卢姆及其他心理学家划分的教学目标等级来编制测验。如果在教学前就明确了教学目标，则考试重点也应围绕教学目标。

（3）列出测验要包括的课程内容。

（4）写下考试计划或细目表。

（5）针对计划测量的学习结果，选择适合的题型。

2. 自编测验的类型

（1）客观题。

客观题具有良好的结构，对学生的反应限制较多。学生的回答只有对、错之分，因此教师评分也就只可能是得分或失分。这类题目包括选择题、是非题、匹配题和填空题等。

（2）主观题。

主观题要求学生自己组织材料，并采用合适的方式陈述出来。这类题型包括论述题及问题解决题。

1）论述题。论述题指要求学生用文字论述方式阐述相关观点的题目，回答字数可以从几段到几页不等，一般较常使用的有两种类型，即有限制的问答题和开放式论述题。有限制的问答题，是指教师对回答的内容和长度都有规定，如平时测验中的简答题等。论述题可以测验学生的知识理解或运用水平，也可考查学生的分析、综合、类比和评估知识的能力，还可以考查学生组织信息或表达、陈述某项意见的能力。

2）问题解决题。问题解决题是向学生提供一定的问题情境和目标情境，要求学生通过对知识和技能进行选择、组织等复杂的活动来解决问题。其通常有两种形式：一种是间接测验，与前面提到的几种测验形式一样，采用纸笔测验来评价学生的学业成就或能力；另一种是操作测验，是指通过对被测试者进行实际操作，检测其技能、能力等方面的测试方法。操作测验主要应用于技能评估、职业资格认证等领域，可以通过测试结果对技能学习者的技能学习情况进行反馈，也可以对其技能水平做出评估，从而为企业提供技能培训、人才选拔等方面的参考依据。在职业教育活动中，操作测验多用于检查学生技能掌握情况及理论联系实际的能力。操作测验一般通过现场操作、加工零件、测绘部件、计算机操作等来进行。操作测验的内容一般包括：产品质量、操作速度、操作程序、动作规范性、工作态度、应变能力等。操作测验不能仅仅停留于对操作方法的测评，更要重视操作过程的评定，如操作是否规范、程序是否合理、是否注意安全以及是否注意节约原材料，是否养成文明生产习惯等，这些均是劳动者必备的职业素质和职业道德。

操作测验可以通过操作观察的方式进行测评。在测验之前，需要根据工作分析及教学目标制订用于直接观察记录学生实际操作与学习行为的操作观察表。操作观察表要求简明而有条理地记录学生操作的过程、方法与结果等。如果操作观察是为教学提供反馈的，还可以在观察的基础上做进一步的评价和建议。有关操作观察的内容将在本章第四节做详细介绍。

二、教学测验的基本要求及注意事项

任何教学的测量都需要良好的效度、信度、难度和区分度作保证。

（一）效度

测验的效度指的是测量的正确性和有效性，即它能够测出所要测量的心理特质与行为特征的程度，这是对测量工具的最基本的要求。衡量一个测量工具有没有效，就是看它所测量的是不是它所要测的内容。换言之，效度指测验能在多大程度上达到测量目的。例如，以磅秤量体重是有效的，但如果用它测量身高就是无效的。在编制教学测验时，首先必须考虑其效度。

考查效度的方法很多，根据其侧重的问题不同，可将测验的效度分为三类，即内容效度、构想效度、实证效度。

1. 内容效度

内容效度指测验题目对有关内容或行为范围取样的适当性，也就是测验所选的项目是否符合所要测量的东西，其代表性是否适当。例如，教师要了解学生对某一学科知识的掌握情况，理想做法是对所有内容进行全面测查。但通常情况下，教师往往仅从中选择部分内容编成测验试卷进行测查，根据对学生的测查结果推断其掌握全部知识内容的情况。因此，选择出来组成试卷的内容的代表性，会直接影响对学生掌握全部知识内容的推论。要编制内容效度高的测验，必须注意以下两点：

第一，要有一个定义完好的内容范围，即对测量目标应有一个明确的界定。对学绩测验而言，它所要测量的是学生能力的形成状况，而能力是概括化和系统化了的知识和技能。因此，在编制学绩测验题目时，应依据教学内容和教学目标，对能力结构中的知识因素和技能因素进行综合测量。

第二，取样应具有代表性。也就是说，要根据教学内容和教学要求的重要性来选择题目，而非随机取样，以使选出的题目能包含所测内容范围的主要方面，并使各方面题目比例适当。学绩测验尤其强调取样的适当性。但是有的教师编制测验的随意性很大，不注意取样的策略，或者出自己感兴趣的题目，或者觉得怎么方便就怎么出题，或者为难倒学生而出一些偏题、怪题。这样编出来的测验内容缺乏代表性，其内容效度必然很低。

确定内容效度通常是请有关学科专家和有经验的教师对课程标准和教科书作全面考察，并与测验题目作系统比较，看测验题目是否适当地代表了所规定的内容。如果测验题目具有较好的代表性，说明该测验具有较好的内容效度。

2. 构想效度

构想效度是最重要的效度指标之一，是指衡量一个测验测量出理论上的构想或特质的程度。换句话说，构想效度是一个测验的分数可以由一个适合的理论解释其结构的程度，其目的在于用心理学的理论观点对测验的结果加以解释及探讨。当测验的目的是用来测量能力、创造力、人格等抽象而带有假定性的特质或结构时，我们就应重点考虑测验的构想效度。

确定构想效度的步骤：第一，建立理论框架，以便解释学生在测验中的表现。第二，根据理论框架，推导出与理论框架有关的各种测验成绩的假设。第三，以逻辑和实证的方法验证假设，如果通过分析发现测验结果与假设比较吻合，则说明测验具有较高的构想效度；否则，可能假设有错误，或者测验本身存在问题，需要进一步分析研究。例如，能力的类化经验说认为能力是一种概括化与系统化了的知识和技能，根据这一理论，可以提出下面三项假设：能力随学习的进程（年级）而增长；能力不由年龄决定；能力和学习成绩密切相关。如果我们据此编制学绩测验，并对测验结果分析后发现，测验分数随年级的上升而提高，同一年级不同年龄的学生无显著差异，测验得分高的学生平时学习成绩好，那么我们就可以说该学绩测验具有良好的构想效度。

3. 实证效度

实证效度又称效标关联效度，指测验对处于特定情境中的个体行为进行预测的有效程度。一个测验预测得越准确，就越有效。其中被预测的行为是检验效度的标准，简称效标。根据效标资料收集的时间，实证效度可分为同时效度和预测效度。同时效度的效标资料可以和测验分数差不多同时获得。在很多情况下，人们不可能或者不宜等一段时间再评定测量的预测效度，于是就用测验分数与当时的行为表现或工作、学习业绩之间的相关作为效度的指标，例如，用入学考试成绩与学生当时的行为表现求相关。而预测效度是指测验分数对于未来的行为或作业测量能够预测到什么程度，例如，可以用入学成绩与入学后学业成绩进行比较，相关系数越高说明预测效度越高。一般来说，同时效度总是高于预测效度，预测效度在人员选拔、分类以及心理辅导中有较为重要的意义。

以上三种效度之间既有区别，又有内在联系。内容效度和构想效度既是实证效度的保证，又需要实证效度的支持；考查内容效度和实证效度可以帮助确定构想效度；用于测量某种构想的测验可以作为实证效度的预测源来使用。根据不同的需要，一个测验可以采用不同的效度。对教学测验而言，主要考虑的是取样的适当性，也就是内容效度，有时也需要考虑构想效度和实证效度。

（二）信度

1. 信度的定义

测验的信度又叫测验的可靠性，指的是测量的一致性程度。一个好的测量工具必须稳定可靠，即多次测量结果要保持一致，否则便不可信。但是，高信度并不是测验追求的最终目的，它只是使测验有效的一个必要条件。举个例子：如果一名学生参加某项测验，成绩为 80 分。一个月后，在相同条件下再测一次，其成绩仍然为 80 分，说明该测验的信度是高的。相反，如果一个月后其成绩为 50 分，说明这项测验本身是不可靠的。

2. 考查信度的方法

信度指标通常以相关系数表示，即用同一被试样本所得的两组资料的相关系数作为测量一致性的指标，称为信度系数。相关系数越大，信度越高。估计信度系数的方法很多，常见的有以下几种：

(1) 重测信度。用同一种测验对同一组被试前后两次施测，所得分数的相关系数表示信度。它反映测验分数的稳定程度，其相关系数又称稳定性系数。两次测试的时间间隔一般在两周左右，可以根据情况做适当调整。根据两次测量间隔时间的长短，可得不同数值的信度系数。

(2) 复本信度。即用平行的两套测验对同一组被试施测，两个测验得分的相关系数表示信度。平行测验之间具有同样的内容、同类的题目、同样的难度等，因而是等值的，例如期末考试各科考题，均以 A、B 卷出现，以保证缓考和补考的公平性。这种相关系数反映两个复本测验的等值程度，所以又叫等值性系数。

(3) 分半信度。在有些情况下，没有或无法利用另一等值测验，但需估计两种测验分数的相关系数时，可将测验按照等值的规则分成两半，求出被试在两半测验上的得分，再求其相关系数。这就是所谓的"分半信度"。

(4) 内部一致性信度，反映的是测验中某些项目的分数与测验中另一些项目的相关程度。当各个测验题的得分正相关时，则该测验为同质的；而当各个测验题得分相关度很低时，则该测验为异质的。人们在估计内部一致性时往往采用克伦巴赫的 α 系数来表示内部一致性程度的高低。

(5) 评分者信度，是由多个评分者给一组测验结果评分，所得各个分数之间的一致性。但有些情况下，不同评分者的主观判断会影响被试得分，从而导致不同的评分人员对相同被试的评分存在差异，例如高考作文的评分、职业选拔中的面试等，这时需要考虑评分者之间的一致性程度。评分者信度因评分者人数不同，其估计方法也不同。若只有两个评分者，相互独立对被试的反应进行评分，则可以用积差相关来计算，或用斯皮尔曼等级相关法计算。如果评分者在三人以上，而且是等级评分，则可以用肯德尔和谐系数求取评分者信度。

3. 影响信度的因素

要想提高测验的信度，了解并掌握影响它的因素是十分必要的。信度的影响因素，主要来源于四个方面，即测验题数量、测验题难度、施测对象和施测过程。

(1) 测验题数量。由于测验是测量的一个样本，因此取样的适当性必然影响测验的信度。如果测验题数量太少，不能代表整个学习内容，这样的测试必然带有偶然性，其信度不可能很高。要提高信度，一般来说，适当增加测验题数量是一个有效的方法。但必须注意，只有当新增加的题目和原来的题目取自同一总体即与原题目具有同质性时，增加题目数量才能提高信度。

(2) 测验题难度。项目的难度和信度没有直接关系。然而，如果项目对某团体过难或太易，则分数范围将缩小，信度也将降低。因此，要使信度达到最高，能产生最广分数分布的难度水平方为合格。如果测验项目难度过大，远远超出被试能力水平时，被试对许多项目作随机反应即瞎猜，则所有被试的总分接近随机分布，因此其信度极低。反之，如果测验项目太容易，几乎所有被试均能正确作答，则分数分布很集中，因此信度也很低。

(3) 施测对象。一般样本异质性大往往高估信度，因为异质性大，其变异数大，重测时分数的变化对其影响相对较小。另外信度也受不同样本间的平均能力水平的影响。

(4) 施测过程。测验的环境条件如通风、室温、采光等会影响到测验的稳定性，室内燥热、考场周围嘈杂、座位拥挤、考试秩序混乱等都会导致测验信度下降。主试不按规定严格施测，或故意制造紧张气氛等也会影响测验的信度。

应该说明的是，虽然信度和效度都是鉴定测验质量的指标，但两者并不是完全一致的。一般而言，效度高的测验，其信度也一定高；信度高的测验，其效度却不一定高。也就是说，高信度是高效度的必要但非充分条件。

（三）难度

信度和效度是就整个测验而言的，难度和区分度则是就测验项目而言的。每个测验都包含许多项目，每个项目都有它的难度和区分度。

项目难度是指测验题目的难易程度，通常以答对或通过该项目的人数占应试总人数的百分比来表示。也就是用通过率来表示难度，通过率越高，难度越小。但不同的测验题型，其计算有所不同。

对于是非题，当只有正确或错误两种答案时，可以用通过该题人数的百分比代表难度，公式为 $P=R/N$（P 表示难度，N 表示受测总人数，R 表示通过该题的人数），也可以用极端组的方法计算难度，公式为 $P=(PH+PL)/2$［PH 表示高分组（总分最高的 27% 的学生）答对该题的人数占高分组学生总数的百分比，PL 表示低分组（总分最低的 27% 的学生）答对该题的人数占低分组学生总数的百分比］。

对于选择题，如在 K 个选项中（$K>2$）只有一个正确答案，则其难度可以在该项目的通过率 P 的基础上进行矫正，计算公式为 $P'=(KP-1)/(K-1)$（P' 表示矫正后的难度，P 表示未矫正的难度，K 表示选项的数量）。这是因为对单选题学生可能随机猜测，用此公式则能排除这种影响。

计算难度系数后，P 值过高或过低的项目通常不宜使用，应该进行修改或者删除。项目难度系数区间的确定还应考虑测验的目的和性质。当测验主要用于选拔时，就应较多地采用那些难度值接近录取率的项目。如果我们要把全体受测者作最大限度的区分，则 0.50 左右的难度最合适。总之，对项目的难度特征进行分析时，应考虑到测验的目的，不能一概而论，一般在 0.30～0.70 为宜。

（四）区分度

区分度又称鉴别力，是指试题对所要测量的心理特性的识别程度。其操作定义为：为高分组通过人数的百分比与低分组通过人数的百分比之差。项目区分度的简便计算公式是 $D=PH-PL$（D 表示区分度，PH 表示高分组通过该题的人数占高分组总人数百分比，PL 表示低分组通过该题的人数占低分组总人数百分比）。高分组为测试成绩排列在前 27% 的人，低分组为测试成绩排列在后 27% 的人。

项目区分度和测验目的密切相关。就学绩测验而言，一般要求项目与总分的相关达到 0.20 以上，高分组与低分组通过率之差达到 0.15～0.20。一般认为 $D>0.40$，该题非常优良；$D<0.19$，该题必须淘汰。但是这一标准也不是绝对的。如果一个测验用于选拔，其区分度应该高一些；如果一个测验只是用于考查学生对知识、技能的掌握情况，可不考虑区分度，即使区分度为 0，只要该项内容是重要的，今后仍可继续使用。

总之，信度、效度、难度和区分度是鉴定测验质量的客观指标。一个良好的测验必须既有较高的信度，又有较高的效度，并且每个项目都有一定的难度和区分度。广大教师在编制教学测验时，应该综合考虑这些要求。

三、有效教学测验的注意事项

（一）测验分数必须具有可解释性和可比性

教学测验的结果表现为分数。测验的目的是为了对学生的能力进行鉴定，然后根据分数进行决策。由于测验结果可以作为决策的参照，因此测验的分数必须做到有效、可靠、准确，具有可解释性和可比性。

测验分数有效性指的是考试结果反映的正是所要考核的能力，而不是与构想效度无关的因素；可靠性指的是测量的信度高；准确性是指测量误差小，可以接受；可解释性是指分数表示的意义可以解释，才能为教学决策提供依据；可比性是指不同测验、不同学生所获得的分数是可以比较的。

（二）关于试题的形式

确定试题形式需要满足这些条件：（1）说明该题型所测量的是什么能力；（2）用证据说明为什么该题型测量了此种能力；（3）命题原则是什么；（4）评分原则是什么。其中（1）和（2）回答的是关于效度的问题，（3）与效度和信度都有关，（4）要解决的则是信度问题。对于大规模考试来说，一切决策都必须十分慎重，只有经过充分论证，证明某种类型的试题确实具有较高的信度和效度，而且可操作性也较好，这样的试题才可以付诸实施。

（三）正确处理测验与教学的关系

在测验与教学两者之间，教学是第一性的，测验为教学服务。有效测验是教与学之间的桥梁，没有测验，教师无法考查教学的效果，学生也不知道学得怎么样，教学是不完整的。同时，必须看到测验与教学两者有时是不同的过程。大规模考试作为一种检验和考核手段，必须独立，不属于教学，也不介入教学，否则不能保证公正。此外，测验的目的不仅提供一个分数，还具有评价的功能。测验作为教学过程的一个重要环节，可以提供丰富的信息，对教学产生促进作用。如果设计得科学合理，测验能够对教学现状提供精确客观的描述，为教学提供大量的反馈信息，供教师分析教学方法、教学内容中的长处和短处，不断改进教学，提高教学质量。

第四节　职业学校学生职业技能的测评

职业学校对人才培养的重点在于培养学生较高的职业能力，使他们毕业后可以满足企业和社会的需要并能立即上岗。然而，长期以来，在劳动力市场存在一种矛盾现象：每年毕业生人数众多，却有大量学生不能找到满意的工作；每年企业都会提供足够充足的岗位，却无法招到令人满意的学生。企业对人才的要求和学校培养目标之间的错位，对毕业生就业带来了严重影响。为保证职业院校学生具备足够的职业能力，对学生的专业知识、职业技能水平的测评工作就显得尤为重要。职业技能评价是根据职业技能标准设计的，目的是检验考生是否达到行业企业所要求的职业技能，应采用事实性标准，反映职业要求的效度。对于专业知识的考核评价方法可参看第三节教学测验，对于技能操作的评价主要通过操作测验的方式进行。

一、操作性测验

进行操作性测验时，需要事先根据工作分析和教学目标要求制订技能考核评分表（操作观察表）。技能考核评分表是观察记录学生实际操作的标准化工具，它一般包括：操作项目、操作程序、技术要求和评分要求等要素。表11-1是酒店服务专业有关中式铺床技能考核评分标准表示例。

表 11-1　中式铺床技能考核评分标准表

项　目	要求细则	分值	得分
床单 （14 分）	一次抛单定位（两次扣 2 分，三次及以上不得分）。	6	
	不偏离中线（每偏离 1 厘米扣 1 分，3 厘米以上不得分）。	3	
	床单正反面准确（毛边向下，抛反不得分）。	2	
	床单表面平整光滑。	3	
包角 （14 分）	床两侧塞进床垫部分对称（每误差 1 厘米扣 0.5 分，每侧 1.5 分）。	3	
	床头床尾塞进床垫部分对称（每误差 1 厘米扣 0.5 分，每侧 1.5 分）。	3	
	包角紧密平整，式样统一（90 度或 45 度，每个角 2 分）。	8	
被套 （8 分）	一次抛开（2 分，抛两次扣 1 分，三次及以上不得分）、平整（2 分）。	4	
	被套正反面准确（抛反不得分）。	2	
	被套开口在床尾（方向错不得分）。	2	
套被芯 （32 分）	打开被芯，压入被套内做有序套被操作。	2	
	抓两角抖被芯并一次抛开定位（多抖一次扣 2 分，类推），被子与床头平齐（2 分）。	6	
	被套中心不偏离床中心（每偏离 1 厘米扣 1 分，3 厘米以上不得分）。	3	
	被芯在被套内四角到位，饱满、平展。	4	
	被芯在被套内两侧、两头平整。	2	
	被套口平整且要收口（2 分，至少系 2 个），被芯不外露（2 分）。	4	
	被套表面平整光滑。	3	
	被芯在床头翻折 30 厘米（包括飞边 30 厘米，每误差 1 厘米扣 1 分，最多扣 3 分），反折部分平整、严实（2 分）。	6	
	两侧距地等距（1 分），尾部自然下垂，尾部两角应标准统一（1 分）。	2	
枕头（2 个） （12 分）	四角到位，饱满挺括（每角不饱满扣 1 分）。	4	
	枕头与床头边缘对齐。	2	
	枕头中线与床中线对齐（每误差 1 厘米扣 1 分）。	2	
	枕套飞边无折皱，表面平整，自然下垂。	2	
	枕头开口背向床头柜。	2	
综合印象 （10 分）	总体效果：三线对齐，平整美观。	5	
	操作过程中动作娴熟、敏捷，姿态优美，能体现岗位气质。	5	
合　计		90	

标准时间：2 分 30 秒　　操作时间：　分　秒　　超时：　秒　　扣分：　分

选手违例　　次：　　　　　　　　　　　　　　　　　　　　　　　扣分：　分

实　际　得　分

二、国家职业资格考试

《中华人民共和国劳动法》第八章第六十九条规定："国家确定职业分类，对规定的职业制定职业技能标准，实行职业资格证书制度，由经过政府批准的考核鉴定机构负责对劳动者实施职业技能考核鉴定"。国家职业资格考试是国家职业资格证书制度的重要组成部分。国家职业资格考试也称作职业技能鉴定，是一项基于职业技能水平的考核活动，属于标准参照型考试。它是指按照国家制定的职业技能标准或任职资格条件，通过政府认定的考核鉴定机构，对劳动者的技能水平或职业资格进行客观公正、科学规范的评价和鉴定，对合格者授予相应的国家职业资格证书。

国家职业标准（技能类）是在职业分类的基础上，根据职业活动内容，对从事本职业应具备的知识和技能要求提出的综合性水平规定。它是开展职业教育培训和技能人才评价的基本依据[①]。

国家职业标准的编制有较为严格的程序和规则要求，它是由长期从事相应职业理论研究的内容专家和长期从事该职业的实际工作专家，以及熟悉职业标准编制流程的方法专家，依照《国家职业标准编制技术规程》要求编制初稿后，经专家初审后修改完善，在此基础上征求相关部门意见，并通过技能人才评价工作网向社会公示并征求意见，根据公示征求意见进一步修改完善后，组织专家进行终审；根据终审意见进一步修改完善后报人社部职业能力司审核，职业能力司审核通过后报请人力资源和社会保障部领导同意后，由人力资源和社会保障部办公厅或人力资源社会保障部办公厅会同有关部门综合司局颁布。

职业标准内容主要包括职业概况、基本要求、工作要求和权重表四部分。职业概况一般包括职业名称、职业编码、职业定义、职业技能等级、职业环境条件、职业能力特征、普通受教育程度、职业培训要求、职业技能评价要求等。基本要求包括职业道德和基础知识。工作要求包括职业功能、工作内容、技能要求和相关知识要求。权重表是指基本要求和各等级职业功能对应的相关知识和技能要求在职业培训、职业技能评价中所占的权重。

职业技能鉴定的主要内容包括：职业知识、操作技能和职业道德三个方面。这些内容是依据国家职业（技能）标准、职业技能鉴定规范（即考试大纲）和相应教材来确定的，并通过编制试卷来进行鉴定考核。职业技能鉴定分为知识要求考试和操作技能考核两部分。知识要求考试一般采用笔试，技能要求考核一般采用现场操作加工典型工件、生产作业项目、模拟操作等方式进行。计分一般采用百分制，两部分成绩都在60分以上为合格，80分以上为良好，95分以上为优秀。考试通过后可获得由国家劳动行政部门鉴定并颁发的相应职业技能资格证书。

三、KOMET 测评

KOMET 测评即职业能力与职业认同感测评，是由德国发起的学生职业能力与职业认同感测评项目，以职业院校学生为测评对象，主要对其职业能力、职业能力发展等进行测评。根据职业教育实践对职业能力测评的需求，并以新职业主义和方法论为理论基础，

---

① 人力资源社会保障部.《国家职业标准编制技术规程（2023年版）》. https://www.gov.cn/zhengce/zhengceku/202309/content_6906716.htm，[引用日期 2024-1-1]。

KOMET 测评的目的在于对职业院校学生的综合职业能力及其动态发展过程做出测量与评价，并进行学生个体水平测评以及相互水平比较。KOMET 测评建立了自己的职业能力模型，设计了完善的职业能力测评方案。把它应用于实践，不但能对高职学生的职业能力水平和职业教育质量做出评价，还可为职业教育决策提供可靠的实证依据。

除上述典型职业能力测评方法之外，还有高职院校通过企业调研分析，从岗位技能要求入手，建立了岗位能力测评模型和相应的测评系统。以计算机应用技术专业为例，通过实际调研，找出企业针对不同岗位设定的专业技能要求，依据企业调研结果以及行业的岗位标准，建立了专业能力测评模型。模型中综合职业能力包括职业支撑能力和职业技术能力。其中职业支撑能力具体分为六部分，分别是文明素养表现、学习应用能力、沟通协作素养、知识经验构成、工作胜任潜质和身体机能；职业技术能力分为网络工程师、通信工程师以及技术支持工程师的岗位相关能力。在专业能力测评模型基础上，根据不同企业的岗位需求进行总结，归纳出不同岗位在职业支撑能力和职业技术能力两大类的题目，以测评学生是否具备该项能力，由此给出一个专业能力测评分数。下面以网络工程师岗位的专业能力测评为例，列出测评具体内容和方法（见表 11-2）。

表 11-2　网络工程师岗位的专业能力测评

综合职业能力	测评角度	分值	小计	合计
职业支撑能力	文明素养表现	6	40	100
	学习应用能力	10		
	沟通协作素养	6		
	知识经验构成	6		
	工作胜任潜质	6		
	身体机能	6		
职业技术能力	计算机软、硬件安装能力	5	60	
	计算机系统和网络维护能力	5		
	数据库应用能力	5		
	基本编程语言应用能力	5		
	使用网络的能力	5		
	网络安全管理能力	5		
	网页编程、网站建设能力	5		
	网络设备安装、调适与维护能力	5		
	网络工程设计、施工能力	5		
	制图能力	5		
	相关职业技能能力的实践能力	10		

四、世界职业技能大赛

世界职业技能大赛有"技术工人的奥林匹克"之称，目前是世界技能组织举办的、由世界各地优秀学生参与的世界性职业技能竞赛。2010年10月7日，我国正式被世界技能组织批准加入这一世界级大赛，成为第53个成员。这促进了我国职业教育与世界各国在技术方面更多的沟通与交流。

世界技能大赛参赛者不限身份，但须是22周岁以内的青年人才有资格参加比赛，并且每人终生只能参加一届世界技能大赛。世界技能大赛的竞赛项目依职业的发展情况设置，包括六大领域，即运输和物流、建筑工程学、制造业（及工程学）技术、资讯和通信技术、创意和时尚、社会和个人服务。

世界技能大赛竞赛题目的产生有着一套科学、规范的流程。竞赛题目是各技能竞赛测评的载体。世界技能组织公布的各竞赛项目的技术说明中规定了该项目竞赛题目的结构、开发、生效、选择、发布与变化情况等。每个项目竞赛题目被分为相对独立的若干模块，在4天的竞赛中依次进行。每个模块完成后，各国家或地区的专家立即共同对竞赛结果评判打分，每日录入并锁定打分结果，在全部竞赛内容结束后及时公布成绩。世界技能大赛的评分标准包括技能操作的准确度、速度、质量以及安全、环保等方面的要求。选手需要在规定时间内保证操作的准确度和质量，同时也要注意安全、环保等问题。

各项目情况不同，其竞赛题目的开发者也有所不同，有的是个别专家，有的是由一定数量专家组成的专家组，有的是全体专家，也有的是世界技能组织选定的第三方机构。

世界技能组织要求竞赛题目的设计应当注意机会最优化，能够最大限度区分选手的表现。此外，设计竞赛题目时还要考虑场地、基础设施以及所需资源使用的最小化等因素。

竞赛题目开发完成后，一般通过两种方式选择确定：一是由专家投票确定；二是由技能竞赛经理（Skill Competition Manager，SCM）在赛前（或裁判们在竞赛时）随机抽取。若竞赛题目由第三方机构设计，则专家不参与选择过程。

竞赛题目确定后，与之一起设计开发的完整评分方案将按照该竞赛项目技术说明中规定的时间公布。如提前将竞赛题目向参赛者公布，则比赛时专家需在大赛主办方所提供的设备与材料限制下对工作内容做出至少30%的变更。

为保证公平，只有负责赛题开发的专家在竞赛题目开发阶段可以知晓内容，未经技能竞赛经理同意，专家不得邀请其他人员协助。如需邀请其他人员或第三方机构参与，则必须征得技能竞赛经理书面同意，且要求所有相关人员都必须认真学习和遵守职业道德与行为规范，并签署保密协议。

大赛期间，一旦专家开始准备竞赛题目的相关工作，按照技能特定规则（skill-specific rules），针对需要对赛题保密的项目，所有纸张、图表、笔记、计算机以及数据存储设备等都需置于场地内指定存储地点做保密储存，不得带出。任何违反保密规定的人员会根据大赛相关规定受到处罚。

总之，在职业技术教育实践中，对专业基本知识、基本操作技能水平的测评工作是个庞大的系统工程，需要长时间、坚持不懈的努力，需要全方位、多层次的工作，才能取得良好效果，才能培养出更多优秀的职业技能人才服务于社会。

本章重要概念

教学测量是借助一定的心理量表及其操作，对学生的学习成绩进行考查，并以一定的数量来表示的考核办法。

学绩测验是对个体一个阶段的学习或训练的知识、技能的发展水平的测定，就是选择能代表学习成绩的一些行为样本进行考核并做出数量分析。

教学评价是依据教学目标对教学过程及结果进行价值判断并为教学决策服务的活动，是对教学活动现实的或潜在的价值做出判断的过程。

诊断性评价是指在教学活动开始前，对评价对象的学习准备程度做出鉴定，以便采取相应措施使教学计划顺利、有效实施而进行的评价。

形成性评价是在教学过程中了解学习进展，发现学习和教学问题，为调节和完善教学活动，保证教学目标得以实现而进行的评价，也称为过程性评价。

总结性评价也称结果评价，是以预先设定的教学目标为基准，对评价对象达成目标的程度即教学效果做出评价。

相对评价也叫**参照评价**，它没有明确的评价标准，通常通过对被评价者进行比较来确定其知识、技能水平的高低或进步与否。

常模参照评价指在某一团体中确定一个基准，将团体中的个体与基准进行比较，从而评出其在团体中的相对位置的评价。

内差评价是通过个人自身历史情况的比较，对其进行评价的方法。

绝对评价，又叫**标准参照评价**，是根据事先在被评价对象的集合以外确定的客观标准来评价学生对专业知识和技能的掌握程度。

自我评价指被评价者自己参照评价指标体系对自己的活动状况或发展状况进行自我鉴定。

他人评价是指由其他有关方面的人员对评价对象所实施的评价。

测验就是教师或研究者运用数量化的方法对学生某方面的发展特点或学习结果进行测定和评价。

案卷分析是一种常用的评价策略，其内容主要是按照一定标准收集起来的学生认知活动的成果。例如，根据学生家庭作业、课堂练习、论文、日记、手工制作等作品，对学生的认知活动等进行判断和决策。

教学测验是测量教学中一个行为样本的系统程序，即通过观察少数具有代表性的行为或现象来量化描述人们的心理特征。

标准化成就测验是指由专家或学者们所编制的适用于大规模范围内评定个体学业成就水平的测验。

教师自编测验是由教师根据具体的教学目标、教材内容和测验目的自己编制的测验，是为特定的教学服务的。

测验的效度指的是测量的正确性和有效性，即它能够测出所要测量的心理特质与行为特征的程度，这是对测量工具的最基本的要求。

内容效度指测验题目对有关内容或行为范围取样的适当性，也就是测验所选的项目是否符合所要测量的东西，其代表性是否适当。

构想效度是指衡量一个测验测量出理论上的构想或特质的程度。

实证效度又称**效标关联效度**，指测验对处于特定情境中的个体行为进行预测的有效程度。

测验的信度又叫**测验的可靠性**，指的是测量的一致性程度。

项目难度是指测验题目的难易程度，通常以答对或通过该项目的人数占应试总人数的百分比来表示。

区分度又称**鉴别力**，是指试题对所要测量的心理特性的识别程度，其操作定义为：高分组通过人数的百分比与低分组通过人数的百分比之差。

复习思考题

1. 简述教学测评的含义及功能。
2. 简述教学评价的内容。
3. 教学测评中应注意的原则有哪些？
4. 简述信度、效度、难度和区分度的含义。
5. 简述职业能力测评的几种方式与途径。
6. 教学测量与教学评价具有怎样的关系？
7. 有效的教学测验应包括哪些基本要求？
8. 影响信度的因素具体有哪些？
9. 教学评价的作用有哪些？
10. 目前职业能力测评主要有哪些方法？

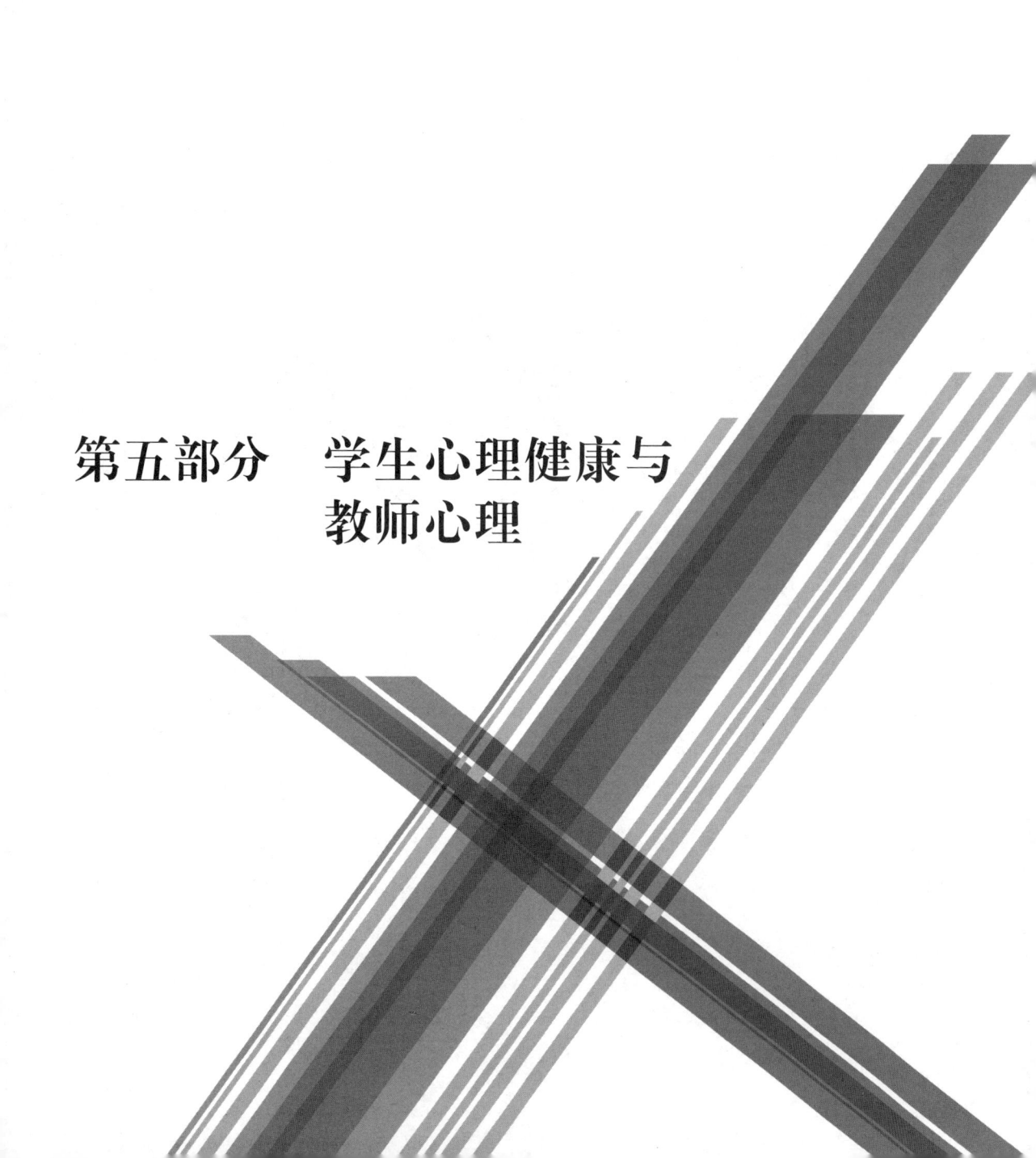

第五部分 学生心理健康与教师心理

第十二章
职业学校学生心理健康

本章主要内容

1. 心理健康的含义及标准。
2. 职业学校学生主要的心理问题。
3. 职业学校学生中常见的心理障碍及特点。
4. 促进职业学校学生心理健康的方法。

案例导入

林远,女,18岁,自述自己长期处于痛苦之中,情绪不稳定、焦虑、抑郁、悲伤,习惯性呕吐,严重失眠,消瘦,周身不适,月经失调,有服用酒或者感冒药类物质维持睡眠。她对学业心灰意冷,完全失去生活的信心,近一个月频繁出现自伤行为。林远身材修长、形象端正,但看起来面色苍白、神情沮丧,她对看心理老师并不热情,是在一名同学的陪同下来就诊的,但能够回答老师的提问,看上去有求治的期望,但缺乏治愈的信心。她出生于一个工人家庭,父母初中文化,观念正统,生活刻板,脾气暴躁。但是她从小学习优秀,性格活泼,比较要强。由于形象姣好,成绩优秀,一直受到不少男生暗恋。一次,一位男生给她的情书在朋友的传递过程中不慎被老师发现,对林远寄予厚望的老师十分生气,当着全班的面批评了她的"恋爱行为",并告诉了父母。家里人也不容忍,暴跳如雷的父亲更是将她狠狠地责骂了一番。她其实什么也没有做,但是没有人关心她、理解她,她感到痛苦不已。家里人还将她转到另外一座城市的学校借读,生活上依靠叔叔照应。从未离开过家的她无法适应学校的学习环境,婶婶的冷漠让她难以安身,父母的责难让她有家难回。渐渐地她放弃了学业,丧失了对生活的热情……慢慢变成了老师和同学眼中的"另类"。

思考:
1. 你能对林远的心理问题的原因、发生机制、变化规律、干预防治有准确的把握吗?
2. 如何预防心理问题的产生,提升对心理健康的维护?

第一节　心理健康概述

一、心理健康的含义

1948年世界卫生组织（WHO）在其宣言中将健康定义为"一种生理、心理和社会适应都完满的状态，而不仅仅是没有疾病和虚弱的状态"。这个定义说明人类的健康不再只是生理，还应该包括正常的心理状态和社会适应能力。1978年国际初级卫生保健大会《阿拉木图宣言》中提出：健康是基本人权，是世界范围内最重要的社会性目标。1989年世界卫生组织在宣言中把健康定义为：躯体健康、心理健康、社会适应良好和道德健康。宣言中增加了道德健康的内容，使健康的内容更加全面，但是实质上社会适应良好和道德健康可以归结到心理健康的范畴，因此健康的主要内容是生理健康和心理健康两方面，健康是身心健康的统一。党的二十大报告中指出："人民健康是民族昌盛和国家强盛的重要标志。把保障人民健康放在优先发展的战略位置。"要"重视心理健康和精神卫生。"那么什么是心理健康呢？

心理健康是一个复杂的概念，涵盖了个体的情绪、思维、行为等多个方面，并与个体与周围环境的关系密切相关。一般说来，心理健康是个体在心理的各个方面都保持良好的一种状态。具体表现为，个体有良好的身心状态和积极的情感体验，能很好地适应社会生活并发挥积极的社会功能。

悠悠五千年华夏文明，同样孕育了关于心理健康的思想。孔子提出的"仁者爱人"为历代思想家所推崇，"爱人"是一种温和、与人为善的态度。"仁者"在社会生活中是怎样"爱人"的？"仁者"认为人是所关怀的对象，人不是排他的，每个人都是命运共同体中的一员，仁者将他人纳入自己的道德关怀之内，说明仁者能很好地适应社会生活并发挥积极的社会功能，心理保持良好的状态。

二、心理健康的标准

了解和掌握心理健康的定义及其标准，对于增强与维护人们的健康很有意义。当个体掌握了心理健康标准，就可以对照自己进行心理健康的自我诊断；当发现自己的心理状况与心理健康标准的某个或某几个方面有距离时，就可以有针对性地进行调节，以达到心理健康。教师掌握了学生心理健康的标准，就可以根据标准对学生心理健康水平做出初步的评估、判断和辅导等。

心理健康的标准是相对的，它与社会文化等外部环境有关，同时也与个体的生长发育有关。不同社会文化背景下，社会对个体的要求不同，不同年龄阶段的个体，社会对其心理和行为的要求也不同，这就决定了不同社会文化背景和年龄阶段的个体的心理与行为的社会适应性不同。尽管心理健康标准具有相对性，学术界依然试图寻找一般的标准，并且达成了一些共识。例如，第三届国际心理卫生大会将心理健康标准定为：（1）身体、智力和情绪十分调和；（2）适应环境，人际关系和谐；（3）有幸福感；（4）工作中能充分发挥自己的能力，有效率。

美国心理学家马斯洛和密特尔曼对心理健康标准的定义为：（1）有充分的自我安全

感；(2) 能充分了解自己，恰当估计自己的能力；(3) 生活理想切合实际；(4) 不脱离周围现实环境；(5) 能保持人格的完美与和谐；(6) 善于从经验中学习；(7) 能保持良好的人际关系；(8) 能适度宣泄和控制情绪；(9) 符合团体要求的前提下，有限度地发挥个性；(10) 不违反社会规范的前提下，适当地满足个人的基本需求。这十条被普遍认为是心理健康的经典标准。

我国心理学家马建青对心理健康标准的定义为：(1) 智力正常；(2) 善于协调与控制情绪，心境良好；(3) 具有较强的意志品质；(4) 人际关系和谐；(5) 能动地适应和改造现实环境；(6) 保持人格的完整与健康；(7) 心理行为符合年龄特征。

综合国内外专家学者观点，一般认为我国学生心理健康的基本标准如下。

(一) 智力正常

智力正常是学生生活和学习的最基本的心理条件，是衡量学生心理健康的基本标准。心理健康的学生应该具有强烈的求知欲，乐于学习，在学习中智力各成分发挥正常的功能。

(二) 情绪健康

情绪健康是学生心理健康的又一个重要指标，心理异常往往是从情绪异常开始的。心理健康的学生的情绪反应一般与客观事实相适应，他们善于调节和控制自己的情绪，因而其愉快的情绪要多于不愉快的情绪。

(三) 意志健全

意志健全的人在行动上自觉性、果断性、坚持性方面都表现出较高水平。

(四) 人格完整

人格是个体稳定的心理特征的总和，人格完整的人是指个人的思想、语言、行为协调不产生冲突。

(五) 恰当的自我评价

在自我认识方面，心理健康的人应该有"自知之明"，对自己的优点感觉到欣慰，对自己的缺点不回避，正确地自我接受。

(六) 人际关系和谐

和谐的人际关系是心理健康不可缺少的重要条件，也是获得心理健康的重要途径。具有和谐人际关系的学生，既有广泛的人际关系，又有知心朋友，并在交往中人格独立，交往动机端正，态度积极，能客观评价自己与他人。

(七) 较强的适应能力

不能很好应对和处理现实环境中的关系往往是导致心理障碍的一个很重要的原因。

(八) 心理行为符合年龄特征

如果心理行为常常严重偏离年龄特征，有可能是心理异常的表现。

第二节 职业学校学生常见的心理问题及心理障碍

一、职业学校学生常见的心理问题

职业学校学生是处于特殊年龄的群体，一般常见的心理问题主要集中在适应问题、学业问题、恋爱问题、人际关系问题、择业问题等方面，而且不同年级的学生的主要问题也有所不同。比如，新生最主要的问题是适应问题，高年级学生对自己的择业及未来发展方面考虑较多，而学业问题和人际关系问题在各年级学生身上都有发生。

（一）适应问题

职业学校学生心理健康的多项调查显示，一年级新生主要问题集中在适应问题上。其实进入一个新的环境，任何人都面临适应问题，这个时候学生会有茫然无措的感觉。只不过有些学生出现问题的程度较轻、持续时间不长，没有引起学校以及老师的关注，有些学生程度较严重，持续时间较长，导致其出现焦虑、自卑、抑郁等不良心理，甚至有些严重到不能正常完成学业。适应问题大多体现在校园生活方面，类型多种多样，比如学习适应问题、人际关系适应问题、饮食问题和自我管理问题等。

为了促进新生尽快融入中职生活，班主任老师可以设计一些有趣的小活动让同学之间尽快熟悉，比如要求每位同学制作一个自己名字的个性化卡牌，摆在各自书桌上，开展自我介绍主题班会时，根据各自名牌特点，同学之间更容易进入交流状态。饮食规则、学习习惯等生活技能问题，老师可以集中时间讲解，带领学生实地观察实践，帮助学生尽快平稳过渡，适应中职生活。

（二）学习适应问题

进入职业学校之后，学生从中学由班主任带领的班集体学习直接进入形式相对松散、自由度比较高的学习环境中。有些学生不能及时转换态度，依然采用中学时的学习方式应对职业学校的学习。比如，有些学生会产生"进入现在的学校没有人管"的想法和"为什么老师没告诉我"的疑问，无所适从、困惑、迷茫，导致学习动机缺乏、学习目的不明确，出现挂科、逃课情况。

针对学业迷茫问题，班主任及各科老师可以对学生提出各学科具体目标，由学生课后自觉完成，对于完成任务较好的同学，除了提出口头表扬外，可以设计一些适合学生心理需要的强化物，比如采取赋分制，完成具体的学习任务给予记1分、2分……5分不等，按月累积高分者给予一定物质奖励或者其他形式的奖励。这时尤其注意不能将注意力完全放在前边的同学上，赋分制给分原则，对于较之前有进步的同学应该受到同等重视。"独学而无友，则孤陋而寡闻"，除了对个人学习行为进行强化外，还可以将同学分组，团体赋分，这样有助于培养同学们团体意识，互相帮助，学生也会减轻"进入现在的学校没有人管"的感觉，同时也增加了主动性，保持对学习的兴趣。

（三）人际交往问题

人际交往问题是比较多发的心理问题。处于青春期的学生自我意识迅速增强，对社会交往的需求比较强烈，由于缺乏社会阅历和社会交往经验，加上他们心理上尚不成熟，因而在人际交往中也常带有理想的模型，一旦理想与现实不符，则交往产生问题，并由此引发比如焦虑、抑郁、恐惧、逃避等不良心理反应。信息化时代，智能手机和网络的普及使很多学生更容易沉寂在网络世界中难以自拔，每天与手机为伴，热衷于网络世界中的虚幻，忽视与身边同学、教师面对面的交流，从而使职校学生人际交往问题越发突出。

朋友情谊、师长情谊本身就是中职生的重要话题之一，理解友谊的本质是良好人际交往的前提。老师可以开展一些主题班会，告诉同学们友谊是一种平等、双向的亲密关系，友谊不是一成不变的，要学会一段友谊的淡出，坦然接受新的友谊。承认老师之间是有差异的，鼓励学生接纳每位老师的不同，愿意去了解每位老师，"教学相长"，与老师共同成长。

(四) 恋爱与性心理问题

职业学校学生从生理角度来讲属于性成熟期，对于情感的需求逐渐变得强烈，对恋爱与两性问题的关注度也逐渐升高，人也会变得很敏感。但是他们的恋爱心理尚未完全成熟，对于什么是爱、什么是喜欢、什么是好感不知如何区分，也不懂如何表达和拒绝感情，尤其是在失恋或者是与恋人的交往问题上，常常会造成学生情绪困扰，甚至影响其正常的学校生活。

中职生这个阶段生理、心理迅猛发展，对恋爱、性的话题关注度升高是正常现象，老师遇到学生与之有关的情况时，不要一味否定，不要认为是"洪水猛兽"，首先肯定这是"正常成长中的烦恼"，避免学生因为羞耻感而拒绝讨论，产生阻抗。平时开展性心理教育课程，可以制作一些性心理问卷进行调查筛选，培养正确的恋爱观才是最为重要的。

(五) 生涯规划与就业问题

职业学校的校园生活是学生从学校过渡到社会的桥梁，随着竞争压力的增强，"毕业即失业"的压力随着毕业的临近会困扰着学生们。所以，做好生涯规划尤为重要。但是一部分学生对自身定位不清楚，对本专业有误解，导致择业具有盲目性、个性上缺乏独立性、有依赖心理等，影响学生的职业生涯发展。

教师应该引导学生做好职业生涯规划，"自知者明"，一年级时促进学生对本专业和自身特质的了解；二年级帮助学生巩固专业所需要的知识与技能，"学如逆水行舟，不进则退"；三年级督促学生多参加与专业相关的社会和工作实践，做好计划并扎实去做，"千里之行，始于足下"，避免学生因为无所事事导致对未来就业的迷茫。

以上是职业学校学生主要的心理问题。一般情况下，大多数同学通过自我调节或寻求帮助都能顺利解决这些问题。也有个别同学由于种种原因不能顺利解决上述问题，就有可能转变为心理障碍，严重影响学生的学习与生活。

二、职业学校学生常见的心理障碍

异常心理与正常心理一样是人类心理重要组成部分，对于异常心理原因和对患者的处置，无论国内外的研究都具有悠久的历史。西方对于异常心理的研究经过了超自然、自然、阻碍、科学的发展阶段，我国是个五千年历史的文明古国，有关异常心理的思想没有经历西方中世纪的阻滞，在朴素唯物辩证法的指导下得到不断发展。如《后汉书·方术列传》中记载华佗利用心理疗法治病，使患者"盛怒"，"吐黑血数升而愈"。古今中外对于心理异常都有认识，并积极探索矫正治疗的方法。下面将对职校生心理异常及矫治方法进行简要介绍。

(一) 神经症

神经症又称"神经官能症"，是一组以焦虑、恐惧、强迫为主要表现的心理障碍的总称，包括广泛性焦虑障碍、恐惧症、强迫症。

> 艾丽是一名18岁的女学生，诉说自己过分焦虑，且无法控制，任何事情对她来讲都是一场突如其来的灾难。尽管自己的平均成绩已达到80分，但是她每次考试都认为会不及格。所以，二年级时，她决定退学，父母和老师费了很大劲才说服她。但是她依然会为每一堂课、每一场考试而发愁。艾丽还为自己的健康担忧，每次吃饭时她都会担心，如果食物的种类与数量不正确的话，自己就会死去。她因为怕血压高而

不量血压，怕体重增加而不称体重。艾丽还为自己与姐姐和妈妈的关系担忧。妈妈和姐姐都表示不愿意去看望艾丽，因为每次见到她，都会觉得艾丽正在经历一场灾难。同样的原因，艾丽没有朋友。艾丽有紧张性头痛、神经性胃痛、胃里经常积气。

艾丽被诊断为广泛性焦虑障碍。焦虑的天数比不焦虑的天数多，担忧的对象包括多项事件和活动，并无法自制。焦虑引起社会功能障碍，自感痛苦，通常还会引起生理障碍。

张明是一个比较安静的男孩，他按时完成作业，遵守学校纪律。但是父母发现张明从初中开始就拒绝参加学校组织的课外活动，哪怕是班里大多数同学都参加的活动，他也不愿意加入其中。班主任联系张明家长说，张明在学校从不参加社交活动，也从不在班上发言，如果知道自己要发言，张明通常会为此恐惧好多天，老师上课提问张明也很难从张明那里得到答案。更为严重的是张明在午餐时间通常不吃饭，会自己一个躲到男厕所去，等学校食堂快收尾时才会匆忙去就餐。

班主任建议张明去学校心理咨询中心接受咨询，张明诉说不愿意参加活动和回答的老师问题的根本原因是怕自己做不好，在老师和其他同学面前"丢丑"，因为他一直以来极度害羞，除了父母以外，害怕在任何人面前表现尴尬。

如果发现周围有类似张明这样的"高冷的"或者"不合群"的同学，请一定要给予充分的鼓励与宽容，因为这种情况很可能是社交恐惧症。社交恐惧症属于恐惧性神经症的一种类型，其核心表现是对人际交往感到紧张，极力避免和其他人打交道。

除了社交恐惧症，恐惧症的类型多种多样，比较常见的还有另外两类：场所恐惧症和特定物体恐惧症。场所恐惧症，恐惧的对象是特定的场所或者环境，比如人群比较密集的商场、电影院、火车站等，或者是空间狭小密闭的环境，比如电梯、飞机等，患者在面对这种环境时会心生恐惧，担心晕倒，因此会极力逃避这种环境。特定物体恐惧症包含的恐怖内容较多，主要指特定的物体或者情景，比如动物、鲜血、尖端、密集或者高空、雷电等。患者极力回避这些物体，甚至是对于一些小动物，比如小猫不敢看，不敢摸，甚至引起较严重的生理反应。

于德是一名17岁的职校学生。因为异常的仪式行为而被迫退学。他在清洁行为上花了太多时间，如一旦洗澡就停不下来。足不出户，只有在深夜才能吃饭，吃饭前先深呼一口气，然后在一分钟内快速地将食物吃进嘴里。并且只吃一种食物，就是面粉、牛奶、糖的混合物。走路时，总是不停向后看，并一遍一遍检查。

于德在学校和亲友的劝说下去进行心理咨询，被诊断为强迫性神经症。核心表现为强烈的强迫观念，比如见到台阶必须数清楚、见到街上行驶的汽车必须记清楚车牌号码、强烈的不洁物联想等。这种强迫思维会导致被动化仪式化行为，比如因为不洁联想会反复清洗身体或者身体某个部位，他本人也意识到这种强迫冲突不正常，为了对抗强迫思维，采用另外一种仪式化行为来转移思想，患者常常处于强迫思维与反强迫的冲突之中，但是无法遏制，因此常常陷入深深的焦虑和抑郁情绪之中。

（二）心境障碍

心境障碍又称情感障碍，是各种原因引起的以显著而持久的情感或心境改变为主要特征的一组障碍，主要表现为情感高涨或低落，并伴有相应的认知和行为改变。

安迪，17岁，女，体型偏瘦、面色苍白、面容疲倦，在父母的陪同下来到咨询室。安迪从13岁开始就觉得自己对任何事都不抱希望，常常为一天的结束哭好几个小时。15岁时，开始通过喝酒缓解情绪，而这件事得到了父母的暗许，因为父母认为这样可以使安迪快乐些。16岁起安迪开始出现自伤行为。

安迪被诊断为抑郁症，其主要表现：情绪低落、兴趣缺乏、精力不足，重性抑郁发作会在两星期内几乎每天感到自己的人生毫无价值、反复想到死亡、对所有活动兴趣丧失，极容易导致自伤和自杀情况的出现。

林莉，女，职校学生，林莉还没有进入咨询室，心理医生就听到她爽朗的笑声和浑厚的嗓音："哦，哦，哦……在世界之巅，这是多么美好的一天……我是自由女神……我能呼风，我能唤雨，我能带来阳光……我能做很多事情……我喜欢野外……"

上周，林莉从银行取出了所有生活费、透支了所有信用卡，还向所有同学借了钱，一次性购买了数件与音乐相关的器械，说要建立世界上最好的音乐社团，为此无故旷课一周，这次发作学校将林莉送到了心理咨询室。

林莉的行为奇怪吗？她患的是躁狂症，也称为躁狂发作，患者通常表现为心境高涨，主观体验特别愉悦；思维敏捷、联想加快、思维内容丰富多变、言语增多甚至滔滔不绝，称为思维奔逸；意志行为增强，表现为精力旺盛、睡眠减少、不知疲倦、随心所欲、任意挥霍钱财。

丁雷是一名职校学生，他长相帅气，并且风趣幽默充满魅力。此次和同学一同前来，帮助同学咨询学习困难的相关情况，当他进入咨询室时，咨询师注意到丁雷衣着得体、谈吐活泼，一坐下来就滔滔不绝的介绍自己的学习经验以及学业的重要成就。最后，丁雷坦白地说自己有躁狂抑郁症。

据丁雷的舍友描述，丁雷在抑郁发作时生活将变得非常艰难，他会在床上躺三个星期，期间丁雷情绪低落、拒接参加任何活动甚至是吃饭。三个星期后，丁雷会自动好转，而且会变得风趣活泼，相处愉快。但是丁雷有时候过度活跃甚至出现反常行为，影响到宿舍其他同学生活与休息，给他自己的学习也带来极大麻烦。

丁雷的状况属于双相障碍，躁狂发作和抑郁发作交替进行，像过山车一样永不停息，其发作是突然地且没有明显诱因，双相障碍患者与单相障碍患者相比，社会关系维持较难，自杀率也较高。

（三）应激障碍

应激障碍是指一组由于强烈或者持久的心理、环境因素引起的异常心理反应而导致的心理障碍。

安塔，女，18岁，单纯内向。与一男青年谈恋爱，遭到自己父母的反对，但安塔置之不理。一天中午，男友趁安塔父母不在时，将其骗奸。安塔母亲回来，发现安塔神志恍惚，呼之不应，家人好言相劝，她无动于衷。接着兴奋躁动，大喊大叫，口中喃喃自语，听不清楚内容。被急送入医院。安塔被诊断为急性应激障碍。经过治疗，一周治疗后情绪平稳，两周后治愈出院。

急性应激障碍是由于突然发生强烈的创伤性生活事件引起的一过性精神障碍，一般起病较急,应激事件几分钟或几小时以内起病,病程较短,一周内症状消失,最长不超过一个月。

  黎杰在六周前出了一场车祸,司机在车祸中丧生。从那以后,黎杰再也不敢乘坐汽车,因为六周前的场景总在脑海中回现。那场车祸经常在他的梦境中重现以至于他无法入眠。他变得易怒并对于学习和爱好失去以往的兴趣。

  黎杰被诊断为创伤后应激障碍,指在遭遇到灾难性创伤后反复出现创伤后体验、警觉性增高及持续性的回避反应。患者通常会通过做梦、强迫性回想等反复体验创伤性经验,面临或者接触与创伤性事件有关的情景或线索时会出现强烈的心理痛苦和生理反应,患者极力回避相关情景。

  杨琴,女,19岁,职校一年级学生。小琴最近三个月来,睡眠食欲不佳,学习成绩下降,不愿与他人交往。小琴是家里的独女,父母对她关怀备至,除了学习,其他生活事宜都由父母代为办理。进入职校后,很多事情需要小琴自己独立完成,比如自己洗衣、整理内务等,小琴为此很不习惯,感觉周围一切都很害怕,再加上性格内向,不愿意与同学们交流,最近一周情况更加严重,小琴常常独自哭泣,体重下降了10斤,整晚失眠,食量很小,小琴打电话向父母求助,说自己这样下去是没法正常学习了。

  杨琴被诊断为适应障碍,指在紧张性生活事件的影响下,由于个体素质对应激因素无法适当调适而出现明显的情绪与行为的功能障碍,影响社会功能。

(四) 进食障碍

  进食障碍是以进食行为异常为主要特征的综合征,主要包括神经性厌食症和神经性贪食症。

  朱丽,17岁,透过她深陷的眼睛和苍白的皮肤,可以依稀看到她曾经是个很有魅力的女孩,但是,现在她看起来很憔悴。18个月前,她身高160厘米,体重60公斤,母亲是个要求严格的人,她不停地唠叨朱丽的外表问题。朱丽决定下决心减肥。经过几个星期的严格控制饮食后,朱丽的体重减轻,从父母和朋友那里得到了正面的评价,这让她感觉到一种从未有过的轻松感与控制感。但是,随着体重的不断减轻,父母开始担心朱丽,因为她的体重减轻太快了,已经达到40公斤,可她依然欲罢不能。除了控制饮食外,朱丽还在无人在场的情况下过度运动。

  朱丽的情况属于神经性厌食症,患者拒绝保持同等年龄身高应有的最低体重,并在明显低于正常体重的情况下,仍然对体重增加具有强烈恐惧。体重与自尊的病态相关,即认为"越瘦越美",并拒绝承认过低体重可能带来的严重后果。厌食症者由于长期维持极低体重,因此导致营养不良、毛发、指甲变脆、皮肤干燥,女生则会出现停经。

(五) 睡眠障碍

  失眠症,主要症状为入睡困难、早醒、睡眠维持困难(就是平时所指的睡眠浅、睡不实),白天精神倦怠、疲乏,患者由于失眠的痛苦,会异常关注睡眠,比如会在入睡前担心今天能不能睡着,或者躺在床上专心致志地等待入睡。

  嗜睡症,临床表现为持续大于一个月的过度困倦,这种过度困倦导致其社会功能损害。这种困倦并不是由于药物或其他物质导致。病因不清,多数由遗传导致。

睡行症,异睡症的一种,也称为"梦游",主要表现为重复发生在睡眠时从床上起来四处走动,主要发生在睡眠前 1/3,睡行过程中面无表情目不转睛,对别人的交流没有反应,需花费很大工夫才可以叫醒。醒后不记得睡行中发生的事,被唤醒后几分钟内行为与精神就可以恢复正常。异睡症是指发生在睡眠状态时的种种异常行为,除了上面提到的睡行症,还有多发生在儿童的夜惊以及发生在成人的梦魇,二者都表现为经常在夜间的睡眠中惊醒,极度害怕、伴随惊慌失措的尖叫,并伴随自主神经系统唤醒症状,比如大汗淋漓、呼吸急促、情绪紧张。梦魇的患者醒来后可以清楚地回忆做过的噩梦,夜惊的患者则没有可回忆的梦。

(六)人格障碍

简玲的母亲对她的要求很高,总是负性的评价,简玲从小就认为自己是个毫无价值的人,到了 20 岁依然觉得自己无足轻重,随时会被别人拒绝,同时有很强的危机感,如果对方的态度是中性的,她就会很难过,比如交谈的人没有对她微笑,她就会不由自主地想,这一定是她不招人喜欢的原因。当朋友给予她正反馈时,她依然不相信。结果,简玲朋友很少,没有知心朋友。

简玲属于回避型人格障碍。人格障碍是长期的,儿童时期发病并在成年期间一直存在,影响患者生活的每个方面,但是必须满 18 岁后方可诊断为人格障碍。常见人格障碍分为偏执型、分裂样、分裂型、反社会型、边缘型、自恋型、表演型、回避型、依赖型、强迫型。

偏执型人格障碍的特点是普遍存在的不信任感、多疑,把其他人的动机解释为有阴谋的。没有充分证据地怀疑其他人在密谋、伤害或是欺骗他,不公正地对朋友和配偶的忠诚程度感到怀疑。不愿意信任别人,把无恶意的言论看成是轻视或威胁,对别人的攻击(或许不存在)迅速做出愤怒的反击,长时间地记恨别人。

分裂样人格障碍,核心特点为普遍存在从社会中脱离的倾向及人际交往感情表达受限,比如既不渴求亲密人际关系,也没有从亲密关系中得到乐趣的体验,几乎完全选择独自活动,很少或不对任何活动有兴趣,感情平淡,态度超然,对于赞扬和批评都无动于衷。

分裂型人格障碍普遍存在的社会及人际关系的缺陷,对保持亲近关系感觉不适,同时出现感知扭曲和怪异的行为。表现为与文化不一致的、影响行为的奇怪信念和行为,不寻常的幻觉体验,多疑、偏执,情感表达受限,无亲密朋友。

反社会型人格障碍的主要特点是普遍存在对他人权利的忽视与侵犯,比如不遵守法律及社会规范,反复说谎,易怒,具有侵犯性冲动,做事无计划、不计后果,无责任感、缺乏愧疚感。15 岁以下出现上述症状应诊断为品行障碍。

边缘型人格障碍,其特点是普遍存在的人际关系、自我评价及情感的不稳定、特征性的冲动。为避免真实或想象出来的遗弃而进行疯狂的努力,比如以伤害自己身体为代价。对自我的评价会随着应激事件出现忽高忽低两极化的变化。

表演性人格障碍,其核心特点为普遍存在的过度情感表达及寻求注意的行为,时时刻刻想成为众人的焦点,情感表达戏剧化,服饰装扮过分夸张,与异性相处时会表达出不恰当的性吸引,把自己与他人的关系想象的比实际关系更加亲密。

自恋型人格障碍，"自恋"一词来自一则凄美的古希腊神话故事——美少年那西斯在水中看到了自己的倒影，便爱上了自己，每日茶饭不思，最终憔悴而死，变成了一朵花，后人称之为水仙花。自恋型人格障碍的主要特点为普遍存在夸大的倾向，对赞扬的极度渴望，过度夸大自己的权力、天赋，认为自己是特殊的"大人物"，沉溺在对成功、荣誉以及理想爱情的幻想中。过度的权力要求，在与他人的交往中总是试图控制他人，不愿意考虑他人感受。

回避型人格障碍，普遍存在着社会抑制，认为自己缺乏能力，对负面评价过度敏感，回避一些较多人际交往的活动，因为怕被评价；害怕与他人有亲密关系，因为害怕被拒绝被羞辱；不愿意参加不熟悉的新活动，因为可能导致难堪的局面；自我评价较低，认为自己没有什么吸引力或者自己比其他人差很多；在活动中对被批评或者被拒绝过分重视。

依赖型人格障碍，普遍存在的对被照顾的极度需要，导致顺从和依赖的行为及情绪上的过度恐惧，具体表现在：没有别人建议或者肯定时，就无法做出日常生活中的决定，需要他人为生活中的大多数事情负责，极度害怕失去别人的支持，不会表达不同意见甚至逼迫自己去做不喜欢的事情。一人独处困难，很难独立开始一项新任务，在结束一段亲密关系后，急于寻找一段新的亲密关系来获取照料和支持。

强迫型人格障碍，普遍存在对秩序的过度关注、完美主义、对他人思想和人际关系的控制，不懂变通，灵活性较差。具体表现为：对细节、规则、秩序等过度重视，丧失变通性。完美主义倾向，以至于影响任务完成。很少娱乐。责任心强，过分小心、死板以及固执的价值观，对自己和他人吝啬。

（七）冲动控制障碍

网络成瘾、盗窃癖、咬甲癖、纵火癖、病理性赌博癖等。这些虽然没有吸入或使用化学物质，但是患者感觉到无法克制的冲动去完成某种明知道不应该的行为。

网络成瘾一般高发于15~45岁，患者沉迷于互联网，经常不能控制地上网，停止使用互联网就会觉得焦灼不安。由于互联网的过度使用，导致生活、工作、学习、人际关系严重受到损害，但是仍然无法克制使用互联网的冲动，把互联网当作一种逃避现实，缓解焦虑的方式。

（八）精神分裂症

是一组病因未名的精神疾病，精神、情感和行为多方面的障碍，分为偏执型、紧张型、青春型、单纯型四大类。

精神分裂症青春型，青春期急性起病，以思维破裂，情感与行为极为不协调为主要表现，内容荒诞离奇，也称为紊乱型。偏执型主要表现为幻觉、妄想，但认知情感正常。紧张型包含紧张性兴奋与紧张性木僵两种表现。兴奋突然发生，无目的性，可出现伤人、自伤、毁物行为木僵表现为不吃、不语、不动或蜡样屈曲状，缓解率较高。单纯型以日益加重的思维贫乏、情感淡漠、意志减退为主要表现，不易觉察。

第三节　职业学校学生心理健康的维护

心理健康是顺利完成学业、适应学校生活的保证，是综合素质提高的保证，同样也是维护人格健全发展的基础。

一、影响职业学校学生心理健康的因素

（一）生物学因素

大脑的器质性病变直接导致的脑部疾病，比如脑肿瘤、脑萎缩、脑炎等会使心理出现异常表现。躯体疾病尤其是慢性病，会导致患者精神紧张、依赖性增强甚至人格障碍。遗传因素尤其是精神障碍，还有生理发育因素尤其是身高、体重或者第二性征，会给学生带来压力，造成心理障碍。

（二）心理因素

职业学校的学生的年龄处于"同一性危机"的阶段，这个危机能否解决好，关系到心理健康问题。人的生物性与社会性的冲突以及挫折的承受力和个性特征的发展状况都会造成心理压力。

（三）家庭因素

父母的教养方式、家庭结构以及成员间的相处方式、家庭的经济状况等都会深刻地影响学生的心理状况。父母是孩子的第一任老师，对孩子成长的影响是深远而持久的。

父母的教养方式。父母的教养方式一般有权威-民主型、宽容-溺爱型、放任-忽视型、独断-专制型，其中权威-民主型最利于学生心理健康的发展，其余三种比较容易造成孩子心理问题。

家庭结构以及成员间的相处方式。单亲家庭、重组家庭中的孩子较容易缺乏与家庭成员正常的情感沟通，导致情绪不稳定、人际关系不协调、自我价值观不正确，阻碍健康人格的发展。家庭成员之间的语言及人际氛围对家庭成员的心理会产生直接影响。出现意见分歧时，家庭成员如果关系融洽、互相关心，在原则问题上团结一致，不仅有利于问题的解决，成员还会从解决问题的过程中学会与人交流的方法、锻炼意志能力和思维能力以及情绪处理能力，从而稳定心理因素，克服焦虑、不安全感、信任危机等不利于心理健康的因素。

家庭的经济状况。随着社会急速发展，社会贫富差距增大，由于贫困短时间内无法解决，因此在校贫困生已经成为学校一个特殊群体。贫困生一般较其他学生承受的压力更大，一方面来自物质生活，另一方面则来自心理，甚至导致"心理贫困"。贫困生要承受来自生活中物质的压力，通常会勤工俭学或者利用业余时间外出打工，无形中相较于其他同学会更多地面临来自工作的应激以及休息娱乐时间的不足，从而承受相较于其他同学更多的压力。此外，贫困生每年要参加助学金或者特困生补贴等，流程中难免需要贫困生在某些场合陈述家庭经济困难情况，个别学生难免会出现敏感、焦虑、抑郁的情绪状况，所以，贫困生的心理健康更应该得到比其他学生更多的重视。当然，也有相当一部分的学生在勤工俭学中获得了更多的社会经验、锻炼了自强自立的意志，比其他学生成长得更快、更成熟。

（四）学校因素

职校学生入校后，如果选择了住宿，学校不但是学生学习的主要场所，还是生活的主要场所。学生入校后，必须自己管理自己的生活和学习，但是初入职业学校的学生相当一部分人还抱着对老师和家人过度依赖的心理，不能适应职业学校的自主学习模式，从而产生焦虑、抑郁、恐惧等不良心理情绪。另外，校园是职业学校学生的主要活动场所，在学

校发生的各种应激事件对学生的心理影响是最直接、最深刻的。学生可能遇到的不利于心理健康的应激因素主要包括以下几个方面：

第一，人际关系应激。职业学校学生实行校内住宿制，学生们之间相处时间增多，尤其是一个宿舍的同学，由于家庭环境、民族、地域、生活习惯等不尽相同，容易产生摩擦，如果缺乏相应的应对能力，就会危害到心理健康。另外，职业学校学生由于年龄原因，心理成熟度和价值观尚未定型，加上他们很少接触社会，生活阅历不足，因此教师的态度、语言和行为仍然会对学生产生直接而深刻的影响。

第二，学业压力。这是学生普遍感受到的主要压力。职业学校是自主学习模式，学生需要积极主动地安排自己的学业，部分同学自我管理能力不足，因此产生抑郁、焦虑等不良情绪。还有一个相关因素就是学习内容问题，学生上课时间久且学习难度较大，加上不当的学习方法，直接影响到学习成绩，日积月累，厌学情绪严重，导致长期的精神压力。部分学习成绩比较好的学生，同样要面临竞争的压力，而且高校的竞争是综合实力的竞争，要想在竞争中脱颖而出，必须兼顾到各个方面。还有部分学生面临的压力来自专业和兴趣的冲突，这类学生可能是因为考试失利无奈调配到本专业，或者由于父母的意愿被动选择，或者在考试前对专业没有做比较详细的了解，因此，在入学学习一段时间后，感觉与自己的兴趣实在相悖，但是又因为各种原因没有勇气或者没有机会重新选择专业，因此长久地陷入了矛盾、自责、抑郁的情绪之中。

第三，业余生活的压力。职业学校生活相对于中学生活，学生可自由支配的时间较多。学生正处于精力、体力旺盛阶段，业余生活本应该是比较丰富多彩的，但是有些学生由于本身性格较内向或者是其他活动技能不足，因此感觉多姿多彩的业余生活离自己很遥远，甚至感觉被其他同学"孤立"，自己属于"非主流人士"，产生自卑、抑郁、焦虑等不良心理反应。还有一部分同学则相反，沉迷于某种业余爱好不能自拔，甚至占用课堂时间，影响课堂出勤率及学业成绩。比如，当下社会和学校比较关注的网络成瘾的学生。这类学生逃避现实，沉溺于虚幻的网络世界，造成的后果十分严重。

第四，恋爱情感问题。职业学校学生年龄正处于青春期，心理和生理都有了对爱情的需要，但是恋爱观和价值观尚未成熟，面对恋爱、失恋等问题会感受比较强烈的应激，从而引起心理不良影响。

第五，就业压力。随着职业教育规模的扩大，毕业学生数量较多，职业学校学生就业问题也比较严峻，同时学生的就业期望与本身就业市场需求难以对应，因此就业问题日益严重化。

（五）社会因素

家庭、学校属于社会的一个单位，其氛围总体上受到社会主流价值观的影响。随着社会不断地发展，环境污染、噪声、社会竞争、网络媒体等因素导致文化、价值观出现多元化，直接影响学生的心理发展。

以上五个因素中，生物学因素、心理因素归为内在因素，家庭因素、学校因素、社会因素归为外在因素，这些因素并非单一地对学生心理起作用，一个人心理的成长是多种因素综合作用的结果，而且每一种因素均有有利的和不利的影响。

二、促进职业学校学生心理健康的方法

学生的心理状况受到外因与内因的多重影响，为了促进在校学生心理健康，应尽可能控

制外在因素，也就是尽量在家庭、学校、社会中给学生创造一个有利于身心健康的良好环境。更为重要的是要增强学生应对危机与自我调控的能力，因为外因是通过内因起作用的。

（一）帮助学生树立心理健康意识

学校常规开设心理健康课程，定期举办心理健康讲座，并通过网络、广播等媒体进行心理健康教育宣传，从各个方面渗透心理健康知识。了解心理健康专业知识是树立心理健康意识的第一步。实践证明，具备良好心理健康知识的学生在应对危机时能表现出更加良好的心理承受力；相反，缺乏相应知识的学生在面对应激时更多会表现出束手无策、放任自流或者偏听偏信的态度。

（二）督促学生参加社会实践活动

个体的行为是在活动中不断发展的，只有在不断实践的过程中才有可能将课堂所学心理知识和应对技巧与现实结合。在校学生尚未步入社会，除了专业知识的学习外，多参与课外活动是锻炼意志品质的良好途径，还能丰富业余生活、增强情感体验，在实践活动中锻炼应激应对能力和自我调节能力。

（三）教育学生养成良好行为习惯

多数心理障碍和身心疾病与不良生活习惯有着密切的关系，职业学校学生的学校生活和学习属于自主型，因此需要较强的自我管理能力。学生尚未步入社会，但是应从现在开始在思想上重视积极自我管理，努力在行动上培养健康的生活方式，具体包括：合理的作息、平衡的膳食、适度的运动与学习、拒绝烟酒网络等成瘾行为。

（四）鼓励学生寻求心理咨询

学校一般都会设立心理健康咨询中心，配备专业的心理咨询老师。如果学生出现情绪困扰、内心冲突无法解决时，应该积极主动寻求心理咨询、寻求专业帮助。心理咨询是一项专业的助人工作，是指受过心理咨询专门训练的专业人员运用心理知识、理论和技术，对解决问题有困难的人提供帮助和支持，从而使来访者缓解心理压力，提高适应环境的能力，促进人格成长。心理咨询的对象不是病人，而是在生活中应对应激事件需要帮助的正常人，所以去做心理咨询的人不是"有问题的、有精神病的"。职业学校学生属于社会的一个特殊群体，相对于中学生活中老师和家长的较多的约束与保护，职业学校学生有相对独立的生活与学习机会，因此面临更多的成长问题。学校心理咨询要承担学生教育、发展、保护、治疗的功能。

三、职业院校心理咨询

（一）职业院校常用的心理咨询形式

1. 个体面谈咨询

个体面谈咨询是职业院校的主要咨询方式，这种咨询方式较直接、针对性强，容易建立良好的咨访关系。由于咨询师与来访者一对一接触，咨询师可以更准确地对来访者的全面情况做出评估，而来访者相对感觉安全性较好，也更容易畅所欲言，与咨询师一起讨论自己内心的烦恼。

2. 团体心理咨询

这是学校较常使用的咨询方式，一般是8~10人有类似心理问题的来访者与咨询师共同交流完成咨询的方式，这种形式比较符合学生一贯的行为习惯，与同学一起参与，彼此之间互相支持，咨询师一次性可以帮助的人数较多，效率较高，因此在学校被广泛使用。

3. 校内电话咨询热线

一些不愿意面谈的同学可以选择校内电话咨询热线，这种方式对于来访者来说更安全、快捷、方便，但局限性是电话通话时间有限，难以深入咨询，由于无法面对面咨询，也会影响咨询师对来访者实际问题的判断。

4. 网络咨询

随着信息化程度的提高，网络咨询也逐渐增多，一般是网络留言和在线咨询两种方式，这种形式突破了传统心理咨询对时空的限制，来访者不仅可以向网络咨询者寻求帮助，还可以在线进行心理测试，便捷性大幅度提高。由于网络匿名性，咨询者可以更加坦诚地叙述自己的问题，减少阻抗，而且咨询记录易于保存和留档。

（二）职校学生心理咨询的原则

1. 面向全体学生原则

心理咨询是面向职校全体学生、为全体学生服务的，是为了促进学生整体素质的提高和个性的和谐发展。

2. 预防与发展相结合原则

心理咨询既有预防功能，又有发展功能。预防是初级功能，发展则是高级功能，而两者的有机结合才能更好达到心理辅导的目的。

3. 尊重与理解学生原则

尊重与理解学生是心理咨询的最基本的条件，也就是要尊重学生的人格与尊严，尊重与理解学生的权利和选择。

4. 学生主体性原则

在心理咨询中要承认和尊重学生的主体地位，激发和调动学生自我心理发展的自觉性与积极性，学生是自己心理发展的主体。

5. 个别化对待原则

学生有较大的差异性，因此心理咨询要根据学生的心理特点，采取因材施教的方法，个别化对待每个学生。

6. 整体性发展原则

心理咨询应该以发展的眼光看待学生的心理状况，教育活动必须立足于促进学生的心理发展。

（三）常用心理咨询理论及其方法

心理咨询的理论和方法很多，常见的有行为疗法、理性情绪疗法、精神分析疗法和以人为中心疗法以及表达性艺术疗法等。

1. 行为疗法

行为疗法是以行为主义心理学为理论基础的一种治疗方式。该疗法注重行为矫正，认为可以通过学习矫正异常行为，改变心理行为问题。行为矫正的基本方法有强化法、代币奖励法、行为塑造法、示范法、消退法、惩罚法、自我控制法、放松训练法、系统脱敏疗法、肯定性训练。

（1）强化法：根据斯金纳的操作条件反射原理设计出来的，目的在于通过强化（即奖励）而塑造某种期望出现的良好行为的一项行为治疗技术。

(2) 代币奖励法：用奖励强化所期望的行为，用惩罚消除不良行为而达到目的。当学生出现教师所期待的良好行为时，可以发给他们数量相当的代币作为强化物，学生用代币可以兑换有价值的奖励物或活动，代币奖赏的数量与学生良好行为的数量、质量相适应，持续刺激学生良好行为的维持。

(3) 行为塑造法：根据斯金纳的操作条件反射研究结果而设计的培育和养成新反应或行为的一项行为治疗技术。将教师所期望的学生行为，通过依次强化，逐渐接近目标行为，直到合意行为出现。

(4) 示范法：通过观察、学习产生共鸣，从而增加良好行为的获得或减少、削弱不良行为。

(5) 消退法：通过减少或消除促使某些不良行为的强化因素，从而减少这些行为发生的行为矫正方法。简单地说，就是我们对不良行为不予关注，不予理睬，那么，这种行为发生的频率就会下降，甚至消失。

(6) 惩罚法：指当行为者在一定情景或刺激下产生某一行为后，若及时使之承受厌恶刺激（又叫惩罚物）或消除正在享用的正强化物，那么其以后在类似情景或刺激下该行为的发生频率就会降低。

(7) 自我控制法：指个体自主调节行为，并使其与个人价值和社会期望相匹配的能力，它可以引发或制止特定的行为，如抑制冲动行为、抵制诱惑、延迟满足、制定和完成行为计划、采取适应社会情境的行为方式。让学生自己运用学习原理，进行自我分析、自我监督、自我强化、自我惩罚，以改善自己的行为，强调学生个人责任感。

(8) 放松训练法：渐进性放松法是美国医生雅可布松（Jacobson）所创。这是一种逐渐松弛人体肌肉，减少身体紧张，消除焦虑和精神压力的方法。其操作要点是：训练来访者学会接受自身生理状态的信息，辨认肌肉紧张、放松的感觉，做肌肉的"紧张-坚持-放松"的练习，从紧张与放松的感觉对比中学会放松，对全身多处肌肉按固定次序依次放松，每天练习，坚持不懈。

(9) 系统脱敏疗法：由精神病学家沃尔普（J. Wolpe）在20世纪50年代创立，当患者面前出现焦虑和恐惧刺激时，施加与焦虑和恐惧相对立的刺激，从而使患者逐渐消除焦虑与恐惧，不再对有害的刺激发生敏感而产生病理性反应。系统脱敏法包括三个步骤：一是训练来访者肌肉松弛；二是建立焦虑层次，从最轻微的焦虑到引起最强烈的恐惧依次安排；三是让来访者在肌肉松弛的情况下，从最低层次开始想象产生焦虑的情景，这样直到来访者能从想象情景中转移到现实情景，并能在原引起恐惧的情景中保持放松状态，焦虑情绪不再出现为止。例如，一个学生想克服考试焦虑，可将引起学生过敏刺激的过程，分解成若干阶段：考试当天走出家门，离学校还有100米，离学校还有50米，离学校还有10米，跨进学校，走入走廊，走进教室，入座，考试铃响，拿到试卷。依次编号做好10张卡片，系统脱敏时，先拿出第一张，如考试当天走出家门，想象当时的情景，心里有些紧张，就接着做松弛练习，放松全身肌肉。放松后，再拿起这张卡片，如还紧张，再进行放松，直到不紧张了，才拿出下面一张卡片，重复上述步骤，直到全部卡片做完，一般一天做一张卡片，做后面卡片前要复习前面的卡片，一直做到想象考试的情景不再紧张为止。

(10) 肯定性训练：也叫自信训练，其目的是促进个人在人际关系中公开表达自己真实的情感和观点，维护自己的权益也尊重别人的权益，发展自我肯定行为。比如，学生在人际交往中可以请求他人为自己做某事，以满足自己合理的要求；拒绝他人无理需求，敢于表达自己的不满情绪而又不伤害对方；与同学发生矛盾时敢于正面解决问题，而不是哭着找老师等。

2. 理性情绪疗法

理性情绪疗法是美国心理学家艾利斯（Albert Ellis，1913—2007）创造的一种心理治疗方法，也叫合理情绪疗法。艾利斯提出了一个解释人行为 ABCDE 理论。其中，A（Adversity）指个体遇到的事件，B（Belief）指人们对事件所持的观念，C（Consequence）指观念或信念所引起的情绪后果，D（Dispute）劝导干预，E（Effective new belief）指治疗或咨询效果。情绪反应 C 实际上是由观念 B 直接决定，可是许多人只注意事件 A 与 C 的关系，而忽略 C 是由 B 造成的事实。生活和学习中，人们往往会有许多诸如"我必须成功""别人必须对我关心""事情必须尽善尽美"等非理性信念，这些不合理的观念会导致负向、不稳定的情绪。因此，若要改善情绪状态，就必须通过驳斥非理性信念，建立合理的信念以获得正向的情绪效果。

该理论的基本观点概括起来就是：个体自身的不良情绪、不良行为与个体对应激事件的错误解释（不合理信念）有关，心理咨询的目的是帮助个体学习应对技巧去驳斥这些不合理信念，用合理的信念代替不合理信念，从而缓解不良情绪。

3. 精神分析疗法

精神分析疗法指的是建立在精神分析理论上的心理治疗方法。精神分析理论认为个体的情感和行为常常受无意识的决定或影响。这些无意识因素可能是造成他们痛苦与不幸的根源，这些痛苦可能表现为我们可以看到的症状，也可以表现为困扰自己的人格特点，或者表现为工作、人际、亲密关系上的困难，情绪的不稳定以及自尊的受损。精神分析治疗聚焦于对来访者的无意识心理过程进行分析，探讨这些无意识因素是如何影响来访者目前的关系、行为模式和心理状态的。通过对来访者生活历史的探索，探讨来访者是如何经历既往的人生而发展变化，帮助来访者更好地应对当下的成人生活。该疗法的基本方法是通过共情、自由联想、诠释、梦的解析、移情等技术来分析个体的潜意识内容及早期经验，使个体体验与自我有关的情感与记忆，促进个体意识到潜意识中的症结所在，从而使症状失去存在的意义而达到解决问题的目的。

4. 以人为中心疗法

卡尔·罗杰斯（Carl Rogers，1902—1987）认为：只要提供适宜的环境，人有解决自己困扰的潜能，咨询师不是权威，而是帮助来访者体验以前被自己扭曲的感觉，促进自我觉察，完善人格。因此作为咨询师最重要的是态度和特质，技术则是第二位的。

心理咨询时，无论采用何种方法，都必须以建立良好的咨访关系为前提。咨询老师和来访学生之间要建立一种建设性的、治疗功能的人际关系，设身处地地体会学生的内心感受，进入他们的内心世界。设身处地地理解来访者，与其坦诚交流并给予无条件关注是建立良好咨访关系的关键。

（1）促进设身处地的技术。

1）关注。咨询师要达到设身处地的理解，必须在一开始就能让求助者感觉到这种关注，即无条件的积极尊重，这种尊重建立在一种"一对一"的基础上。不论来访者的阶层、感情和行为是什么样的，都要发自内心地感到对方是一个有价值的人，这种尊重是真诚的情感。

2）用言语交流设身处地的理解。设身处地理解意味着理解求助者的情感和认知信息，并且让求助者知道他们的情感是被准确理解的。促进性的言语交流必须把重点放在求助者当前的情感和认知内容上，与来访者的体验紧密联系在一起。咨询师要深入了解求助者面对当前问题和处理时的内心世界，而不是就现实问题分析和探讨求助者的处境。

3）非言语交流设身处地的理解。非言语信息可以通过几种方式传达出来，包括姿势，身体活动和位置，面部表情、微笑、咂嘴、皱眉、动作的频率、声音特点，手、脚的活动，目光接触等。甚至距离远近也能反映出求助者的内心信息。

4）沉默。在很多心理咨询的情况下，"沉默是金"。咨询中会出现某一个时刻，咨询师和求助者都要考虑所说的话，而不需要任何言语，任何语言可能都会产生干扰作用，一个善于观察的咨询师能够感觉到求助者在什么时候对情感或信息进行有意义的加工处理，因此，沉默也是咨询师设身处地的理解的一种有效方式。

（2）坦诚交流的技术。

1）不固定的角色：咨询师不固定自己的角色，就意味着在咨询中的表现如同在现实生活的表现一样坦率，但是并不把自己隐藏在职业咨询师的角色之内，而是继续保持与当时的情感和体验的和谐，并交流自己的感情。

2）自发性：一个自发的人会很自由地表达和交流，而不是总在掂量该说什么。

3）无防御反应：坦诚的人也是没有防御反应的。一个没有防御反应的咨询师很了解他自己的优势和不足之处，并且很了解该如何感受它们。

4）一致性：对坦诚的人来说，他的所思、所感及所信的东西与他的实际表现之间只有很小的差异。

5）自我的交流：坦诚的人在合适的时候能够袒露自己，咨询师能够了解求助者的真实情感。

（3）无条件积极关注的技术。

艾根将无条件的积极关注称为尊重，并且指出它是一个高水平的咨询师的最高价值观。

1）对求助者的问题和情感表示关注。

2）把求助者作为一个值得坦诚相对的人来对待，并且持有一种非评价性的态度。

3）对求助者的反应要伴有准确的共情，并因此表示出对求助者的理解。

4）培养求助者的潜力，并以此向求助者表明他们本身的潜力以及行为的能力。

5. 表达性艺术疗法

表达性艺术疗法简称为表达性治疗或艺术治疗，是将艺术创造形式作为表达内心情感的媒介，促进患者与治疗师及其他人交流，改善症状、促进心理发展的一类治疗方法，其基本机制是通过想象和其他形式的创造性表达，帮助个体通过想象、舞蹈、音乐、诗歌等形式，激发、利用内在的自然能力进行创造性的表达，以处理内心冲突、发展人际技能、减少应激、增加自我觉察和自信、获得领悟，促进心理健康、矫治异常心理。表达性艺术疗法适用于大多数人群。常见的方法有绘画治疗、音乐治疗、舞蹈治疗、沙盘游戏疗法等。

（1）绘画治疗：通过绘画的创作过程，让绘画者将混乱、困惑的内心感受导入直观、有趣的状态，将潜意识内压抑的感情与冲突呈现出来，获得疏解与满足，而达到治疗的效果。

（2）沙盘游戏疗法：采用意象的创造性治疗形式，通过创造和象征模式，反映游戏者内心深处意识和无意识之间的沟通和对话，激发个体内在的治愈过程和人格发展。

（3）音乐治疗：在音乐治疗过程中，治疗师利用音乐体验的各种形式，以及在治疗过程中发展起来的治疗关系，帮助被治疗者达到健康的目的。可分为接受式、即兴式、再创造式音乐治疗等不同种类。

（4）舞蹈治疗：利用舞蹈或即兴动作的方式治疗社会交往、情感、认知以及身体方面的障碍，增强个人意识，改善个体心智。舞蹈治疗强调身心的交互影响、身体—动作的意义。

（四）职业院校心理咨询的设置

心理咨询必须遵守一定的时间设置，一般是一周一次，一次 50 分钟左右，原则上不能随意延长咨询时间与次数，这样可以给予来访者充分自我思考的时间，还能保证比较稳定的求助频率。当然，特殊情况下可以根据实际情况在频率与时间上做出调整。咨询应当在咨询室里进行，原则上不得在咨询室以外的场所开展，咨询室布置要安静、整洁、舒适。心理咨询是一项非常专业与严谨的服务，应当收取合理费用；不过，目前面对学生的心理咨询通常是免费的。咨询师应避免与来访者有双重关系，即除咨访关系以外的其他关系，所以咨询师要避免给与自己有一定社会关系或者权益关系的人咨询。如果学校心理咨询师认为所咨询的来访者的情况超过自己的能力范围，要积极进行转介，为来访者介绍其他咨询师或其他咨询机构。

本章重要概念

心理健康是个体在心理的各个方面都保持良好的一种状态。具体表现为，个体有良好的身心状态和积极的情感体验，能很好地适应社会生活并发挥积极的社会功能。

行为疗法是以行为主义心理学为理论基础的一种治疗方式。该疗法注重行为矫正，认为可以通过学习矫正异常行为，改变心理行为问题。行为矫正的基本方法有强化法、代币奖励法、行为塑造法、示范法、消退法、惩罚法、自我控制法、放松训练法、系统脱敏疗法、肯定性训练。

理性情绪疗法个体自身的不良情绪、不良行为与个体对应激事件的错误解释（不合理信念）有关，心理咨询的目的是帮助个体学习应对技巧去驳斥那些不合理信念，用合理的信念代替不合理信念，从而缓解不良情绪。

精神分析疗法认为个体的情感和行为常常受无意识的决定或影响。这些无意识因素可能是造成他们痛苦与不幸的来源，这些痛苦可能表现为我们可以看到的症状，也可以表现为困扰自己的人格特点，或者表现为工作、人际、亲密关系上的困难，情绪的不稳定以及自尊的受损。

来访者中心疗法认为提供适宜的环境，人有解决自己困扰的潜能，咨询师不是权威，而是帮助来访者体验以前被自己扭曲的感觉，促进自我觉察，完善人格。

表达性艺术治疗简称为表达性治疗或艺术治疗，是将艺术创造形式作为表达内心情感的媒介，促进患者与治疗师及其他人交流，改善症状、促进心理发展的一类治疗方法。

复习思考题

1. 心理健康的含义与标准是什么？参照心理健康的标准评定自己的心理健康状况。
2. 职业学校学生常见的心理问题与心理障碍有哪些？
3. 影响学生心理健康的因素有哪些？
4. 职业学校维护和促进学生心理健康的方法有哪些？

第十三章
职业技术教育教师心理

本章主要内容

1. 教师角色的定义、教师职业心理素质。
2. 教师的成长阶段、教师成长与发展的途径。
3. 优秀职业技术教育教师的培养。
4. 专家教师与新手教师的区别。
5. 双师型教师与职业技术教育的概念及其与职业技术教育的关系。
6. 培养双师型教师的意义、双师型教师的培养方式。

案例导入

G老师研究生毕业后，进入某沿海地区的中职学校任酒店管理方面的教师。工作一年后，G老师对自己的工作越来越没有信心，整天郁郁寡欢。

首先是与学生的关系让他很苦恼。G老师表示："我跟学生的关系……我觉得普普通通。上课提出问题后，一部分学生沉默，我也不知道他们会不会；还有一部分学生在走神。有时候想要搞笑跟他们热情互动一下，他们基本上没什么反应，后来自己就觉得有点自讨没趣，干脆就是讲课。"跟多数初任教师表示的一样，在中职学校任教不容易与学生之间有深度沟通，与学生关系较疏离，有距离感。"每次上课我会询问班长缺席学生的名单和原因，因为教学任务紧，有时还要维持课堂秩序，上课没有点名的时间，所以大部分学生的名字都记不住。"

和周围同事的关系也让G老师很失望。"我来到这里已经一年了，到现在跟同事也没有很熟，我觉得跟同事不熟比较麻烦的地方，就是想找其他同事请教一些问题的时候不太容易，或是有事要请人帮忙也不太好意思，在学校就真的只是同事间讲公事的关系，没有其他的往来，心里觉得不太融入。"

然而，更让G老师感到无力的是在中职学校的课堂教学中，教师感到越来越难教，学生觉得越来越乏味，甚至出现了"教师怕上课，学生厌学习"的尴尬境地。

G老师表示："学校对我们的教学要求和资深教师是一样的，既要能进行理论教学又要能带领学生实习实践，连个过渡期都没有，每天都活在焦虑当中。"除此之外，新教师还要承担班主任、招生和就业等工作，感觉忙忙碌碌又什么都干不好。

思考：

1. G老师在适应新教师岗位过程中存在哪些困扰？
2. 如何解决G老师的困扰？

第一节 教师的角色及优秀教师的心理素质

一、教师的角色

教师是什么？面对这样一个问题，深入师心的说法有：教师是传道、授业、解惑者；教师是"蜡烛""春蚕"；教师是辛勤的园丁；教师是人类灵魂的工程师……教师被视为社会中具有重要地位的职业。教师承担着培养下一代、传承优秀传统文化、促进社会进步的神圣使命。

（一）教师的作用

（1）教师在教育传承方面发挥着至关重要的作用。他们通过课堂教学、辅导和家访等方式，传授知识、技能和价值观，帮助学生打下坚实的知识和技能基础，培养他们成为有理想、有道德、有文化、有纪律的公民。

（2）教师是道德引领的重要力量。他们以身作则，用自己的言行影响和感染学生，引导他们树立正确的世界观、人生观和价值观。

（3）教师还承担着创新启发的使命。他们鼓励学生独立思考、勇于探索，培养他们的创新精神和创造力。教师通过开展课外科技、文艺、体育等活动，激发学生的兴趣和潜能，促进他们的全面发展。

（4）在心理辅导方面，教师关注学生的心理健康，及时发现和解决学生的心理问题。他们通过开展心理健康教育、心理咨询等活动，帮助学生树立积极心态、增强心理素质，促进学生的健康成长。

（5）教师是社会连接的重要纽带。他们通过与家长、社区和其他相关部门的合作，共同关注学生的成长和发展。教师还通过组织社会实践活动，让学生接触社会、了解社会，培养他们的社会适应能力和公民参与意识。

（6）教师是终身学习的典范。他们不断更新知识体系、提高教学技能和教育管理能力，以适应教育改革和发展的需要。教师还通过参加培训、学术交流等活动，与其他教师分享经验和资源，共同推动教育事业的发展。

（二）教师角色

科技的飞速发展与社会的急剧变革，使得社会对教师提出了更高的要求，教育目标、教育内容、教育方法的巨大变化使得教师的角色也发生了重大变化，教师角色转变为设计者、促进者、管理者、帮助者、反思者和研究者的多重角色，如表13-1所示。

表 13-1 教师的角色

角色	要解决的问题	具体表现
设计者	我们要到哪里去（教学目标）？怎样才能到那里去（教学策略和方法）？怎样知道是否已经到达了那里（测验）？	考虑学生因素，设置教学目标、选择教学策略和教学方法、选择适宜的测验手段。

续表

角色	要解决的问题	具体表现
促进者	怎样让学生学会自己学习？怎样使学生的个性健康、和谐发展？	创设问题情境、激发学习动机与提供学习支架、逐渐放手让学生学习。
管理者	怎样让课堂更有秩序？怎样保证更多的有效学习时间？	进行班级和教学管理、组织课堂教学、处理教学中的偶发事件以及与家长和同事交流。
帮助者	怎样更好地关心学生的发展？	帮助学生解决困难，解答学生的疑问以及处理学生人际与心理问题。
反思者和研究者	怎样完善教学？怎样让教师自己进步？	反思和评价自己的教学，发现和分析存在的问题，提出并实践解决方案，总结经验和行动研究的结果。

除上述角色外，也有人提出过教师是家长代理人。教师是学生在学校的家长，他们需要代替家长对学生进行管理，同时也需要与家长进行沟通和合作，共同促进学生的成长；教师是社会规范的象征者，他们需要向学生传递社会道德和价值观，引导学生遵守社会规范，培养良好的道德品质；教师是人际关系协调者，教师需要协调学生之间的关系，建立和谐的班级氛围，帮助学生建立良好的人际关系。

总的来说，教师在学生的成长过程中扮演着重要的角色，他们需要关注学生的全面发展，引导学生树立正确的价值观和人生观，为学生的未来奠定坚实的基础。

二、教师职业心理素质

教师职业心理素质是教师职业所要求的、在教师专业发展过程中形成的、在教育教学工作中培养并表现出来的、直接影响教育教学效果的相对稳定的心理品质。

教师职业素质的高低直接决定了教学质量的高低。一个优秀的教师需要具备扎实的专业基础、高效的教育方法、丰富的教育教学经验等，才能够把知识、技能、思想传递给学生，并激发学生的学习兴趣，提高学生的学习效果。

教师的职业素质对于学生的发展至关重要。学生处于成长过程中，他们的世界观、人生观、价值观等都还没有完全形成，需要教师的引导和帮助。一个具备良好职业素质的教师，不仅能够教给学生知识，还能够关注学生的心理、情感等方面的发展，帮助学生形成健全的人格，培养学生的创新精神和实践能力，为学生的未来发展打下坚实的基础。

教师的职业素质还关系教育环境的建设。一个具备良好职业素质的教师，能够为学生创造一个和谐、有序、积极向上的学习环境，有利于学生的成长和发展。如果教师的职业素质不高，就会破坏教育环境，给学生的学习带来负面影响。

教师的职业素质对于教育改革也具有重要意义。随着社会的发展和教育的不断改革，教师需要不断更新教育观念、改进教学方法、提高自身素质，以适应教育改革的要求。一个具备良好职业素质的教师，能够积极参与到教育改革中来，推动教育的发展和创新，为培养更多优秀人才做出贡献。

教师职业心理素质结构如表13-2所示。

表 13-2　教师职业心理素质结构

职业心理素质	内涵
教学效能感	教师对自己影响学生学习行为和学习成绩的能力的主观判断。
教师教育能力	包括一般教学能力（掌握组织教材、言语表达、组织课堂活动等）、教学监控能力、教学策略运用。
教师人格特点	指教师应具备的优良的情感及意志结构、合理的心理结构、良好的道德意识和个体内在的行为倾向性。

（一）教学效能感

心理学上，把人对自己进行某一活动能力的主观判断称为效能感，效能感的高低往往会影响一个人的认知和行为。教师在进行教学活动时也有一定水平的效能感。教学效能感是指教师对自己影响学生学习行为和学习成绩能力的主观判断。

根据班杜拉的自我效能感理论，可以把教师的教学效能感分为一般教育（学）效能感和个人教学效能感两个方面。一般教育效能感指教师对教育在学生发展中的作用等问题的一般看法与判断，即教师是否相信教育能够克服社会、家庭及学生本身素质对学生的消极影响，有效地促进学生的发展。这与班杜拉理论中的结果预期相一致。个人教学效能感指教师认为自己能够有效地指导学生，相信自己具有教好学生的能力。它与班杜拉理论中的效能预期相一致。教师的教学效能感是解释教师动机的关键因素。它影响着教师对教育工作的积极性，影响着教师对教学工作的努力程度以及在遇到困难时他们克服困难的坚持程度等。

（二）教师教育能力

教师的教育能力所包括的范围非常广泛，主要包括一般教学能力（掌握组织教材、言语表达、组织课堂活动等）、教学监控能力、教学策略运用等。

1. 表达能力

表达能力可以分为语言表达能力和非语言表达能力两大类，两者都是教师用来进行人性陶冶和知识传授的重要工具。语言表达特别是口头语言表达能力的强弱，直接影响着教师主导作用的发挥，也直接影响着学生语言和思维的发展。非语言表达主要包括除语言表达之外的其他方式的表达，诸如身体姿势、眼神等。

2. 组织管理能力

在当代教育的视角下，教师的管理能力不应局限于将学生视为抽象、被动的受管对象，过度约束他们的行为。相反，教师应具备一种更为开放和包容的管理理念，积极引导学生，激发他们的个性潜能和特长。教师应当创建一个有利于每个学生健康发展的环境，让每个学生在集体中感受到自己的存在感和价值，都有平等的机会为集体作出贡献，同时也能够从集体中汲取力量，体验温暖，并学习如何更好地协作。教师的管理能力主要体现在能够确立符合实际的活动的预期目标，拟订周密的教育教学工作计划，充分发挥学生的积极性、主动性与创造性，从而保证良好效果的产生。

3. 处理教材的能力

处理教材的能力主要是指教师具有全面掌握并正确处理教材的能力，教师全面地了解教材体系，弄清教材的重点、难点和关键，对教材内容的理解和掌握达到懂、透、化的程度，分析教材内涵，并从实际出发，对教材内容进行增删、选择操作等。在理清教材知识的基础上，要根据学生的思维特点和接受能力、知识水平和年龄特点对教材进行科学的组织加工，选择和运用最佳的教学方法，采用学生易理解和感兴趣的形式来进行知识的传授，在此基础上，发展学生的智力、培养学生的能力。

4. 课程开发的能力

现代教师不但要有现代课程意识，而且必须具备课程开发的能力，充分了解学生的知识、能力、兴趣和特点，并按学生的需要设计教学活动。课程开发的能力主要是指课程资源的开发和利用的能力、对课程的解读和对教材的变通能力、课程评价和研究能力。

随着技术的不断发展，网络课程的开发方式和手段也在不断更新。教师需要时刻关注和学习网络课程发展的趋势，例如人工智能、虚拟现实等技术在网络课程中的应用，以便能够更好地适应和满足不断变化的学习需求。

5. 了解学生的能力

了解学生的能力是指教师对教育对象的个性特征、心理素质、道德行为、学习能力及身体状况等方面具有把握的能力。在多元化社会条件下学生的道德、精神等已发生了一定的变化，因而，教师充分地了解学生的能力在时下显得更为重要。同时，科技的发展也对教育产生了冲击，复杂的社会环境、生活背景等主客观条件使学生内心意念、学习能力、学习方式方法等千差万别，所以了解学生也是教师的必修课，能否有效地了解学生也是教育教学能否最优化的重要前提。

6. 理解他人以及与他人交往的能力

现代教学论认为：教学过程是师生交往、积极互动，共同发展的过程。没有交往，没有互动，就不存在或未发生教学，那些只有教学的形式表现而无实质性的交往发生的教学是"假"教学，是一种抽象的工具性存在，而没有其应有的生命活力与创造性意蕴，是一种本真人的缺失或空场，而没有对人性的尊重与张扬。良好的交往能力是教师适应环境、做好工作、实现自我价值的需要。教师不仅必须具有理解学生并与学生进行有效交往与沟通的能力，而且还需要建立与家长以及社区有关机构人员合作和相互支持的关系。

7. 教学监控能力

教学监控能力是指教师为了保证教学的成功、达到预期的教学目标，在教学的全过程中将教学活动本身作为意识的对象，不断地对其进行积极主动的计划、检查、评价、反馈、控制和调节的能力。它是教师的反省思维或思维的批判性在其教育教学活动中的具体体现。根据其在教学过程不同阶段的表现形式的不同，教师教学监控能力可以包括以下方面：计划与准备；课堂的组织与管理；教材的呈现；言语和非言语的沟通；评估学生的进步；反省与评价。

8. 教学策略

教学策略是指在教学过程中，为完成特定的目标，依据教学的主客观条件，特别是学生的实际，对所选用的教学顺序、教学活动程序、教学组织形式、教学方法和教学媒体等的总体考虑。也就是说，教学策略是在教学过程的各个环节中使用的指导思想和方法。

有效教学策略的运用对提高学生有效学习非常重要，关键是要关注学生发展的自主性、主动性，尊重学生发展的差异性，强调学生发展中的体验与交往过程，使他们成为发展与变化的主体，进而促进学生全面发展、主动发展、个性发展。

(三) 教师人格特点

大量研究结果证明，教师的心理素质尤其是个性品质和个性心理特征，对学生心理品质的形成和性格的塑造具有深刻的影响。

1. 情感特征

（1）热爱学生。热爱学生是教师的天职，是做好教育工作的基础和前提。

首先，爱是教育的感情基础。爱是人的天性，是人们身上普遍存在的一种心理需要。孩子出生后，最先得到的是父母之爱；进入学校后，教师成了他们生活中最重要的人物，"爱"的要求也自然转到教师身上。许多孩子对于"师爱"的反应甚至比母爱、父爱还要强烈。每位学生都渴望得到教师的肯定和赞许。教师如果没有爱，就谈不上对学生真正的教育。作为一位人民教师，应该热爱、尊重和了解自己的学生，因为只有热爱他们才能关心他们，只有尊重他们才能要求他们，只有了解他们才能教育他们。

其次，爱的交流是做好教育工作的前提。教师的工作对象不是毫无生气、静止不动的自然材料，而是有思想、有个性、有血有肉的活生生的社会人。在教育过程中，师生之间每时每刻都在进行着心灵的接触，教师的要求和意见如果被学生认作是出于对他们的关怀和爱护，则在他们的情感上就会产生肯定的倾向而被愉快地接受；相反，同样的要求和意见，假如被学生认作是教师故意的作难，他们就会紧闭心灵的大门、无动于衷，严重的还会引起抵触情绪和对抗行为。可见，师生之间的信任和友爱对教育工作的影响是很大的。教师对学生一贯而真诚的爱是师生间信任的基础，也是使学生做出良好"反作用"的前提。同时，教师的爱是学生产生积极的情绪体验的一个重要源泉。职业学校的学生长期以来因为学习成绩比较落后，中学期间得到教师的关爱可能相对较少，因此，对职业学校教师而言，关爱学生是更为重要的职业人格要求。

值得注意的是，教师对学生的爱应是面向全体学生的泛爱。正如教育家陶行知所说"爱满天下"，就是要求教师要爱护每一个学生，无论他的家庭背景好坏、他的长相美丑甚至他的道德品行优劣，教师都要真诚地关心和爱护他。教师对学生的爱，无疑是洒向每一个学生的道义上的泛爱。然而，在教育教学过程中，对优秀的、乖巧的和生理上没有缺陷的学生施之以爱是容易被教师所接受的，也是容易做到的，而对在道德上、行为上有缺陷的学生的爱却难以做到。这种不能做到在道德上一视同仁的"爱"，不是真正的"师爱"；"爱"应是面向全体学生的泛爱，而不是偏爱。

（2）情绪稳定。这是在所有优秀教师身上共同表现出来的心理素质和心理特征，也是他们做好工作的基本前提和条件。特别是职业学校的教师，他们的工作对象多是学习习惯不良、情绪不稳定、缺乏学习动机的学生，他们时常会遇到一些自己意想不到的富有情绪色彩的事件，这就需要教师保持一种稳定的情绪、充满自信，才能冷静地处理好学生中出现的问题。有人调查了欧美102名优秀教师对自己的看法后发现，这些教师具有的共同的特点是：相信自己的能力，也确信教师工作的价值，具有乐观、积极的自我形象，自尊而不自卑。国内也有大量研究证实，情绪稳定、充满自信是优秀教师必备的素质。

2. 意志特征

（1）目的明确，执着追求。教师要搞好教育教学工作，一定要具有明确的目的性和努力达到目的的坚定意志。现实中，大量优秀教师在教育教学乃至科研中都会碰到各种各样的困难和障碍，正是由于他们具有明确的目的性和执着追求，才激发他们披荆斩棘、排除万难去获得成功。

（2）明辨是非，坚定果断。教师具备了这一品质，才使教师在面对各种复杂的情况和问题时保持清醒的头脑，对问题有周密的思考和分析，以利于迅速地作出抉择。

（3）处事沉稳，自制力强。"教师的这门职业要求于一个人的东西很多，其中一条就是要求自制。"在教育过程中，教师常会为一些不如意的事情而感到苦恼，甚至产生急躁情绪。在这种情况下，特别需要教师沉着、自制、有耐心。教师沉着从容、处事不惊，学生自然会受到感染和触动，心悦诚服地接受和配合。

（4）充沛的精力和顽强的毅力。学校工作事无巨细，样样有教育。如果没有充沛的精力和顽强的毅力，是难以胜任其工作的。所以要求教师要不断加强自身素质的锻炼和磨炼，以主动适应教师工作的要求。

三、专家教师与新手教师的差异

（一）知识及其表征与呈现道德差异

1. 知识储备有差异

专家教师具备学科内容知识及相关背景知识、教学方法的知识（包括如何激发学生的学习动力、如何组织学生等）、针对具体内容进行教学的知识（包括如何阐明某一概念、如何用实例说明某一问题等）。此外，专家和新手的差异不仅仅在于知识量上的差异，更在于知识在他们记忆中组织方式上的差异。专家拥有的知识以命题结构和图式的形式出现，比新手整合知识更完整，因而解决问题时能及时有效地提取出来，这就导致二者教学能力上的明显差异。

在知识的表征方面，专家教师在描述概念时使用的词汇量明显少于新手教师。专家教师能用更简洁的词汇描述概念，说明其对概念的内涵掌握得更为精确。专家教师平均使用12.12个词汇就可以解释一个概念，相较之下，新手教师需要用30.32个词汇来解释一个概念。对于概念，新手教师的图式并不清晰，图式里往往还夹杂着非必要的概念信息词汇。

2. 呈现知识的差异

新手教师与专家教师在呈现知识方面表现出不同的特点。在上述两个环节中，在呈现知识过程中新手教师离不开实物，试图让学生通过多次操作相关的实物图能够有所发现。事实上，由于缺少必要的思维过程，学生难以自行发现规律。例如，教师只能告诉学生："长方形的周长一定，长、宽相等时，面积最大"，并以全班齐读的方式强化学生记忆。因此，这节课学生的获得是很有限的。

专家教师则是这样呈示的——创设问题情境：在这个过程中，基于学生已经掌握了长方形周长与面积的计算方法，专家教师没有借助实物，而是让学生通过与同桌合作直接在纸上画长方形，将动手与动脑结合起来。学生在组内交流，教师通过巡视了解全班探究进程。在大多数学生掌握围法后，再让他们继续在工作单上动手操作，探究20根小棒能够围出多少种长方形（包括正方形），并思考怎样围才不会重复与遗漏。学生边观察图形、边记录数据，自行从中发现规律并验证。在集体交流时，教师注意捕捉学生探究结论中的错误信息，及时在全班纠正。

（二）课堂管理差异

从课堂管理的角度来说，新手教师掌握的关于如何处理好学生与课堂的关系的知识相对独立，缺乏系统性，不能够像专家教师那样揭示出此类知识之间的联系；而且新手教师在处理学生发生在课堂中的问题时，没有专家教师那么灵活多变，很多时候新手教师的方法来源于书本，专家教师则有了自己独特的处理方式。一般来说，专家教师在有效利用时间、创设良好的学习环境、为减少学生不良行为而采取的各种活动和措施方面都更加具有优越性。新手教师相对经验不足，虽然一心投入教学活动中，有的时候效果却并不是那么好。不过新手教师在教学活动中有更多的热忱，凡事都想尽善尽美，做到自己满意为止。

（三）教学方法差异

1. 新手教师的教学过程设计

在教学设计上，新手教师通过让学生有具体的思考平台而充分调动学习积极性，锻炼学生思维，基本教学设计思路清晰，所有问题都有具体的指向性。在具体组织课堂教学中，学生根据教师的提问思考，得出具体结论。学生在思考过程中，由于问题指向性特别明显，一般不容易犯错。

2. 专家教师的教学过程设计

专家教师会提供材料让学生观察，在观察中将自己看到的变成想到的，以探究为核心，用整体性观点强调知识的运用。而多组比较数据的提供，既可以丰富学生的知识，又可以给予学生举一反三的机会，使学生思维能力的提高有了实实在在的平台。学生的思考结论会有不同，有的甚至是"错误"的，但学生在逐步"犯错"与"纠错"的过程中，思维能力得到有效提高，学生的知识与技能不断"生成"。

（四）感情投入差异

从社会心理学角度看，人与人之间的交流都有三种功能：信息沟通、情感沟通和调节功能。课堂上，师生间的交流不单纯是知识的交流，在传授知识的同时，教师的一颦一笑、一举一动都传递着一定的情感。教师的情感也会对学生的学习产生一定的影响，专家教师和新手教师在感情的投入上各有特色。

新手教师上课时很注重自己的内容有没有按照准备的那样讲完、学生们是否在听课。他们会把精力都放在外在形式上，关注课堂纪律、学生作业是否完成等，当然还特别注重学生与自己的朋友关系，容易花很多时间与学生们打成一片。另外，由于他们与学生的年龄差距较小，在各方面与学生基本没有代沟，所以师生在情感上的沟通与交流相对顺畅。

专家教师凭借自己多年的教学经验，能够在教学中以及与学生沟通交流中收放自如。他们注重上课的质量，懂得如何用多种方式将同一内容讲得更加生动形象从而让学生更加喜欢上课。在对待学生方面，他们一般都会把握好距离，所以通常能受到学生的尊重。

专家教师和新手教师各自注重的点会不同，新手教师注重外在的环节，而专家教师更多注重内在环节。

（五）提问类型差异

无论是理论课还是实践课，提问都是思维训练的最好形式。从问题的性质看，课堂提问的类型有探究性、理解性、记忆性和管理性等多种。从某种意义上说，不同类型提问在一堂课中的占比，能够反映出一名教师的教学理念。例如，同样是"周长相同的长方形中正方形面积最大"这节课，新手教师和专家教师的提问类型占比情况差别就很大，如图13-1所示。

	管理性问题	记忆性问题	理解性问题	探究性问题
新手	19.8	46.9	27.2	6.1
专家	2.2	33.7	43.8	20.3

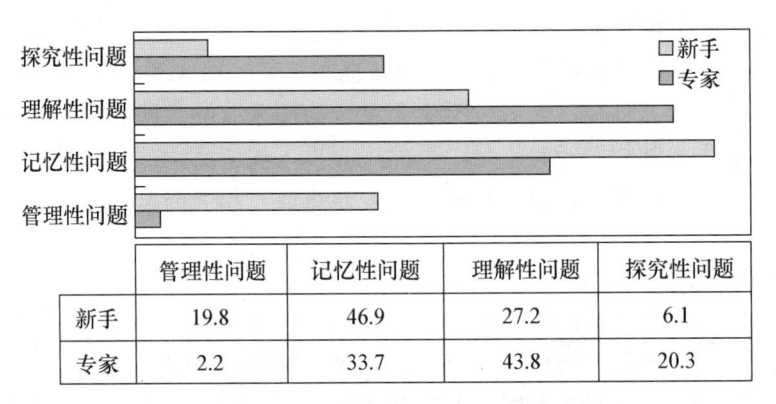

图 13-1 新手教师和专家教师课堂提问类型的占比

从图13-1可以看出，专家教师提问类型的占比从高到低依次是理解性问题、记忆性问题和探究性问题，而管理性问题所占比重很小。这说明专家教师的教学目标更多地关注理解，并通过相当数量的探究性问题来促进学生较高水平的理解。而新手教师的提问主要集中于记忆性问题，其占比大大超过了理解性问题和探究性问题之和；更需要注意的是，与教学不直接相关的管理性问题差不多占全部课堂提问的五分之一，这无疑影响了整堂课教学的有效性。

（六）问题解决能力差异

专家教师比新手教师更善于发现问题，识别问题的根本特征。另外，新手教师是根据问题的表面特征来感觉问题的，容易形成肤浅的表达；专家教师则按信息所表达的意义来归类，是对问题深层次的、抽象表征。

专家教师比新手教师更有可能找到解决问题的适当方法。专家教师花费较大比例的时间来理解所欲解决的问题，然后再对可能的解决方法进行评价。新手教师大都用较少的时间去理解问题，而将大部分时间花费在尝试不同的解决方法上。加涅等研究发现，在教学行为上，专家教师和新手教师的差异也十分明显，专家教师要明显优于新手教师。

第二节 教师的成长与发展

一、教师的成长阶段

从一名新教师成长为一名合格教师需要经历一个过程，一个主动成长的教师在不同的成长阶段所关注的问题不同。福勒和布朗根据教师的需要和不同时期所关注的焦点问题，把教师的成长划分为关注生存、关注情境和关注学生三个阶段。

（一）关注生存阶段

这是教师成长的第一个阶段，集中表现为非常需要被认可和肯定。他们非常关注自己的生存适应性，最在意的问题是："学生喜欢我吗？""同事们如何看我？""领导是否觉得我干得不错？"等等。所以有些新教师会把大量的时间都花在如何与学生搞好个人关系上，还有些新教师则可能想方设法控制学生。他们的行为都是为了得到领导和同事的关注、认可，表现出新教师的成就欲望很强。

（二）关注情境阶段

当教师感到自己完全能够生存（站稳了脚跟）时，便把关注的焦点投向了提高学生的成绩即进入了关注情境阶段。在此阶段教师关心的是如何上好每一堂课的问题，而且总是关心如班级的凝聚力、时间的压力和备课材料是否充分等与教学情境有关的问题。传统教学评价也集中关注这一阶段。一般来说，老教师比新教师更关注此阶段。

（三）关注学生阶段

当教师顺利地适应了前两个阶段后，就会锁定下一个目标——关注学生。教师将考虑学生的个别差异，认识到不同发展水平和不同年龄段的学生有不同的社会性需要，即应该怎样针对学生的实际情况合理选择教学材料和方式。我们认为，能否自觉关注学生是衡量一个教师是否成长、成熟的重要标志之一。

教师的成长与发展是一个多阶段的连续过程，每个阶段都有其特定的目标和挑战，需要教师不断学习、实践和创新。教师成长与发展的每个阶段都对提升教师的专业素养和教育质量具有重要意义。通过了解和认识教师成长与发展的各个阶段，我们可以更好地理解教师的职业发展需求，并为他们提供适当的支持和指导。

二、教师成长与发展的途径

教师成长与发展的基本途径主要有两种：第一，通过师范教育培养新教师，为教师的成长提供最基本的知识和技能训练；第二，通过实践训练提高在职教师的素质，为新手型教师向专家型教师的转变提供所必需的知识和经验。教师成长的途径包括但不限于以下几种：观摩和分析优秀教师的教学活动、微格教学、教学反思、教学决策训练等。

教师成长与发展的基本途径主要有两个方面，一方面是通过师范教育培养新教师作为教师队伍的补充，另一方面是通过实践训练提高在职教师的水平。

（一）观摩和分析优秀教师的教学活动

对优秀教师的课堂教学活动进行观摩和分析是培养和训练新教师的一种非常有效的方法，也是目前各级各类学校常用的方法。

师范院校的毕业生，虽然掌握了系统的教育理论知识、经过了必要的教育技术训练，但专业知识几乎一片空白，只能教一些公共基础课。一些从企业来的技术人员虽然实践能力很强、专业理论很扎实，但学科教学能力太差，难以有效地传授专业知识。从事职业教育需要大量既懂理论又有实践经验、既会教书又能操作示范的师资。

大量研究表明，处于入职期的新教师在课堂教学中所遇到的问题和困惑，尤其是课堂教学中的实践性知识，比其他阶段的教师显得更多、更复杂而且更困难。因此，根据新教师的专业发展需求，开展有针对性的关于课堂教学实践性知识的入职教育，也就显得更为重要。观摩和分析优秀教师的课堂教学活动，是新教师培养和训练中一种极其有效且常见的方法。通过观察优秀教师的教学技巧、课堂管理、教学内容呈现等方面，新教师可以快速了解并掌握教育教学的核心要素，提高自己的教学水平。同时，通过对比和分析，新教师可以发现自己的不足之处，有针对性地改进和提升自己的教学能力。这种观摩可以有两种方式：结构化的观摩和非结构化的观摩。结构化的观摩一般在观摩之前制订较详细的观察计划，确定观察的主要行为对象、角度以及观察的大致程序，也可以进行有组织的讨论分析。非结构化的观摩则没有以上特征。一般来说，结构化的观摩比非结构化的观摩效果好，除非观察者有相当完备的理论知识和洞察力。这种观摩可以是现场观摩，也可以是观看优秀教师的教学录像。观摩前，可以先进行思考和预测：本节课若由自己上，会使用什么样的教学模式、教学策略？为什么要使用这样的教学模式或策略？在观摩的过程中，要仔细观察他人运用了什么样的教学模式、教学策略以及是如何运用的。观摩之后，对比预测和实际情况的不同，思索自己能够从中学到什么，并且想想自己还能在哪些方面进行改进和创新。

（二）开展微格教学

微格教学指以少数的学生为对象，在较短的时间内（5~20分钟），尝试做小型的课堂教学，同时可以把这种教学过程摄制成录像，课后再进行分析。这是训练新教师有效提高教学水平的一条重要途径。

微格教学的基本程序：(1) 明确选定特定的教学行为作为要着重分析的问题（如解释的方法、提问的方法等）。(2) 观看有关的教学录像。这时，指导者说明这种教学行为具有的特征，使实习生和教师能理解要点。(3) 实习生和教师制订微格教学的计划，以一定数量的学生为对象，实际进行微格教学，并录音或摄制录像。(4) 和指导者一起观看录像，分析自己的教学行为。指导者帮助教师和实习生分析一定的行为是否合适，考虑改进行为的方法。(5) 在以上分析和评论的基础上，再次进行微格教学。这时要考虑改进教学的方案。(6) 进行以另外的学生为对象的微格教学，并录音录像。(7) 和指导者一起分析第二次微格教学。微格教学使得教师可以对自己的教学行为进行更为深入的分析，并增强了改进教学的针对性，因而往往比正规课堂教学的经验更有效。

（三）进行教学反思

教学反思是提升教师专业水平的法宝，是教师专业发展和自我成长的核心因素。作为教师应具有较强的反思能力，并通过反思不断更新教育观念、改善教学行为、提升教学水平，使自己真正成为教学和研究的主人，实现专业发展。

(1) 教育事件反思。教师在教育教学实践中，经常会因为一些难以解决的问题产生焦虑、困惑，他们在自觉不自觉地进行思考、反思，这意味着教师在用自己的理性思考来评判自己的教育教学行为，力图解决教育过程中的问题。教师在自我反思过程中，重新理解学校教育，重新理解自己的学生，在这种反思中教师专业水平得到提升。

(2) 教学过程反思。教师审视和分析自己的教学行为、教学决策和教学结果，包括对教材内容的取舍和补充、对教学目标的确立和对教学重点的确定等，其典型方式是撰写教学后记。通过撰写教学后记，对自己的教学过程重新认识并作出评价，肯定成绩，找出问题，分析具体原因，及时提出改进教学的措施。教学反思能促进教师积极主动地探究教学问题，进一步激励教师终生学习的意识；不断地反思会发现问题，并积极寻找新思想与策略来解决这些问题。

（四）教学决策训练

教学决策训练是指在了解和掌握将要教授的班级状况的基础上，新手教师在指导者的指导下观看其他教师对此班级的现场教学或教学录像，从中找到自己教学的最佳行为的过程。在此过程中，指导者会向新手教师展示更恰当的教学行为，同时给予说明，因此新手教师可以获得近乎实际上课的教学经验，从而改善其教学行为，提高自身的教学能力和水平。

特韦尔克（Twellker）1967年设计了训练教学决策的程序：

（1）向受训者提供即将教授的班级、学生状况信息，包括学业水平、学习风格、班级气氛等；

（2）让受训者观看其他教师的教学录像，在指导者的指导下吸取自己认为重要的成分，供自己教学所用。

除了上述几种成长途径，自主学习也是教师成长与发展的重要途径。教师可以通过阅读教育类书籍、文章，参加在线课程等方式，不断丰富自己的知识储备，提升自己的专业素养。创新教学方法同样是教师成长与发展的重要手段。教师可以通过尝试新的教学方法和策略，不断探索适合学生的教学方法，提高学生的学习效果和兴趣。例如，全国高校教师教学创新大赛鼓励教师进行创新教学实践，帮助他们尝试新的教学方法和策略，促进教学设计的改进，激发学生的学习积极性，促进教学经验的分享和交流，推动教育教学改革。

第三节 职业技术教育教师能力结构与培养

在高职院校中，双师型教师或一体化教师是人才培养的关键因素。他们不仅负责传授知识，还承担着培养学生实践能力和职业素养的重任。

一、双师型教师能力结构及其与职业技术教育的关系

（一）双师型教师

双师型教师是指既能以扎实的专业理论知识授课、解决职业实践中出现的问题，又能以丰富的实践经验和熟练的技术指导学生实际操作，具有类似"教师＋某个专业技术职称"的专门人才。

（二）双师型教师的能力结构

根据现代职业教育对于职业教育教学所提出的要求，职业教育教师除了应该具备过硬的与职业相关的专业理论功底、专业技术能力，还必须掌握与工作过程、技术和职业发展相关的知识；除了能致力于专业知识的传授，还要具备从教育学角度将这些知识融入教育教学的能力；除了必须具备发现问题的能力，还必须具备制定解决问题的方案和策略的能力；除了必须熟悉相关职业领域里的工作过程知识，还必须有能力在遵循职业教育教学论规律的前提下将其集成于课程开发之中，并通过行动导向的教学实现职业能力培养的目标。

综上所述，职业教育双师型教师必须具备如下教育教学的能力结构：（1）掌握运用职业教育相关理论进行实践操作的能力；（2）掌握专业理论知识的能力；（3）掌握职业教育的教学与方法的能力；（4）掌握职业教育教学过程知识的能力。它涵盖了职业教育教师四个静态的能力结构要素：专业理论、专业理论的职业实践、职业教育理论、职业教育理论的教育实践。

朱金龙结合莫伦奈尔教师能力模型和《技工院校一体化教师标准（试行）》总结了技工院校一体化教师应当具备的能力。他认为，技工院校一体化教师教学能力共包括三种类

型八项内容（见表 13-3）。

表 13-3 技工院校一体化教师教学能力内容结构矩阵表

教学能力内容		教学层级		
		三级	二级	一级
专业实践能力	学习任务实践能力	√	√	√
	教学场所管理与维护能力	√	√	√
教学实施能力	教学设计能力	√	√	√
	课堂教学能力	√	√	√
	教学评价与反思能力	√	√	√
拓展教学能力	企业培训能力		√	√
	教学指导能力			√
	课程开发能力			√

此外，朱金龙根据莫伦奈尔教师能力模型，还建立了一体化教师教学能力教学领域分析模型（见表 13-4），重点对核心教学能力进行分析。

表 13-4 一体化教师教学能力的领域及子域分析

子域	领域					
	设计	组织	执行	指导	学生评价	教学评估
探究	一体化课程标准和教学文件研读	一体化教学发生的情境分析	教学内容和教学条件现状分析	学生需求分析	有关评价规则的选择	对过去教学评估，教学情境变化分析
设计	学习目标的制定、教学方法的选择、企业标准的引入	制订教学计划与教学进度表	学情分析与教学内容确定	预测学生需求	设计评价的方式方法	制定评估方案
实施	实施条件与保障，如选择教学场所，拟定工具、材料清单，编制教案、PPT，制作微视频等	选择有效的组织手段，如教学空间布局、准备工具等	按照"六步法"要求指导学生完成学习任务，引导自主学习	观察、现场指导，回应学生问题，引导独立思考	组织学习评价（采用多种评价方式）	组织并形成评估报告
反思与讨论	根据教学目标和内容选择正式或非正式的评价方式	对组织过程进行反思，如调整教学进度计划	对教学过程与教师角色进行反思和总结	对指导过程进行反思和总结	对评价结果进行分析和解释	对评估结果进行分析、解释
领导力	组织协作					

横向各栏代表教师的教学行为被划分为设计、组织、执行、指导、学生评价和教学评估等六个领域，其中，组织、执行、指导、评价四个领域构成了课程教学的全过程。纵向看，每一教学领域又按照探究、设计、实施、反思与讨论、领导力划分为五个不同的子领域。无论从表的横向还是纵向看，都体现了工作的过程顺序。表的右侧两栏是教学评价（包括学生评价和教学评估），表的下方是反思与讨论，说明教师的教学反思和评价活动贯穿教学全过程，从而凸显了教师教学反思与评价能力的重要性。特别说明的是，在教学工作中，探究是一切行为的开端，它成为每个领域工作的起点。始于探究，终于反思，说明教师的教学过程是一个不断进行行动中反思的过程。组织领域有五个子域，增加了一个"领导力"子域，主要体现为教师在教学活动中的协调和领导能力。在一体化教师的三个层级中，协调和领导能力是对二级以上一体化教师的要求，反映了其教学能力构成呈现组织层级上的递进。在六个领域和四个子领域构成的矩阵中，共有24项教学能力指标构成了技工院校一体化教师教学能力最基础、最核心的部分，即教师的教学力。

（三）双师型教师的能力结构与职业技术教育的关系

一方面，双师型教师的能力结构是在职业技术教育需求的基础上培养起来的，职业技术教育要求学生在必备的理论和专业知识的基础上重点掌握从事专业领域实际工作的操作技能，具备较快适应生产、建设、管理、服务第一线岗位需求的实际工作能力。职业教育这一特定的培养目标，要求专业教师既要有较高的学术水平、教学水平，在能力结构上达到专业理论-专业理论的解构与重构、职教理论-职教理论的迁移与处置，能够将专业理论知识经过自己的理解与加工传授给学生，又要有较强的实际工作能力，在能力结构上达到教育实践-专业相关的教育技能、职业实践-专业相关的职业技能，把教育中的理论运用到实践中去，将理论付诸实践。另一方面，双师型教师还要了解企业的生产情况，熟知一线岗位工作需求、生产需求，之后才能将这些能力运用到实践教学中，才能满足职业教育的培养要求。这就是职业实践-专业相关的职业技能。

教师的能力结构也会影响职业技术教育的发展。很多青年教师都是刚毕业的大学生，虽然已经取得了理论与实践的双证，但是在实践经验环节上还是不如有过这方面经验的教师。新手教师在初涉职业技术教育领域时，由于经验不足，可能会在培养学生方面表现出一定的局限。在质量上，他们可能难以达到资深教师所具备的专业水准和教学深度，需要不断学习和积累经验。在数量上，由于对课程和学生需求的熟悉程度有限，新手教师可能在短期内难以兼顾众多学生的个性化需求。有的双师型教师能力结构较强，职业技术教育所需要的那些能力要求，他们不仅满足了，而且还具有较高的水平，无论是理论知识还是教学经验、水平以及理论实践、职业实践都能用自己的方式教授给职校学生们。这样的教师在培养学生方面不仅可以保质保量，还能给大家一个完美的答卷，无论从哪个角度来说，都大大促进了职业技术教育的发展。

二、双师型教师的培养

（一）培养双师型教师的意义

"双师型"教师队伍建设是职业教育高质量发展的关键。自2019年《深化新时代职业教育"双师型"教师队伍建设改革实施方案》出台以来，我国从教师培养补充、资格准入等各方面全面提升职业院校"双师型"教师比例，推动"双师型"教师提质升级。其中，国家级职业教育教师教学创新团队的建设、职业学校名师（名匠）名校长的培养、职业学校兼职教师的聘用等都是为了适应职业教育高质量发展的新形势新要求。

第一，双师型教师的培养对于提高教学质量具有重要意义。双师型教师具备扎实的专业知识和实践操作技能，能够将理论知识与实践相结合，采用更加有效的教学方法，提高学生的学习效果。同时，双师型教师还能够对教学实践进行总结和反思，探索教育教学的新思路和新方法，进一步提高教学质量和教学效果。

第二，双师型教师的培养是推动产教融合的重要途径之一。通过双师型教师的培养，学校与企业之间的联系更加紧密，教师可以更加深入地了解企业的需求和生产实际情况，与企业共同制定人才培养方案，提高人才培养的针对性和实用性。同时，双师型教师也可以将行业中的最新技术和发展趋势引入教学中，推动教育教学与产业发展的紧密结合。

第三，双师型教师的培养对于教师的专业发展也具有重要意义。在培养过程中，教师需要不断学习和更新自己的知识和技能，提高自己的实践操作能力和教育教学研究能力。同时，教师还需要与其他教师和企业人员进行合作和交流，共同完成教学和科研任务，提高自己的团队建设与合作能力。这些能力的提升有助于教师的专业发展，增强教师的综合素质。

第四，双师型教师的培养有助于培养社会需要的人才。随着社会的发展和经济的转型升级，对于人才的素质和能力要求也越来越高。双师型教师的培养注重实践操作能力和行业知识的培养，有助于提高学生的综合素质和实践能力，使他们更好地适应社会发展的需要，成为社会需要的高素质人才。

第五，双师型教师的培养还有助于提高学校的竞争力。一所学校的竞争力取决于其教育教学质量、师资力量等多个方面。通过双师型教师的培养，学校可以拥有一支高素质、专业化、实践经验丰富的教师队伍，进一步提高教育教学质量，增强学校的综合实力和竞争力。同时，双师型教师的培养也有助于学校与企业的合作和交流，为学校的发展提供更多的资源和支持。

（二）双师型教师的培养方式

1. 明确双师型教师的认定标准

学校应该以教育部提出的"双师素质"内涵为标准，结合自己学校人才培养目标、师资队伍建设的实际情况，提出"双师素质"具体认定标准，将教师的实践工作经历、相关行业权威认定证书及在校内外主持参与相关实践项目建设和科学研究结合起来，明确认定标准，提高教师的双师素质。

2. 采取灵活多样的培训模式和教学方法

在科技发展一日千里的时代里，即使在今天是一个非常优秀的教师，如果不注意"充电"，也终究会因为知识、意识等的陈旧而落后于时代。教师必须树立终身学习的观点，不断地进行学习。职业技术院校可根据学校实际情况，通过教育技术示范公开课、教育技术成果展示会、教育技术等级培训、专家专题讲座、本校教师到外校交流等多种形式组织校本培训。除此之外，还可以利用教育技术精品课程网站、教育技术网络课程平台、教育技术课题研究等自主探究学习模式作为集中授课学习模式的补充。在培训过程中，要尝试多种不同的教学方法，如多媒体教学、示范教学、案例教学、任务驱动教学、远程教学等。

3. 提升双师型教师的实践能力

提高专职教师的实践技能，可以通过"走出去、请进来"的方式，一方面鼓励教师每年集中或利用业余时间到行业、企业中去学习实践，提高自身实践技能，使知识技术与市场接轨；另一方面，可以通过入口解决问题，吸收来自企业的社会兼职教师，他们不仅掌握本专业基础理论知识，而且拥有丰富的社会阅历、较强的实践能力，其进入学校后有利于抵制教师队伍中天然的陈旧僵化的倾向，缓解专业教师短缺问题，带来生产第一线的最新技术、最新信息，缩短学校与社会的距离；最后，学校还可以引进一些专业、行业优秀人才作为学科带头人，提升专业整体质量，带动专业全面发展。

4. 拓宽双师型教师队伍来源

以多种形式开展定期或不定期进修培训。第一，校内培训和校外培训相结合。第二，坚持不断地加强教育教学理论知识和教学方法的培训学习。第三，鼓励教师参加校际教研活动，进行教学和技术交流，引进校外好的教学和管理经验，积极参加教改活动，从中获得锻炼和提高。第四，健全、完善以老带新制度，发挥老教师"传帮带"的作用。第五，引进企业中有丰富的技术经验和实践操作能力的退休优秀技术人才和技师。把他们引进到学校中从事教学工作，一方面可以加强学校实践操作技能教学教师队伍的力量、提高技能教学质量，另一方面还可以对学校教师进行技能培训，在经济效益上学校和个人都受益，一举多得。

5. 减轻教师工作量，加强科研实践

目前一些学校通过精简课程内容、优化课程设置来突出重点，以减少课程重复设置，科学进行课程编排，既为教师提供了充足的科研实践时间，又提高了办学效率、节约了办学成本。

三、优秀职业技术教育教师的培养

优秀教师是教师群体中的杰出代表，研究优秀教师的成长规律对于促进教师的专业成长具有重要意义。优秀教师是学校宝贵的人力资源，优秀教师队伍的建设对于学生的成长、学校的发展乃至教育事业的发展都具有重要意义。职业技术教育教师应该是"双师型"的、一专多能的，既要有丰富的理论知识和专业背景，又要具备行业经验和实践技能，唯有如此，才能在教学中将理论知识和实践教学有机结合起来，提高人才培养质量。这就对职业技术教育教师的素质和能力提出了较高的要求，对职业技术教育教师的培养提出了挑战。

墨子在其教育思想中倡导"兼士"的培养，推行贤人治世，墨子强调不但要传授给人们生产技术，还重视对学生道德教育和职业操守的训练，提示我们要强化师德建设。加强教师职业道德建设，对于规范教师品行建设，提升教师职业道德能力和端正教学专业作风，有着很重要的现实意义。另外，墨子比较重视实践教育，主张培养实践技能，并提出了"教功多于耕"的理念，其强调"主动教授、积极创新、正确评估"的完善教育，也提示职业技术教育教师应树立正确职业观，修炼工匠精神。培养优秀的职业技术教育教师可以从如下几个方面入手。

（一）为教师队伍建设指明方向

习近平总书记提出的教育家精神具有鲜明的中国特色和时代特征，为造就新时代高素质专业化创新型教师队伍指明了前进方向，提供了根本遵循。教育家精神在内涵上与"四有"好老师、"四个引路人"、"经师"与"人师"相统一的"大先生"等论述具有延续性与一致性，也是对一代代优秀教师和教育工作者在长期扎根中国大地的育人实践中形成的精神特质的高度凝练。

教育家精神是对历代师者躬耕教坛、矢志强国精神的凝练与升华，犹如一座精神灯塔，照耀广大教师前行之路。诚然，不是每个教师都能成为教育家，但涵养教育家精神，时时提醒自己坚定理想信念、秉持道德情操、增长育人智慧、保持躬耕态度、筑牢仁爱之心、坚持弘道追求，是每一个教师"应为"与"可为"之事。

时代越是向前，教育的地位和作用就愈发突出，教师的重要性也愈发显现。中国教育取得的傲人成绩，正是缘于1800万教师潜心躬耕教坛、兢兢业业忘我付出，他们值得被礼赞。在今天的舆论环境下，我们更应不遗余力地营造尊重知识、尊重人才的良好社会氛围，激发教师爱教、乐教的热情，让教师感到尊严、收获幸福。

（二）多信任，少束缚

要发挥教师才智，就要发自内心地信任他们。信任就是对老师们最大的尊重，信任表示对老师抱有很高的期望，犹如期望效应一样。要始终相信职业技术教师的积极面，努力排除那些消极的想法，不断鼓励他们好的行为，用充满阳光的眼睛去看待在工作岗位中的他们。

学校及相关管理部门要承担好服务工作：（1）可以对职业技术教师提出明确期望，让其了解学校对其的信任，同时感受到肩上的重任。（2）赋予自主权。在明确工作目标和职责的前提下，赋予教师一定的自主权，使其能够自由地选择合适的工作方法和思路。（3）提供支持。为教师提供必要的培训、资源和支持，使其能够更好地发挥自己的能力，实现更好的教学效果。（4）减少不必要的规定和检查。过多的规定和检查可能会限制教师的发挥，因此要尽可能减少这些不必要的约束。（5）倾听意见和建议。积极倾听教师的意见和建议，鼓励其提出创新性的想法和方法，激发其主动性和创造性。（6）建立互信关系。通过以上措施的执行，逐渐建立起互信互利的关系，让教师感受到信任和支持，从而更好地发挥其优势和潜能。总之，不断减少重形式实则无意义的工作，将教师解放出来，给教师们多一些自由发挥的空间。每位教师都有自己的独特才能，要更多地将其才能应用到优质的课程中去。

（三）探索高效培训机制

教师培训是教师自我提升的重要途径，对教师的专业成长和教育教学技能的提升、教学理念的革新、职业生涯的可持续发展具有深远的影响。但是，当前的职业技术教育教师培训内容大多以教育理论培训为主，缺乏实践技能的培训，这样的培训内容并不符合职业技术教育的特点，职业技术教育教师理论知识扎实、操作技能薄弱的问题并没有得到改善。

目前，职业技术教育教师培训的方式大多分为以下几种：脱产进修、企业挂职和培训基地学习。所谓脱产进修就是职业学校选派教师到师范学院或者综合性大学进行系统学习，学习先进的教学理念和教学方法等。但职业技术教育教师普遍教学任务繁重，有的还要当班主任或者兼任行政工作，很难拿出一学期的时间进行系统学习。企业挂职是职业技术教育教师联系与本专业对口的企业，利用寒暑假等时间到企业定岗学习，了解企业的生产流程，参与企业生产实践，提高教师的动手操作技能和实践教学能力。但由于缺乏激励措施，教师对企业挂职这种培训方式的积极性普遍不高。再加上职业学校校企合作模式不成熟，企业往往不愿意配合，导致教师培训的效果大打折扣。

近年来，在国家相关政策的支持下，越来越多的职业技术教育教师有参加省培和国培的机会，但这种培训模式往往是大班集体授课，教学方法单一，很难满足每一位教师的培训需求。现实中也存在培训评价机制不完善的情况。培训评价是衡量职业技术教育教师培训有效性的重要环节，职业院校往往将评价结果作为教师职称评聘和职务晋升的重要指标。现实中，有的培训机构评价考核工作流于形式，只要教师参与培训都可以拿到证书，至于培训效果如何则无人关心。这种培训模式只重视学历达标培训，而轻视其他目标的实现，比如教学技艺的增长、协作精神的培养、专业知识的更新、思想素质的进步等都鲜有涉及。

完善职业技术教育教师培训机制可以做如下改进：

第一，恰当选择职后培训的内容。首先，在选择培训内容时要经过认真的调研，根据职业院校发展状况、教师的个性化培训需求以及本地区人才需求的特点等，确定更有针对性和实用性的培训内容。其次，培训过程中应该加大实践培训的比重，适度缩减理论培训的内容。职业技术教育教师大多是研究生学历，有着丰富的理论知识和专业背景，但在实践技能和工作经验方面比较欠缺，应该加强实践内容的培训。最后，分层次进行培训。职称不同、专业不同、学历不同的职业技术教育教师理应有着不同的培训需求，因此应该实行差异化和分层次的培训内容。例如：对青年教师而言，应重点培训教学能力、基础知识和教材教法等方面的内容；对高级职称教师而言，应重点培训精品课建设、专业诊断、科研能力等方面的内容，使其成为专业带头人和科研骨干。

第二，合理选择教师培训途径。职业技术教育教师工作繁重、时间和精力有限，这就需要职业院校积极探索更为有效的培训途径，除传统的培训途径之外，还应该合理选择如下几种培训模式：一是校本培训。校本培训的优点就是教师在本院校接受职后培训，不仅可以节约培训的成本，而且可以充分利用学校的教学、实践资源，有利于促进教师共同进步。二是远程培训学习。教师可以充分利用网络资源进行远程培训学习，根据自己的需求选择不同的培训内容和方式。三是"导师制"的形式。所谓"导师制"就是对刚刚走上工作岗位的年轻教师采取以老带新、以师带徒的形式，以教研室为基本单位，帮助年轻教师形成教学基本功，以便促进年轻教师尽快适应教学工作岗位。

第三，完善教师培训评价机制。培训评价不仅可以帮助培训机构了解教师对培训的感受、查找培训过程中的不足、为日后的教师培训优化奠定基础，而且可以帮助职业技术教育教师查找自身的不足。建立有效的培训评价体系，主要包括确定科学合理的评价标准，选择恰当有效的评价方法，建立与评价相关的反馈机制，建立合理的评价内容，以及构建科学的评价主体等。

（四）实行相应的激励制度

应在职称职务评聘和使用上形成激励机制，打破论资排辈的传统，以思想品德、实际工作业绩、工作能力以及技能技术水平为主，从而激励广大教师特别是中青年教师学习业务知识、提高操作技能水平的热情，增强竞争意识。在职称聘用上采用动态管理，坚决取消终身制的不合理机制，形成优上劣下的制度。

在分配上形成竞争制度。形成按能力高低、贡献大小拉开档次的分配制度，充分体现"按劳分配""按能分配"的原则，使"技能工资"名副其实。在现有情况下，在奖金制度上给予体现。

完善评先评优制度。在进行各类先进评定时，坚决杜绝"风水轮流转"的不良风气，要真正把各类优秀教师和教学骨干推选出来，在物质上给予奖励，在精神上给予鼓励。

建立择优上岗、竞争上岗制度。在安排各种教学工作和任务时，允许竞争，优先聘用学术水平高、业务能力强、技术技能全面的优秀教师上重要教学岗位，同时也应给学生选择优秀教师上课上岗的机会。在机制上促使各类教师形成主动学习、积极进取的良好风气，从而使全能型优秀骨干教师迅速成长、脱颖而出。

制定业务技能考核制度。对于专业理论教师和实习技能指导教师的操作技能水平，学校应定期进行考核评定，促进教师队伍实践操作能力不断提高。

（五）促进职业技术师范生职业发展

促进职业技术师范生职业发展是培养优秀教师的重要途径。促进师范生职业发展，鼓励优秀青年终身从事职业教育工作，造就大批优秀教师和教育家，是各类师范院校义不容辞的责任。

促进职业技术师范生职业发展就是要以培育职业精神为核心、以培养实践能力为主线，积极构建师范生职后专业发展平台，为师范生终身职业发展提供系统、全面、可持续的优质教育服务。

本章重要概念

教师职业心理素质是教师职业所要求的、在教师专业发展过程中形成的、在教育教学工作中培养并表现出来的、直接影响教育教学效果的相对稳定的心理品质。

教学效能感是指教师对自己影响学生学习行为和学习成绩能力的主观判断。

一般教育（学）效能感指教师对教育在学生发展中的作用等问题的一般看法与判断，即教师是否相信教育能够克服社会、家庭及学生本身素质对学生的消极影响，有效地促进学生的发展。

个人教学效能感指教师认为自己能够有效地指导学生，相信自己具有教好学生的能力。

双师型教师是指既能以扎实的专业理论知识授课、解决职业实践中出现的问题，又能以丰富的实践经验和熟练的技术指导学生实际操作的具有类似"教师＋某个专业技术职称"的专门人才。

微格教学指以少数的学生为对象，在较短的时间内（5～20分钟），尝试做小型的课堂教学，同时可以把这种教学过程摄制成录像，课后再进行分析。这是训练新教师有效提高教学水平的一条重要途径。

教学决策训练是指在了解和掌握将要教授的班级状况的基础上，新手教师在指导者的指导下观看其他教师对此班级的现场教学或教学录像，从中找到自己教学的最佳行为的过程。

复习思考题

1. 教师职业心理素质主要包括哪些方面?
2. 教师的成长经历了哪些阶段?
3. 应该怎样培养优秀的职业技术教育教师?
4. 专家教师与新手教师有哪些区别?
5. 为什么要培养双师型教师?

第十四章
职业技能竞赛心理

本章主要内容

1. 技能竞赛选手核心的心理素质。
2. 技能竞赛选手常见的不良心理及成因。
3. 技能竞赛选手的心理辅导策略。
4. 技能竞赛裁判员的心理素质。
5. 技能竞赛裁判员常见的不良心理及成因。
6. 技能竞赛裁判员的心理建设策略与方法。

案例导入

小胡是第42届世界技能大赛美发项目的银牌获得者。如今她有着扬州生活科技学院高级实习指导老师、世界技能大赛美发项目国家队教练、美发比赛裁判等多重身份。

从校赛到代表国家参赛，小胡走得并不容易。学校选拔赛有70多名同学参加，经过多轮比赛，最终只选出两名同学进入四川代表队参加全国选拔赛。全国选拔赛她以第五名的成绩进入国家集训队。在国家集训队她抱着"技术不足我就练，哪里不足我就补哪"的心态刻苦练习。第一轮培训后，在"十进五"的淘汰赛中，她以第一名的成绩进入五强。此后，小胡在细节和心态上作出调整，更努力地投入训练，在"五进二"的淘汰赛中，以第二名的成绩通过了选拔。对于最终代表中国参加世赛，小胡回答："到了这个阶段，更多的就是考验选手的心态。最后在两人的比赛中，我获得第一名，才有机会代表中国参加世赛。"

思考：
1. 小胡参加世界技能大赛取得优异成绩的原因是什么呢？
2. 小胡会成为优秀的美发项目裁判员吗？

第一节 职业技能竞赛选手的心理及辅导策略

一、职业技能竞赛选手的心理素质概述

(一) 心理素质

在人的素质结构中，居核心地位、起关键作用的是人的心理素质。心理素质既是个体遗传素质和社会环境、教育影响交互作用在主体内部的积淀，又是社会文化经验的内化和自然生理素质发展的中介，因为人的各种社会文化素质的形成必须建立在相应的心理素质基础之上，只有通过形成新的相应的心理素质而内化、扎根。心理素质是促进人才成长和事业成功的基石，也是提升国家竞争力的根本。

心理素质是一个由认知特性、个性和适应性三种因素构成的心理品质系统。心理素质具有以下五个特点：

(1) 稳定性。心理素质是个体基本且相对稳定的心理品质。

(2) 整体性。心理素质不是单一的品质，而是各种心理品质的集合。

(3) 结构性。心理素质不是各种心理品质的杂乱混合，而由一定规则建构起来的结构性组织。

(4) 个体差异性。心理素质体现了人的各方面心理特征的差异。

(5) 动态性。心理素质是在先天遗传的基础上和后天环境的相互作用下而不断形成和发展起来的心理品质，具有动态发展的一面。

(二) 技能竞赛选手核心的心理素质

1. 精益求精的工匠精神

工匠精神是一种职业精神，它是职业道德、职业能力、职业品质的体现，是从业者的一种职业价值取向和行为表现。现代技能大赛比赛任务难度大、内容复杂、要求精细化程度高的特点决定了选手要有很强的解决问题的能力，能熟练掌握相关知识与操作，有精确稳定的表现，也要求选手具有对每件作品、每道工序、每个动作都凝神聚力、精益求精、追求极致的心理品质。"天下大事，必作于细。"技能大赛的选手虽然年纪尚轻、阅历尚浅，但他们都是在各自领域技艺拔尖的人才，他们在训练和比赛的过程中也能体现工匠精神。

2. 尽职尽责的敬业精神

敬业是从业者基于对职业的敬畏和热爱而产生的一种全身心投入的认认真真、尽职尽责的职业精神状态。"敬业乐群""忠于职守"是中华民族的传统美德，也是当今社会主义核心价值观的基本要求之一。孔子主张人在一生中始终要"执事敬""事思敬""修己以敬"。"执事敬"，是指行事要严肃认真不息慢；"事思敬"，是指临事要专心致志不懈怠；"修己以敬"，是指加强自身修养，保持恭敬谦逊的态度。敬业的核心特质是高度的责任心。

责任心是个体能够坚持完成一件事情的前提，是个体追求目标过程中的一种动力，是个体完成任务的基础。责任心也是个体对自我的一种约束力，是约束自己一定要完成并且要高质量地完成一项任务的信念。托尔斯泰说过："一个人若是没有热情，他将一事无成，

而热情的基点正是责任心。"强烈的责任心和事业心，是一个人能否做好工作的前提。对于枯燥重复的技能操作，只有坚守一份责任，才能够朝着目标前进，并且在这个过程中进行严格的自我约束与控制。

有研究对参加过市级及以上级别技能大赛且技能等级是高级工及以上的126名选手和没有参加过技能大赛且技能等级在高级工以下的109名技能学习者进行调查后发现，参赛级别越高的选手其责任心水平越高。

3. 持之以恒的精神

内心笃定而着眼于细节的耐心、执着、坚持的精神，是一切"大国工匠"所必须具备的精神特质。从中外实践经验来看，工匠精神都意味着一种执着，即一种几十年如一日的坚持与韧性。"术业有专攻"。技能竞赛选手一旦选定一个行业，就要一门心思地扎根下去，心无旁骛，在一个细分产品上不断积累优势，只有这样，才可能在各自领域成为"领头羊"。中国古代就有"艺痴者技必良"的说法，如《庄子》中记载的游刃有余的"庖丁解牛"就是最好的例证。

此外，技能竞赛考验的不仅仅是选手的技术水平，技能成才的路不是一帆风顺的，训练过程中的艰苦、意外受伤和比赛失利后的自我怀疑也都在考验着选手们的恒心和毅力。例如，汽车喷漆、车身修理等项目，选手备战冲刺阶段，每天训练15个小时以上，高温酷暑更是煎熬，室内40℃的高温，他们还要身穿厚厚的防护服，日复一日地坚持训练。这些训练活动既是对选手技能的提升，同时，通过训练也会使选手的意志力得到很好的锻炼。

4. 强烈的求知欲

求知欲是人类社会得以发展的基础。对未知世界的兴趣、对未知事物的探索是我们进步的动力和方向。一个人要在一件事情上取得成就，必定要进行无数次的研究和探索。

5. 创新精神

古往今来，热衷于创新和发明的工匠们一直是世界科技进步的重要推动力量。因此，创新精神也是作为未来大国工匠的技能竞赛选手们的心理特征之一。创新不单是选手突破自我的决心和引领世界技能大赛的气魄的展现，也是技能竞赛的评价指标。技能竞赛越来越多地要求选手能够在技术方面不断突破创新、精进工艺。创新性要求在美发、花艺等项目的训练和竞赛中尤为重要。这就要求选手们开阔视野，广泛了解其他国家的创作风格，不断寻找灵感，突破自我。

6. 良好的应变能力

应变能力指选手在面对突发状况时，能够迅速地做出反应，并寻求合适的应对方法，使比赛得以顺利进行的心理特征。在世界技能大赛的影响下，各级各类技能竞赛趋向于在赛程、试题、材料、场地甚至规则等方面的开放性，给参赛选手带来了更多的不确定性，这就要求选手具有良好的灵活应变能力。

7. 良好的协作能力

每一枚奖牌背后都凝聚着选手、教练、翻译和专家团队的辛勤努力和默默付出。训练期间，教练与选手同吃同住，一起攻克技术难题。临近比赛时，专家教练团队连夜讨论，分析战术；技术翻译和心理专家全程保驾护航。金牌从来都不只是选手个人的荣耀，也是集体智慧的结晶。对于机电一体化、移动机器人、混凝土建筑、制造团队挑战赛等团体项目而言，协作能力尤为重要，队友间的明确分工、默契配合、相互信任和支持是团队胜利的基础。

8. 良好的自我调控能力

在技能竞赛过程中，选手之间不仅仅是技能的比拼，更是心态的较量。现代技能竞赛越来越多采用开放办赛的形式，比赛全程向公众开放。比赛期间会有不同地区的专家和观众围观，甚至还会有人拍照录像，场面十分嘈杂，容易使人产生压力。选手要想发挥出水平，必须具有强大的抗干扰能力，在比赛过程中高度集中注意力，专注比赛，不受外界干扰。

此外，比赛中选手不单要面对强劲的竞争对手带来的竞争压力，而且还要面对由于赛制的灵活多变所带来的诸多不确定性压力。例如，对手表现太好或是裁判的不利判罚，可能会引起应激心理反应，使个体的焦虑、恐惧水平提高。面对突发情况，谁能够控制情绪，顶住压力，迅速调整状态，不急不躁、沉着冷静，稳定发挥，谁就能最终脱颖而出，斩获金牌。

因此，在训练的过程中，选手需要有很强的自我控制力来严格约束自己。要根据实际情况制订学习和训练计划，严格管理休闲和娱乐时间；在训练的态度、训练的质量和工作量上，坚决做到教练在和不在一个样、训练和比赛一个样。百炼成钢的背后是超乎寻常的自律，第45届世界技能大赛车身修理项目金牌选手徐澳门曾说："想要做得更好，走得更远，就需要放弃很多现在喜欢的东西。"

9. 自信

参赛选手的自信心水平在很大程度上会影响技能比赛成绩。拥有较强自信心的参赛选手能够对自己的技术技能水平有正确的认识，并且能够充分肯定自己的技战术水平，对比赛的节奏把握较好。

二、技能竞赛选手常见的不良心理

（一）技能竞赛选手赛前常见的不良心理

1. 过度焦虑

焦虑是指人由于不能达到目标或不能克服障碍的威胁，致使自尊心和自信心受挫，或使失败感和内疚感增加，形成一种紧张不安并带恐惧的情绪状态。焦虑情绪会使选手出现恐惧、持续紧张、逃避、自责、失眠、食欲不振、体力下降、注意力不集中、情绪抑郁甚至产生攻击的欲望或行为等症状，从而影响练习效率和竞赛成绩。在焦虑情绪的影响下，部分选手会出现情绪低落，对比赛失去兴趣，甚至可能出现临阵拒赛的情况。

2. 过分激动

临近比赛时，技能竞赛选手的技能水平和身体状态变化一般不会太大，但有些选手会出现赛前过度兴奋情况。情绪不稳定会导致比赛过程中技术走样、动作变形、竞技状态大起大落，最终影响比赛的结果。有时这种情绪的波动还会引起食欲下降、睡眠失调，造成体力消耗大，使选手在比赛中不能发挥应有水平。

3. 比赛欲望淡薄

这种心理现象的产生主要是由于选手的个人因素造成，表现为精神疲倦、缺乏信心、意志消退、反应迟钝、注意力分散、体力明显下降。其生理表现为大脑皮层兴奋过度下降，抑制过程加强。这会使选手在比赛时容易出现疲惫感，产生气馁的心态，不利于比赛的发挥。

4. 盲目自信

选手对即将开始的比赛困难估计不足，过高地估计自己的能力。有这种心理倾向的选手看起来很兴奋，有时也沉着，但内心比较空虚，其表现为浮躁、不愿冷静思考，总相信自己能轻易取胜，盲目乐观。若选手在比赛中一旦遇到失败或挫折，情绪就会一落千丈、束手无策，对比赛抱消极态度，不动用全部力量去克服困难。自负者容易忽视竞争对手的实力，错误衡量自身当时的实际竞技状态，也会忽视比赛时的细节处理。

（二）技能竞赛选手赛中常见的不良心理

1. 动机过强，过度紧张

在比赛时，很多选手都把夺取冠军作为自己的目标。当这种想法越强烈时，选手的场上表现可能越不如意。这是因为，当个体对某一事物过于在意时，心里就会紧张，越紧张就越容易精力分散，也就越容易出现失误。《庄子·达生》篇就有"以瓦注者巧，以钩注者惮，以黄金注者惛"的记叙，意思是用瓦器作赌注的，因为所押物贱，心中无所矜惜，因此胆大心坦，常能巧中，逢赌必赢；以带钩为赌注的，其物稍贵，便难免因怕输掉而担心，赢的次数就会减少；以黄金为赌注者，因金价昂贵，犹恐有失，心中便很慌乱无主，所以很容易赌输。也有人把这个现象称为"目的颤抖"。类似的事例比比皆是。例如，想打好球的手在颤抖，太想走好钢丝的脚在颤抖，太想赢的心在颤抖。耶克斯-多德森定律也表明过强的动机不利于任务的完成和活动效率的提高。

2. 情绪急躁

情绪急躁一般会出现在以下的几种情形中：

（1）在与对手实力相当、相持不下时，选手最易产生急躁情绪，恨不得一下把对方压住，一旦失误，会埋怨自己或队友，出现束手无策、慌乱的现象。

（2）比赛中出现裁判失误或不公正，对自己不利时，就会埋怨裁判，出现急躁情绪，影响自己后续比赛的正常发挥。

（3）赛场环境嘈杂，容易使选手出现精力不集中，心神不安和烦躁等情绪。

3. 丧失信心

丧失信心是指选手通常在面对强手、强队时产生恐惧、信心不足、斗志不强的心理。

（三）技能竞赛选手不良心理形成的原因

1. 缺乏比赛经验

比赛是锻炼选手体能、技术水平和心理素质的最好方法。根据"刺激—反应—适应"理论，比赛对选手是一种高强度的刺激源，焦虑是一种对刺激的反应，焦虑水平的高低则是选手适应能力的表现。在各种强度比赛的频繁刺激作用下，选手在比赛时对各种焦虑反应，逐步形成适应、再适应，产生适应效果的积累，最终形成比赛的良好心态和适宜焦虑水平，从而保障在比赛中技战术水平的发挥。因此，当比赛经验不足时，选手往往会产生焦虑不安、打不起精神、不知所措等不良心理状况。尤其是第一次参赛的选手由于没有足够的比赛经验或者没有进行赛前心理状态调整，往往处于一种高度紧张的状态。如果没有教练、家人、同伴的适时沟通，可能会导致整个比赛过程中选手的心理压力过大而影响成绩。

2. 参赛动机不良

随着我国职业教育大发展,职业院校对各级各类职业技能竞赛活动普遍重视,技能竞赛成绩往往直接或间接与选手的学业成绩、就业和晋升挂钩。这一方面会激励选手积极参加训练,不断争取突破发展;另一方面,也会加大选手的比赛压力,在赛前产生不良心理影响。部分前期比赛取得优异成绩的选手,容易将自己定位过高,害怕比赛失误或被别人超越,导致自己失去一切;还有部分参赛选手对比赛奖励金额非常在意,导致参赛动机过强,心理负担大,最终影响比赛的正常发挥。

3. 不熟悉比赛规则

职业技能竞赛普遍来说专业性较强,有比较成熟的规则,但随着世界技能大赛影响力的不断扩大,逐渐将选手的应变能力等心理素质也作为技能考核的倾向越来越明显。因而,多数技能竞赛都会强调竞赛的变化性,对竞赛规则做出微调。这就需要选手保持积极的心态,快速掌握比赛规则。大部分选手面对环境和比赛规则的改变,容易产生焦虑心理,影响比赛发挥。

4. 失败的比赛经历

失败的比赛经历是导致选手缺乏自信、赛前过度焦虑的原因之一。当选手在一次重大的比赛中某个环节发挥失常,严重地影响了他的成绩后,这次失败在他心理上会形成阴影。以后在做这个环节时,就会紧张不安,接二连三地出现失误,以至于提到这个环节时就会表现出高度焦虑的情绪。

三、技能竞赛选手不良心理的辅导策略

(一)增强选手心理素质

赛前保持心态平静是确保比赛时正常发挥的关键环节,稳定选手的赛前心理状态是教练员的重要工作内容。

1. 开展心理科普教育

在前期训练中可针对选手的年龄阶段和教育背景,进行心理科普教育。如向选手普及焦虑、压力、情绪管理等相关心理知识,使选手对自己的情绪和行为有正确的认知,从而减少选手的焦虑。

2. 实施常态化模拟训练,增强适应性

在日常训练中尽可能逼真地模拟技能比赛现场的环境、规则和任务等,可根据比赛举办地点特点,模拟举办地时差和气候等,改变选手作息时间以及环境模拟训练等。例如,第44届世界技能大赛10月在阿联酋的阿布扎比举行。该地6~10月是炎热的月份,气温高达40℃。为了更好地熟悉比赛地气候环境,我国工业控制项目国家集训队在赛前赴海南省集训,使选手适应这种炎热的气候,降低选手参赛心理风险。

对选手来说,一方面要在校内做好模拟训练,多熟悉比赛场地、比赛氛围;另一方面,要创造机会到陌生的场地、在陌生的裁判员监督下同陌生的选手对抗,增强实战经验。

3. 开展赛前心理辅导,确保选手心理健康

选手比赛心理辅导是专业性很强的活动,可以通过赛前心理辅导,帮助选手增强个人心理素质,疏通情绪,保持积极乐观的心态。

技能竞赛选手心理辅导有多种方式，一般采取的是一对一个体心理辅导与小组团体心理辅导相结合的方式。团体心理辅导主要作用于负面情绪，比如紧张、焦虑，或者是人际关系问题，以达到增强团队凝聚力的作用；一对一个体心理辅导则作用于选手参赛心理风险及竞赛焦虑等心理状态，在集训期间进行干预。

在训练过程中，可为选手配备心理辅导老师，定期关注选手的心理变化，及时发现其心理问题，做到早发现早干预、早掌握早治疗，将问题消灭在萌芽状态，确保选手的心理健康。给选手建立心理健康档案，便于在选手出现不良心理状态时高效制定解决方案。

根据赛前最后进行的心理状态评估，对心理表现良好的选手激励其保持良好状态；对于出现不良心理状态的选手，心理辅导老师可以提供专业辅导，最大限度地降低不良心理状态对选手比赛的影响。例如，对焦虑情绪严重的选手，可在心理辅导专家的帮助下完成情境想象训练。情境想象训练就是让参赛选手运用语言暗示或形象材料在头脑中想象自己身临技能大赛比赛现场参与比赛，并表达出自己的感受，以此来降低选手的焦虑水平和参赛心理风险。

4. 在日常训练中锻炼选手抗压能力

日常训练过程中，要磨炼选手的意志力，强化其抗压能力，帮助其建立强健的心理素质，有效应对比赛前的挑战。如进行定向越野、军训等艰苦活动，在锻炼体能的同时，培养其坚韧不拔的意志品质。也可开展刺激性的游戏活动，如过山车、笨猪跳等，从中锻炼其抗压能力，摆脱比赛前的畏惧感，增强自信心。在日常训练中，教练也要加强思想上的引导，让选手逐渐树立正确的训练观和比赛观，训练过程中偶尔也可以制造困难来锻炼其心理素质。

（二）提高选手自我心理调适能力

技能竞赛过程持续时间较长，在此期间选手会出现多种应激状况，这些状况一旦出现就只能靠选手自己去调节和缓解，促使其能全身心地投入比赛，进入流畅状态，并发挥出最高水平。

1. 掌握积极自我对话技术

积极自我对话技术的核心要点就是通过言语刺激以达到改变心理状态的目标，主要适用于情绪调控、潜在能力的激发等。选手在技能比赛期间出现紧张、焦虑或自信心不足等状况，可以通过不断暗示自己"我能行、我可以"，将负性思维转变为正性思维，来增强自信心，提高其心理承受能力。积极自我对话一般包括三步：第一步，找到消极的自我对话。第二步，找到积极的自我对话，并且覆盖掉消极的自我对话。第三步，写下积极的暗示语，每天进行反复的朗读加深自我感知和自我认可，以此来提高选手的自信心。另外，也可以经常自我肯定。如每天起床时和睡觉前，都对着镜子大声说10~20遍：我是最棒的，我是最优秀的，我一定行。此外，还可以定期组织选手公开表演技能。通过多次公开展示，增强自信心和成就感，逐渐消除身体紧张感。公开表演技能要从易到难，目的是让选手成功而不是失败。

2. 学会放松训练

放松训练是指身体和精神由紧张状态朝向松弛状态的过程。放松主要是消除肌肉的紧张。放松训练对于应对紧张、焦虑、不安、气愤的情绪与情境非常有用，可以帮助人们振作精神，恢复体力，稳定情绪，有助于全身肌肉放松，增强个体应对紧张事件的能力。

在竞赛前期，教练员可以教会选手腹部呼吸法、按摩法、心理训练放松法等一些简单易行的自我放松方法。

（1）腹部呼吸法。吸气的时候腹部凸起，呼气的时候腹部凹进去。一吸一呼大概15秒钟。吸气3～5秒，屏息1秒，然后再慢慢呼出，再屏息1秒。按照相似的方法多次重复。

（2）按摩法。用手指按照同一方向按摩前额和后脖颈处，也可按摩手腕内侧三横指处内关穴。

（3）心理训练放松法。在具体实施前，先把方案的内容同选手做好沟通。具体过程可以分为五个步骤：第一步，直面恐惧源。让选手把引起自己紧张的原因和场面，按照紧张程度从轻到重依次列出来，抄写到不同的卡片上。第二步，进行松弛训练。选择一个选手感觉最舒适、最喜欢的椅子、位置坐下来，找一首最喜欢的歌曲，声音调到合适的高度，随着心理咨询师给出的节奏深呼吸，让全身放松。进入松弛状态后，拿出提前做好的第一张卡片，回想当时的情景，尽量回想得详细，恢复原貌。第三步，体验紧张感。如果场景重现后，身体仍然出现紧张反应，不安、紧张和害怕，就马上停下来。转移注意力，继续听歌，做深呼吸，使自己再度松弛下来。完全松弛后，重新想象卡片上的情景。若不安和紧张再次发生，就再停止后放松，如此反复，直至卡片上的情景不会再使选手不安和紧张为止。在这个过程中，心理辅导师不做任何语言指导，仅仅是陪伴和辅助。选手的紧张感消失或减弱后，他们不仅从心理上得到了有效的锻炼，也会增强战胜自我的勇气和自信心。第四步，按同样方法进行下一张卡片的心理锻炼。第五步，把选手想象的场景改为模拟现场进行练习。最后，要引导选手把心理锻炼作为日常训练的一部分，通过常态化的练习来提高选手的心理素质。

（三）根据选手实际能力，制定合理比赛目标

每个选手的实际能力不一样，需要借助教练的引导作用，制定科学且合理的目标，帮助选手快速提高自信心，使选手有足够的动力应对比赛。在技能竞赛中，教练设定目标的时候，要严格契合选手自身实际情况和需求，并保证其科学性与合理性。同时，目标设定还应该将选手实际素质和平时训练水平作为主要遵循的因素。选手只有在赛前充分准备，才能在比赛过程中胸有成竹，以良好的心理状态赢得比赛。

一般情况下，为激发选手的积极性，争取在比赛中取得突破，比赛时制定的目标往往会比其真实水平略高，例如争取进入决赛、争取进入三甲等。清晰合理的比赛目标，能够让选手坚定地找到自己的发展方向，并且可以通过达到目标而增强其自信心，使选手在循序渐进突破目标的成功中获得技能活动带来的喜悦，产生参加技能竞赛的兴趣，从而以积极阳光的心态面对接下来的挑战和比赛。

第二节 职业技能竞赛裁判员的心理建设

裁判员是在比赛过程中根据比赛规则正确判断和明确处理临场出现的各种问题，判定选手（或队伍）的成绩、保障比赛顺利进行的人员。裁判员对比赛的公平性以及竞赛精神负有主要责任。随着技能大赛的发展和比赛水平的不断提高，对技能竞赛裁判员水平的要求也越来越高。有调查发现，很多大赛裁判员以前都是技能大赛选手，他们熟悉技能大赛

发展史，熟悉技能大赛要求的相关技能，并深刻理解技能大赛的规则以及《裁判法》的内容。很多裁判员都具有相应的赛场经验和很好的反应能力，但很多时候在临场执裁过程中并没有发挥出应有的水平。经分析表明，心理素质不稳定是对裁判员产生最大影响的一个因素。因此，一名优秀的裁判员除应具备专业的技能外，还应当具备良好的心理素质。裁判员良好的心理素质不仅对技能大赛的顺利进行起到根本的保障作用，也对选手充分发挥其技能水平有着重要影响。

一、职业技能竞赛裁判员的心理素质概述

在比赛中，裁判员拥有良好的心理素质表现为理性执裁，即在紧张激烈的比赛过程中，通过合理运用比赛规则、及时对场上参赛选手的表现做出客观准确的判断，并且做出的判定能够得到选手和教练的认同。反之，裁判员心理不稳定会使比赛产生各种不和谐的因素。

（一）技能竞赛裁判员的工作特点、工作要求

1. 技能竞赛裁判员的工作特点

（1）专业性。职业技能具有很强的专业性。不同的职业技能有不同的专业性特点。这就决定了从事技能竞赛裁判工作的裁判员必须具有很高的专业水平。

（2）独立性。在技能竞赛活动中，每个裁判员需要根据竞赛规则和技能竞赛评分标准对选手的操作活动和操作结果做出独立的评价。

（3）复杂性。职业技能是在职业环境中合理、有效地运用专业知识、专业技能、职业价值观、职业道德和态度解决实际问题的能力。职业技能不仅包含专业知识与能力，还包含职业价值观、职业道德和态度等要素。因此，技能竞赛裁判工作的内容本身就具有高度的复杂性。此外，技能竞赛活动过程中也存在着诸多不确定性因素，这为技能竞赛裁判员工作增加了复杂性。

（4）即时性。通常而言，对技能活动的评价包括技能操作活动全程。因此，技能竞赛过程中，裁判员需要随着选手的操作进程密切关注各个阶段的活动任务完成情况及动作标准等信息，并及时做出准确的评价。这决定了技能竞赛裁判员工作具有即时性特点。裁判员工作的即时性对裁判员工作的承压能力和决断力等都提出了较高的要求。

2. 技能竞赛裁判员的工作要求

严肃、认真、公正、准确是对裁判员的工作要求，也是裁判员职业道德的核心内容，裁判员在工作中必须自觉执行。

（1）严肃是指裁判员在思想上要正确认识裁判工作的重要性和严肃性。一言一行都要有利于社会主义精神文明建设，有利于促进职业技能发展，有利于引导比赛顺利进行。

（2）认真是要求裁判员有严谨的工作态度，树立为比赛、为选手和为教练、为观众、为职业教育服务的意识，兢兢业业，一丝不苟地做好各项工作。

（3）公正是要求裁判员要出于公心，以事实为依据，以规则为准绳，秉公执法，不徇私情、不感情用事。

（4）准确是要求裁判员提高判罚的准确性，力求不出或少出错。应该是什么就判什么，反对判什么就是什么。准确性是裁判工作的核心要求，也是衡量裁判员职业道德水平高低的重要标准。

(二）技能竞赛裁判员的心理素质要求

1. 责任心

技能竞赛活动裁判员工作的要求决定了裁判员必须有高度的责任心。这是裁判员严肃、认真、公正、准确地开展工作的基本保证。

2. 自我调控能力

技能竞赛活动的复杂性决定了裁判工作中会存在各种不确定性，这就要求裁判员有很强的自我调控能力。在遇到突发状况和人际冲突时能控制自己的情绪和言行，沉着冷静、理智地处理问题，保证比赛顺利进行。

3. 自信

技能活动本身专业性很强，参加技能竞赛的选手大多具有很高的专业水平，这对技能竞赛裁判员的专业水准提出了很高的要求，并且裁判工作需要独立即时完成，这些无疑会给他们带来较大的心理压力。这就要求裁判员自身有很强的专业自信心。自信是裁判员临场判罚的精神支柱。裁判员有了自信心才能消除和防止临场产生的消极心理，提高临场处理的果断性和坚决性，才能充分发挥自己的水平。如果缺乏自信，在判罚上表现得犹豫不决，选手和教练就会对裁判员的判罚产生猜疑和质疑，使比赛变得难以控制。

4. 良好的注意力

技能竞赛活动的专业性、过程性、连续性和复杂性特点和工作要求的准确性要求裁判员在执裁过程中注意力高度集中。在裁判工作中，迅速、准确的判断离不开高度的注意力。临场执裁时也要根据比赛的具体情况，眼观六路，耳听八方，把场上所有参赛选手的动作以及与比赛有关的所有情况时刻置于注意的范围之内。此外，裁判员还要根据比赛进程，及时转移注意力到不同的活动和对象上，只有这样才能及时发现和处理与比赛有关的问题，客观准确地做出评判。

5. 人际沟通与协调能力

技能竞赛活动中，裁判员还应具备良好的人际沟通、组织协调能力，与选手、工作人员、教练及观众等各方面保持良好的合作与沟通。

6. 顽强的意志力

多数裁判员一开始都想做一名公正执法、铁面无私的裁判。但在实际工作的过程中，部分裁判员往往由于意志力薄弱，抗干扰能力差，在赛前、赛中面对来自选手、教练员、领队、甚至观众等的挑衅、拉拢和利诱时，过多地考虑人际关系和利益，出现执法不公的情况。这就要求裁判员从日常生活小事中培养自己的意志品质，通过意志努力来克服这些干扰。

二、职业技能竞赛裁判员常见的不良心理

（一）执裁恐惧心理

通过对众多裁判员的调查发现，很多裁判员在临场执裁时都会产生不同程度的紧张心理。适度的焦虑和紧张是正常的，有助于提高执裁工作的注意力，有利于裁判员的临场执裁效率。但过度的压力会导致裁判员执裁"怯场"心理，怯场会消耗裁判员的身心资源，使其身心疲惫，给执裁带来诸多不利影响。裁判员在比赛的任意时刻都有可能产生执裁恐惧心理。

一些裁判员情绪易紧张，心理素质较差，对自己缺乏信心，在临场执裁前会出现心跳加速、执法积极性低、情绪消沉甚至有时会闪现出想要放弃裁判工作的想法。执裁过程中遇到突发情况发生错判、漏判会使他们的紧张情绪加剧，变得更加惊慌失措，特别是执裁经历相对较少的裁判员，心理起伏更加明显。产生这种心理的主要原因：一是赛前没有做好相应准备，裁判员对技能大赛的规则掌握不到位，或对该项技能大赛的流程不够熟悉；二是裁判员执裁工作的经验不足，对在陌生比赛环境进行执法的适应性不强。在比赛过程中，一些裁判员由于缺乏足够的临场经验，在场上难以集中注意力，在执裁过程中存在慌乱紧张情绪，无法及时处理赛场中的突发情况，最后导致执裁结果不理想。此外，赛前没有良好的休息、体力不足、大脑疲劳过度，会导致临场执裁出现反应慢、判罚失误、错判或漏判的情况，而当发生失误后，他们的情绪会更加紧张，发生错误的概率进一步增加，以至于形成恶性循环。

（二）盲目自信

有些裁判员过分自信，过高估计自己的水平，对自己已有的经验、成绩、威信考虑较多，而对比赛中的困难性、复杂性、变化性估计不足。

（三）懈怠心理

裁判员的懈怠心理表现在两个方面：一是思想上过分轻视和放松。赛前，裁判员完全没有做好思想准备和物质准备，大脑神经还未兴奋起来，注意力不集中，思维迟缓；赛中，在一方明显领先的情况下，裁判员过早估计比赛结果，认为大局已定，毫无悬念，而放松了对比赛的监控。二是身心疲劳。裁判员注意力长时间高度集中致使身心疲倦，反应和执裁行为滞后，思想抛锚，注意力分散，判罚随意，使执裁工作效率大打折扣。

（四）放任心理

放任心理主要表现为裁判员在执裁工作过程中，察觉大赛的一组或多组选手出现一些不是很明显的犯规行为，而其他组参赛选手并未发觉，并且没有质疑，采用"和稀泥"的方法纵容这些行为。造成这种结果的原因可能是有相当一部分的裁判员在临场执裁的过程中优柔寡断、缺乏自信，对自己做出的判罚结果心存怀疑，不敢果断地去判罚。裁判员的这种行为不仅影响整场比赛判罚尺度的统一，而且可能会因为这种纵容行为而引发争执甚至被推到舆论的风口浪尖，这会对比赛的公平性以及裁判员自身的声誉造成严重伤害。

（五）迎合心理

大赛中有很多干扰因素，裁判员压力很大，当比赛中出现一些不确定的状况时，如果裁判员不能快速确定事实，而对自己的判断产生怀疑，就会顺着选手或教练的意愿作出判罚。这种毫无原则的迎合往往适得其反，甚至会造成不可挽回的局面。

（六）补偿心理

技能大赛应当秉持公平公正的原则，如果裁判员在比赛中对不同参赛选手的判罚标准不统一，是严重违反比赛公平公正原则的行为。在技能大赛的临场执裁时，由于技能大赛的赛程长、技术规则又细又多，裁判员执裁中难免会发生错判或误判情况，裁判员如果无法正确对待这一问题，有可能会造成因为执法失误而心生愧疚，总想找机会在接下来的比赛中进行弥补。这种补偿心理不仅会导致裁判员执裁分心，而且可能会导致在接下来的比赛过程中再次出现错误执裁的问题，这种做法不仅无法起到"补偿"作用，反而可能会使场面变得难以把控。

（七）逆反心理

有些裁判员自尊心很强，性格很犟，对那些不服处罚的选手，或者态度不好、举止冒犯、言语粗鲁的选手，心里产生反感。这些选手会被盯得特别牢，只要稍有嫌疑，裁判员就会从重判罚。还有些裁判员对优秀选手、实力强的选手判罚特别严厉。在这种心理的驱使下，就不可能公正、公平地执法，产生失误也就不可避免。

（八）宽大心理

有些裁判员在执裁过程中会出现评价标准尺度松紧不一、对个别人评价标准过宽的情况。这使竞赛失去严肃性和公平性的同时，也会影响裁判员自身的专业权威。这种情况的发生主要是裁判员受社会知觉效应影响所致。裁判员在执裁的过程中很难保证不受晕轮效应、刻板印象、首因效应、宽大效应和证实偏差等社会知觉的影响。在这些知觉效应的作用下，个别裁判员就会对某个或某些选手产生好感，从而使自己在判罚时出现宽大心理。还有个别裁判员在执裁过程中会因某些原因对个别选手产生同情心理，在同情心理的推动下，他们执裁时会对同情对象做出宽松的处罚。

三、职业技能竞赛裁判员心理素质建设的策略与方法

（一）提高自身专业水平，熟悉比赛的规则和要求

职业技能活动普遍具有很强的专业性和复杂性。因此，技能竞赛裁判员在日常工作中必须保持强烈的求知欲，不断掌握本专业技术领域的发展动态，及时更新自身专业知识，熟练掌握专业新技能，确保能够准确理解竞赛任务技术要求和评价标准，在临场执裁时做出准确的判罚。自身专业水平的提升也会增强执法活动中的专业自信心，提高执裁判罚的效率。

赛前及时跟进和了解国内外技能竞赛工作发展动态，掌握技能竞赛规则和要求变化，做好赛前准备，也有助于提高执裁准确性和提升执裁活动的专业自信心。

（二）端正执裁动机，严格遵守比赛的规则和要求

裁判员要将促进技能大赛顺利进行作为自己的工作要求，不管在比赛过程中遇到什么情况，大赛裁判员都不能忽略比赛原则，不能滥用裁判权力，不能将自身利益和私人感情带入比赛中，要确保拥有正确的裁判动机，要保证比赛公平公正和严肃认真，要发挥正常的执裁水准，在赛场上要果断处理出现的所有问题，从而做到执裁果断。反之，如果动机不纯，裁判员根据参赛选手和参赛队伍进行判罚，对个别选手格外关注，故意判罚或故意不判罚，这样必然会导致比赛出现不公正现象，引发竞赛争议或仲裁行为，对竞赛健康发展带来不良影响。严格遵守比赛规则和要求，既是维护竞赛公正有序进行的重要保证，也是保护裁判员自身利益的重要保证。

（三）培养良好的注意品质

良好的注意品质可为裁判员做出及时准确的执裁提供稳定的支撑。裁判员可以从扩大注意范围和注意的分配两方面培养注意品质：一是对大赛规则和技术评价标准有深刻的领悟和精准的把握，唯有这样才能把赛场上复杂多变的情况紧紧纳入自己的注意范围中；二是合理分配自己的注意力，有意识地在执法过程中区分出注意的"主"与"次"。

（四）增加执裁经验，增强执裁的应变能力

赛场上的赛况瞬息万变，裁判员需要具有特别好的应变能力作为支持才能够顺利地完

成执裁工作的任务。执裁应变能力是在实践过程中逐渐形成和建立起来的。因此，可通过多参加技能竞赛执裁工作，从中积累经验，也可观摩技能竞赛活动中高水平裁判员的执裁活动，增长自身经验；还可在观看技能比赛时模拟执裁，想象如果是自己遇到类似情况，自己如何处置。技能竞赛裁判员大多来自专业领域的教练或教师群体，因此，还可以在日常教学或训练工作中模拟练习，有意设置一些意外情况，考验和锻炼裁判员应对复杂情况、控制比赛局面的应变能力。

（五）提高自身的情绪调控能力

很多技能大赛裁判员自身的情绪都会和比赛过程联系在一起，随着比赛情况而发生改变。临场时裁判员恰当地控制自己的情绪，有利于在赛场上迅速排除种种干扰，自始至终保持清醒的思维，从而把全部精力集中在自己所要完成的临场任务上，最终达到提高执裁准确性的效果。裁判员可以采用一些方式转化和控制自己的情绪，避免生出不良情绪。裁判员在执裁失误时经常会产生一种"负罪感"，易于产生懊恼、自责、惶恐等不良情绪，这将严重地削弱裁判员继续执裁工作的勇气。这时裁判员可以先借助积极的心理暗示来稳定自身情绪，保持平心静气，而不是纠结于先前的判罚，将注意力转移到接下来的比赛中。裁判员上场前可以采用一些调节心理的方式，比如呼吸调节、活动调节等，避免因外界环境导致的心理负担。

（六）提升自信心

裁判员执裁工作的自信心对顺利完成竞赛活动十分重要。自信心的培养需要裁判员自身锻炼和裁判员之间的相互鼓励，内外结合。具体需要从以下多个方面实施：

（1）不断增强自己的专业知识与技能水平，不断增强对技能大赛规则的掌握，增强对技能大赛精神的把握，坚持学习理论知识。

（2）做好赛前准备工作，包括体能储备和心理准备。赛前分析和研究参赛队伍和参赛选手的基本情况，预计比赛过程中可能出现的问题，积极准备应对突发情况的方案等。裁判员赛前可以自我暗示，相信自己有完成任务的能力，排除私心杂念，克服紧张情绪，防止心理紊乱；可用富有感情色彩的语调、语气、手势、表情去排除可能存在的消极情绪。

（3）强化自身"法官"角色意识。平常强化自我角色的意识，相信自己的技能发挥。学会在执裁工作的过程中排除场外因素的干扰，不断加强自己的情感意识和自我意识，对自己所做出的每一次判罚都有信心。

（4）不断累积执裁经验。在平时要积极参与各级各类技能竞赛执裁工作，坚持总结、改正、再总结、再改正，提升执裁水平。临场出现错判情况时，思想上不要去想它，不要"思过"，以免精力分散而一错再错，更不能以对补错。在赛后进行分析总结，提高今后执裁的准确性。

本章重要概念

心理素质是一个由认知特性、个性和适应性三种因素构成的心理品质系统。

工匠精神是一种职业精神，它是职业道德、职业能力、职业品质的体现，是从业者的一种职业价值取向和行为表现。

敬业是从业者基于对职业的敬畏和热爱而产生的一种全身心投入的认认真真、尽职尽责的职业精神状态。

焦虑指人由于不能达到目标或不能克服障碍的威胁，致使自尊心和自信心受挫，或使失败感和内疚感增加，形成一种紧张不安并带恐惧的情绪状态。

放松训练是指身体和精神由紧张状态朝向松弛状态的过程。

积极自我对话技术就是通过言语刺激以达到改变心理状态的目标，主要适用于情绪调控、潜在能力的激发等。

复习思考题

1. 技能竞赛选手核心心理素质有哪些？
2. 技能竞赛选手常见不良心理有哪些？
3. 减少技能竞赛选手不良心理的策略有哪些？
4. 技能竞赛裁判员心理素质要求有哪些？
5. 简述职业技能竞赛裁判员常见不良心理及其成因。
6. 职业技能竞赛裁判员心理素质建设的策略与方法有哪些？

参考文献

[1] 安妮塔·伍尔福克. 教育心理学 [M]. 伍新春, 等译. 12版. 北京：机械工业出版社, 2015.

[2] 保罗·埃根, 唐·考查克. 教育心理学：课堂之窗 [M]. 郑日昌. 主译. 6版. 北京：北京大学出版社, 2009.

[3] 陈琦, 刘儒德. 当代教育心理学 [M]. 3版. 北京：北京师范大学出版社, 2019.

[4] 陈琴. 2019年与2022年高职学生心理健康状况对比研究 [J]. 心理月刊, 2023, 18 (4)：211-213+232.

[5] 崔景贵. 现代职业教育心理学：积极范式的实证研究 [M]. 北京：知识产权出版社, 2018.

[6] 崔景贵. 职校生心理与积极职业教育策略 [M]. 北京：知识产权出版社, 2018.

[7] 崔景贵. 职业教育心理学导论 [M]. 北京：科学教育出版社, 2013.

[8] 崔乃林, 邹培明. 职业技术教育心理学 [M]. 北京：高等教育出版社, 2001.

[9] 段炜, 林向朋, 张艳芳. 中职生自我管理与内部学习动机的调查与分析 [J]. 职教通讯, 2016 (13)：16-20.

[10] 冯晓沛, 胡克祖. 认知风格对数控生学业成绩的影响研究 [J]. 厦门城市职业学院学报, 2014 (16)：23-27.

[11] 人力资源社会保障部. 国家职业标准编制技术规程（2023年版）. https://www.gov.cn/zhengce/zhengceku/202309/content_6906716.htm [引用日期2024-1-1].

[12] 广东省职业技术教研室编. 职业教育心理学 [M]. 广州：广东科技出版社, 2019.

[13] 胡克祖. 个体差异视角下的职业技能心理研究 [M]. 天津：天津教育出版社, 2022.

[14] 胡克祖. 中职生心理素质结构及培养的理论与实践 [M]. 长春：吉林大学出版社, 2019.

[15] 黄方慧, 赵志群. 不同职业类别的职业技能评价方法研究 [J]. 职教论坛, 2022, 38 (12)：56-63.

[16] 黄强, 武任恒, 等. 职业技术教育心理 [M]. 天津：天津人民出版社, 1991.

[17] 黄强, 赵欣, 李向东. 动觉监督早期介入对动作技能形成的影响 [J]. 心理学探新, 2003, 23 (1)：42-46.

[18] 教育部职业教育与成人教育司. 职业技术教育心理学 [M]. 北京：北京师范大学出版社，1999.

[19] 李雪莹，李孝更. 中等职业学校学生学习动机研究：基于吉林省中工技师学院的调查和分析 [J]. 吉林工程技术师范学院学报，2021，37（10）：33-36.

[20] 李亚昕，冯瑞，张栋科. 面向深度学习的高职混合式虚拟实训教学模式探究 [J]. 职教论坛，2022（11），58-65.

[21] 林其勋. 中职生数学学业成败归因调查研究 [J]. 中等职业教育，2010（6）：44-46.

[22] 刘德恩，等. 职业教育心理学 [M]. 上海：华东师范大学出版社，2001.

[23] 刘重庆，崔景贵. 职业教育心理学 [M]. 上海：立信会计出版社，1998.

[24] 刘重庆. 职业教育心理学 [M]. 常州：常州技术师范学院，1996.

[25] 柳彦. 过程性评价在护理本科生护理技能实训教学中的应用研究 [J]. 护理研究，2022，36（2）：353-355.

[26] 卢红，李利军. 职业教育心理学 [M]. 上海：华东师范大学出版社，2010.

[27] 罗燕. 高职生心理健康现状调查与分析：以辽宁省8所高职院校的调查数据为例 [J]. 太原城市职业学院学报，2021（8）：169-171.

[28] 马宁，刘静，何欣，等. 抛锚式教学模式在兽医药理学课程中的设计及应用 [J]. 中国兽医杂志，2022，58（8）：125-126.

[29] 邱丽煌. 单亲家庭教养方式对中职生心理健康的影响：认知重评的中介作用 [J]. 长春教育学院学报，2020（4）：54-60.

[30] 斯滕伯格. 斯滕伯格教育心理学 [M]. 姚梅林，张厚粲，译. 2版. 北京：机械工业出版社，2012：253.

[31] 孙钰林，赵益枢. 职教改革中的技能评价方式研究：以COMET技能评价方式对工作绩效的预测效度为例 [J]. 职业技术教育，2022，43（13）：20-25.

[32] 谭静，文卫宁. 职业教育心理学 [M]. 桂林：广西师范大学出版社，2013.

[33] 唐卫海，刘希平. 高等教育心理学 [M]. 北京：高等教育出版社，2014.

[34] 汪凤炎. 中国心理学史新编 [M]. 北京：人民教育出版社，2013.

[35] 汪显金，郭元凯. 职普比大体相当背景下中职生职业生涯规划认知调查研究 [J]. 科技创新与生产力杂志，2021（7）：145-147.

[36] 王国华，刘合群. 职业教育心理学 [M]. 广州：广东高等教育出版社，2004.

[37] 王浩冰，许可芳. 选手心理素质对国赛夺冠的影响探究 [J]. 职业，2021（7）：27-28.

[38] 王红新，张然. 技师学院技能竞赛选手心理素质训练的实践研究 [J]. 中国培训，2021（12）：25-27.

[39] 王小妮，李哲. 高职院校学生学业生涯规划教育研究 [J]. 机械职业教育，2015（5）：52-53+56.

[40] 吴全全. 职业教育"双师型"教师内涵及能力结构解读 [J]. 中国职业技术教育，2014（21）：211-215.

[41] 吴炜，张翠霞，曹健. 认知学徒制模式在高阶思维能力培养中的应用：以深度融

合校企合作课程为例［J］．天津职业大学学报，2020，29（5）：44-50．

［42］夏金星，等．职业教育心理学专题［M］．北京：北京师范大学出版社，2012．

［43］徐大真．世界技能大赛中国选手的心理技能训练研究［J］．职业技术教育，2014，35（17）：40-44．

［44］徐文兰，张阳．职业学校医学生学习动机的现状调查与研究［J］．齐齐哈尔医学院学报，2016，37（27）：3443-3445．

［45］徐显龙，沈王琦，张琦慧，等．面向学习过程的复杂技能测评设计及成效［J］．中国电化教育，2021（6）：112-120．

［46］徐学绥．从心理弹性与归因方式考察高职生心理健康素质［J］．职业技术教育，2015（26）：56-59．

［47］许放明．社会建构主义：渊源、理论与意义［J］．上海交通大学学报（哲学社会科学版），2006，14（3）：35-39．

［48］杨俊铨．论荀子的学习观及其意义：基于"虚壹而静"的视角［J］．当代教育科学，2019（3）：8-12．

［49］余越凡，周晓云，杨现民．职业教育线上线下混合式实训教学模式设计与实践：以中职"计算机组装与维护"实训课程为例［J］．中国职业技术教育，2022，（2）：49-54＋77．

［50］张和新，陈春霞，马建富．职业院校教师实践性知识表征的层次及能力提升研究［J］．中国职业技术教育，2022，797（1）：67-73．

［51］张婧怡，徐大真．基于扎根理论的世界技能大赛金牌选手核心素养分析［J］．高等职业教育探索，2021，20（6）：50-56．

［52］张文龙，梁成艾．教育"9＋3"计划背景下中职生学习动机调查分析［J］．中国职业技术教育，2015（23）：62-64．

［53］赵琳，徐大真．技能大赛裁判员的心理素质分析［J］．天津职业技术师范大学学报，2020，30（2）：75-78．

［54］曾玲娟．职业教育心理［M］．北京：北京师范大学出版社，2010．

［55］郑雪柳，庄楷玲．中职生职业生涯规划现状及指导需求分析：以广东省民政职业技术学校为例［J］．教育现代化杂志，2019，6（11）：132-134．

［56］中华人民共和国国家统计局．中国统计年鉴2022［M］．北京：中国统计出版社，2022．

［57］周莉，刘昭斌，等．情境教学法在高职高专网络安全课程中的应用与创新［J］．中国职业技术教育，2012，（17）：9-11．

［58］朱金龙．技工院校一体化教师教学能力的内容与结构：基于莫伦奈尔教师能力模型的分析［J］．中国培训，2022，33（6）：50-53．

［59］庄世清．中职数学课堂中的发现式教学探析［J］．试题与研究，2021（12）：107-108．